國史讀本

国史读本

中国当代史研究组◎编著

这是感天动地的历史

这是全国人民在中国共产党的领导下，在对社会主义道路的探索中不断前进的历史

这是中华民族的优秀儿女为了国家富强和人民幸福克服
种种艰难险阻、艰苦奋斗的历史

经济管理出版社
ECONOMY & MANAGEMENT PUBLISHING HOUSE

图书在版编目（CIP）数据

国史读本/中国当代史研究组编著. —北京：经济管理出版社，2010.11

ISBN 978-7-5096-1088-6

Ⅰ. ①国… Ⅱ. ①中… Ⅲ. ①中国—现代史—史料—1949~2009 Ⅳ. ①K270.6

中国版本图书馆 CIP 数据核字（2010）第 207341 号

出版发行：经济管理出版社
北京市海淀区北蜂窝 8 号中雅大厦 11 层
电话：(010)51915602　　邮编：100038

印刷：三河市海波印务有限公司　　经销：新华书店

组稿编辑：王光艳　　责任编辑：王光艳　宋　娜
技术编辑：黄　铄　　责任校对：陈　颖

720mm×1000mm/16　　25 印张　　441 千字
2011 年 2 月第 1 版　　2012 年 2 月第 2 次印刷

定价：49.80 元

书号：ISBN 978-7-5096-1088-6

國史讀本

国史读本

中国当代史研究组◎编著

这是感天动地的历史

这是全国人民在中国共产党的领导下，在对社会主义道路的探索中不断前进的历史

这是中华民族的优秀儿女为了国家富强和人民幸福克服种种艰难险阻、艰苦奋斗的历史

经济管理出版社
ECONOMY & MANAGEMENT PUBLISHING HOUSE

图书在版编目（CIP）数据

国史读本/中国当代史研究组编著. —北京：经济管理出版社，2010.11

ISBN 978-7-5096-1088-6

Ⅰ. ①国… Ⅱ. ①中… Ⅲ. ①中国—现代史—史料—1949~2009 Ⅳ. ①K270.6

中国版本图书馆 CIP 数据核字（2010）第 207341 号

出版发行：**经济管理出版社**
北京市海淀区北蜂窝 8 号中雅大厦 11 层
电话:(010)51915602　　邮编:100038

印刷：三河市海波印务有限公司　　经销：新华书店

组稿编辑：王光艳　　责任编辑：王光艳　宋　娜
技术编辑：黄　铄　　责任校对：陈　颖

720mm×1000mm/16　　25 印张　　441 千字
2011 年 2 月第 1 版　　2011 年 2 月第 1 次印刷

定价：49.80 元

书号：ISBN 978-7-5096-1088-6

前 言

治天下者以史为鉴。新中国60多年来的奋斗历程、辉煌成就和宝贵经验，承载着伟大的民族精神，蕴涵着丰富的治国理政资源，是教育和鼓舞人民的最直接、最生动、最有说服力的教材。通过深入学习理解国史，对于激发爱国热情，振奋民族精神，增强战胜困难的信心，凝聚全体人民的力量，同心同德推动经济社会又好又快发展，奋力开拓改革开放和社会主义现代化建设新局面，意义十分重大。

新中国成立之初，我们面对的是一片饱受蹂躏、满目疮痍的旧山河，一个一穷二白、千疮百孔的烂摊子。新中国成立后，中国人民以前所未有的主人翁姿态和高涨的创造热情投入社会主义改造和国家建设，迅速将旧中国建设成了一个蒸蒸日上、阔步走向繁荣富强的新中国。特别是党的十一届三中全会开辟了中国特色社会主义道路，在中国特色社会主义理论体系的指引下，共和国沿着社会主义现代化的康庄大道阔步前进，我们伟大祖国迎来了思想的解放、经济的发展、政治的昌明、教育的勃兴、文艺的繁荣、科学的春天，迎来了伟大复兴的光明前景，中华民族大踏步赶上时代前进潮流，社会主义中国巍然屹立在世界的东方。

新中国的奋斗历程是光辉的，也是曲折的；它不是理想的牧歌式的行进，而是步履维艰、升沉迭起。这是感天动地的历史，是全国人民在中国共产党领导下对社会主义道路的探索中不断前进的历史，是中华民族的优秀儿女为了国家富强和人民幸福克服种种艰难险阻、艰苦奋斗的历史。中国人民在艰苦奋斗中得到的深切体验和共识是："没有共产党就没有社会主义的新中国"，"只有社会主义才能救中国"，"只有社会主义才能发展中国"。党和人民60多年的奋斗、求索，开拓出今天的局面，的确来之不易。

以史为鉴，可以兴邦。有人说，历史是昨天与今天的对话，"掌握过去，理解过去，把它当作理解现在的一把钥匙"。[①] 历史是昨天的现实，今天的思想，是一种理论思维。

---

① 爱华德·霍列特·卡尔著：《历史是什么?》，陈恒译，商务印书馆2007年版，第23页。

强烈而深厚的历史意识，是民族复兴的希望。回顾历史，从中汲取有益的经验，可以使我们少走和不走弯路，顺利实现我们事业的发展目标。因此，深入研究、学习、宣传中华人民共和国的历史，了解共和国的发展规律和历史进程，从中吸取经验、智慧和力量，正确地把握未来，坚定地投身于祖国社会主义现代化建设，具有十分重要的意义。

为了帮助广大干部群众和学校师生深入学习国史、认识国史，促进群众性爱国主义教育活动的深入开展，我们组织编写了《国史读本》。这本书从政治、经济、文化、科技、教育等方面，比较全面地介绍了新中国成立以来，我们党和国家发生的翻天覆地的变化。希望通过这本书，帮助读者深刻认识新中国的成立、社会主义基本制度的建立，结束了旧中国国家四分五裂、民族蒙受屈辱、人民灾难深重的局面，实现了中国历史上最广泛、最深刻的社会变革，为当代中国一切发展进步奠定了根本政治前提和制度基础；深刻认识改革开放是决定当代中国命运的关键抉择，是发展中国特色社会主义、实现中华民族伟大复兴的必由之路，必须坚定不移地坚持党的十一届三中全会以来的路线方针政策，坚定不移地走中国特色社会主义道路，始终不渝地把改革开放和社会主义现代化事业胜利推向前进；深刻认识以爱国主义为核心的民族精神和以改革创新为核心的时代精神，是中华民族团结统一的精神纽带，是中华民族伟大复兴的强大动力，始终保持昂扬向上、奋发进取的精神状态，不断增强民族自信心和自豪感，坚决维护国家统一和民族团结，在全社会唱响共产党好、社会主义好、改革开放好、伟大祖国好、各族人民好的主旋律。

中国当代史研究组

2010年9月

目 录

第一章 开创一个新世界

一、艰苦卓绝的斗争

"放手发动群众，壮大人民力量，在我党的领导下，打败日本侵略者，解放全国人民，建设一个新民主主义的中国。"

中国是一个拥有5000年文明史的国家，中华民族以自己的勤劳和智慧，曾经创造出世界上独领风骚的灿烂物质文明和精神文明。然而，自1840年鸦片战争以来，在帝国主义的侵略掠夺和本国封建专制势力的腐朽统治下，中国逐步坠入苦难深重和极度屈辱的深渊中，成为一个半殖民地半封建的国家。中国人民为争取起码的人权和国家主权，取得民族独立和人民解放，不屈不挠、前仆后继地奋斗了100多年。

太平天国的农民革命历时14年最终以失败而告终；封建统治阶级中的有识之士推动的"洋务运动"，企图通过学习西方先进科技，以摆脱落后挨打的局面，结果在中日甲午战争的炮火中破产；康有为、梁启超等资产阶级改良主义者发起的"维新变法"，冀求在中国实行君主立宪，通过推行自上而下的"改良"，以实行资本主义化的政治和经济纲领，但在封建保守势力的扼杀下，如同昙花一现，只经历了103天就夭折了。

1911年10月，孙中山领导的辛亥革命推翻了清王朝，使统治中国几千年的封建专制制度就此结束，民主共和国的观念从此深入人心，开创了比较更完全意义上的近代民族民主革命，促进了人们的思想解放，为后来革命斗争的发展，特别是为后来由中国共产党领导的新民主主义革命开辟了道路。然而，辛亥革命并没有一个完整而彻底的反帝反封建的政治纲领，没有形成一个能够胜利地领导这场革命的坚强有力的革命政党。同时，由于它同帝国主义和封建势力有着千丝万缕的联系，而同占中国人口最大多数的下层劳动群众严重脱离，在政治上和经济上有极大的软弱性，这些资产阶级革命派没有勇气、没有力量领导人民进行彻底反帝反封建的革命。辛亥革命最终以同旧的反动势力妥协而告终，中国半封建半殖民地的状况并没有改变。自此，中国进入了军阀割据的时期，使国家陷入长期的分裂和动乱之中。孙中山最终也未实现在中国建立资产阶级民主共和国的理想。他所创立的领导旧民主主义革命的中国国民党，也被蒋介石集团窃据为反共反人民的工具。

在传统社会向近现代社会转型的过程中，从根本上改变中国半殖民地半封建社会命运的重大使命，历史地落在了中国工人阶级及其先锋队——中国共产党身上。

1921 年 7 月 23 日，中国共产党第一次全国代表大会在上海召开（见图 1-1）。最后一天的会议转移到浙江嘉兴南湖举行。大会确定党的名称为“中国共产党”。党的纲领是“革命军队必须与无产阶级一起推翻资本家阶级的政权”，“承认无产阶级当政，直到阶级斗争结束”，“消灭资本家私有制”，以及联合第三国际。大会选举产生了党的领导机构——中央局，陈独秀为书记，李达、张国焘分管宣传和组织工作。这就宣告了中国共产党的成立。

图 1-1　中国共产党第一次全国代表大会旧址

中国共产党的成立，适应了近代以来社会进步和革命发展的客观要求，是开天辟地的大事变。从此，中国共产党为争取民族独立和人民解放，实现国家的繁荣富强和人民的共同富裕，开始了艰苦卓绝的斗争历程。自从有了中国共产党，中国革命的面目就焕然一新了。

1923 年 6 月，中国共产党决定同孙中山领导下的中国国民党实行国共合作。共产党人致力于唤起民众，组织民众大联合，迅速掀起反对帝国主义和封建主义的第一次大革命的高潮。

图 1–2 “四一二”政变时反动军队杀害共产党人

伴随着革命运动的迅速发展和北伐战争的节节胜利，国民党右派掀起的反共逆流也在滋长。1927 年，蒋介石和汪精卫相继叛变革命，致使第一次国共合作全面破裂，国内政治局势急剧逆转。蒋介石在南京建立政权后，经过一系列新军阀混战，建立起在全国范围内的统治，在全国残酷地镇压、屠杀共产党人和革命群众（见图 1–2）。中国革命进入低潮。

在严峻的生死考验面前，共产党人并没有屈服，而是揩干净身上的血迹，掩埋好同伴的尸体，走上建立农村革命根据地、领导工农群众武装夺取政权的道路，为推翻国民党政府的反动统治进行了长达十年的土地革命战争。

大革命失败以后，中国革命之所以能够坚持下来并走向复兴，是因为在土地革命时期中国共产党找到了一条正确的革命道路。这条道路，就是把立足点由城市转入农村，发动和依靠农民群众，在农村建立根据地，开展土地革命和各项建设事业，开展以农民为主体的长期革命战争，发展和壮大革命力量，最后占领城市，夺取全国胜利的道路。

中国革命的发展并不是一帆风顺的。随着局势的好转，加上共产国际的错误指导，中国共产党内的“左”倾急性病又逐渐发展起来。中国共产党领导的中国工农红军第五次反“围剿”最终失败，被迫走上了两万五千里长征。

在长征途中，中共中央在遵义召开政治局扩大会议，重新确立了毛泽东在党和红军中的领导地位，在极其危急的情况下挽救了党，挽救了红军，挽救了中国革命。1936 年 10 月，三支主力红军经过长征胜利会师，终于实现了战略大转移。

在反对帝国主义的斗争中，中国共产党一贯站在争取国家独立、民族解放的最前列。1937 年 7 月，日本帝国主义公然发动大规模的全面侵华战争。在民族危亡的严重关头，只有全民族团结抗战才是中国生存和发展的唯一出路。中国共产党高举抗日的大旗，以中流砥柱的气概始终坚持团结全民族实行人民战争的积极抗战路线，反对国民党压迫中国人民的消极抗战路线，成为了中国人民抗日救国的重心，中国人民解放的重心，打败侵略者、建设新中国的重心，并在解放区坚持不懈地进行广泛深入的民主建设，使抗日民主政府成为民主中国的模型。

在抗战胜利的前夜，中国共产党第七次全国代表大会在延安召开（见图 1–3）。这是中国共产党在整个新民主主义革命时期举行的极其重要的一次代表大会，它在决定中国的前途和命运的历史航程中占有举足轻重的地位。七大深刻总结中国共产党产生后领导中国民主革命 24 年来曲折发展的历史经验，特别是总结近八年抗日战争的经验，明确规定了一条打败日本侵略者、建立新中国的政治战线，即“放手发动群众，壮大人民力量，在我党的领导下，打败日本侵略者，解放全国人民，建设一个新民主主义的中国”。[①] 七大的一个重要历史性贡献，是确立毛泽东思想为党的指导思想并写入党章。

图 1–3　中国共产党第七次全国代表大会

1945 年 8 月，中国人民经过八年的艰苦抗战，抗日战争最终取得了胜利。抗日战争胜利以后，中国共产党代表中国人民渴望和平建国，真诚地希望在国际国内和平的条件下，把中国建设成为独立、民主、富强的新民主主义国家。而以蒋介石为首的国民党统治集团，却在美国政府的支持下，企图独霸抗战的胜利果实，伺机发动反人民的内战，

①《毛泽东选集》第三卷，人民出版社 1991 年版，第 1026 页。

使中国社会退回到抗战前一党专制独裁的反动统治。

1945年8月，毛泽东亲赴重庆同国民党进行谈判，经过43天复杂而艰苦的谈判，国共双方代表签订了《双十协定》（见图1-4）。但是，国民党在谈判期间派军队向解放区发起进攻。解放区军民打退了国民党的军事进攻。国共双方代表签订了停战协定，并在重庆召开了政治协商会议。

在经过中国共产党和平建国的努力之后，蒋介石仍执迷不悟，妄图一党独裁。他于1946年底，下令国民党军队向各解放区大举进攻，悍然发动了反共反人民的全面内战。

图1-4 《双十协定》签订后周恩来和董必武在南京

从1946年夏到1947年6月，人民解放军粉碎了国民党军队的全面进攻和重点进攻。1947年6月底，人民解放军开始了全国性的反攻。从1948年9月到1949年1月，人民解放军先后发动了辽沈、淮海、平津三大战役，基本上消灭了国民党军队的主力，加速了人民解放战争在全国的胜利。1949年4月，人民解放军渡江作战（见图1-5），4月23日解放南京，推翻了国民党的反动统治。

图1-5 中国人民解放军百万雄师过长江

1949年9月，第一届中国人民政治协商会议的召开，标志着中国人民民主革命的伟大胜利。

二、最新最美的图画

“中国的革命是伟大的，但革命以后的路程更长，工作更伟大，更艰苦。这一点现在就必须向党内讲明白，务必使同志们继续地保持谦虚、谨慎、不骄、不躁的作风，务必使同志们继续地保持艰苦奋斗的作风。”

随着人民解放战争开始转入战略决战，党的工作重心面临由农村向城市转移。在我们党即将成为执政党的历史性时刻，筹备建立新中国的工作直接提上了现实的日程。经过充分准备，中共中央于1949年3月在河北平山县西柏坡召开了七届二中全会。

出席这次全会的有中央委员34人，候补中央委员19人，列席会议的11人。会议由毛泽东、刘少奇、周恩来、朱德、任弼时组成的主席团主持。这是中国共产党为建立新中国奠基的一次具有深远历史意义的会议。

毛泽东主持了开幕会议（见图1-6），并于1949年3月5日代表中央政治局作了《在中国共产党第七届中央委员会第二次全体会议上的报告》。朱德、刘少奇、周恩来、任弼时等27人在会上发了言。

图1-6　中国共产党召开七届二中全会

毛泽东指出，从1927年到现在，我们的工作重点是在乡村，在乡村积聚力量，用乡村包围城市，然后取得城市。从现在起，开始了由城市到乡村并由城市领导乡村的时期。城乡必须兼顾，必须使城市工作和乡村工作，使工人和农民，使工业和农业，紧密地联系起来。但是党和军队的工作重心必须放在城市，必须用极大的努力去学会管理城市和建设城市。①

党的七届二中全会确定了党在全国胜利后的一系列基本政策。全会指出，中国革命在全国胜利后，我们要迅速恢复和发展生产，对付国外的帝国主义，使中国稳步地由农业国转变为工业国，由新民主主义国家转变为社会主义国家，并规定了党在政治、经济、外交等方面的方针政策。

关于新民主主义共和国的经济。会议认为，革命胜利后我国的社会经济成分，将以国营经济、合作社经济、私人资本主义经济、个体经济和国家资本主义经济为主要形式。对于这几种经济成分，会议认为，中国现代性的工业经济是进步的；虽然它的产值只占国民经济总产值的10%左右，但它却极为集中，最大的和最主要的资本集中在帝国主义者及官僚资产阶级的手里。没收这些资本归无产阶级领导的人民共和国所有，就使人民共和国掌握了国家的经济命脉，使国营经济成为整个国民经济的领导成分。对于占现代性工业中第二位的私人资本主义工业，必须采取既利用又限制的政策。在革命胜利以后相当长的时期内，还需要尽可能地利用城乡私人资本主义的积极性，以利于国民经济的向前发展，但必须限制它的消极方面，将其纳入国家经济政策和经济计划的轨道。对于占国民经济90%左右的农业和手工业经济，必须谨慎地、逐步地而又积极地引导它们通过合作社的形式，向集体化和现代化的方向发展。在着重分析新中国的经济构成和各种经济成分的状况的同时，毛泽东还指出了中国由农业国转变为工业国，由新民主主义社会转变为社会主义社会的前途。这些论述，被确定为新中国的经济建设方针和基本经济政策的原则基础。

关于新中国在政治方面的方针政策。会议分析了革命在全国胜利后中国社会的基本矛盾，毛泽东在报告中指出："中国革命在全国胜利，并且解决了土地问题以后，中国还存在着两种基本的矛盾。第一种是国内的，即工人阶级和资产阶级的矛盾。第二种是国外的，即中国和帝国主义国家的矛盾。"② 由于这些基本矛盾的存在，会议强调要巩固和加强无产阶级领导的以工农联盟为基础的人民民主专政，要强化无产阶级领导的人民共和国的国家制度。一方面，党要认真团结全体工人阶级、全体农民阶级和广大革命知识分子，这是无产阶级专政的领导力量和基础力量；另一方面，党要团结尽可能多的能够

---

①《毛泽东选集》第四卷，人民出版社 1991 年版，第 1426~1427 页。
②《毛泽东选集》第四卷，人民出版社 1991 年版，第 1433 页。

和我们合作的小资产阶级和自由资产阶级的代表人物、它们的知识分子和政治派别，以便孤立反革命分子。同时，党必须坚持同党外民主人士长期合作的政策，必须把党外大多数民主人士看成自己的干部，使他们在工作岗位上有职有权地工作。

关于国体和政体。国体和政体，是创建新中国所要解决的基本问题。对于国体，毛泽东用科学的语言概括说："总结我们的经验，集中到一点，就是工人阶级（经过共产党）领导的以工农联盟为基础的人民民主专政。""人民民主专政的基础是工人阶级、农民阶级和城市小资产阶级的联盟，而主要是工人和农民的联盟"，[①] 确定了新中国的国体即实行人民民主专政的国家制度。关于新中国的政体，即国家政权组织形式，党历来认为应该采取人民代表大会制度。

关于新中国对外方针的制定。会议在正确分析第二次世界大战后国际形势的基础上，制定了适应和促进新中国国际地位变化的外交方针和指导原则。新中国必须坚持独立自主的外交政策。毛泽东在报告中指出："不承认国民党时代的任何外国外交机关和外交人员的合法地位，不承认国民党时代的一切卖国条约的继续存在，取消一切帝国主义在中国开办的宣传机关，立即统制对外贸易，改革海关制度，这些都是我们进入大城市的时候所必须首先采取的步骤。"[②] 毛泽东还指出："我们是愿意按照平等原则同一切国家建立外交关系的，但是从来敌视中国人民的帝国主义，决不能很快地就以平等的态度对待我们，只要一天它们不改变敌视的态度，我们就一天不给帝国主义国家在中国以合法的地位。"[③] 毛泽东言简意赅地将这一政策思想概括为两条方针："另起炉灶"和"打扫干净屋子再请客"。

这次全会还强调要加强党的思想建设，防止资产阶级思想侵蚀党的队伍，有预见性地提出了防止"糖衣炮弹"进攻的重大问题，并进一步提出了"两个务必"的重要思想。毛泽东指出："因为胜利，党内的骄傲情绪，以功臣自居的情绪，停顿起来不求进步的情绪，贪图享乐不愿再过艰苦生活的情绪，可能生长。因为胜利，人民感谢我们，资产阶级也会出来捧场。敌人的武力是不能征服我们的，这点已经得到证明了。资产阶级的捧场则可能征服我们队伍中的意志薄弱者。可能有这样一些共产党人，他们是不曾被拿枪的敌人征服过的，他们在这些敌人面前不愧英雄的称号；但是经不起人们用糖衣裹着的

---

①《毛泽东选集》第四卷，人民出版社 1991 年版，第 1480 页。
②《毛泽东选集》第四卷，人民出版社 1991 年版，第 1434 页。
③《毛泽东选集》第四卷，人民出版社 1991 年版，第 1435 页。

炮弹的攻击，他们在糖弹面前要打败仗。我们必须预防这种情况。夺取全国胜利，这只是万里长征走完了第一步。”“中国的革命是伟大的，但革命以后的路程更长，工作更伟大，更艰苦。这一点现在就必须向党内讲明白，务必使同志们继续地保持谦虚、谨慎、不骄、不躁的作风，务必使同志们继续地保持艰苦奋斗的作风。”①

图 1–7 河北西柏坡中共七届二中全会会址

在中国革命转折关头召开的党的七届二中全会（见图 1–7），具有重大的历史意义。这次会议描绘了新中国的宏伟蓝图，确定了新中国的大政方针，为促进和迎接全国胜利的到来，为推动和发展新中国的各项建设事业，保证中国由新民主主义向社会主义的转变，从政治上、思想上和理论上作了充分准备。

三、中国人民政治协商会议

> 占人类总数 1/4 的中国人从此站立起来了。我们的民族将从此列入爱好和平、自由的世界各民族的大家庭，以勇敢而勤劳的姿态工作着，创造自己的文明和幸福，同时也促进世界的和平和自由。我们的民族将再也不是一个被人侮辱的民族了，我们已经站起来了。

1948 年，在人民解放战争取得节节胜利、中国革命进入新高潮的形势下，中国共产

① 《毛泽东选集》第四卷，人民出版社 1991 年版，第 1438~1439 页。

党郑重提出各民主党派、各人民团体、各社会贤达迅速召开政治协商会议，讨论并实现召集人民代表大会，成立民主联合政府。这一号召迅速得到了各民主党派和民主人士的热烈响应。随后，中共自同年 8 月起，开始邀请和护送各民主党派和民主人士北上解放区，并就筹备召开新政协问题同他们进行了商讨，很快达成了初步协议。

1949 年 3 月，中国共产党七届二中全会批准了新的政治协商会议及成立民主联合政府的建议。不久，随着国共北平和谈的破裂和南京、上海的相继解放，新政协的筹备工作迅速提上日程。

1949 年 9 月 21 日，中国人民政治协商会议第一次全体会议在中南海修葺一新的怀仁堂隆重开幕（见图 1–8）。出席会议的有中国共产党、各民主党派、无党派人士、各人民团体、人民解放军、各地区、各民族以及国外华侨代表共 662 名，具有广泛的代表性。毛泽东、刘少奇、周恩来等作为中国共产党代表出席会议，朱德、聂荣臻、贺龙、徐向前、刘伯承、陈毅、薄一波等一批共产党员，作为解放区、人民解放军及工会、妇联、青联等人民团体代表出席会议。

大会还特别邀请了自辛亥革命以来不同历史时期富有影响的代表人物。如，孙中山的夫人宋庆龄，是应中共中央主席毛泽东专函邀请并派人专程迎接，由上海来到北平商筹建国大计的，这展现了即将诞生的新国家社会基础的广大和全国爱国民主力量空前的团结。

毛泽东在大会上致开幕词（见图 1–9）。他指出，现在的中国人民政治协商会议是在完全新的基础上召开的，它具有代表全国人民的性质，它获得了全国人民的信任和拥护。因此，中国人民政治协商会议宣布自己执行全国人民代表大会的职权。在讲到会议将“宣布中华人民共和国的成立”时，毛泽东指出，我们的工作将写在人类的历史上。它将表明：占人类总数 1/4 的中国人从此站立起来了。我们的民族将从此列入爱好和平、自由的世界各民

图 1–8　中国人民政治协商会议第一次全体会议会场

图 1–9 毛泽东致开幕词

族的大家庭，以勇敢而勤劳的姿态工作着，创造自己的文明和幸福，同时也促进世界的和平和自由。我们的民族将再也不是一个被人侮辱的民族了，我们已经站起来了。

有 60 位代表在大会上发言。中国共产党代表刘少奇在讲话中指出：中国共产党以一个政党的资格参加人民政治协商会议，和其他各民主党派、各人民团体、各少数民族、国外华侨及其他爱国民主分子一起，在新民主主义的共同纲领的基础上忠诚合作，来决定中国一切重要问题。[①]中国国民党革命委员会代表李济深、中国民主同盟代表张澜发言表示，要在中国共产党领导之下，把握住千载一时的建国机会，精诚团结，共相勉励，以完成建设新中国新社会的历史使命。

会议本着“民主、团结、严肃、负责”的精神，代表们集思广益、畅所欲言。会议一致通过《中国人民政治协商会议共同纲领》、《中国人民政治协商会议组织法》和《中华人民共和国中央人民政府组织法》等一系列有关建国的法律文件。《人民政协组织法》规定：中国人民政治协商会议为全国人民民主统一战线的组织形式，它在普选的全国人民代表大会召开以前，执行全国人民代表大会的职权；在全国人民代表大会召开以后，就有关国家建设的根本大计或重要措施，向全国人民代表大会或中央人民政府提出建议案。《中央人民政府组织法》规定，中华人民共和国政府是基于民主集中制原则的人民代表大会制的政府，还规定了与人民民主专政的国家性质相适应的政府机构组织形式。会议还通过了四项决议：中华人民共和国的首都定于北平，将北平改名为北京；中华人民共和国采用公元纪年；在中华人民共和国的国歌正式制定前，以《义勇军进行曲》为国歌；中华人民共和国的国旗为五星红旗，象征中国共产党领导下的人民革命大团结。

会议选举毛泽东为中国人民政治协商会议全国委员会主席，周恩来、李济深、沈钧

① 《刘少奇选集》上卷，人民出版社 2004 年版，第 433 页。

儒、陈叔通为副主席。选举毛泽东为中华人民共和国中央人民政府主席，朱德、刘少奇、宋庆龄、李济深、张澜、高岗为副主席。选举周恩来等56人为委员，组成中央人民政府委员会。

参加政协会议的各党派、各界人士，一致同意以新民主主义即人民民主主义作为中华人民共和国建国的政治基础，一致接受以《共同纲领》作为共同遵守和忠实执行的行为准则和中国人民革命建国的基本纲领。从而维护了中央政令的统一及政府各部门行使职权的一致性。

1949年9月30日，会议讨论和通过了《中国人民政治协商会议第一届全体会议宣言》，向全世界宣告中华人民共和国的成立。旧中国灭亡了，新中国诞生了。饱受民族屈辱、历尽战争苦难的中国人民，终于迎来了百年企盼的建国时刻。中国的历史，从此开辟了一个新的时代。

至此，中国人民政治协商会议第一次全体会议圆满完成了创建中华人民共和国的光荣使命，宣布闭幕。

四、《共同纲领》

> 中华人民共和国为新民主主义即人民民主主义的国家，实行工人阶级领导的、以工农联盟为基础的、团结各民主阶级和国内各民族的人民民主专政，反对帝国主义、封建主义和官僚资本主义，为中国的独立、民主、和平、统一和富强而奋斗。

1949年秋，中国人民在中国共产党的领导下，取得了反对帝国主义、封建主义和官僚资本主义的人民革命的胜利。国民党的军事力量已经土崩瓦解，阶级力量对比发生了根本性变化，革命即将获得全国性胜利。革命胜利后将要建立一个什么样的国家，如何把革命胜利的成果用法律形式固定下来，并且规定新中国成立后的大政方针，作为全国人民共同遵循的准则，以便团结全国各族人民把革命和建设事业继续推向前进，这就迫切需要制定一部具有根本法性质的文件。但当时大陆还未全部解放，战争尚在进行；反革命势力还很猖獗，各项社会改革尚未开展；社会秩序还不够安定；遭受长期战争破坏的国民经济尚未恢复。在这种情况下，中国共产党邀请各民主党派、人民团体、人民解放军、各地区、各民族以及国外华侨等各方面的代表，组成中国人民政治协商会议，代表全国各族人民的意志，在普选的全国人民代表大会召开以前代行全国人民代表大会的职权。

1949年9月29日，中国人民政治协商会议第一届全体会议选举了中央人民政府委员会，宣告了中华人民共和国的成立，并且通过了起临时宪法作用的《中国人民政治协商会议共同纲领》(以下简称《共同纲领》)。

《共同纲领》(见图1–10) 除序言外，分为总纲、政权机关、军事制度、经济政策、文化教育政策、民族政策、外交政策共7章60条。它肯定了人民革命的胜利成果，宣告了封建主义和官僚资本主义在中国统治的结束和人民民主共和国的建立。

《共同纲领》规定了新中国的性质和任务，指出：中华人民共和国为新民主主义即人民民主主义的国家，实行工人阶级领导的、以工农联盟为基础的、团结各民主阶级和国内各民族的人民民主专政，反对帝国主义、封建主义和官僚资本主义，为中国的独立、民主、和平、统一和富强而奋斗。这表明新中国成立初期我们国家的性质是工人阶级领导的各民主阶级的联合专政，而不是“实质上是无产阶级专政”，国家的任务是继续彻底完成新民主主义革命，而不是立即开始“社会主义革命”。

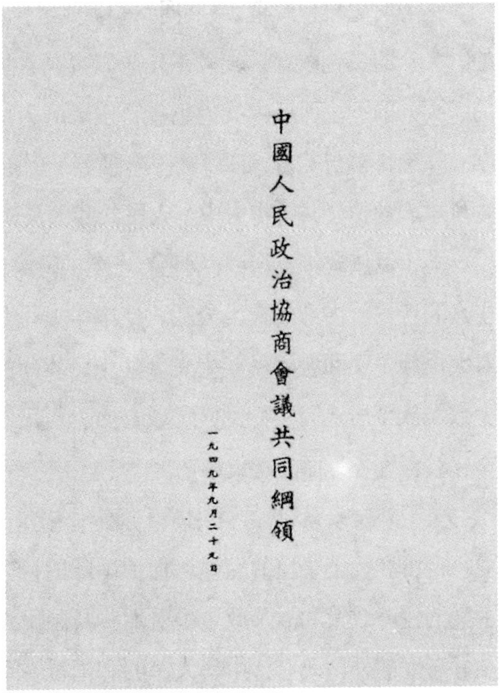

图1–10 为中华人民共和国奠基的纲领性文件

关于国家政权机关，《共同纲领》规定，国家政权属于人民。人民行使国家政权的机关为各级人民代表大会和各级人民政府。各级人民代表大会由人民用普选方法产生。国家最高政权机关为全国人民代表大会。全国人民代表大会闭会期间，中央人民政府为行使国家政权的最高机关。各级政权机关一律实行民主集中制。

关于军事制度，《共同纲领》规定，中华人民共和国建立统一的军队，即人民解放军和人民公安部队，受中央人民政府人民革命军事委员会统率。这支军队根据官兵一致、军民一致的原则，建立政治工作制度，以革命精神和爱国精神教育部队的指挥员和战斗员。

关于经济政策，《共同纲领》规定，国家经济建设的根本方针，是以公私兼顾、劳资两利、城乡互助、内外交流的政策，达到发展生产、繁荣经济的目的。国家用调剂现有的五种社会经济成分的政策，使各种社会经济成分在国营经济领导下，分工合作，各得其所，以促进整个社会经济的发展。国营经济为社会主义性质的经济。凡属有关国家经济命脉和足以操纵国民生计的事业，均应由国家统一经营。土地改革为发展生产力和国家工业化的必要条件。保护农民已得的土地的所有权，鼓励和扶助劳动人民发展半社会主义性质的合作社经济。凡有利于国计民生的私营经济事业，人民政府应鼓励其经营的积极性，并扶助其发展。在必要和可能的条件下，应鼓励私人资本向国家资本主义方向发展。

关于文化教育政策，《共同纲领》规定，文化教育为新民主主义的，即民族的、科学的、大众的文化教育。文教工作应以提高人民文化水平，培养国家建设人才，肃清封建的、买办的、法西斯主义的思想，发展为人民服务的思想为主要任务。努力发展自然科学、社会科学与文艺、体育和卫生事业，保护新闻自由。提倡爱祖国、爱人民、爱劳动、爱科学、爱护公共财物为中华人民共和国全体国民的公德。

关于民族政策，《共同纲领》规定，国内各民族一律平等，实行团结互助，反对帝国主义和各民族内部的人民公敌，使中华人民共和国成为各民族友爱、合作的大家庭。反对大民族主义和狭隘民族主义，禁止民族间的歧视、压迫和分裂各民族团结的行为。各少数民族聚居地区实行民族区域自治，人民政府应帮助各少数民族发展其政治、经济和文化教育等各方面的建设事业。

关于外交政策，《共同纲领》规定，中华人民共和国外交政策的原则，为保障本国独立、自由和领土主权的完整，拥护国际的持久和平和各国人民间的友好合作，反对帝国主义的侵略政策和战争政策。对那些与国民党反动派断绝关系并对中华人民共和国采取友好态度的外国政府，中华人民共和国可在平等、互利及互相尊重领土主权的基础上与之谈判，建立外交关系，并与外国政府和人民恢复并发展通商贸易关系。

《共同纲领》是总结中国人民一百多年来，特别是最近二十多年来反对帝国主义、封建主义、官僚资本主义的革命斗争经验而制定的一部人民革命建国纲领。它涵盖了中国共产党的全部最低纲领，即在现阶段实现新民主主义革命和建设的任务；同时，又在基本大政方针上和党的未来纲领即实行社会主义相衔接。

《共同纲领》在整个新民主主义建设时期，是规范和衡量全国一切党派、团体、个人的行为活动的共同准则。虽然它还不是一部正式的宪法，但不管从内容上还是从法律效力上看都具有国家宪法的特征，起了临时宪法的作用。它是新中国成立初期团结全国人民共同前进的政治基础和战斗纲领，对于巩固人民政权、加强革命法制、维护人民民主权利，以及恢复和发展国民经济方面起着指导作用。

五、开国大典

"中华人民共和国中央人民政府今天成立了！"

辽沈、淮海、平津三大战役结束后，国民党发动内战的主力已基本被歼灭，中国人民解放军挺进到长江北岸，统治中国22年之久的国民党政权已陷入四分五裂、土崩瓦解的绝境。新中国诞生的条件已经成熟。

1949年6月，中国人民政治协商会议筹备会议决定，1949年10月1日在北平天安门广场举行开国大典。随后，中共中央成立了开国大典筹备委员会，周恩来任主任，朱德任阅兵司令员，聂荣臻任阅兵总指挥，二十兵团司令员杨成武任阅兵指挥所主任。

1949年9月21日，由中国共产党发起召开的各民主党派、各人民团体、各地区、人民解放军、各民族、海外侨胞和其他爱国分子的代表参加的中国人民政治协商会议第一次全体会议在北平隆重开幕。会议通过了具有临时宪法作用的《共同纲领》和《中华人民共和国中央人民政府组织法》，并宣布中华人民共和国正式成立。

1949年10月1日，历尽百年沧桑的中国人民终于迎来了自己盛大的节日。这一天秋高气爽、晴空澄澈，新定为首都的北京有30万军民在天安门前隆重举行庆祝中华人民共和国中央人民政府成立典礼，史称“开国大典”（见图1–11）。

图1–11　油画《开国大典》吸引参观者

下午2时，中央人民政府委员会第一次会议一致决议：宣告中华人民共和国中央人民政府的成立；接受《中国人民政治协商会议共同纲领》为本政府的施政方针；任命周恩来为中央人民政府政务院总理，毛泽东为中央革命军事委员会主席，朱德为中国人民解放军总司令，沈钧儒为最高人民法院院长，罗荣桓为最高人民检察署检察长，并责成他们从速组成各政府机关，推行各项政府工作。

下午3时，刚刚就职的中华人民共和国中央人民政府主席毛泽东等领导人登上天安门城楼。当林伯渠宣布开会后，在国歌——《义勇军进行曲》的乐曲声中，中央人民政府主席、副主席和委员就位。人民领袖毛泽东庄严宣布：“中华人民共和国中央人民政府今天成立了！”毛泽东亲手按动电钮，第一面五星红旗在天安门广场上冉冉升起。与此同时，代表着54个民族[①]的54门礼炮齐鸣28响，如报春惊雷回荡在天地间，它标志着中国共产党领导中国人民英勇奋斗28年，终于取得了中国新民主主义革命的最后胜利。

① 当时确认的民族个数，直到1979年国务院批准确认中国有56个民族。

升旗之后，毛泽东宣读《中华人民共和国中央人民政府公告》，紧接着举行了规模浩大的阅兵式和群众游行。

阅兵式开始。朱德总司令身着戎装，在阅兵总指挥聂荣臻陪同下，乘阅兵车先后检阅了排列在东长安街的海军代表部队，陆军的步兵师、炮兵师、战车师和西长安街的骑兵师。随后，朱德总司令宣读了《中国人民解放军总部命令》。开国大典的阅兵按阅兵式、分列式的组织程序进行。阅兵式在静止状态下进行，全体受阅部队以天安门主席台为中心，按序列在东、西长安街列队，接受阅兵司令员的检阅；分列式在行进状态下实施，各受阅部队依次由东向西通过天安门城楼前接受检阅，共1.64万余人。武器装备以军兵种为单位，按种类集中，统一编组，由轻到重，由小到大，由低到高，由地面、海上到空中，使陆、海、空三军浑然一体，形成强大阵容（见图1–12、图1–13）。

盛大的阅兵式结束后，开始群众游行。工人、农民、学生、市民的队伍高举红旗，纵情欢呼人民当家做主的共和国的诞生。首都北京沉浸在狂欢里直至深夜。全国已经解放的各大城市在这一天都举行了热烈的庆祝活动。

开国大典过后，中央人民政府各工作部门在原华北人民政府各机构的基础上，迅速建立起来，并立即开始工作。新组建的政务院作为国家政务的执行机关，下设政治法律、财政经济、文化教育和人民监察4个委员会，共设有内务、外交、财政、金融、贸易、工矿、交通、农业、科学、文化、教育、民族、侨务等30个工作部门，负责执行全国人民所赋予的繁重的建设任务和对外交往工作。其中，有关财政经济的有16个部门，这表明经济建设在新的政府工作中占有重要地位。

中华人民共和国中央人民政府，是在全中国境内统一行使国家权力的中央政权，是代表全中国人民的唯一合法政府。中央人民政府的组成，充分体现了多党合作、团结建国的精神，政府领导成员均由共产党同各民主党派反复协商后正式提名：中央人民政府副主席6人，其中共产党员3人，民主党派和无党派民主人士3人；中央人民政府委员56人，其中共产党员29人，民主人士27人；政务院副总理4人，其中共产党员2人，民主人士2

图1–12　开国大典时准备接受检阅的人民解放军炮兵部队

图 1–13　开国大典阅兵式头戴钢盔的摩托化步兵

人；政务委员 15 人，其中共产党员 6 人，民主人士 9 人；在政务院所辖 34 个委、部、会、署、行等机构中，担任正职的共产党员 20 人，民主人士 14 人。出任中央人民政府各委、部正职的民主人士，有权独立负责地领导各自部门的工作。这样的成员结构，一方面可以弥补共产党管理这样大的国家在许多方面经验的不足；另一方面又有利于团结和带动社会各阶级、各阶层的人民为建设新中国共同奋斗。

中华人民共和国的成立具有深远的历史意义。它标志着在中国结束了几千年剥削阶级的统治，劳动人民从此成为新国家和新社会的主人；结束了近代以来中华民族遭受帝国主义压迫的历史，中国成为真正具有独立主权的国家；改变了旧中国四分五裂的局面，实现和巩固了各民族人民的大团结，实现和巩固了工人、农民、知识分子和其他各阶层人民的大团结，从而为建立一个独立、民主、富强的新中国，开始中国的社会主义现代化建设，实现中华民族的伟大复兴创造了基本前提。中华人民共和国的成立，在占世界人口近 1/4 的大国里建立起人民民主制度，加强了世界和平、民主和社会主义阵营的力量，深刻改变了世界的政治格局，对人类和平、民主、正义和进步事业具有深远的影响。

新中国的诞生是马克思列宁主义在中国的胜利，是马列主义的普遍真理和中国革命的具体实践相结合的思想即毛泽东思想的胜利。以毛泽东为主要代表的中国共产党人，创造性地制定了适合中国国情的新民主主义理论。共产党领导中国人民，结成广泛的人民民主统一战线，经过 28 年艰苦卓绝的斗争，最终战胜了国内外的强大敌人，使中国人民获得了解放。中国民主革命的经验为殖民地半殖民地国家争取民族解放的斗争提供了有益的借鉴，这也是对马列主义的丰富和发展，对国际共产主义运动作出的重大贡献。

六、解放全中国

全军坚决执行中央人民政府和毛泽东主席的一切命令，迅速肃清国民党军队的残余，解放一切尚未解放的国土。

中华人民共和国成立时，人民解放战争已取得了基本胜利，但还没有完全结束。国民党还有100多万军队在华南、西南和沿海岛屿负隅顽抗。在新解放地区，国民党遗留了大批残余力量，同当地封建恶霸势力相勾结，以土匪游击战争方式同人民政权对抗。他们寄希望于逃往台湾的蒋介石国民党反攻大陆，妄图东山再起，卷土重来。1949年10月1日，中华人民共和国中央人民政府成立后，中国人民解放军朱德总司令命令全军坚决执行中央人民政府和毛泽东主席的一切命令，迅速肃清国民党军队的残余，解放一切尚未解放的国土。人民解放军遂以雷霆万钧之势在各个战场上继续追歼残敌。

在华南，林彪、罗荣桓率领的第四野战军，同第二野战军密切配合，相继发动广东战役和衡（阳）宝（庆）战役，歼灭广东的余汉谋集团，逼迫白崇禧集团撤入广西境内，解放了华南最大的城市广州。从南京迁到广州的所谓“国民政府”，匆忙迁往重庆。第四野战军随即举行广西战役，以大迂回、大穿插的果敢行动，截断敌人西逃南撤之路，解放省会桂林，并发扬连续作战精神，一路追歼逃敌至中越边境的镇南关（现为友谊关），全歼白崇禧集团，广西全境获得解放。

在华东，陈毅、粟裕率领第三野战军继解放福州及闽北地区后，乘胜发起漳厦战役，解放了以漳州为中心的闽南大部地区。随后经紧张的渡海作战准备，发动厦门战役，消灭守敌汤恩伯部主力，解放了厦门全岛，闽南地区随之全部解放。

在西北，彭德怀率领的第一野战军承担进军新疆的艰巨任务。继胜利解放西安之后，在华北人民解放军一部的配合下，开始了解放西北各省的作战，陆续解放了宁夏、青海及甘肃，随后经历一千多公里的艰苦跋涉，进驻新疆首府迪化（现为乌鲁木齐），胜利完成了挺进西北边陲的壮举。

图 1-14　解放军进驻成都

在西南，刘伯承、邓小平率领的第二野战军，在第一、第四野战军配合下，发动解放大西南的战役。首先以迅雷不及掩耳之势西出贵州，占领贵阳、遵义，打开进军四川的门户；然后直入川南，截断川敌逃往康、滇的退路，同时全力进击川东，迅速解放西南最大的中心城市重庆。在重庆"督战"的蒋介石带领其军政要员狼狈逃往成都。在我军事打击和政治瓦解工作推动下，国民党云南省主席卢汉及西康省主席刘文辉等宣布起义。云南、西康两省遂告和平解放。蒋介石见大势已去，仓皇飞往台湾。我军发动成都战役（见图 1-14），歼灭国民党最后一支基干部队胡宗南集团，西南诸省除西藏以外全部解放。这标志着"蒋家王朝"在大陆统治的最后终结。

1950 年，解放军相继进行了解放海南岛（见图 1-15）、舟山群岛和万山群岛的渡海战役，拔除了国民党军在华南、华东沿海的最后立足点。经过一年的紧张作战，人民解放军共歼灭大陆和海岛上残存的国民党正规军 128 万余人，收编改造 170 余万起义投诚人员，使整个人民解放战争消灭国民党军队的总数达到 807 万余人，实现了除西藏、台湾、香港、澳门和少数几个海岛以外的全部中国领土的解放。

随着人民解放军的胜利进军，各新解放地区按照《共同纲领》的规定，建立了临时的过渡性政权——军事管制委员会，并由上而下地委任人员组成地方人民政府，集中领导肃清反革命残余势力的斗争，接管国民党的一切公共机关、产业和物资，恢复和安定社会秩序，组织恢复生产。经过短暂过渡，军事管制委员会结束了军管任务，将地方行政权力移交给地方各级人民政府来行使。

地方人民政府一经建立，即发动广大人民群众开展清匪反霸、减租减息、稳定市场物价等各项斗争，同时组织恢复工农业生产，进行社会清理、救灾赈灾、安排失业人员等繁重工作。当时，新解放区面临的一个突出问题，是许多地方匪患十分严重。这些土匪大多是国民党在撤逃台湾时，有计划地布置大批特务及反动党团骨干分子潜往各地，网罗地方势力拼凑的反动武装；此外，一部分溃败的国民党残军也就地转化为政治土匪。形形色色的土匪武装相互勾结，以推翻共产党领导的人民政权为政治目的，有组织地进行暴乱颠覆活动，形成一股股猖獗的反动势力。严重的匪情威胁着人民政权的巩固和社会秩序的安定，危及人民群众的生命财产。为彻底扫灭匪患，中央军委作出强有力的部署，先后抽调人民解放军 6 个兵团的 41 个军共 140 多个师的主力部队，分别在华东、中南、西南和西北的各省接合部、偏僻山区及少数沿海岛屿等土匪活动区域，迅速展开大规模的剿匪斗争，同时帮助当地建立和巩固人民政权，发展生产并实行土地改革。为了保证剿匪作战的顺利进行，中共中央、毛泽东提出了“军事进剿、政治瓦解、发动群众武装自卫三者相结合”的方针，规定了“镇压与宽大相结合”的政策，即“首恶者必办，胁从者不问，立功者受奖”的政策。根据中央的统一部署和方针政策，一场军队、地方和人民群众紧密配合的大规模剿匪作战在全国范围内展开。

经过大举进剿、重点清剿和肃清残匪等几个阶段，到 1951 年上半年，各地区歼灭的土匪武装已逾 100 多万，基本上平息了大陆上的匪患。按照中央关于“除恶务尽，不留后患”的指示，各地继续进行肃清残散土匪的斗争，使旧中国历史上遗留下来而为广大人民深恶痛绝的匪患，终于得到彻底根绝，有力地巩固了新生人民政权，保护了人民群众的安居乐业，为开展民主改革和恢复国民经济创造了良好的社会环境。

图 1–15　海口市民欢庆解放海南岛

西藏自古以来就是中国的领土。1840 年鸦片战争以后，西藏遭到帝国主义列强的侵略。新中国成立后，为了驱逐帝国主义势力，完成祖国领土和主权的统一，1949 年下半年党中央做出解放西藏的战略决策，命令人民解放军进军西藏、建设西藏。1949 年底，解放军就开始了进驻西藏的准备工作，解放军的前哨部队到达了西康的甘孜。当时，解放军完全有力量采用军事行动解放西藏，但因为西藏人民和汉族人民之间还存在着由于历史上所造成的深刻的民族隔阂，为了避免进一步伤害民族感情，中央人民政府多次通知西藏地方政府派代表来京谈判，以期和平解放西藏。1951年2月，十四世达赖亲政。达赖亲政后，接受了中央人民政府和平解放西藏的号召，派阿沛·阿旺晋美为全权首席代表，组成西藏代表团到北京，于4月29日同李维汉为首席代表的中央人民政府的代表团开始谈判。5月23日，双方代表在北京签订了《中央人民政府和西藏地方政府关于和平解放西藏办法的协议》(见图1–16)。《关于和平解放西藏办法的协议》既坚持了实现祖国统一、维护国家主权的原则性，又体现了照顾西藏历史情况和现实可能的灵活性，完全符合西藏人民的利益和愿望，也完全符合全国人民的利益和愿望。根据协议，10月26日，人民解放军在张国华、谭冠三两位将军率领下进驻拉萨，实现了西藏的和平解放。

图1–16 中央人民政府全权代表在《关于和平解放西藏办法的协议》上签字

至此，除台湾及其附近岛屿和香港、澳门外，新中国实现了全国各地区、各民族的大统一和大团结。

七、没收官僚资本

1947 年 10 月发布的《中国人民解放军宣言》，明确、郑重地向全国人民提出“没收官僚资本”的口号。

中华人民共和国成立后，在经济上所继承的是一副千疮百孔的烂摊子：工农业生产萎缩，交通梗阻，物资匮乏，民生困苦。特别是旧社会遗留的恶性通货膨胀仍未消除，新解放城市普遍存在物价飞涨、投机猖獗、市场混乱的局面。为此，新中国成立伊始，人民政府面临的一项紧迫任务，就是制止通货膨胀和物价上涨，把经济形势稳定下来，把生产恢复起来，建立起新民主主义的经济秩序，使新生人民政权在经济上进而在政治上站住脚跟。

建立新民主主义经济秩序，首先要建立作为国民经济主要物质基础的属于社会主义性质的国营经济，并使之成为整个社会经济的领导成分。新中国的国营经济是按照新民主主义经济纲领，主要通过没收官僚资本归国家所有而建立起来的。

在国民党统治时期，以蒋、宋、孔、陈四大家族为主的官僚资本，凭借国家政权，通过卖国内战、发行公债、苛捐杂税、专卖垄断、商业投机、通货膨胀，以及其他巧取豪夺的手段，积累了大量财富，垄断了中国经济。到 1949 年新中国成立前夕，官僚资本拥有全国工矿和交通运输业固定资产的 80%，垄断了钢产量的 90%，电力的 67%，煤炭的 33%，有色金属和石油的 100%，水泥的 45%，硫酸的 80%，织布机的 60%，纱锭的 38%，糖的 90%，还控制了全国的金融机构和铁路、公路、邮电、航空运输、对外贸易，以及文化事业。

中国共产党早在抗日战争时期就提出没收官僚资本的要求。毛泽东在《新民主主义论》中指出，大银行、大工业、大商业应该归新民主主义国家所有。1947 年 12月毛泽东在《目前形势和我们的任务》中进一步提出，要没收蒋介石、宋子文、孔祥熙、陈果夫和陈立夫为首的垄断资本归新民主主义国家所有，并把它列为新民主主义三大纲领之一。1947 年 10 月发布的《中国人民解放军宣言》，明确、郑重地向全国人民提出“没收官僚资本”的口号。1949 年 4 月发布的《中国人民解放军布告》宣布凡属国民党反动政府和大官僚分子所经营的工厂、商店、银行、仓库、船舶、码头、铁路、邮政、电报、电灯、电话、自来水和农场、牧场等，均由人民政府接管。根据上述规定，人民解放军所到之处，立即将官僚资本收归人民所有。

没收官僚资本的进程是和人民解放军的军事推进同步进行的。在解放战争初期，首先在吉林、辽宁、内蒙古的解放军占领区没收官僚资本和敌伪财产，接着在华北、华中早解放的城市中进行。1948~1949 年初，三大战役胜利后，人民解放军基本接管了长江以北的官僚资本企业。

随着全国解放的来临，中共中央于 1949 年上半年先后发出《关于接收官僚资本企业的指示》、《关于接收江南城市给华东局的指示》、《关于接收平津企业经验介绍》等，详尽规定了接收官僚资本企业的方针和政策。人民解放军所到之处，立即接收国民政府的国家企业，没收官僚资本归人民所有。据统计，1949 年，被人民政府没收的官僚资本工矿企业 2858 个，生产工人 75 万多人。其中，发电厂 138 个，采煤、采油企业 120 个，铁锰矿 15 个，有色金属矿 83 个，炼钢厂 19 个，金属加工厂 525 个，化学加工厂 107 个，造纸厂 48 个，纺织厂 241 个，食品企业 844 个。在交通运输业中，接收的有铁路 2 万多公里，机车 4000 多台，客车 4000 多辆，各种船舶 20 多万吨，铁路和船舶修理制造厂约 30 个。在金融业中，对原“四行二局”及其他官营银行 2400 多家，没收其全部财产归人民共和国所有。其中，有商股的中国银行经过整顿改组，成为了在中国人民银行领导下的专门经营外汇业务的专业银行。在商业方面，接收的有原复兴、富华、中国茶叶、中国石油、中国盐业、中国蚕丝、中国植物油、孚中、中国进出口、金山贸易、利泰、扬子建业、长江中美实业等大的贸易公司及其分支机构。

新中国成立后，为了保证对官僚资本的顺利接收，人民政府在认真总结经验的基础上，制定了一系列有关接收官僚资本的方针和政策。

首先，严格区分官僚资本和民族资本。查明确实是国民党各级政府经营的企业即完全官办的，以及宋子文、孔祥熙等大官僚直接兴办的企业才没收；保护民族工商业和私营工商业；在官僚资本企业中，如果有民族资本家的股份，承认其所有权，不得没收；对一般国民党人经营的企业也不作为官僚资本没收；小官僚和地主经营的工商业也不在没收之列。

其次，采取适当的接管方式，使物资财产顺利回到人民手中。没收官僚资本是在解放战争尚未完全结束的情况下进行的，不仅要恢复生产，而且要严防敌人破坏。按照官僚资本企业原属系统，自上而下，原封不动，整套接收。在接收企业时，不打乱企业原有组织机构和生产管理制度，保证企业生产系统和技术部门的完整性，以便迅速恢复正常运转。对企业的管理人员和技术人员，除个别反动破坏分子以外，一律按原薪原职留用，使他们继续履行组织、管理企业生产经营的职责。这一套符合企业生产规律的接管方针和接收办法，有效地避免了新旧交替中可能发生的损失和混乱，有利于生产事业的尽快恢复和发展，并有利于从解放区来的干部逐步学习和掌握过去所缺乏的管理生产企业的知识和经验。

最后，在接收官僚资本企业过程中，人民政府紧密依靠企业中的工人群众，贯彻自上而下按系统接收和自下而上工人职员的审查和检举相结合的方法。人民政府一面责成原有企业负责人办理移交清点手续，一面广泛发动工人群众予以配合，这就极大地激发了工人当家做主的积极性。同时，由最了解企业的工人群众参加没收官僚资本，保证了没收工作顺利进行。

1951 年 1 月，政务院又发布了《关于没收战犯、汉奸、官僚资本家及反革命分子财产的指示》，对于战犯、汉奸、官僚资本家及反革命分子的财产也进行了没收。同年 1 月，人民政府又发布了《企业中公股公产清理办法》，对隐匿在一般私营企业中的官僚资本股份进行了广泛的清理工作。至此，没收官僚资本工作已经完成，被没收的官僚资本、企业和财产，成为了社会主义国营经济的主要来源。

由于没收了官僚资本，使社会主义国营经济的力量空前壮大起来（见图 1–17）。据统计，1949 年，社会主义国营工业在全国大型工业总产值中所占比重为 41.3%，在全国工业总产值中占 26.2%。国营经济已经拥有全国电力产量的 58%，原煤产量的 68%，生铁产量的 92%，钢产量的 97%，

图 1–17　江苏南京工商界响应中央人民政府政务院发布的《国营企业缴纳工商税暂行办法》

水泥产量的68%，棉纱产量的49%。国营经济还掌握了全国的铁路和大部分的现代交通运输事业。

八、整顿经济秩序

稳定物价和统一财经的工作，是新中国成立后在财政经济战线上取得的一个具有重大意义的胜利，从此结束了国民党统治时代自抗战以来使人民深受其苦的通货膨胀和物价飞涨的局面，也结束了旧中国几十年财政收支严重不平衡的局面。毛泽东高度评价这个胜利的意义"不下于淮海战役"。

制止通货膨胀、稳定市场物价，这是新中国成立初期人民政府需要解决的一项迫切任务。

新中国成立前后，面临着严重的经济困难，经济形势非常严峻。究其原因，首先，国民党反动派的统治和帝国主义的侵略遗留下来的历史因素继续发挥了作用，工农业生产受到很大的破坏，新中国从国民党政府接收下来的是全面崩溃了的经济。以1949年与1936年相比，工业产值下降了50%，农业产值下降约25%。据统计，从抗战前的1937年6月到1949年国民党政府崩溃前夕的12年间，国民政府的通货增发达到1400多亿倍，物价上涨36807亿倍。新中国成立时，不得不承受这个破烂摊子。

其次，财政上入不敷出，人民币发行过量。1949年城市中有400万失业人口，农村有4000万灾民需要救济；加之新解放地区对国民党政府留下的大批人员采取"包下来"的政策，连同老解放区公务人员一起，共达900万人，致使行政经费骤增，而医治战争创伤，重点恢复和重建经济、恢复铁路交通，也都需要巨大的财力、物力的支持。这样一来，1949年国家财政收支出现了2/3的赤字。国家为了解决急需，不得不增加人民币的发行量。以1948年底为基数，到1949年11月，人民币发行量增加约100倍，年增发量高达270倍。

最后，大量投机资本的捣乱和破坏。通货膨胀，物价飞涨，投机资本家、不法商人乘机投机倒把，囤积居奇，哄抬物价，进行破坏和捣乱，从而加重了经济的困难程度。在全国范围内，1949 年 4 月、7 月、11 月和 1950 年 2 月，出现了 4 次大规模的物价涨风，向国营经济发动了猖狂的进攻。

为了制止物价上涨风潮和市场混乱，党和政府依靠国营经济和老解放区农民的支持，采取了有力的经济措施和必要的行政手段，打击投机倒把，开展稳定市场物价的斗争，并相继组织了打击不法投机资本的“两大战役”。

1949 年 7 月，陈云受中共中央委托，亲赴上海进行调查，探讨解决不法投机资本问题的途径。同年 8 月，中央在上海召开有华东、华北、华中、东北、西北五个大区领导干部参加的财经工作会议。会议确定了全力支持解放战争彻底胜利和维持解放区稳定人民生活的方针、实施方案和步骤，并决定调动全国的财力、物力，稳定城乡市场，控制物价；掌握粮食以稳住城市，掌握纱布以稳住农村，制止投机资本家哄抬物价。为此，采取了下列措施。

首先，稳定物价，打击投机资本。进城初始，各大城市军管会和人民政府均发布以人民币为唯一合法货币的法令，限期收兑国民党政府发行的金圆券，明令禁止金条、银元、外币在市场上自由流通，一律由人民银行挂牌收兑。但投机商对政府的法令置若罔闻，他们乘人民币在市场上立足未稳，大肆炒卖银元和外币，使银元价格轮番猛涨，带动物价指数成倍上涨，严重影响人民币的流通，给正当工商业经营造成了极大冲击。对此，上海举行了大规模的“反对银元投机，保障人民生活”的游行和宣传，查封了金融投机的大本营——上海证券交易所，并依法逮捕惩办了操纵市场、破坏金融的首要分子 200 多人。北京、武汉、广州等地也采取了同样措施，惩办了一批金、银、外币投机分子，沉重地打击了破坏金融的非法活动。与此同时，人民政府对私营金融机构也加强了管理，坚决取缔了经营高利贷、地下钱庄等非法机构，对于一般私营钱庄则在禁止其投机活动的同时，引导其将资金投向生产事业，纳入了国家银行的控制之下。在上海（见图 1-18）进行的“银元之战”狠狠打击了不法投机资本的金融投机活动，使人民币迅速占领市场，对于进城之初稳定物价和建立社会经济秩序起了重要作用。

上海解放不久，国民党特务就叫嚣：只要控制了“两白一黑”（米、棉、煤）就能置上海于死地。为此，人民政府必须掌握足够数量的粮食和纱布等主要商品。正如陈云指出的：稳定物价的关键是看我们掌握市场主要物资的多少，人心乱不乱，在城市中心是

图 1–18 解放军骑兵部队穿越上海市白渡桥

粮食。投机资本家趁国家财政开支困难，再次掀起了全国物价大涨风潮。北京的奸商大肆囤积粮食，哄抬粮价；上海的资本家则抢购纱布、五金、化工原料，推波助澜，各地物价持续猛涨达四十余天。以陈云为首的中央财经委员会精心部署了一场“米棉之战”，在全国范围大规模调集粮食、棉纱等主要物资，待物价上涨最猛之际，在上海、北京、天津、武汉、西安等各大城市同时敞开抛售，使物价迅速下跌；同时催征税收，进一步收紧银根。投机商借高利贷囤积的货物不得不贱价抛售，且愈抛愈贱，使大批投机商因周转不灵而破产。国营贸易公司利用物价下跌及时购进物资，为进一步平抑物价、稳定市场作准备。

其次，加强市场管理，统一全国财政经济。要从根本上稳定物价，必须做到国家财政收支平衡和市场物资供求平衡。但是，由于战争还在进行，原解放区财政工作的分散状态尚未改变，地方政府征收的公粮和各项税收，又大多用于地方性支出。这样，中央政府实际担负着军事费用、经济建设投资、救济费用等巨额支出，却没有稳定足够的收入，出现赤字只得靠发行纸币来弥补。随着全国大陆的解放（除西藏以外），金融、铁路、邮电、外贸等方面开始逐步实行统一管理，全国财政工作的统一已势在必行。

1950 年 1 月全国开始发行人民胜利折实公债，加快了货币的回笼；同时，全国性的军事行动已接近尾声，使争取财政收支平衡具备了客观可能。1950 年 2 月 13 日至 25 日，在陈云主持下，中央财政经济委员会召开全国财经会议作出了《关于统一国家财政经济工作的决定》。3 月 3 日，政务院通过了这个决定。会议确定了 1950 年财经工作的总方针：集中一切财力、物力做目前必须做的事。为此，会议决定：节约开支、整顿收入、统一全国财经工作，以实现国家财政收支、物资供求、现金出纳的平衡和金融物价的稳定。

在各级政府机关和人民群众的共同努力下，统一财经工作很快取得了明显成效。从 1950 年 3 月以后，国家财政收支接近平衡，通货膨胀停止，物价日趋稳定。例如以 1950 年 3 月份的全国批发物价总指数为 100，1950 年 12 月下降到 85.4，1951 年 12 月为

92.4，1952年12月为92.6。国家财政收支也趋于平衡，1950年第一季度财政赤字占支出总数的43%，第二季度下降为40%，第三季度下降为9.8%，第四季度只占支出总数的6.4%。由于集中了财力，在可机动使用的资金十分有限的情况下，不仅保证了解放战争后期作战和抗美援朝战争初期的资金需要，还抽出必要的资金支持了水利、铁路及钢铁等重点恢复工程。随着实行现金管理、整顿税收和推销公债及中央财政收入增加，货币发行和流通减缓，商品供应相对比较宽裕，在货币、物资相对平衡的基础上，物价开始趋于平稳并有所回落。

稳定物价和统一财经的工作，是新中国成立后在财政经济战线上取得的一个具有重大意义的胜利，从此结束了国民党统治时代自抗战以来使人民深受其苦的通货膨胀和物价飞涨的局面，也结束了旧中国几十年财政收支严重不平衡的局面，为安定人民生活、恢复和发展工农业生产创造了有利条件，为全面实施新民主主义建国纲领，进行各项新民主主义建设提供了必要前提。毛泽东高度评价这个胜利的意义“不下于淮海战役”。[①]

九、登上国际舞台

> “凡与国民党反动派断绝关系并对中华人民共和国采取友好态度的外国政府，中华人民共和国中央人民政府可在平等、互利及互相尊重主权的基础上，与之谈判，建立外交关系。”

新中国成立前夕，中国共产党根据第二次世界大战后国际形势的变化，确定了新中国外交的基本原则和政策。这就是取消帝国主义在中国的特权，保障本国独立、自由和领土主权的完整，拥护国际的持久和平和各国人民间的友好合作，反对帝国主义的侵略政策和战争政策。对国民党政府与外国政府所订立的各项条约和协定加以审查，按其内容分别予以承认、废除、修改或重订。在平等、互利及互相尊重领土主权的基础上，与各外国政府通过谈判建立外交关系，并与各外国的政府和人民恢复和发展通商贸易关系。

① 转引自薄一波：《若干重大决策与事件的回顾》上卷，人民出版社1997年版，第89页。

这些基本原则和政策的确立，指导了新中国外交工作的展开。

第一，“打扫干净屋子再请客”，废约收权。“打扫干净屋子再请客”，这一外交方针是毛泽东在1949年初同米高扬的谈话中首先提出来的（见图1–19）。毛泽东说：“我们这个国家，如果形象地把它比做一个家庭来讲，它的屋内太脏了……中共建政后，我们必须认真清理我们的屋子……等屋内打扫清洁、干净，有了秩序，陈设好了，再请客人进来。我们的真正的朋友可以早点进屋子来，也可以帮助我们做点清理工作，但别的客人得等一等，暂时还不能让他们进门。”①

图1–19 毛泽东与米高扬在西柏坡合影

在随后召开的中国共产党七届二中全会上，毛泽东正式阐明了这一方针。他说：“关于帝国主义对我国的承认问题，不但现在不应急于去解决，而且就是在全国胜利以后的一个相当时期内也不必急于去解决。……只要一天它们不改变敌视的态度，我们就一天不给帝国主义国家在中国以合法的地位。”② 面对即将诞生的共和国，帝国主义列强虽绞尽脑汁却无计可施，但总想保留一些在中国的特权。中共中央和毛泽东没有被它们迷惑，提出了“打扫干净屋子再请客”的方针，对于帝国主义国家同中国建交的问题采取“等一等”的态度，有意地把建交时间往后推移，留出时间清扫“屋子”。

根据对于国民党政府与外国政府所签订的各项条约和协定，中华人民共和国中央人民政府应加以审查，按其内容，分别予以承认，或废除，或修改，或重订的原则，人民政府庄严宣布：取消帝国主义在中国的一切特权；废除国民党政府的一切卖国条约，如《中美商约》等一系列有损于我国独立自主的条约；宣布收回北京市各外国兵营地产及其他建筑；废除帝国主义在中国的航务、港务特权，成立新中国海关总署，把丧失了100多年的中国领水权、海关权全部收回；接收了帝国主义在华开办的教会学校、津贴

① 转引自师哲：《在历史巨人身边》，中央文献出版社1991年版，第375~384页。
②《毛泽东选集》第四卷，人民出版社1991年版，第1435页。

学校，其中高等学校 21 所，中小学 1677 所，收回了文化教育、宗教事业的自主权，全国人民为此扬眉吐气。历史证明，这一方针的实施，彻底摧毁、清除了帝国主义对华的控制力和影响力，有效地遏阻了帝国主义对中华人民共和国的渗透、颠覆和破坏，对维护中国国家安全有长远的现实意义。

第二，“另起炉灶”，平等建交。“另起炉灶”是毛泽东 1949 年春提出来的。这年 3 月 5 日，他在七届二中全会上对此进行了明确阐述。他指出：“不承认国民党时代的任何外国外交机关和外交人员的合法地位，不承认国民党时代的一切卖国条约的继续存在，取消一切帝国主义在中国开办的宣传机关，立即统制对外贸易，改革海关制度，这些都是我们进入大城市的时候所必须首先采取的步骤。”[①] 毛泽东提出“另起炉灶”的方针，其核心思想就是与旧中国屈辱外交彻底决裂，不自动继承旧中国的一切外交关系，在新的基础上重建中国同外国的关系，使中国人民在帝国主义面前站立起来。

根据“凡与国民党反动派断绝关系并对中华人民共和国采取友好态度的外国政府，中华人民共和国中央人民政府可在平等、互利及互相尊重主权的基础上，与之谈判，建立外交关系”的原则和毛泽东宣布的“本政府为代表中华人民共和国全国人民的唯一合法政府”的公告精神，我国政府对于外国政府驻旧中国的外交机关和部门的人员一律不予承认，凡未重新建交的外国机构如仍在中国活动的皆属违法，守法的则可按侨民身份加以保护。1949 年 10 月 2 日，苏联政府第一个宣布承认中华人民共和国政府，并决定同中华人民共和国建交，互派大使。接着，从 10 月 4 日到 1956 年 1 月 18 日，东欧和亚洲的人民民主国家保加利亚、罗马尼亚、匈牙利、朝鲜民主主义人民共和国、捷克斯洛伐克、波兰、蒙古、德意志民主共和国、阿尔巴尼亚、越南等 10 国与中国正式建交。

1950 年 4 月至 1951 年 5 月，非社会主义国家的亚洲邻国印度（见图 1-20）、缅甸、印度尼西亚与巴基斯坦，先后承认中华人民共和国，并与中国建立外交关系；1950 年初，西方资本主义国家的丹麦、芬兰、瑞典、瑞士相继承认中华人民共和国。经过谈判，他们断绝了与蒋介石集团的外交关系，与中华人民共和国建立了外交关系。英国、锡兰（今斯里兰卡）、挪威、阿富汗、荷兰、以色列等六国在 1950 年 1 月后，也相继表示承认中华人民共和国。但是由于英国、荷兰、挪威、阿富汗追随美国敌视中国的政策，阻挠恢复我国在联合国的合法权利，以致建交谈判未能达成协议。锡兰受英国的制约不能与中国建交。

① 《毛泽东选集》第四卷，人民出版社 1991 年版，第 1434 页。

图 1-20　印度的大使潘尼迦向毛泽东主席呈递国书

与此同时，依据“中华人民共和国在平等互利的基础上与各外国政府和人民恢复并发展通商贸易关系”的规定，我国同许多国家和地区恢复和发展了贸易关系，增进了同世界各国人民的友好往来。

第三，“一边倒”，加强中苏关系。“一边倒”的外交方针是在1949年建党28周年纪念日，毛泽东在《论人民民主专政》一文中提出来的。毛泽东说：“一边倒，是孙中山的四十年经验和共产党的二十八年经验教给我们的，深知欲达到胜利和巩固胜利，必须一边倒。积四十年和二十八年的经验，中国人不是倒向帝国主义一边，就是倒向社会主义一边，绝无例外。骑墙是不行的，第三条道路是没有的。我们反对倒向帝国主义一边的蒋介石反动派，我们也反对第三条道路的幻想。”“我们在国际上是属于以苏联为首的反帝国主义战线一方面的，真正的友谊的援助只能向这一方面去找，而不能向帝国主义战线一方面去找。”①

当时，新中国对外关系面临三种选择，一是亲美远苏；二是亲苏远美；三是奉行中间路线，兼亲美苏。由于美国长期支持国民党政权，抗战胜利后又支持蒋介石打内战，新中国成立前后，又坚决地站在台湾当局一边，对新中国采取敌视态度，“亲美远苏”不可能成为选项。第二次世界大战后，世界已分裂成以苏联为首的社会主义和以美国为首的资本主义两大阵营。在冷战形势下，中国作为大国很难保持中立，骑墙的“中间路线”也是走不通的。而中苏不仅有意识形态方面的紧密联系，而且中苏两党也有很深的渊源，在共产党反对国民党的斗争中，苏联也给予了一定的援助，所以采取“一边倒”的方针就成为毛泽东和中共中央的唯一选择。

为了加强以苏联为首的世界和平民主阵线，反对帝国主义的侵略政策和战争政策，巩固中苏两国的邦交，发展中苏人民友谊，1949年12月，毛泽东访问苏联，于1950年2月14日，双方签订了《中苏友好同盟互助条约》(见图1-21)、《中苏关于中国长春铁

①《毛泽东选集》第四卷，人民出版社1991年版，第1472~1475页。

路、旅顺口及大连的协定》、《中苏关于苏联贷款给中华人民共和国的协定》。

与苏联和各国人民民主国家的友好态度相反，美帝国主义不但敌视中国人民革命，而且更敌视新中国的成立。1949 年 10 月 1 日，周恩来以外交部长的名义正式照会美国，表示中国人民政府愿意同美国建立外交关系，10 月 4 日，美国国务院反而宣称“国民政府”是“中国的合法政府”，拒绝承认中华人民共和国。之后，新中国表示愿意同美国进行贸易，美国很快作出了对中国实行封锁、禁运的政策。1950 年 1 月 8 日，周恩来外长再次致电第四届联合国大会，重申“中华人民共和国中央人民政府是中国人民唯一合法政府”，要求取消所谓“中国国民政府代表团”参加联合国的一切权利，遭到了美国的反对。继之，美国又公然侵占中国领土台湾，轰炸中国东北边疆、击沉中国商船，以武力威胁、干涉中国内政，致使中美关系被迫中断。

图 1–21 《中苏友好同盟互助条约》签字仪式

第二章 民主改革与恢复国民经济

一、新中国成立初期战略策略方针的确定

"我们不要四面出击。四面出击，全国紧张，很不好。我们绝不可树敌太多，必须在一个方面有所让步，有所缓和，集中力量向另一方面进攻。"

新中国成立后到1950年上半年，经过几个月的紧张战斗和艰苦努力，全国大陆上的军事战争已基本结束，社会秩序基本稳定，国家财政经济状况开始好转，新中国成立伊始面临的严峻局面初有改观。但是，前进道路上的障碍还远没有清除，围绕恢复和发展生产这个中心，还有许多紧迫的工作亟待进行。首先是拥有3亿多人口的新解放区尚未进行土地改革，地主阶级还没有被推翻，封建剥削制度还严重束缚着农村生产力的发展。国家财政状况并未根本好转，在胜利的形势下又积累了许多矛盾。通货膨胀停止之后，私营工商业由于适应不了新的形势，大都感到生产经营困难，以致停产、歇业，各大城市都出现了市场萧条现象，新的失业人员增多，一部分群众滋长了失望和不满情绪。据统计，当时有14个城市的2945家工厂关门，16个城市的9347家商店歇业，29个城市的160万工人失业、半失业，上海有300个厂长、经理出走香港。暂时的困难使资本家消极经营，甚至惶惶不安。另外，在过去几个月的工作中，也出现了一些缺点和偏差亟待纠正。这些都是需要人民政府通盘解决的迫切问题。

图 2–1　中国共产党第七届中央委员会第三次全体会议

1950 年 6 月 6 日至 9 日，中共中央在北京召开了七届三中全会，这是中央在新中国成立后召开的第一次全体会议（见图 2–1）。全会的中心议题是：确定党在国民经济恢复时期的主要任务，以及为此必须进行的各项工作和所应采取的战略、策略方针。

毛泽东在会上作了《为争取国家财政经济状况的基本好转而斗争》的书面报告。这个报告实事求是地、全面地、科学地分析了新中国成立以来的形势，明确了党和政府所面临的基本任务，以及为了完成这一任务应做好的工作，并详细地阐述了在这些工作中应该遵循的基本方针和政策。报告在总结了新中国成立前后一年多的工作之后，提出党在当前阶段的中心任务，是争取国家财政经济状况的根本好转。而要获得财经状况的根本好转，需要用三年左右的时间，创造三个条件，即土地改革的完成、现有工商业的合理调整和国家机构所需经费的大量节减。毛泽东号召全党全国人民一致团结起来，为创造这三个条件而努力奋斗，并做好以下八项工作：有步骤、有秩序地进行土地改革工作；调整税收，减轻人民负担，在统筹兼顾的方针下合理调整工商业，改善公私关系和劳资关系；复员一部分军队人员，对行政系统进行整编；有步骤地、谨慎地对旧有文化教育事业进行改革，争取一切爱国知识分子为人民服务；认真做好失业救济工作；认真团结各界民主人士，开好各界人民代表会议；坚决肃清一切反革命分子；进行一次全党整风，加强党同人民群众的联系。

围绕争取财经状况根本好转的中心任务，刘少奇向全会作了《关于土地改革问题的报告》（见图 2–2），就中共中央起草的准备提交政协全国委员会审议的土地改革法草案作了说明。他在报告中阐述了土地改革的基本理由和目的，强调土地改革是争取国家财政经济基本好转的条件之一，也是新民主主义革命必须完成的任务。土地改革的基本目的，是使农村生产力从地主阶级封建土地所有制的束缚下获得解放，以便发展农业生产，为新中国的工业化开辟道路。刘少奇在报告中着重指出：土地改革的每一个步骤，必须切实照顾并密切结合农村生产的发展。报告提出富农经济的存在及其在某种限度内的发展，对于我们国家的人民经济的发展是有利的，对于广大的农民也是有利的，因而在今后的土地改革中要保存富农经济不受破坏。

陈云向全会作《关于财政经济问题的报告》，对合理调整工商业作了具体部署。他指出，五种经济成分应当统筹兼顾，这对人民有好处。只有在国营经济领导下，五种经济成分才能各得其所，才能搞新民主主义，将来进到社会主义。在调整公私关系方面，要通过加工订货，有步骤地组织私营工厂的生产和销售；通过适当调整价格政策和农副产品收购的分工，使私商有利可图，农民可增加一部分收入。在整顿税收方面，陈云提出在三五年内一般的商品不提高税率，一部分商品的税率还可降低一些。这样减轻了人民负担，促进了生产恢复，税收面宽了，国家税收不但不会减少，相反肯定会增加。

周恩来、聂荣臻分别作了《关于外交与统一战线工作的报告》和《关于人民解放军整编问题的报告》。报告分别从外交、统一战线、军队整编，以及税收、整党等几个方面，对有关工作所应遵循的方针政策作了具体的说明和阐述。这些报告，对今后一个时期全党工作任务作了全面的部署。中央一些部门的负责人也在会上发了言，最后由毛泽东作了总结（见图 2–3）。

图 2–2　刘少奇在七届三中全会上作报告

为保证中心任务的顺利实现，全会着重讨论和确定了党在政治上所应采取的战略策略方针。新中国成立几个月来，社会经济的改组和支援战争的开支巨大，暂时给社会带来了很重的负担，许多人对现状表示不满，国内阶级关系出现紧张。另外，在稳定物价斗争中，党内一部分干部主张乘胜挤垮资产阶级，早日实现社会主义，加深了统一战线内部各阶级、阶层间的紧张关系，妨害了团结全国人民去实现当前的中心任务。针对这种情况，毛泽东在《不要四面出击》的讲话中，深刻地分析了国内各阶级的动态，阐明了党关于团结大多数、集中力量孤立和打击少数敌人的战略策略方针，强调必须稳步前进，团结工人、农民、小资产阶级，以及民族资产阶级和知识分子的绝大多数，集中力量孤立和

图 2–3　毛泽东在中国共产党第七届中央委员会第三次全体会议上发言

打击当前的主要敌人。他说："我们当前总的方针是什么呢？就是肃清国民党残余、特务、土匪，推翻地主阶级，解放台湾、西藏，跟帝国主义斗争到底。"[①] 因此，"我们不要四面出击。四面出击，全国紧张，很不好。我们绝不可树敌太多，必须在一个方面有所让步，有所缓和，集中力量向另一方面进攻。"[②] 会议着重批评了那种认为可以提早消灭资本主义、实行社会主义的思想，指出这是不适合我国情况的错误思想。毛泽东指出，民族资产阶级将来是要消灭的，但是现在要把他们团结在党的身边，共同发展国民经济，而不要把他们推开。对民族资产阶级的政策仍然是又团结又斗争，以团结为主，是节制资本而不是挤走和消灭资本。

中国共产党七届三中全会是新中国成立初期党中央在历史转折关头召开的一次很重要的会议。毛泽东的报告、讲话和会议的决议为三年恢复时期党的工作规定了明确的策略路线和行动纲领，为全面实施《共同纲领》，党在国民经济恢复时期制定了行动纲领和策略路线，这对于巩固新生的人民政权、迅速恢复和发展国民经济、稳步实现从新民主主义到社会主义的过渡，具有重要的指导意义。

①《建国以来毛泽东文稿》第 1 册，中央文献出版社 1987 年版，第 398 页。
②《建国以来毛泽东文稿》第 1 册，中央文献出版社 1987 年版，第 400 页。

二、抗美援朝

中朝是唇齿之邦，唇亡则齿寒。抗美援朝不只是道义上的责任，也是为自卫的必要性所决定的。

中国共产党七届三中全会以后，正当我国人民为争取国家财政经济状况根本好转而努力奋斗的时候，新中国又面临美帝国主义武装侵略的严重威胁。

第二次世界大战结束时，美国和苏联商定两国军队以北纬38度线（以下简称三八线）为界分别进驻。1948年8月，南方成立了大韩民国；9月，北方成立了朝鲜民主主义人民共和国。朝鲜半岛出现南北分裂对立的局面，此后，北南两方的军事斗争不断发展。1950年6月25日，朝鲜战争爆发，美国立即进行武装干涉，并派遣海军第七舰队开入台湾海峡，侵占我国领土台湾，严重危害我国的安全。28日，毛泽东号召全国和全世界人民团结起来，进行充分的准备，打败美帝国主义的任何挑衅。当时，美国政府不顾我国的警告，操纵联合国安理会通过决议，给美国及其纠集的15国侵朝军队披上“联合国军”的外衣，扩大侵朝战争。7月13日，中央军委及时作出《关于保卫东北边防的决定》，组成东北边防军。9月15日，美军在朝鲜中部的仁川登陆。9月30日，周恩来代表我国政府庄严宣告：中国人民热爱和平，但是为了和平，从不也永不害怕反抗侵略战争。中国人民决不能容忍外国的侵略，也不能听任帝国主义者对自己的邻人肆行侵略而置之不理。10月3日，他又通过印度驻华大使转告美国：我国主张朝鲜事件应该和平解决，侵略军队必须撤退。强调美军如果越过三八线，扩大战争，我们不能坐视不管，我们要管。但是，美帝国主义错误地估计了形势，竟把我国政府的严正警告视为“虚声恫吓”。10月初，美军越过三八线，10月21日占领平壤，并大举向北推进，把战火燃向我国边境，还多次轰炸我国东北城乡，炮击我国商船，把侵略的战火烧到了鸭绿江边。形势严峻，中国人民同美帝国主义之间的一场武装较量已不可避免。

在这种严重形势下，1950年10月1日，毛泽东收到金日成代表朝鲜政府和人民请求我国出兵支援的电报。当时，新中国经济恢复刚刚开始，长期战争的创伤尚待养息，财政状况困难，人民政权还没有完全巩固，无论经济实力或武器装备都远不能同美国相比。10月前半月在毛泽东主持下，中共中央政治局召开多次会议，全面、深入地分析了当时的形势，既清醒地看到了面临的困难，又充分估计了出兵的必要性和可能性。出兵的必要性在于：如果让整个朝鲜被美国占领，朝鲜革命力量受到根本的失败，强敌压到鸭绿江边，我国将难以安定地从事建设，国际国内反动势力气焰嚣张，这对中国、对东方各国都极为不利。毛泽东说：别人处在危急时刻，我们站在旁边看，不管怎么说，心里也难过。同时，抗美援朝就是保家卫国。周恩来说：中朝是唇齿之邦，唇亡则齿寒。抗美援朝不只是道义上的责任，也是为自卫的必要性所决定的。中共中央政治局经过反复研究后，一致认为“应当参战，必须参战，参战利益极大，不参战损害极大”。[①] 从维护国家主权和领土完整的根本原则出发，中共中央、毛泽东经反复权衡，慎重研究，作出“抗美援朝，保家卫国”的重大战略决策。10月8日，毛泽东代表中共中央军委命令东北边防军第十三兵团和增调五十军、六十六军，组成中国人民志愿军，任命彭德怀为中国人民志愿军司令兼政治委员，待命出动。

10月19日黄昏，中国人民志愿军在没有空军掩护的情况下，分别在安东（今丹东）、长甸河口和辑安（今集安），跨过鸭绿江，赴朝参战（见图2–4）。以此为起点，

图2–4　中国人民志愿军跨过鸭绿江参加朝鲜战争

①《建国以来毛泽东文稿》第1册，中央文献出版社1987年版，第556页。

开始了伟大的抗美援朝战争。25日，志愿军同长驱直入的敌人遭遇，及时捕捉战机，给敌人以出其不意的打击，将敌人从鸭绿江边赶到清川江以南，取得了第一次战役的胜利。11月，“联合国军”司令麦克阿瑟发动所谓“圣诞节结束战争”的攻势，继续大规模北犯。志愿军同朝鲜人民军联合反击，包围歼灭和重创大批敌军，再战告捷。12月，中朝军队收复平壤及三八线以北敌占区，并进至三八线以南部分地区，扭转了朝鲜战局（见图2-5）。接着，志愿军在朝鲜人民军配合下，于1950年12月31日至1951年6月10日，在三七线与三八线之间进行了三次大规模的运动战和反击战。到1951年6月上旬，敌我双方在三八线附近均转入防御，中国人民志愿军和朝鲜人民军在五次战役中共歼敌23万人，把战线稳定在三八线附近。经过入朝后五次战役的作战实践，考虑到出兵朝鲜后国际关系和战场形势发生的复杂变化，中央适时地指示志愿军，采取以和谈的政治手段结合军事打击，争取在一定条件下结束战争的正确方针。从1951年7月起，朝鲜战争即进入边打边谈、以打促谈的阶段。军事斗争与外交斗争交织进行。

图2-5　中国人民志愿军与朝鲜人民军突破美军的“三十八度线”，大踏步前进

1951年8月18日、9月29日，“联合国军”先后发动了所谓“夏季攻势”、“秋季攻势”。与此同时，他们凭借其空中优势，对中朝人民军队后方和运输线进行了大规模的日夜狂轰滥炸的“绞杀战”。美帝国主义还于1952年初，进行了灭绝人性的“细菌战”，激起了中朝人民和世界人民的极大公愤。1952年10月，他们又发动了一年来规模最大的军事攻势，企图首先夺取朝中方面金化以北的上甘岭阵地，然后拿下五圣山逼我后撤。英雄的中国人民志愿军依托坑道工事、英勇顽强地坚守阵地，打击敌人，胜利地进行了上甘岭战役，歼敌2.5万人，使敌人以军事进攻来结束朝鲜战争的幻想化为泡影。

美国虽然自恃其军事、经济力量“世界无敌”，但终究受到战后世界格局的变化及国际政治斗争中种种复杂因素的制约。自1950年6月25日起计算，中朝军队经过三年浴血奋战，共歼敌109万多人，其中美军39.7万人，美军的伤亡超过了其在第二次世界大战中的伤亡人数；击毁、击落敌机 1.2 万多架，迫使美军三易统帅。1953 年 7 月 27 日，美国不得不在停战协定上签字。当时担任所谓"联合国军"总司令的克拉克将军后来曾自嘲地说："美国上将在一个没有打胜的停战书上签字，这在美国历史上是第一次。"①1953 年 7 月，在三八线以南新校正的军事分界线上的板门店，中朝一方和美国一方正式签署了朝鲜停战协定。历时三年的抗美援朝战争，以美帝国主义企图霸占朝鲜全境的野心遭到破产而宣告结束。

在志愿军入朝作战的同时，在中国共产党和人民政府的领导下，抗美援朝运动在全国范围内轰轰烈烈地开展起来，极大地增强了民族自尊心和自信心。全国人民发扬了高度的爱国主义和国际主义精神。虽然当时群众生活水平很低，但仍克勤克俭，以一切必需的人力、物力支援了前方，仅捐献的钱就能购买 3710 架飞机、各种作战物资达 560 万吨。大批青年踊跃报名参加志愿军和军事干部学校。广大人民由抗美援朝激发起来的革命热情和劳动热情，成为恢复和发展国民经济的强大动力。

在抗美援朝战争中，中国人民志愿军发扬了高度的爱国主义、国际主义和革命英雄主义的精神，在全国人民的大力支持和鼓舞下，英勇战斗，前仆后继，不怕牺牲，表现出了惊天动地的英雄气概，出色地完成了党和全国人民的重托。在战斗中涌现出 30 多万名英雄功臣，其中杨根思、黄继光、孙占元、邱少云（见图 2–6）、罗盛教等烈士是他们中的杰出代表。他们将永远为人民所怀念和敬仰。

图 2–6　邱少云雕像，辽宁丹东河口断桥

抗美援朝战争的伟大胜利，打破了美帝国主义不可战胜的神话，沉重地打击了美帝国主义的侵略政策和战争政策，维护了朝鲜民主主义人民共和国的独立，保卫了我国的安全，捍卫了远东和世界和平，鼓舞了世界人民反对侵略、保卫和平的信心，使新中国的国际威望空前提高，包括美国、苏联在内的世界各国都感到必须重新估计中国作为一个世界大国的分量。以此为契机，

① 转引自《彭德怀自述》，第 263、264 页。

中央人民政府积极开展外交活动，为我国经济建设和社会改革赢得了一个相对稳定的和平环境。

三、土地改革运动

“依靠贫农、雇农，团结中农，中立富农，有步骤地、有分别地消灭封建剥削制度，发展农业生产。”

按照中国共产党七届三中全会的部署，在进行抗美援朝战争的条件下，从1950年冬开始，国内有领导、有计划、有秩序地在新解放区开展了大规模的土地改革运动。这是一场涉及几亿人口的深刻的社会变革。

新中国成立时，全国已在约有1.19亿农业人口的老解放区完成了土地改革。而在约有2.9亿农业人口的新解放区和待解放地区，地主土地所有制占支配地位的历史状况并没有改变。从总的情况看，农村中全部出租土地占60%~70%。中农、贫农和雇农虽然耕种着农村中90%的土地，但他们只对一部分土地有所有权，而对大部分土地却没有所有权，所承受的地租剥削是沉重的。

为了解放农村生产力，发展农业生产，并为工业化创造条件，新区一解放，党就领导人民进行清匪反霸、减租退押，从斗争中建立农村基层政权和民兵组织，培养一批农民积极分子，为开展土地改革准备了条件。

1950年6月，中央人民政府委员会通过和颁布了《中华人民共和国土地改革法》，为在中国彻底废除封建土地制度作了立法上的重要准备。其后，政务院还颁布了《农民协会组织通则》、《关于划分农村阶级成份的决定》、《人民法庭组织通则》、《关于土地改革中一些问题的决定》，为实施土地改革法的有关细则作出了明确规定。土地改革是最后消灭封建剥削制度的深刻社会变革，在中国延续两千多年的封建剥削制度，不会凭着一纸法令而自动改变。新中国成立后的土地改革，仍然是一场尖锐复杂的阶级斗争。

土地改革的总路线和总政策是："依靠贫农、雇农，团结中农，中立富农，有步骤地、有分别地消灭封建剥削制度，发展农业生产。"《中华人民共和国土地改革法》就是这条总路线和总政策的具体化，并根据新中国成立后的新情况作了某些新的规定，其中最大的变化是对富农采取中立的政策。保存富农经济的政策实施，标志着党对富农政策的实际转变。

为使土地改革能够顺利进行，中央强调土地改革运动必须有领导、有计划、有秩序地进行，要坚决贯彻依靠贫雇农、团结中农的阶级路线，放手发动群众，依靠农民自己的组织和力量打倒地主阶级，分得土地。中央人民政府还成立了以刘少奇为主任的中央土地改革委员会，负责指导全国的土地改革工作。各大区、省、专区、县人民政府也分别成立了土改委员会。在《土地改革法》公布以后，党和人民政府采取各种形式，在农村和城市各界人民中广泛宣传土地改革的正义性、必要性和目的性，解释土改法令和方针政策（见图 2-7）。从中央到地方各级都组织了土改工作队，分批深入各地农村，充分发动和带领广大农民群众同地主阶级作坚决的斗争。按照政务院颁布的组织通则，各地建立了土地改革人民法庭，以其作为临时执法机构，惩治不法地主、反革命分子和处理土改中的违法案件。在做好充分准备的基础上，一场历史上空前规模的土地改革运动，在涉及几亿人口的广大新区农村轰轰烈烈地展开了。

图 2-7《土地改革法》得到农民的拥护

为了有准备、有步骤、有计划地进行土地改革，中共中央决定，根据各地区的不同情况，在全国分期分批地完成土地改革。第一批，1950 年冬至 1951 年春，在华北、华东、中南、西北等约 1.28 亿农业人口地区进行；第二批，1951 年冬至 1952 年春，在华南、西南约 1.1 亿农业人口地区进行；第三批，1952 年冬至 1953 年春，主要在少数民族地区约 3000 万农业人口中进行。

新区的土地改革运动，是按照充分发动群众，建立起反封建的统一战线；划分农村阶级成分，划清农村阶级阵线；进行说理斗争，没收、分配土地，整顿加强农村政权，这样几个基本步骤进行的。

在发动群众阶段，土改工作队一进村，首先要对当地农村的基本情况作一次全面的调查研究，然后深入到农户特别是贫雇农家中访贫问苦、扎根串联，与他们同吃、同住、同劳动，启发他们倒苦水、挖穷根，帮助他们算地主的剥削账和农民的翻身账，使许多苦大仇深的农民迅速觉悟起来，同地主进行面对面的控诉和说理斗争。在组织阶级队伍的同时，土改工作队对一些罪大恶极、为群众所痛恨的恶霸地主及破坏土改的地主分子进行惩治，鼓舞农民的斗志。在发动农民基本群众当中，土改工作队吸收农民积极分子和各方面代表人物建立农民协会，使之成为当地土改的合法执行机关。

在群众发动起来后，土改工作队开始划分阶级。他们首先向农民讲清划分阶级的主要标准，是以人们对生产资料的占有状况和剥削与被剥削关系为依据，不能以政治态度、吃穿好坏为标准，也不是越穷越光荣。对于地主阶级，由地主本人在村民大会上自报成分、财产、剥削量及有无参加劳动等，然后由农民用算剥削、算细账、比劳动的办法，进行说理斗争，揭露地主的隐瞒谎报行为，既不漏掉一个地主，又要防止错划。关于富农的划分则看其是否有雇佣劳动，凡剥削收入超过一年全部收入的25%者，划为富农；未超过25%者划为富裕中农或中农。对中农、贫农、雇农的评议，在农民内部进行。评议阶级有了初步方案后，召开乡农民大会予以通过，经报请区人民政府批准后，张榜公布定案。

划分阶级完成后，即开始没收地主的土地财产。在乡农民协会的统一领导下，成立没收征收委员会，召开农代会、贫雇农代表会等，根据《土地改革法》明确没收和征收的范围，订出有关纪律和公约，有步骤、有区别地没收地主的土地、耕畜、农具、多余粮食及房屋等五大财产，依据情况征收富农超出规定范围以上的出租土地和公地。在此过程中，注意把放手发动群众同用土改政策引导群众结合起来，避免对农村生产资料、生活资料的破坏和浪费，并在确定地权后，把农民的政治热情及时引导到发展生产上去。

在土地改革的过程中，中央和地方各级政府大力组织民主党派、工商业家和大学教授等各界人士，分期、分批地到农村参观或参加土地改革，既消除了社会各界人士对土改的疑虑，又便于发现和纠正土改工作中的缺点和偏差，使地主阶级在全社会彻底陷于孤立，大大有利于土地改革运动的顺利进行。

新中国成立后的土地改革运动，是我国历史上规模最大、进行得最顺利、搞得最好的一次土地改革运动。到1953年春，全国经土改没收和征收的土地共7亿亩，占全国耕地面积的46.5%，分给了3亿多无地、少地的农民，每年免交地租达350亿公斤粮食，消灭了封建剥削制度。全国除一部分少数民族地区外，土地改革的任务都已完成。从此，彻底消灭了几千年来的封建制度的基础——地主阶级的土地所有制，广大农民真正获得了翻身解放。这是一个伟大的、历史性的胜利。

土地改革运动的胜利，摧毁了帝国主义和国民党反动派的社会基础，巩固了工农联盟，加强了人民民主专政的国家政权，为社会主义改造和社会主义建设创造了有利条件。土地改革运动的胜利，解放了农村生产力，提高了广大农民生产的积极性（见图2-8）。1950年到1952年，各年农业总产值分别比上年增长17.8%、9.4%和15.2%，超过抗战前最高年产量9%，加速了国民经济的恢复和发展。

图2-8 农民第一次在属于自己的土地上劳动

四、镇压反革命运动

这次镇压反革命运动，基本上肃清了国民党反动派遗留在大陆上的反革命残余势力，为我国即将开始的有计划的大规模的社会主义改造和社会主义建设创造了必要的前提。

我国在进行抗美援朝、土地改革运动的同时，在全国范围内大张旗鼓地开展了镇压反革命运动，并称为“三大运动”。

新中国成立之初，除了国民党残留的匪特分子还在进行颠覆破坏活动以外，作为反动政权基础的那些直接压在人民头上的恶霸势力，在基层尚未被彻底打垮，他们不甘于失败，猖狂地进行种种反革命活动。特别是朝鲜战争爆发后，这部分反革命分子又活跃起来，以为蒋介石依靠美国支持“反攻大陆”的时机已到，反革命气焰极为嚣张。他们到处破坏工厂、铁路，烧毁仓库、民房，抢劫粮食、财物，制造谣言，刺探情报，甚至组织暴乱，袭击、围攻基层人民政府，残杀革命干部和积极分子，妄图颠覆新生的人民政权，实现反革命复辟。从1950年春至同年秋，全国被惨杀的革命干部、积极分子等约有4万人。旧社会遗留的“一贯道”、“九宫道”等反动会道门也大肆活动，散布谣言，蛊惑人心。这些猖獗的反革命活动，给社会的稳定和民主改革的进行带来了极大的危害。

党和人民政府高度重视镇压反革命的工作，各地在建立基层政权的同时，对各类反革命分子进行清查搜捕，惩治了一批反革命首要分子，破获了许多特务间谍案件，初步安定了社会秩序。但是，由于司法机构还不健全，司法力量明显不足，一部分干部因革命胜利而产生轻敌麻痹思想，致使初期镇反工作出现“宽大无边”的右的偏向，一些怙恶不悛的反革命分子被几擒几纵，仍继续作恶。如果不彻底纠正镇反工作中右的偏向，就会损害党和人民政府的威信，挫伤人民群众的革命热情，影响各项工作的开展。

为了保证土地改革和生产恢复的顺利进行，并使抗美援朝战争获得稳固的后方环境，1950年10月10日，中共中央发出《关于镇压反革命活动的指示》，要求各级党委坚决纠正在一段时间和一些地方曾经存在的对反革命分子“宽大无边”的偏向，全面贯彻“镇压与宽大相结合”的政策，即“首恶者必办，胁从者不问，立功者受奖”。对一切反革命分子该抓的抓，该杀的杀，该管制的管制。各级人民政府组织协调各部门的力量，简化诉讼手续，抓紧处理积案。经过各方面的努力，到12月下旬，右的偏向基本上被扭转，从中央到地方，从党政机关到企业、街道，从城市到乡村，全体人民充分动员起来，开展了大张旗鼓镇压反革命的群众运动。

为了指导运动健康发展，毛泽东指出：镇压反革命，必须坚持稳、准、狠的方针。“所谓打得稳，就是要注意策略。打得准，就是不要杀错。打得狠，就是坚决地杀掉一切应杀的反革命分子。”① 他又指出：“对于罪大恶极民愤甚深非杀不足以平民愤者必须处死，以平民愤。只对那些民愤不深，人民并不要求处死，但又犯有死罪者，方可判处死刑，缓期两年执行，强迫劳动，以观后效。”② 他总结了镇压反革命运动的工作路线：必须贯彻群众路线。实行党委统一领导下的领导与群众相结合，专门机关与群众发动相结合的工作路线，打破关门主义和神秘主义，坚决反对草率从事。

由于政策正确，宣传深入，广大群众迅速发动起来。1951年春，镇压反革命运动达到高潮。反革命分子陷入了人民布下的天罗地网（见图2–9）。

1951年2月，中央人民政府颁布了《中华人民共和国惩治反革命条例》，使镇压反革命斗争有了法律的武器和量刑标准。各地结合《条例》的实施，召开各界联席会、控诉会、公审反革命分子大会等，使社会各界人士真正了解反革命分子的罪行及其造成的危害。广大群众纷纷行动起来，检举揭发和协助政府追捕反革命分子，全国城乡遍布天罗地

图2–9　镇压反革命运动

①《毛泽东选集》第六卷，人民出版社1999年版，第117页。
②《毛泽东选集》第六卷，人民出版社1999年版，第123页。

图 2-10 反革命分子被押赴刑场

网，使反革命分子无处藏身。

1951 年 5 月，公安部召开了第三次全国公安会议，会议总结了镇反经验，确定了今后的斗争任务，通过了《第三次全国公安会议决议》。决议充分体现了中共中央提出的立即实行谨慎收缩的方针，实行更加完备、具体的镇压与宽大相结合、严肃与谨慎相结合的政策，集中精力，处理积案。决议强调注重调查研究，重证据而不轻信口供，反对草率从事，反对逼供信。

镇反运动普遍发动起来后，有些地方出现了不按法律程序办事和错捕错杀的现象。中央对此及时作了纠正，决定将捕人批准权由县级提高到地委专署一级；杀人批准权收回省一级，要求各地必须严格掌握审批权限，凡介在可捕可不捕之间的人一定不要捕；凡介在可杀可不杀之间的人一定不要杀，否则就是犯错误。对党、政、军系统及教育、经济、人民团体内清出的反革命分子，采取与社会上的匪首、恶霸及犯有最严重罪行的特务相区别的政策，对其中应杀的分子，只杀有血债者及最严重危害国家利益者，其余则一律采取判处死刑、缓期两年执行，强制劳动、以观后效的政策，从而分化反革命势力，达到彻底消灭反革命的目的。

到 1951 年 10 月底，全国绝大多数地区完成了对反革命案犯的清查处理，全国规模的群众性镇反运动基本结束。少数镇反不彻底地区的扫尾工作到 1953 年秋全部完成（见图 2-10）。

这次镇压反革命运动，基本上肃清了国民党反动派遗留在大陆上的反革命残余势力，平息了历史上从未平息过的匪患，纯洁了国家机关，巩固和加强了人民民主专政，使我国社会出现了前所未有的安定局面，使抗美援朝有了安全可靠的后方，保证了土地改革运动和其他各项社会民主改革的顺利进行，也为我国即将开始的有计划的大规模的社会主义改造和社会主义建设创造了必要的前提。

五、工商业的合理调整

"调整公私经济关系的实质，是在巩固国营经济领导地位的前提下，公私兼顾，使私营经济发挥其有益于国计民生的作用。"

新中国成立初期，资本主义工商业在国民经济中占有相当大的比重，在恢复和发展经济中具有十分重要的作用。人民政府在打击投机资本、限制私营工商业消极作用的同时，对有利于国计民生的私营工商业是大力扶持的。但是，到1950年春物价稳定后，由于长期通货膨胀形成的虚假购买力消失，过去为"三大敌人"服务的行业失去了市场以及政府在工作中的缺点等原因，致使私营工商业出现了暂时的严重困难。投机资本将囤货吐到市场，一时出现了部分物资供过于求，销售呆滞。一些过去适应半殖民地半封建经济的工商业，如迷信品、奢侈品工商业失去了市场；一些机构臃肿、经营不善的企业也减产、停业；同一行业内盲目竞争，造成地方与地方之间供求不协调。旧的经济秩序已被打得粉碎，新的经济秩序尚未建立起来，产销脱节，不少工业品价格倒挂，许多私营企业陷于存货过多、负债累累和停工减产境地，部分私营银行和私营商业停业倒闭。上海、北京、天津等10个大中城市，1950年第二季度开业的私营工商业5903家，歇业的12750家，歇业户超过开业户6847家。民族资产阶级中许多人被暂时的困难所吓倒，他们消极经营，乃至解雇职工，关厂歇店。有些人把私营工商业的困难归咎于人民政府的经济改组，主张用发展资本主义寻求出路。有的人提出所谓"不要与民争利"，要求国营经济不要发展。在中国共产党内部则有少数人产生"左"的倾向，认为既然工人阶级能够在这么短的时间内稳定物价、统一财政经济，不妨趁私营工商业困难之机，一举消灭资本主义。

为了解决这些问题，根据党的七届三中全会精神，人民政府在统筹兼顾的原则下，开始全面调整工商业。1950年4月，毛泽东在中央人民政府委员会第七次会议上提出了调整工商业的任务，指出：今后几个月内财经领导机构的重点，应放在调整公私企业之间及公私企业各部门之间的相互关系方面。5月，中央财经委员会召开七大城市工商局长会议，讨论研究物价稳定后出现的市场萧条等问题的原因及解决办法，制定了调整工商业的具体政策和方法。会后，在全国范围内开展了调整私营工商业的工作。根据党的七届三中全会的决定，党和政府在全国范围内对现有工商业进行了合理的调整，到1950年9月底基本完成。

调整工商业范围很广，包括调整国营与私营、国营与国营、私营与私营之间的关系；还包括调整工业与商业、金融业与工商业、城乡、地区之间和企业内部的关系，以及进出口贸易的关系等。但最突出的是调整公私关系、劳资关系、产销关系三个基本环节。

调整公私关系，即调整国营经济同私人资本主义经济的关系。“调整公私经济关系的实质，是在巩固国营经济领导地位的前提下，公私兼顾，使私营经济发挥其有益于国计民生的作用。”[①] 当时私营工商业在国民经济中占有相当大的比重。1949年全国私营工业有12.3万户，职工164万余人，占全国工业职工总数的54.6%，生产总值68亿元，占全国工业总产值的63.2%。私营工业在全国轻工业产品产量中，棉纱占46%，棉布占40%，面粉、卷烟、火柴均占80%。私营商业，1950年全国共有402万户，从业人员662万人，在商品销售额中，批发占全国的76%，零售占83.5%。这是一个不可忽视的力量。在调整公私关系上，工业方面，主要是通过对私营工业加工订货和产品收购，把私营工业生产逐步纳入到国家计划轨道上来，按照国民经济的需要进行生产，逐步消灭其生产的盲目性和无政府状态。在商业方面，主要是调整私营商业的经营范围和价格，给以出路。在经营范围上，适当扩大商品品种；在价格政策上，在照顾产、供、销三方面利益的原则下，适当调整价格比例，使私商有利可图。在调整税负上，农业税由原来占农业总收入的17%降至13%，工商税目由1136种减为358种，依率计征，盐税减半征收。同时对私营工商业发放贷款，予以扶持。调整公私关系是合理调整工商业的核心。

调整劳资关系，就是正确处理在当时条件下的工人与资本家之间的关系。资本家必须确认工人的民主权利，适当提高工资和福利待遇，不能像过去那样压迫和剥削工人。工人也不要向资本家提出过高的工资福利要求，遵守正常劳动纪律，按照“劳资两利”的原则，用协商的方式或由政府仲裁解决劳资纠纷，以达到尽快地恢复和发展生产的目的。

---

① 转引自薄一波：《若干重大决策与事件的回顾》上卷，人民出版社1997年版，第101~102页。

调整产销关系，就是党和政府按照“以销定产”的原则，制订各行各业的产销计划，逐步实行计划生产，克服资本主义生产中的无政府状态，使产销之间渐趋平衡，使私人企业逐步走上计划生产的轨道，以达到保证供给、繁荣经济的目的。

全国工商业经过合理调整后，市场情况明显好转。1950 年 12 月，中央人民政府公布了《私营企业暂行条例》，具体规定了私营企业应得的盈余比例为 15%~30%。工业生产迅速发展起来了，城乡市场出现了淡季不淡、旺季更旺的繁荣景象。国营工商业得到了发展，私营工商业摆脱了困境，走上了发展道路。全国国营工业总产值，1951 年比 1949 年增长 148.8%，国营商业商品零售额 1951 年比 1950 年增长 133.2%；私营工业总产值，1951 年比 1949 年增长 48.2%，私营商业商品零售额 1951 年比 1950 年增长 36.6%。据北京、天津、上海、武汉、广州、重庆、沈阳、西安八大城市统计，1951 年底与同年初比较，私营工商业户增加 27%，资本主义工商业利润比 1950 年增长 135%。实行加工订货等国家资本主义形式的企业在资本主义工业总产值中的比重逐年增加：1950 年占 29%，1951 年占 43%，1952 年占 56%。私营工商业的发展带动了金融业的发展，增加了国家税收。据全国 10 个城市税收统计：1950 年下半年与同年初相比，私营工业税增加 90%，私营商业税增加 80%。到 1951 年 7 月，全国失业工人由 166 万人降至 45 万人，就业人数增加了 221 万人。经过全国工商业的合理调整，社会主义国营经济的领导地位得到了加强，私人工商业开始走上了国家资本主义的轨道。从此，各种经济成分开始在国营经济领导下，分工合作，共同发展，为争取国民经济的全面好转提供了条件。

六、“三反”、“五反”运动

> 决定要求在党的领导下，分党、政、军三个系统成立各级增产节约检查委员会，由首长负责，亲自动手，采取自上而下和自下而上相结合的方法，检查贪污、浪费现象，开展这场斗争。

“三反”运动是指 1951 年 12 月至 1952 年 10 月在党政机关工作人员中开展的反对贪

污、反对浪费、反对官僚主义的运动。“五反”运动是指 1952 年 1 月至 10 月在私营工商业者中开展的反对行贿、反对偷税漏税、反对偷工减料、反对盗骗国家财产、反对盗窃国家经济情报的运动。

1951 年 12 月 1 日，中共中央作出了《关于实行精兵简政、增产节约、反对贪污、反对浪费和反对官僚主义的决定》，指出进城两年来，严重的贪污案件不断发生，证明七届二中全会所提出的防止和克服资产阶级思想腐蚀的正确性。现在要抓紧时机切实执行这一方针。决定要求在党的领导下，分党、政、军三个系统成立各级增产节约检查委员会，由首长负责，亲自动手，采取自上而下和自下而上相结合的方法，检查贪污、浪费现象，开展这场斗争。决定确定“三反”运动的方针是：彻底揭露一切大、中、小贪污事件，着重打击大贪污犯；对中小贪污犯则采取教育改造不使重犯的方针。12 月 29 日，全国政协发出了《关于增产节约运动与反贪污、反浪费、反官僚主义斗争的指示》。1952 年毛泽东在团拜会《元旦祝词》中号召全国人民和人民政府工作人员一致行动起来，大张旗鼓地、雷厉风行地开展一个大规模的反对贪污、反对浪费、反对官僚主义的斗争，将这些旧社会遗留下来的污毒洗干净！于是，一个声势浩大的“三反”运动在全国党、政、军、民内部开展起来。

1952 年 1 月 4 日，中共中央下达限期发动“三反”斗争的指示，要求抓住典型重大案件，加以处理，推动运动发展。2 月 1 日，北京市举行公判大会，由最高人民法院对 7 名大贪污犯进行宣判，其中 2 人判处死刑。2 月 10 日，河北省举行了对天津地委前任书记和现任书记刘青山、张子善的公判大会（见图 2–11）。刘、张二人都是 20 世纪 30 年代初入党，经过长期革命战争考验的干部。但在进城以后受剥削阶级思想和生活方式的腐蚀，竟利用职权盗用公款 171 万元，从事非法倒买倒卖活动；盘剥民工 22 万元；从盗用公款中贪污、挥霍 3.7 万元，蜕变为人民的罪人。尽管他们有过功劳，但党和国家决不姑息，经中央批准，省人民法院宣判，最高人民法院核准，对刘、张二人执行枪决。当时，

图 2–11　公审刘青山、张子善

有人认为刘、张过去有功劳，向毛泽东请求，不要枪毙他们，给他们一个改造的机会。毛泽东说：“正因为他们两人的地位高，功劳大，影响大，所以才要下决心处决他们。只有处决他们，才可能挽救20个，200个，2000个，20000个犯有各种不同程度错误的干部。”[①] 最后，还是果断地处决了他们，这对整个社会震动很大。

“三反”运动到1952年3月，进入核实定案处理阶段。3月11日，政务院发布了《关于处理贪污、浪费及克服官僚主义错误的若干规定》，并且发布了《中华人民共和国惩治贪污条例》。条例为审判定案提供了法律依据，对在运动中揭发出来犯有不同程度的贪污、浪费和官僚主义错误行为的人员，分别情况作了不同处理。

到1952年夏，历时半年多的“三反”运动胜利结束。“三反”斗争的实质，是在执政的情况下保持共产党人和国家干部的廉洁而进行的斗争。“三反”运动，教育了大多数干部，挽救了犯错误的同志，清除了党和国家干部队伍中的腐化分子，有力地抵制了旧社会的恶习和资产阶级的腐蚀，对于形成健康的社会风气起了很大作用。

在“三反”运动中发现，许多重大贪污案件的共同特点是私商同党政机关内部的蜕化分子相勾结，共同盗窃国家财产。这表明，合理调整工商业以后，资本家中的不法分子已不满足用正常方式获得的一般利润，而力图用各种非法手段牟取高额利润。为此，中央决定，在开展“三反”斗争的同时，在私营工商业界开展“五反”运动。1952年1月26日，中央发出《关于在城市中限期展开大规模的坚决彻底的“五反”斗争的指示》，要求在全国一切城市，依靠工人阶级，团结守法的资产阶级及其他市民，向违法的资产阶级开展一个大规模的坚决彻底的“五反”斗争。2月上旬，“五反”运动首先在全国各大城市展开，并很快掀起了高潮（见图2–12）。

图 2–12　湖北武汉市民在收听流动宣传广播

运动中揭露出的“五毒”行为，在资本家中不同程度

① 转引自薄一波：《若干重大决策与事件的回顾》上卷，人民出版社1997年版，第152页。

地普遍存在。据上海市税务局调查，新中国成立以来偷漏税案件 15.8 万多起，逃漏税款总数在 2600 万元以上。少数资本家“五毒”严重：用废烂棉花制造的急救包、变质腐坏的食品罐头等，以次充好供应朝鲜前线，使不少志愿军战士在使用后方送来的药品、食品后致残致死，这些严重情况激起了全国人民的公愤。“打退资产阶级的猖狂进攻”，成为了全国上下强烈的呼声。

在“五反”运动中，各地大张旗鼓地开展宣传活动，揭露不法资本家的“五毒”行为；同时，进行调查情况，搜集材料，对私营工商业户分类排队，确定重点。各级政府抽调国家干部和工人、店员中的积极分子组成“五反”工作队，进驻私营厂店，依靠工人，团结职员，争取和团结守法的资本家及其家庭，组成以工人阶级为主体的包括守法资本家在内的“五反”统一战线，向不法的资本家开展面对面的说理斗争。在党的有关政策的震慑和教育下（见图 2–13），在声势浩大的群众攻势下，大多数不法资本家坦白交代了自己的“五毒”行为。在运动中，中共中央及时地纠正了一些城市发生的逼供信等偏向，并对具体方针和政策作出了明确的规定。

图 2–13　全市店员纷纷递交检举信

运动后期，党和政府根据“五反”运动进展情况，适时地提出了在“五反”运动中对工商户处理的五条基本原则，即“过去从宽，今后从严；多数从宽，少数从严；坦白从宽，抗拒从严；工业从宽，商业从严；普通商业从宽，投机商业从严。”并根据有无违法行为和违法行为的轻重大小及违法性质的恶劣程度，把私营工商业户分别划分为守法户、基本守法户、半守法半违法户、严重违法户和完全违法户五种类型，分别情况采取不同的处理办法；同时，对补交和退赔漏税及违法所得规定了合理的从宽政策。

1952 年 3 月以后，“五反”运动转入定案处理阶段。根据对全国大城市工商户的审查和处理结果，守法户、基本守法户和半守法半违法户共占 95%左右；严重违法户和完全违法户占 5%。对于在运动高潮中曾经发生的扩大化问题，在定案处理中也基本上得到纠正。

1952年10月25日，中共中央批准了关于结束“五反”运动的报告，“五反”运动宣告胜利结束。总的看，“五反”运动有力地打击了不法资本家的“五毒”行为，在工商业者中普遍进行了一次守法经营的教育，巩固了工人阶级和国营经济的领导地位，在私人工商业中建立了生产监督制度，推动了民主改革和生产改革。“五反”斗争的胜利，为把资本主义工商业逐步纳入受人民政府管理和监督的国家资本主义轨道创造了有利条件。

七、中国共产党的整风和整顿

由于革命的胜利和资产阶级思想的影响，少数党员滋长了骄傲自满和以功臣自居的情绪，产生了“革命到头”、“打天下坐天下”的落后思想。

中国共产党的整风和整顿是在全国人民进行恢复国民经济和各项社会改革的同时进行的，是新中国成立后第一次大规模的整顿党的作风和整顿党的基层组织，以加强党与人民群众联系的运动。

新中国成立后，中国共产党的地位发生了根本的变化，成为领导全国政权的执政党，在全国人民中享有崇高的威望。但是，由于革命的胜利和资产阶级思想的影响，少数党员滋长了骄傲自满和以功臣自居的情绪，产生了“革命到头”、“打天下坐天下”的落后思想；他们计较个人得失，贪图享受，脱离群众，做官当老爷，要命令主义、官僚主义作风；极少数党员被资产阶级“糖衣炮弹”击中而蜕化变质；新中国成立后新发展的200多万名党员极其需要教育和提高；少数投机分子和破坏分子混入了党内，需要及时整顿清除。

为了及时地克服党内存在的不良作风，提高党员的素质，增强党的战斗力，为了使全党较快地适应新中国成立后的新形势，完成新的伟大任务，1950年6月，中国共产党七届三中全会及时提出：全党应在1950年的夏、秋、冬三季，进行一次大规模的整风运动。1950年6月30日，新华社发表题为《中共中央决定进行全党整风》的社论，全国轰轰烈烈的整顿干部作风、整顿党员作风运动开始了。

这次整风的针对性比较强，集中反对上级领导机关的官僚主义作风（高高在上、脱离群众）、中下级领导机关的命令主义作风（习惯用粗暴、强制、单纯行政命令的办法去完成任务），以及党员干部中的居功自傲情绪、“革命到头”思想和一些腐败蜕化的苗头。整风的重点是各级领导机关和党员领导干部的工作作风问题。整风的步骤是，首先在县以上领导干部中进行，采取逐级召开干部会议或举办短期训练班集中整风的办法，一般都是由主要领导人负责，总结报告工作，组织学习七届三中全会精神，结合本地区、本部门、本单位的实际情况和特点，讨论政策执行情况，检查思想和作风，发扬民主，评定工作，开展批评和自我批评，然后制定改进办法和建立健全必要的规章制度；其次在一般党员和干部中普遍开展整风，主要采取集训的方式，加强思想教育，重在启发诱导，克服和纠正党内存在的不良作风，方针是“惩前毖后，治病救人”。通过这次整风，初步纠正了各级领导机关和党员干部队伍中存在的一些不正之风，进一步密切了党和人民群众的血肉联系，也为约占全国人口一半多的新解放区实行土改做好了组织上和干部上的准备。

1950年的全党整风由于时间较短，只是遏制并初步纠正了党内各级领导机关干部在工作作风方面存在的问题，而党的基层组织中的思想不纯、组织不纯等深层次问题还没有得到很好的解决。因此，1951年2月，中共中央召开政治局扩大会议，决定从1951年下半年起，用三年时间，有计划、有准备、有领导、有步骤地对全党的基层组织普遍进行一次整顿。

1951年3月28日至4月9日，中共中央召开第一次全国组织工作会议，会上刘少奇同志作了《在中国共产党第一次全国组织工作会议上的报告》和《为更高的共产党员的条件而斗争》的报告（见图2-14）。会议通过了《关于整顿党的基层组织的决议》和《关于发展新党员的决议》，对整党建党工作作出具体部署。

这次整党运动，着重于思想整顿，然后在此基础上进行组织整顿。具体步骤：第一步，从1951年5月起，首先用一年时间在党内普遍进行关于党纲党章和怎样做一个合格的共产党员的教育，使广大党员都能认真学习和清楚了解中央新近提出的关于共产党员的八项条件，并以此来认真衡量和考察每一个党员，同时也作为接受新党员所必须坚持的基本要求；第二步，根据试点取得的实践经验，分期分批地进行整党，在学习的基础

图 2–14　第一次全国组织工作会议上刘少奇作报告

上认真进行党员登记；第三步，党组织对每个党员进行考察并作出审查鉴定；第四步，对犯有严重错误和不够党员条件的党员慎重地作出组织处理决定，同时把整党和城乡基层建党工作有机结合起来，抓紧抓好发展新党员和切实加强基层组织建设。从 1952 年起，党又集中力量在全国农村地区分期、分批地展开了整党建党工作。主要解决了三大问题：对广大农村党员普遍、深入地进行了一次党员标准教育，显著提高了他们的思想政治觉悟，增强了党的观念；对混入党内的坏分子和不合格分子予以必要的和恰当的组织处理，纯洁了农村党员队伍，提高了党的威信；通过整党建党，全面加强了农村基层组织建设，使之更好地发挥了战斗堡垒作用，团结带领群众为完成党在过渡时期总路线所确立的各项任务而继续努力奋斗。

到 1954 年春，这次大规模的整党运动基本结束，党内约有不到 10%的人不符合党员标准。据统计，到 1953 年底，有 23.8 万人被开除党籍，9 万多人被劝告退党。在整顿党组织的同时，进行了建党工作，到 1953 年 6 月止，全国共发展新党员 107 万名，壮大了党的队伍。

通过整风整党运动，端正了党风，纯洁了党的组织，继承和发扬了党的优良传统和作风，提高了党员素质，密切了党群关系，壮大了党的队伍，为保证各项社会改革的顺利完成、国民经济的迅速恢复和良好社会风尚的形成奠定了基础。

八、国民经济的迅速恢复

经过三年国民经济恢复时期，我国的工农业生产不论在规模上、速度上、主要产品产量上，都取得了历史上前所未有的水平。

在中国共产党的正确领导下，从1949年10月到1952年底，中国人民经过三年艰苦努力，国民经济得到全面恢复和初步发展。

农业生产的恢复和发展，是国民经济一切部门恢复的基础。土地改革顺利完成，截至1952年底，除西藏、新疆等少数民族地区及台湾省外，全国有3亿农业人口的地区实行了土地改革，加上新中国成立前已完成土改的老区，全国共有农业人口总数90%以上的地区完成了土改。农田水利方面，3年来，国家用于农业的投入逐年增加，水利建设经费为7亿元，占预算内基本建设投资总额的10%以上；全国共有2000万人参加了水利工程建设，完成土方量17亿立方米以上，相当于挖掘10条巴拿马运河或23条苏伊士运河。对淮河、沂河、沭河、永定河、大清河、潮白河等水灾较严重的河流，进行了全流域的治理（见图2-15）；对黄河、长江等部分灾情威胁较重的地段，采取了临时性的有效防御措施。在治理江河的同时，各地还大力整修水渠塘堰，扩大农田灌溉面积。所有这些，都促进了农业生产的迅速恢复和发展。1952年粮食总产量达16392万吨，比1949年增产5074万吨，棉花产量达130.4万吨，比1949年增产86万吨。大豆、花生、

图2-15 淮河治理工程闫河渠段现场

油菜籽、甘蔗产量也大大提高。农业总产值达484亿元，比1949年增长158亿元，比历史上最高年份增长了18.5%。

工业生产的恢复和发展，首先从整个工业最薄弱的环节入手，重点恢复国计民生所急需的矿山、钢铁、动力、机器制造和主要化学工业，同时恢复和增加纺织及其他轻工业生产。东北等老工业基地率先恢复了工业生产，开始了初步的经济建设，东北生产出的机器设备和工业物资又支援了上海、天津等沿海城市工业的恢复。除重点恢复和改造原有企业以外，国家还抽出一部分资金，有计划地新建了一批急需的工业企业，如阜新海州露天煤矿，鞍山钢铁公司无缝钢管厂和大型轧钢厂，山西重型机械厂，武汉、郑州、西安、新疆的纺织厂，哈尔滨亚麻厂等。这批新建厂后来都成为了我国工业的骨干企业。

经过努力，国营私营工业都得到恢复和发展。1952年工业总产值达343亿元，比1949年增长145%。生产资料的生产得到了优先发展，1949年生产资料的产值占26.6%，到1952年上升为35.6%。1952年与新中国成立前最高年份产量相比，钢产量增长46.2%，达134.9万吨；原煤产量增长7.5%，达6649万吨；发电量增长21.8%，达72.6亿度；原油增长35.8%，达到43.6万吨；棉纱增长47.9%，达到362万件。国营工业所占比重不断提高。但在绝对量上，私营工业的产值也大大增加。工业结构也发生了变化：1949年轻工业的产值占73.6%，重工业占26.4%；1952年轻工业的产值占64.5%，重工业占35.5%。

交通运输方面，特别是铁路的恢复和修建进展迅速。3年来，在基本建设资金极其有限的条件下，国家用于交通运输建设的投资共17.7亿元，占全国基建投资总额的26.7%。新中国刚成立时，没有一条可以全线通车的铁路。广大铁路工人克服种种困难，仅1949年修复铁路8300多公里，桥梁2715座；到1950年底，中国原有铁路基本上畅通，1952年新修来睦、成渝、天兰三条铁路线，总长度1277公里（见图2-16）。1952年底，全国铁路通车里程接近新中国成立前的最高年份，还加固了京汉铁路黄

图2-16　庆祝成渝铁路全线通车

河大桥，铁路运输货物周转量逐年提高。公路通车里程由新中国成立初期的 80768 公里，发展到 1952 年的 126675 公里。内河航运里程增加。民用航空在新中国成立初期是空白，到 1952 年新辟航线 13123 公里。交通运输的恢复沟通扩大了城乡交流，促进了国民经济的恢复和发展。

国内外贸易的恢复。随着新中国成立初期国内市场的渐趋稳定，1950 年社会商品零售总额达到 170.6 亿元，1952 年为 276.8 亿元，开始出现市场繁荣、购销两旺的局面。对外贸易于 1950 年实现了出超，贸易额构成发生了变化，生产资料的进口比重增大，消费资料进口缩减。人民政府外贸部门在坚持独立自主、平等互利原则下，采用以货易货的对外贸易方式，与众多国家的工商业家达成许多交易。

文化教育也有很大发展。1949 年 10 月到 1952 年，全国小学由 34.7 万所，小学生 2439 万人增加到 52.7 万所，小学生 5110 万人；普通中学及中等专业学校由 5216 所，学生 126.8 万人增加到 6008 所，学生 312.6 万人；高等院校学生由 11.7 万人增加到 19.1 万人。其中，毕业研究生由 107 人增加到 627 人。各级学校专任教师由 93.5 万人增加到 159.1 万人。业余教育、职工培训、扫盲工作也都普遍展开。其他各项事业，如卫生保健、科学研究、新闻出版、电影广播及群众文化事业也都有较大发展。

随着生产的恢复和发展，人民的物质生活逐年提高。农民收入比土地改革前一般增加 30%左右，人均消费水平大约提高 20%。工人工资总数不断提高，就业人数增加，1949~1952 年，已有 780 万人就业，1952 年全国职工总数是 1949 年的 197.5%。1952 年，全国国营企业职工工资比 1949 年增加了 60%~120%，全国工人平均工资比 1949 年增加了 70%。1952 年，卫生系统共有病床 13 万张，比 1950 年增加 1 倍多。1950 年中央人民政府公布了《中华人民共和国劳动保险条例（草案）》，对职工生、老、病、死、残实行劳动保险。1952 年 7 月，全国各级政府、党派、团体及所属事业单位的工作人员实行公费医疗预防制度，同年 10 月及 1953 年春，各私立学校的教职工和高校学生也开始实行。此外，职工的居住条件也有所改善，新建住宅面积 1950 年为 251 万平方米，1951 年为 460 万平方米，1952 年为 751 万平方米。国家投资新建的宿舍逐年增加，职工的住房条件随之改善。

经过 3 年的努力，整个国民经济得到全面恢复和初步发展。主要工农业产品产量都超过了历史最高水平。经过三年国民经济恢复时期，我国的工农业生产不论在规模上、速度上、主要产品产量上，都取得了历史上前所未有的水平。不仅显示了新中国社会制度的优越性，并且为其后大规模有计划地进行社会主义改造和社会主义建设准备了条件。

九、新中国新文化

"有步骤地谨慎地进行旧有学校教育事业和旧有社会文化事业的改革工作，争取一切爱国的知识分子为人民服务。"

新民主主义的教育文化，是与新民主主义的经济发展、政治建设相适应的。新中国成立后，为实现民族的、科学的、大众的文化纲领，人民政府对旧有学校教育事业和社会文化事业有步骤地进行了改革，以适应新民主主义建设的需要。

早在第一届政协一次会议通过的《共同纲领》中就明确规定了中华人民共和国的教育是新民主主义教育，即民族的、科学的、大众的文化教育。人民政府的文化教育工作，应以提高人民文化水平、培养国家建设人才，肃清封建的、买办的、法西斯主义的思想，发展为人民服务为主要任务，提出人民政府应有计划、有步骤地改革旧的教育制度、教育内容和教学法。

在接管城市的过程中，国家就对各类报纸、刊物、通讯社等舆论工具，采取根据其性质和政治态度分别对待的政策，逐步接管，取缔了帝国主义、反动派残留的舆论宣传阵地，建立起了传播革命思想和新文化的宣传阵地。对私营报纸、刊物、广播等事业进行改造，把作为舆论宣传、大众传播重要工具的这部分文化事业，完全置于党和国家的统一领导之下。同时，确立了马克思列宁主义、毛泽东思想在全国一切工作中的指导思想的地位。

新中国成立后，人民政府还"有步骤地谨慎地进行旧有学校教育事业和旧有社会文化事业的改革工作，争取一切爱国的知识分子为人民服务"，① 逐步建立了新中国的教育科学文化事业。1949 年 10 月至 1952 年底，中国人民为摆脱文化落后、科技不发达的历史现状，开展了一系列卓有成效的工作，使新中国的文化教育事业在这一时期

① 《毛泽东选集》第六卷，人民出版社 1999 年版，第 71 页。

取得了可喜的成就。

在教育方面，确定了教育必须为国家建设服务，学校必须向工农开门的总方针，在全国范围内接收了国民党政府所属学校，废除了国民党的训导制度、特务统治和国民党“党义”、“公民”等课程，开设了马列主义理论课程，建立了共产党、青年团的组织和政治工作制度。1951年10月，我国公布了《政务院关于改革学制的决定》，规定了切合我国实际的新学制，确立了劳动人民和工农干部教育在各类学校系统中的重要地位，并逐步地建立和健全了从初等教育到高等教育的新的人民教育制度。特别是发展小学和中学，扩大吸收工农子弟入学；创建工农速成中学等，努力解决教育向工农开门，确立劳动人民和工农干部教育在各级学校系统中的地位问题。1952年，人民政府又领导全国高等学校进行院系调整工作，调整的方针是以培养工业建设人才和师资为重点，发展专门院校与专科学校，整顿和加强综合性大学等。这次调整改变了旧中国在学校设置、分布和系科分工上的无政府状态以及脱离实际的现象，全国高等院校达到184所，其中文理科综合大学14所，多科性工业院校38所，师范院校33所，农林院校29所，医药院校29所，其余为财经、政法等院校。初步形成学科、专业设置比较齐全的高等院校体系。通过这些教育改革，从根本上改变了旧中国半殖民地半封建的教育体制，初步清除了帝国主义、封建主义在教育方面的影响，为新中国教育事业的发展打下了良好的基础。随着国民经济的恢复和发展，教育事业也发展到历史上任何时代都不能比拟的规模。1952年全国大、中、小学的在校学生总数为5445.1万人，比1949年和新中国成立前最高年份都增加一倍多。与此同时，全国还开展了大规模的扫盲工作。

在文学艺术方面，主要是确定“文艺为人民服务，首先为工农兵服务”的基本方针，成立全国文学艺术界联合会的统一组织。党和人民政府大力倡导继承和发扬民族文化中的优良传统，有步骤、有重点地发展人民的文学、艺术、戏剧、电影等文化事业。同时，为继承我国丰富的戏曲遗产，提高了旧艺人的社会地位，改善了旧艺人的生活和工作条件。1951年初，毛泽东为中国戏曲研究院题词，提出“百花齐放，推陈出新”（见图2-17）这一繁荣戏曲事业的方针；政务院也发出指示要求对旧文艺进行改革，要求旧艺人在政治、文化和业务上加强学习；通过对旧文艺的改革，广大文艺工作者深入社会生活，投身于现实斗争，创作出一批以革命战争、社会改革为题材，启发人民政治觉悟，鼓励人民劳动热情的优秀文艺作品，受到人民群众的普遍欢迎。

人民电影事业也得到发展。到 1952 年底，共摄制故事片 86 部（包括 1951 年前私营厂出品的 51 部），纪录片 57 部，译制片 101 部。拍摄出《钢铁战士》、《白毛女》、《中华女儿》、《新儿女英雄传》、《人民战士》、《内蒙人民的胜利》、《赵一曼》、《上饶集中营》等优秀故事片，还摄制出《百万雄师下江南》、《抗美援朝》等优秀纪录片。文学创作方面，涌现出了许多优秀作品，其中影响较大的有老舍的文学剧本《龙须沟》等，还涌现出巴金、魏巍等创作的反映抗美援朝斗争生活的一批优秀作品。一批内容丰富、题材多样，以反映时代变化和新人物新思想为主要特色的文艺作品的出版，对丰富人民的文化生活起了重要的作用。

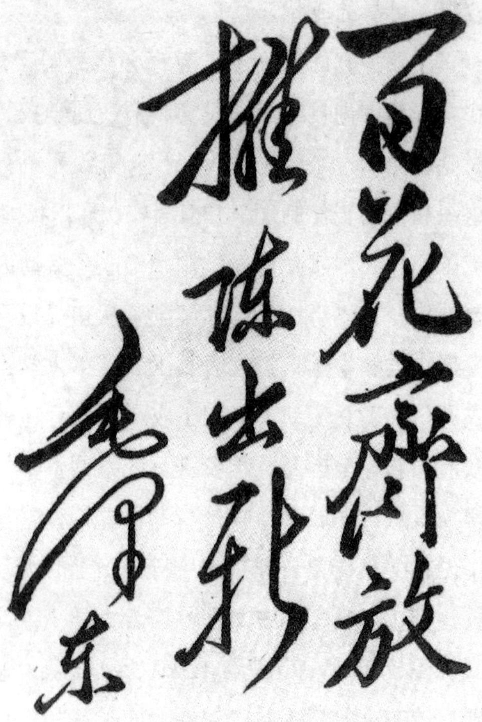

图 2–17　毛泽东为中国戏曲研究院题词

在书刊出版方面，统一全国新华书店为国营的书刊发行机构（见图 2–18），成立人民出版社等国营专业出版社；合理调整公私出版业的关系，按照分工专业的方向，划分国营与私营出版社出书的范围和重点；促进商务印书馆、中华书局、开明书店等影响较大的私营出版业实行联合经营，并有步骤地实行公私合营。这些措施，实现了全国出版业的统一领导、统一管理，逐渐消除了出版发行工作的无组织、无计划现象，基本满足了新中国成立初期人民对各种出版物的需要。1952 年全国出版报纸 16 亿多份，杂志 2 亿多册，图书 7.857 亿册。

在科学工作方面，旧中国极为薄弱，全国解放时，专门的科研机构只有 40 个左右，专门的科研人员不到 500 人，科研成果也少得可怜。新中国成立后，党和人民政府十分重视科学技术在建设事业中的重要作用。1949 年 11 月成立了中国科学院，以便有计划地利用近现代科学成就以服务于工业、农业和国防的建设，组织并指导全国的科学研究，以提高中国的科学研究水平。党和政府帮助科学工作者认识理论与实际结合的重要性，引导他们结合国家的经济建设开展科学研究工作。到 1952 年，中科院已拥有包括多学科的 31 个研究所。广大自然科学工作者开始了有组织、有计划的科学研究工作，取得了可喜的成绩，为中国科学事业由近代落伍逐渐走向振兴打下了初步基础。

总之，三年恢复时期，对旧有文化教育事业的改革和调整，从根本上改变了旧中国半殖民地半封建的文化教育制度，消除了帝国主义、封建势力的控制和影响，从而为新中国文化教育事业的发展创造了条件。

图 2–18　毛泽东主席于 1939 年 9 月 1 日亲笔题写的店招（上），1948 年 12 月毛泽东主席再次为新华书店题写的店招，现为全国新华书店的统一店招（下）

十、知识分子的思想改造

“思想改造，首先是各种知识分子的思想改造，是我国在各方面彻底实现民主改革和逐步实行工业化的重要条件之一。”

新中国成立后，人民政权的巩固和国家的经济文化建设，都需要广大知识分子的积极参加。党和人民政府十分重视对知识分子的团结、教育和改造工作，强调要逐步改变经济文化落后的状况，必须把知识分子团结在党和人民政府周围，充分利用他们的科学文化知识为新中国建设事业服务。

我国知识分子的绝大多数在旧中国深受帝国主义、封建主义和官僚资本主义的压迫，有很强的革命性，他们是爱国的。新中国成立前后，大多数学有所成的知识分子不愿跟随反动派逃亡而留在大陆迎接解放；有的在党的帮助下，经过香港转移到解放区；还有以李四光、老舍为代表的著名知识分子，在党的精心安排下，克服重重阻挠，大批回国参加建设。新中国成立后广大知识分子的进步是很明显的。但不少人由于家庭和历史的原因，还存在资产阶级思想，有的甚至存在帝国主义、封建主义的思想影响，不能适应新社会的需要。为帮助他们摆脱剥削阶级世界观的束缚，树立为人民服务的思想，党在知识分子中广泛组织了马列主义基础知识的学习和党的方针政策的学习，以及中国共产党的历史和理论的学习，采取各种方式对知识分子进行思想教育，开展了全国规模的知识分子思想改造运动。

这一运动，首先从北京、天津教育界开始。1951 年 7 月，结合纪念中国共产党成立 30 周年和《人民日报》陆续刊载即将出版的《毛泽东选集》第一卷中的部分文章，许多知识分子对学习中国共产党的历史和理论产生了兴趣。9 月，北京大学校长马寅初致信周恩来，转达了这种学习的意向。9 月 29 日，周恩来受党中央委派，为京津两市高校教师学习会上 3000 余名教师作《关于知识分子的改造问题》的报告。周恩来结合自己参加革命的经历和思想改造的体会，深入浅出地阐明了知识分子进行思想改造的必要性，勉励一切有民族思想、爱国思想的知识分子努力站到人民的立场，再争取进一步站到工人阶级的立场。他鼓励大家只要不断地学习，有改造自己的信心和决心，不论是怎样从旧社会过来的人，都是可以改造好的。周恩来的报告亲切诚恳，语重心长，使到会的教师深受教育和启发。随后，整个教育界开展了以学习马列主义、毛泽东思想为主要内容，联系本人思想和学校实际，通过批评与自我批评，肃清封建买办思想，批评资产阶级和小资产阶级思想，推动教育改革的学习运动，并收得较好效果。10月23日，毛泽东在全国政协一届三次会议开幕词中，强调指出："思想改造，首先是各种知识分子的思想改造，是我国在各方面彻底实现民主改革和逐步实行工业化的重要条件之一。"①

1951年11月30日，中共中央发出《关于在学校中进行思想改造和组织清理工作的指示》，明确指出：必须立即开始有准备、有计划、有领导、有步骤地在一至两年内，在所有大、中、小学校的教职员中和高中以上的学生中，普遍地进行初步的思想改造工作，培养干部和积极分子。并且，在此基础上，在大、中、小学校的教职员中和专科以上的学生中，组织忠诚老实交清历史的运动，清理其中的反革命分子。

文艺界从首都北京开始进行整风学习，以克服文艺工作中的不良倾向，加强对文艺工作的领导。1952年，结合纪念毛泽东《在延安文艺座谈会上的讲话》发表30年，全国文艺界全面开展整风学习，初步澄清了文艺工作上资产阶级、小资产阶级思想的影响，明确了文艺首先为工农兵服务的方向。1952年1月5日，全国政协常委会作出《关于开展各界人士思想改造的学习运动的决定》，组织各民主党派、无党派、工商界、宗教界人士，参加思想改造的学习运动。随后，科学界也开展了思想改造学习运动。这样，形成了全国规模的知识分子思想改造运动。到1952年秋，思想改造运动基本结束。

对知识分子思想改造，一方面，是组织各界知识分子系统地学习马列主义、毛泽东思想，通过开展批评和自我批评，清除帝国主义、封建主义、官僚资本主义的政治影响，划清革命与反革命的界限，开展忠诚老实运动，向组织交代清楚自己的历史并检举所知的反革命分子，树立为人民服务的思想，解决立场问题；另一方面，组织他们参加革命实践，提高思想觉悟和认识水平（见图2-19）。

新中国成立初期的知识分子思想改造运动，在总的方面适应了知识分子希望重新学习的要求，也适应了国家建设对大量知识分子及他们所拥有的科学文化知识的需要，帮

---

①《毛泽东选集》第六卷，人民出版社1999年版，第184页。

图 2–19　中国科学院学部委员会委员们在讨论思想改造的学习计划

助从旧社会过来的知识分子清除思想上残存的帝国主义、封建买办阶级的影响，在政治上划清革命与反革命的界限，促进大多数知识分子由民族的、爱国的立场前进到人民的立场，初步接受了马克思主义的世界观，树立为人民服务的人生观，获得了前进的方向和力量。这是知识分子改造工作取得的重要成绩。但是，运动中由于要求过急过高，方法简单粗暴，因而伤害了一部分知识分子的感情，造成一定程度的消极作用，其经验教训是值得深刻记取的。

第三章 社会主义建设与社会主义改造

一、过渡时期总路线

“逐步实现国家的社会主义工业化，并逐步实现国家对农业、对手工业和对资本主义工商业的社会主义改造。”

中华人民共和国成立以后，经过三年的经济恢复时期，人民民主的专政政权得到了巩固，国民经济的情况得到了基本好转。积累了新的经验，并且对社会主义改造有了新的认识，社会主义国营经济已经成为国民经济的重要依靠力量，党和政府也已经获得了利用和限制私营工商业的许多经验和教训，并且也积累了在农村中开展农业互助合作的经验。在这样的历史条件下，党逐步明确提出了过渡时期总路线。这就是：“从中华人民共和国成立，到社会主义改造基本完成，这是一个过渡时期。党在这个过渡时期的总路线和总任务，是要在一个相当长的时期内，逐步实现国家的社会主义工业化，并逐步实现国家对农业、对手工业和对资本主义工商业的社会主义改造。这条总路线是照耀我们各项工作的灯塔，各项工作离开它，就要犯右倾或‘左’倾的错误。”

这条总路线的基本内容，有一个历史的形成过程。早在1949年2月召开的中国共产党七届二中全会的决议就指出：“在革命胜利以后，迅速地恢复和发展生产，对付国外的帝国主义，使中国稳步地由农业国转变为工业国，由新民主主义国家转变为社会主义国家。"[1] 这就是说，中华人民共和国成立后，中国要经历一个新民主主义社会，在这个社会内部使社会主义因素逐步增加，待条件基本成熟，就采取社会主义的步骤，向社会主义转变。1952年9月，毛泽东在中央书记处一次会上讲道，十年到十五年基本上完成社会主义，不是十年以后才开始向社会主义过渡。这是酝酿提出过渡时期总路线的开始。随后，刘少奇、周恩来都较详细地论述过"从现在逐步过渡到社会主义"的指导思想和大致设想。1953年6月，毛泽东在中央统战部部长李维汉给中央的《关于利用、限制和改造资本主义工商业的若干问题》（未定稿）的报告的批语中明确提出了过渡时期总路线的基本内容。这个批语说："党的任务是在十年至十五年或者更多一些时间内，基本上完成国家工业化和社会主义的改造。所谓社会主义改造部分：（一）农业；（二）手工业；（三）资本主义企业。"同年6月15日中央政治局会议上，对此问题正式进行了讨论，形成了比较完整的表述，即"党在过渡时期的总路线和总任务，是要在十年到十五年或者更长一些时间内，基本上完成国家工业化和对农业、手工业、资本主义工商业的社会主义改造。这条总路线是照耀我们各项工作的灯塔。不要脱离这条总路线，脱离了就要发生'左'倾或右倾的错误。"随后，毛泽东在审批一些中央文件和中央领导的报告时，对总路线的内容的表述作了一些修改，使之不断完善起来。1953年8月，毛泽东审阅周恩来同志在1953年夏季全国财经工作会议上的结论所作的重要指示中说："从中华人民共和国成立，到社会主义改造基本完成，这是一个过渡时期。党在这个过渡时期的总路线和总任务，是要在一个相当长的时期内，基本上实现国家工业化和对农业、手工业、资本主义工商业的社会主义改造。这条总路线，应是照耀我们各项工作的灯塔，各项工作离开它，就要犯右倾或'左'倾的错误。"这个批示对总路线的内容表述作了一些修改，主要是：第一，增加了"从中华人民共和国成立，到社会主义改造基本完成这是一个过渡时期"的提法；第二，将"在十年到十五年或者更长一些时间内"，改为"在一个相当长的时期内"。

为了更好地向全国人民进行关于总路线的宣传，中共中央于1953年12月28日，批准并转发了经毛泽东两次修改过的中央宣传部编写的《为动员一切力量把我国建设成为一个伟大的社会主义国家而斗争——关于党在过渡时期总路线的学习和宣传提纲》。这个提纲中对总路线内容的表述又作了一些修改和补充。这些修改主要是将"国家工业化"改

①《毛泽东选集》第四卷，人民出版社1991年版，第1427页。

为“国家的社会主义工业化”；另外将“基本上完成国家工业化和对农业、手工业、资本主义工商业的社会主义改造”，改为“逐步实现国家的社会主义工业化，并逐步实现国家对农业、对手工业和对资本主义工商业的社会主义改造”。这个提纲形成了对过渡时期总路线的准确表述。1954 年召开的中国共产党七届四中全会于 2 月 10 日通过决议，正式批准了党中央政治局提出的党在过渡时期的总路线。同年 9 月召开的全国人大一届一次会议，把这条总路线的基本思想，作为国家在过渡时期的总任务，载入了《中华人民共和国宪法》。

图 3–1　北京文艺界人士在天安门广场宣传总路线

图 3–2　河北晋县周家庄农业生产合作社

党在过渡时期的总路线反映了历史的必然性。过渡时期总路线的提出不是偶然的，它是中共中央运用列宁关于过渡时期的学说，认真总结新中国成立后前 3 年的实践经验，根据中国国情提出来的，是当时客观形势发展的产物，有其历史的必然性和重要性。过渡时期总路线提出以后，在全党和全国人民中进行了广泛深入的宣传和教育工作（见图 3–1），党内迅速统一了认识，得到了全国人民的拥护，成为团结和动员全国人民共同为建设一个伟大的社会主义新中国而奋斗的新纲领。在过渡时期中，我们党创造性地开辟了一条适合中国特点的社会主义改造的道路（见图 3–2）。实践证明，党提出的过渡时期总路线是完全正确的。

二、第一届全国人民代表大会

“中华人民共和国的国家政权属于人民。人民行使国家政权的机关为人民代表大会和各级人民政府。各级人民代表大会由人民用普选方法产生之。各级人民代表大会选举各级人民政府。”

在马克思主义国家学说的指导下，中国共产党不断总结新民主主义革命经验，很早就酝酿着建立人民代表大会制度的问题。

早在1940年，毛泽东就指出：“中国现在可以采取全国人民代表大会、县人民代表大会、区人民代表大会直到乡人民代表大会的系统，并由各级代表大会选举政府。”① 1945年，他又指出：“新民主主义的政权组织，应采取民主集中制，由各级人民代表大会决定大政方针，选举政府。……只有这个制度才能表现广泛的民主，使各人民代表大会有高度的权力；又能集中处理国事，使各级政府能集中地处理被各级人民代表大会所委托的一切事务，并保障人民的一切必要的民主活动。”②

为适应我国社会主义改造和社会主义建设的形势要求，进一步发扬社会主义民主，调动广大人民群众参加社会主义建设的积极性，中共中央决定将国民经济恢复时期所推行的人民代表会议制度过渡到人民代表大会制度。同时，这也符合《中国人民政治协商会议共同纲领》中的规定：“中华人民共和国的国家政权属于人民。人民行使国家政权的机关为人民代表大会和各级人民政府。各级人民代表大会由人民用普选方法产生之。各级人民代表大会选举各级人民政府。”鉴于新中国成立初期召开全国人民代表大会的条件不够成熟，根据《共同纲领》的规定，暂由中国人民政协第一届全体会议代行全国人民代表大会职权。经过三年国民经济恢复时期全国人民的努力，国家在各方面都取得了很大成就，除台湾外，大陆上的政治、经济、军事都实现了空前的统一，广大人民的组织

①《毛泽东选集》第二卷，人民出版社1991年版，第677页。
②《毛泽东选集》第三卷，人民出版社1991年版，第1057页。

程度和政治思想觉悟都有了很大提高。这样，为使人民民主专政的国家制度更加完备，结束由政协会议代行全国人大的职权、由《共同纲领》代替宪法的过渡状态，便成为可能和必然的事情。

1952年12月24日，周恩来在政协全国委员会常委会（扩大的）第四十三次会议上，代表中国共产党提出了召开全国和地方各级人民代表大会的建议。1953年1月13日，中央人民政府委员会第二十次会议作出关于召开全国及地方各级人民代表大会的决议。会议决定成立以毛泽东为主席的宪法起草委员会和以周恩来为主席的选举法起草委员会。同年2月11日，中央人民政府委员会举行了第二十二次会议，听取了邓小平就《中华人民共和国全国人民代表大会及地方各级人民代表大会选举法（草案）》所作的详细说明。经会议讨论通过，并建立了以刘少奇为首的中央选举委员会。根据《选举法》规定："凡年满18岁之中华人民共和国公民，不分民族和种族、性别、职业、社会出身、宗教信仰、教育程度、财产状况和居住期限，均有选举权和被选举权。"4月，中央选举委员会发出关于基层选举工作的指示，正式开始各级人大代表选举工作。

为了准备选民的登记和给国家经济建设提供准确的人口资料，政务院以1953年6月30日24时为标准时间，对全国人口进行了大普查。调查结果，全国人口总数为601912371人，其中选民为323809684人。从1953年下半年开始，根据《选举法》规定，先由选民直接选举乡、镇、市辖区和不设区的市的人民代表，然后乡、县、省（市）逐级召开人民代表大会，选举产生了各级人民政权的组织。并且经由各省、自治区、直辖市人民代表大会及中国人民解放军、华侨等方面的选举，产生出席第一届全国人民代表大会的代表。结果，全国参加投票选举的选民达2.78亿人，占登记选民总数的85.88%，选出基层人大代表566.9万人，其中妇女占17.31%；选出全国人大代表1226人，包括有各民族、各民主阶级、民主党派和人民团体的代表人物。这是中国历史上第一次空前规模的普选，极大地增进了广大人民群众当家做主的热情和民主意识，把中国的民主政治生活向前推进了一大步。至此，第一届全国人大代表的选举工作基本完成。

1954年9月15日，中华人民共和国第一届全国人民代表大会第一次会议在北京中南海怀仁堂隆重开幕，到会代表1210人（见图3-3）。这次会议的任务是：第一，制定宪法；第二，制定几个重要法律；第三，通过政府工作报告；第四，选举新的国家领导工作人员。

图 3–3　中华人民共和国第一届全国人民代表大会第一次会议在北京中南海怀仁堂举行

毛泽东主持了开幕式，并致开幕词（见图 3–4）。他说："我们这次大会，具有伟大的历史意义，这次会议是标志着我国人民从 1949 年新中国成立以来的新胜利和新发展的里程碑。"他明确指出："领导我们事业的核心力量是中国共产党。指导我们思想的理论基础是马克思列宁主义。"

刘少奇代表宪法起草委员会向大会作了《关于中华人民共和国宪法草案的报告》。大会经过热烈讨论，用无记名投票的方式一致通过了《中华人民共和国宪法》。随后大会又通过了《中华人民共和国全国人民代表大会组织法》、《中华人民共和国国务院组织法》、《中华人民共和国法院组织法》、《中华人民共和国检察院组织法》、《中华人民共和国地方各级人民代表大会和地方各级人民委员会组织法》。

大会还听取和讨论了周恩来代表中央人民政府作的《政府工作报告》。报告总结了新中国成立五年来各方面所取得的巨大成就，也指出了政府工作的缺点和改进的办法。报告还指出："我们必须用全力来实现宪法所规定的我们在过渡时期的总任务，而这里最主要的事情就是我们人人都要关心提高我们国家的生产力。""只有生产不断地增加，不断地扩大，才能逐步克服我们人民的贫困，才能巩固我们革命的胜利，才能有我们将来的幸福。"最后，大会一致通过《关于政府工作报告的决议》。

大会选举出新的国家领导人。毛泽东、朱德分别当选为国家正、副主席；刘少奇为全国人大常委会委员长；董必武为最高人民法院院长；张鼎丞为最高人民检察院检察长。根据中华人民共和国主席提名，决定任命周恩来为国务院总理。根据周恩来的提名，产生了副总理以及各部部长；会议决定设立国防委员会，毛泽东兼任国防委员会主席。最后，毛泽东主席宣布大会胜利闭幕。

这次会议第一次以宪法为根本大法的形式，规定了人民代表大会制度是中国的根本政治制度，并通过宪法和有关组织法对它作出了一系列明确、具体的规定，是我国政治生活进一步民主化的重要标志，是新中国成立以来人民民主建设的重大发展。这也体现了全国各族人民大团结。这次大会对于动员全国人民，实现国家在过渡时期的总任务起着重大作用。

图 3-4 第一届全国人民代表大会开幕仪式，主席台左起：董必武、周恩来、李济深、刘少奇、毛泽东、朱德、宋庆龄、张澜、林伯渠

三、中华人民共和国第一部宪法的诞生

"把人民民主和社会主义原则固定下来，使全国人民有一条清楚的轨道，使全国人民感觉有一条清楚明确的道路可走。"

1949 年民主革命的胜利，人民民主专政的国家制度得以基本确立。新中国刚成立的前几年，《中国人民政治协商会议共同纲领》起了临时宪法的作用。到 1953 年，《共同纲领》所规定的目标已基本实现，召开全国人民代表大会和地方各级人民代表大会，制定中国人民的根本大法——宪法的条件已经具备。

1952 年 12 月 24 日，周恩来在全国政协常委会召开的第四十三次会议上，代表中国共产党提议：按《中央人民政府组织法》第七条第十款规定，于 1953 年召开全国人民代表大会和地方各级人民代表大会，并着手宪法草案的起草工作。全国政协常委会一致认同并认为这是符合全国人民的愿望和要求。此后，周恩来在1953年1月13日至14日召开的中央人民政府委员会第二十次、二十一次会议上，就全国人民代表大会和各级地方人民代表大会的召开作了详尽的说明，并认为既然要召开全国人民代表大会，就应该制定自己的根本大法——宪法。大会一致同意周恩来的提议。最后，毛泽东作了简短的结论，会议通过了关于召开全国人民代表大会和地方各级人民代表大会及制定宪法的决议。

图3–5 毛泽东亲自领导和参加了起草《中华人民共和国宪法草案》的工作

为了尽快制定自己的宪法，中央决定成立宪法起草委员会，进行宪法起草工作。毛泽东任主席，朱德、宋庆龄、李济深、李维汉、何香凝、沈钧儒、沈雁冰、周恩来、林伯渠、林枫、胡乔木、高岗、乌兰夫、马寅初、马叙伦、陈云、陈叔通、陈嘉庚、陈伯达、张澜、郭沫若、习仲勋、黄炎培、彭德怀、程潜、董必武、刘少奇、邓小平、邓子恢、赛福鼎、薄一波、饶漱石等33人任委员。宪法起草工作进入具体准备阶段。此后，由于1953年的自然灾害，中央决定推迟召开全国人民代表大会和各级地方人民代表大会，从另一方面使宪法的起草和准备工作获得了更加充分的时间。

1954年1月7日，在毛泽东主持下（见图3–5），起草小组在杭州制定起草宪法的工作计划，并就此于1月15日致电刘少奇等中央同志征求意见。2月中旬，宪法小组提出初稿。为深入研究和修改初稿，中央又成立了六个讨论研究小组，各小组研究讨论一个多月，将初稿修改稿多次送中央政治局审议。2月下旬，二读稿提出，2月25日提出三读稿。2月28日、3月1日两天中央政治局扩大会议讨论并基本通过宪法草案初稿三读稿，并决定由董必武、彭真、张际春负责，以董必武为主，根据中央政治局讨论的意见及宪法起草小组的意见，将三读稿加以研究修改。3月8日，提出四读稿。之后，中央政治局召开扩大会议，对四读稿进行讨论修改，从而基本完成了宪法草案初稿的草拟工作。

1954年3月15日，中央政治局扩大会议作出决议：第一，以陈伯达、胡乔木、董必武、彭真、邓小平、李维汉、张际春、田家英八位同志组成宪法小组，负责对宪法草案初稿的条文作最后的修改后，提交中央讨论；第二，组成宪法起草委员会办公室，由李维汉任秘书长，齐燕铭、田家英、屈武、胡愈之、孙起孟、许广平、辛志超任副秘书长。

1954年3月23日，宪法起草委员会召开第一次会议。毛泽东主持会议并代表中共中央将宪法草案初稿提交宪法起草委员会。毛泽东说，这个初稿可以小修改，可以大修改，也可以推翻另拟初稿。宪法起草委员会完全接受了党中央提出的初稿。会议决定：宪法草案的讨论，除宪法起草委员会全体会议外，政协全国委员会也进行分组讨论，并分发各大行政区、各省市的领导机关和各民主党派、各人民团体的地方组织进行讨论。会议还决定：正式聘请周鲠生、钱端升为法律顾问，叶圣陶、吕叔湘为语文顾问。3月28日，宪法起草委员会办公室成立，下设编辑组、会议组、记录组、联络组、总务组作为委员会的职能机构，紧张而细致地开展各项工作。

中共中央还发出通知，在全国范围内展开了对宪法草案的讨论，各方面在讨论中提出的问题对宪法草案初稿的修改起了重要作用。

针对宪法草案写得比较简单的情况，宪法起草委员会先后七次召开会议，进行讨论修改。终于在1954年6月11日第七次会议上，在毛泽东主持下，一致表决正式通过(见图3-6)。宪法草案的通过，标志着宪法起草工作胜利结束。

宪法草案通过后，毛泽东在会上作了重要讲话。他说这个宪法所以得人心，大家赞成，就是因为有这样两条："一条是正确恰当总结了经验，一条是结合了原则性和灵活性。"宪法公布以后，用宪法这样一个根本大法的形式，"把人民民主和社会主义原则固定下来，使全国人民有一条清楚的轨道，使全国人民感觉有一条清楚明确的道路可走。""一个团体要有

图3-6 表决通过宪法草案

一个章程，一个国家也要有一个章程，宪法就是一个总章程，是根本大法”。[1]

1954年6月15日，宪法草案公布，全国人民积极投身于宪法草案的讨论之中，参加讨论的有1.5亿人。宪法起草委员会于9月8日的第八次会议上，对宪法草案又做了重大修改，并提交9月9日中央人民政府委员会第三十四次会议通过。9月12日，宪法起草委员会第九次会议讨论了《关于中华人民共和国宪法草案的报告》。刘少奇主持了会议，会议一致通过了关于宪法草案的报告。

在第一次全国人民代表大会召开前夕，中央人民政府委员会在广泛听取人大代表的意见的基础上，召开了临时会议，对宪法草案又做了修改。

1954年9月15日，中华人民共和国第一届全国人民代表大会第一次会议在北京隆重召开，毛泽东主持会议并致开幕词。他说："这次会议制定的宪法将大大地促进我国的社会主义事业。"当日下午4时，在通过会议章程之后，会议进入第一项议程，由刘少奇代表宪法起草委员会作《关于中华人民共和国宪法草案的报告》（见图3–7）。9月16日下午至9月18日下午，讨论宪法草案和刘少奇作的宪法草案的报告，在会上发言的代表共计89人。所有发言的代表都兴奋地表示拥护宪法草案，同意刘少奇的报告，并一致建议通过并正式公布宪法。

图3–7　刘少奇在大会上作《关于中华人民共和国宪法草案的报告》

1954年9月20日，第一届全国人民代表大会第一次会议在代表们热烈的掌声中正式通过了《中华人民共和国宪法》。宪法包括序言，总纲，国家机构，公民的基本权利与义务和国旗、国徽、首都五个部分。除序言外共有条文106条。这部宪法以1949年的《中国人民政治协商会议共同纲领》为基础，明确规定了中国的国家性质和政治制度："中华人民共和国是工人阶级领导的以工农联盟为基础的人民民主国家。""中华人民共和国的一切权力属于人民。人民行使权力的机关是全国人民代表大会和地方各级人民代表

①《毛泽东选集》第六卷，人民出版社1999年版，第328页。

大会。”“全国人民代表大会、地方各级人民代表大会和其他国家机关一律实行民主集中制。”这部宪法把中国共产党提出的过渡时期总路线和总任务，用法律形式肯定下来，并规定了过渡到社会主义的步骤和方针。宪法中规定：“中华人民共和国依靠国家机关和社会力量，通过社会主义工业化和社会主义改造，保证逐步消灭剥削制度，建立社会主义社会。”这部宪法还规定了国家的职能、公民享有的广泛民主自由的权利，以及应尽的义务，规定：“中华人民共和国公民在法律面前一律平等。”公民享有选举权、被选举权及言论、出版、集会、结社等广泛的自由权利；公民必须遵守宪法和法律，遵守公共秩序，遵守社会公德等各种义务。这部宪法在民族政策方面完全体现了各民族一律平等的原则，宪法宣布中华人民共和国是一个统一的多民族的国家，各民族区域自治地方都是中华人民共和国不可分离的部分。宪法明确规定：“中华人民共和国各民族一律平等。……禁止对任何民族的歧视和压迫，禁止破坏民族团结和制造民族分裂的行为。”1954 年的《中华人民共和国宪法》颁布后，代替了《中国人民政治协商会议共同纲领》。中国人民政治协商会议的一切活动开始以宪法为根本准则。

1954 年制定的《中华人民共和国宪法》，不仅同过去反动阶级制定的宪法有根本区别，而且同中国旧民主主义革命时期资产阶级制度的宪法也有根本区别。它是我国第一部社会主义类型的宪法，是一部真正反映人民意志、代表人民利益的宪法。这部宪法总结了中国近代关于宪法问题的历史经验，参考了世界主要国家的宪法；继承了新民主主义革命时期，中国共产党领导制定的《中华苏维埃共和国宪法大纲》、《陕甘宁边区施政纲领》等宪法性文件的正确原则，记录了中国人民革命的伟大胜利和新中国成立以来政治上、经济上的新成就，并从中国的具体国情出发，规定了社会主义革命和社会主义建设的方向与道路，规定了人民民主专政的基本原则和各项制度。它既是中国人民英勇斗争的历史经验的总结，又是中国人民为建设社会主义强国而奋斗的纲领。

四、《中国人民政治协商会议章程》

人民政协是"团结全国各民族、各民主阶级、各民主党派、各人民团体、国外华侨和其他爱国民主人士的人民民主统一战线的组织"。

第一届全国人民代表大会的召开和人民代表大会制度的实行，使人民政协的职能发生了很大变化。人民政协的地位、作用等问题，成为了党外民主人士关注的焦点，同时也成为了中国共产党必须尽快解决的重大问题。早在1953年7月，中共中央统战部就制定了《关于实行人民代表大会制时安排民主人士的意见》，明确指出：人民代表大会制的实行，绝不意味着要削弱统一战线，而是要使统一战线更加巩固和发展。中国人民政治协商会议作为统一战线的组织将继续存在，并在国家政治生活中发挥重要作用。那种认为统一战线组织可有可无的观点是错误的。之后，中共中央又先后多次召集各

图3-8　全国政协二届一次会议

图 3–9 全国政协二届一次会议特邀小组举行小组讨论

类会议，组织各界人士讨论人民政协的地位、作用、性质、任务、组织原则等问题，在广泛征求各方面意见的基础上，起草了《中国人民政治协商会议章程》等文件。

1954 年 12 月 21 日至 25 日，中国人民政治协商会议第二届全国委员会第一次会议在北京隆重召开（见图 3–8）。参会的全国政协委员共 559 人，其中共产党员 150 人，占 26.8%，党外人士 409 人，占 73.2%。毛泽东主持了开幕式，陈叔通作了《中国人民政治协商会议第一届全国委员会工作报告》，章伯钧作了《关于〈中国人民政治协商会议章程〉（草案）的说明》，周恩来作了《政治报告》。

会议经过热烈讨论（见图 3–9），一致通过了《关于中国人民政治协商会议第一届全国委员会工作报告的决议》、《中国人民政治协商会议章程》、《中国人民政治协商会议第二届全国委员会第一次会议宣言》。

会议通过的《中国人民政治协商会议章程》包括总纲和三章内容，共 25 条。《章程》明确规定了人民政协的性质、任务、组织原则、组织机构和职能等一系列重要问题。

关于人民政协的性质，总纲明确宣布中国人民政治协商会议代行全国人民代表大会职权的任务已经结束，今后，人民政协是“团结全国各民族、各民主阶级、各民主党派、各人民团体、国外华侨和其他爱国民主人士的人民民主统一战线的组织”。这就是说，人民政协既不是国家权力机关，也不是一般的人民团体，而是各党派的协商机关，是党派性质的人民民主统一战线的组织。

人民政协的基本任务是：在中国共产党的领导下，继续通过各民主党派、各人民团体的团结，更加广泛地团结全国各族人民，共同努力，克服困难，为建设一个伟大的社会主义国家而奋斗。人民政协的具体任务是：协商国际问题；对全国人民代表大会和地方同级人民代表大会代表的候选人名单以及中国人民政协会议各级组织组成人员的人选进行协商；协助国家机关，推动社会力量，解决社会生活中各阶级间的相互关系问题，并联系人民群众，向国家有关机关反映群众的意见和提出建议；协商和处理政协内部和党派团体之间的合作问题；在自愿的基础上，学习马克思列宁主义，努力进行思想改造。

《章程》还规定了人民政协的组织原则。它明确指出，凡参加政协的单位和个人必须共同遵守七项准则：第一，维护和全力贯彻实施《中华人民共和国宪法》；第二，巩固工人阶级领导的人民民主制度，加强社会主义成分的领导地位；第三，协助国家机关，推动社会力量，实现国家的社会主义工业化和社会主义改造事业；第四，密切联系群众，反映群众的意见和提出建议；第五，加强各族人民的团结，提高革命警惕性，坚持对国内国外敌人的斗争；第六，加强中国人民同世界爱好和平人民的友谊，反对侵略战争，保卫世界和平；第七，在自愿基础上学习马列主义和国家政策，开展批评与自我批评，努力进行思想改造。这七条准则是政协组织建立的政治基础，也是人民政协的组织原则。

关于人民政协的组织机构和职能，《章程》规定：人民政协设全国委员会和地方委员会，地方委员会对全国委员会的决议和号召有遵守和执行的义务，全国委员会和地方委员会对下一级地方委员会的关系是指导关系。《章程》还规定了全国委员会的职权。《章程》确认，人民政协对于调动一切积极因素参加社会主义建设和社会主义改造，必将起到巨大的推动和组织作用。

会议选举了新的领导机构，一致推举毛泽东为政协第二届全国委员会名誉主席，选举周恩来为政协第二届全国委员会主席，宋庆龄、董必武、李济深、张澜等 16 人任副主席，选举邢西萍为秘书长，并选举常务委员 65 人。

全国政协二届一次会议的召开和《中国人民政治协商会议章程》的通过，标志着我国实行人民代表大会之后人民政协的职能发生了变化，标志着我国人民民主统一战线的继续发展和加强。人民政协作为中国共产党领导的人民民主统一战线组织，和最高国家权力机关全国人民代表大会同时存在，在国家政治生活中同样发挥作用，这是我国人民民主制度的一个重要特色。这表明中国共产党领导的多党合作和政治协商制度的进一步加强，我国人民民主统一战线工作从此进入了一个新阶段。

五、少数民族区域自治

"在我们这个多民族的国家，没有民族区域自治，没有充分的民族自治权利，就没有民族平等，就没有各民族的大团结和祖国的统一。"

中国自古以来就是一个多民族的国家，除汉族之外，还有壮、蒙古、回、藏、维吾尔、苗、彝、布依、朝鲜、满等55个少数民族，约占全国总人口的6%。少数民族和汉族平等相处，创造了光辉灿烂的华夏文明，各民族形成了友好互助、血肉相连的关系。然而，由于历代统治阶级的民族压迫政策，一直到新中国成立前，我国各民族之间存在着相互隔阂和不平等的一面。新中国成立后，使消除民族歧视和不平等的现象，建立团结互助的新型民族关系成为可能。中国共产党依据马克思列宁主义关于民族问题的理论原则，结合我国的国情和少数民族的具体情况，确定以实行民族区域自治作为解决国内民族问题的基本政策。1949年9月29日通过的《中国人民政治协商会议共同纲领》规定："中华人民共和国境内各民族一律平等，实行团结互助，反对帝国主义和各民族内部的人民公敌，使中华人民共和国成为各民族友爱合作的家庭。""各少数民族聚居的地区，应实行民族区域自治，按民族聚居的人口多少和区域大小，分别建立各种民族自治机关。凡各民族杂居的地方及民族自治区内，各民族在当地政权机关中均应当有相当名额的代表。"

民族区域自治，是中国共产党和人民政府解决民族问题的一项基本政策，是我们国家的一项基本政治制度。民族区域自治，即在中华人民共和国领土之内，遵循《中国人民政治协商会议共同纲领》的基本精神，在中央人民政府统一领导之下，"让各少数民族人民按照他们大多数人的意志和经过他们自己乐意的形式，去管理各民族的内部事务。这样就使民族间的平等和自愿联合有了可靠的基础，保证少数民族当家做主，管理自己民族内部事务的权利，进一步加强和巩固各民族之间的团结"。

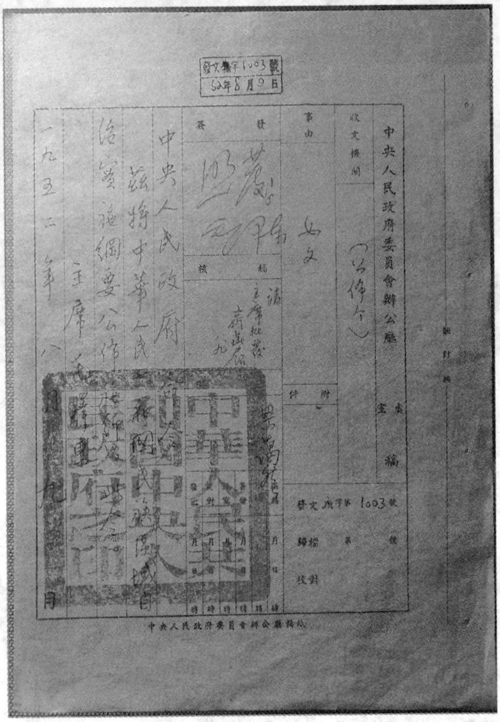

图 3-10　毛泽东签发的《中华人民共和国民族区域自治实施纲要》实施命令

1952 年 8 月，在总结新中国成立后两年来推行民族区域自治经验的基础上，中央人民政府制定和公布了《中华人民共和国民族区域自治实施纲要》（见图 3-10），对实行民族区域自治问题作了具体规定，明确了各民族自治地方的自治机关除行使一般的地方国家机关的职权外，可以依照宪法和法律规定的权限行使自治权。自治机关由实行自治的少数民族为主要成员组成，当地的其他民族都应有适当名额的代表；以当地少数民族通用的一种或几种语言文字，作为行使职权的工具；在进行工作的时候，充分照顾民族的特点和风俗习惯。《纲要》对民族自治区的建立、自治机关、自治权利、自治区内民族关系、上级人民政府领导原则等问题作了具体的规定。《纲要》规定，民族自治区享有以下权利：在中央人民政府和上级人民政府法令的规定的范围内，依其自治权限，得制定本自治区单行法规，报上两级人民政府核准；在国家统一的财政制度下，各民族自治区自治机关得依据中央人民政府和上级人民政府对民族自治区财政权限的划分，管理本自治区的财政；在国家统一的经济制度和经济建设计划之下，各民族自治区自治机关得自由发展本自治区的地方经济事业；各民族自治区机关得采取必要的适当的办法，发展各民族的文化、教育、艺术和卫生事业；各民族自治区自治机关按照国家统一的军事制度，得组织本自治区的公安部队和民兵；各民族自治区自治机关得采用各民族自己的语言文字，以发展各民族的文化教育事业；各民族自治机关得采用适当措施，以培养热爱祖国的、与当地人民有密切联系的民族干部；等等。《中华人民共和国民族区域自治实施纲要》的制定和实施，为民族区域自治工作提供了指导性的文件，推动了民族区域自治工作的开展。

同时，党和政府还制定了一系列民族政策，加强民族团结，克服和消除存在于民族间的大民族主义和狭隘民族主义残余。1954 年诞生的新中国第一部宪法中也明确规定：

中华人民共和国是统一的多民族国家。各民族一律平等。禁止对任何民族的歧视和压迫，禁止破坏各民族团结的行为。各民族都有使用和发展自己的语言文字的自由，都有保持或者改革自己的风俗习惯的自由。各少数民族聚居的地方实行区域自治。各民族自治地方都是中华人民共和国不可分离的部分，另外在全国范围内开展民族政策教育活动。在法律层面上，对民族区域自治政策做了规定，为民族区域自治政策的贯彻创造了条件。

到 1953 年 3 月，在全国范围内已建立县级和县级以上的自治区 47 个，其中包括建立最早、规模最大的内蒙古自治区。各自治区内的少数民族人数约达 1000 万人。在 1954 年之前，所有的民族区域自治地区均称为“自治区”，在名称上没有表现出行政层次上的区别。1954 年宪法将民族区域自治地方按行政层次分别规定为自治区（相当于省级）、自治州（相当于地市级）、自治县（或自治旗，相当于县级）三级政权。在少数民族聚居区，除个别地区外，都有大量汉族。因此，中国的民族区域自治不是单纯地以人口比例为依据，人口较多的民族可以自治，人口较少的民族也可以自治。一个民族可以在自己的聚居区内单独建立自治机关，也可以同一个或几个少数民族联合建立自治机关，还可以根据分布情况，在不同地区分别建立几个不同行政地位的自治机关。这样，就使民族区域自治，既能适应中国民族分布的复杂情况，又能最大限度地满足各少数民族实行自治的愿望。

图 3-11　新疆维吾尔自治区成立典礼

此后，全国陆续建立了内蒙古自治区、新疆维吾尔自治区（见图 3-11）、广西壮族自治区、宁夏回族自治区和西藏自治区五个自治区。其中，内蒙古自治区是唯一一个在新中国成立前建立的自治区。至此，党和政府的民族区域政策受到了广大少数民族的欢迎，它充分地照顾到了各民族的特点，保障了少数民族的权益，调动了他们当家做主、建设祖国的积极性，推动了全国各民族的团结和少数民族地区经济和文化的发展。民族区域自治政策成为了我们国家的一项重要国策和根本制度，它对祖国统一、民族平等、民族团结和民族发展具有重大的意义。

1966年的“文化大革命”，由于“以阶级斗争为纲”搞阶级斗争扩大化，伤害了许多干部和群众，损害了民族区域自治政策。中国共产党十一届三中全会以后，经过拨乱反正，中共中央和国务院加强了对民族工作的重视和领导，作出了许多重要决策，制定了若干法规来促进民族区域自治的恢复和发展。1980年，中央又多次强调“在我们这个多民族的国家，没有民族区域自治，没有充分的民族自治权利，就没有民族平等，就没有各民族的大团结和祖国的统一”。1981年6月27日，中国共产党十一届六中全会通过的《关于建国以来党的若干历史问题的决议》中也强调了必须坚持实行民族区域自治，加强民族区域自治的法制建设，保障各少数民族地区根据本地实际情况贯彻执行党和国家政策的自主权。1982年召开的第五届全国人民代表大会第五次会议通过的新宪法又对民族政策补充了许多重要原则。1983年12月29日，国务院又发出《关于建立民族乡问题的通知》，要求“凡是相当于乡的少数民族聚居的地方，应当建立民族乡”。1984年5月31日，第六届全国人民代表大会第二次会议通过并公布了《中华人民共和国民族区域自治法》（以下简称《自治法》）。《自治法》是以四项基本原则为指导，以新《宪法》有关民族区域自治的规定为依据，在总结新中国成立30多年来执行民族区域自治政策经验的基础上确定的。它是新《宪法》有关民族问题的具体化，也是中国实行民族区域自治政策的基本法律。《自治法》由序言、总则、民族自治地方的建立和自治机关的组成、自治机关的自治权利、民族自治地方的人民法院和人民检察院、民族自治地方内的民族关系、上级国家机关的领导和帮助、附则八个部分组成，共67条。《自治法》既强调了各民族要维护国家统一，加强民族团结，保证中央人民政府的统一领导和国家总的方针、政策、计划在民族自治地方贯彻执行，又规定了照顾各民族自治地方的特点和需要，保证自治机关充分行使大于一般地方国家机关职权的自治权，保证民族自治地方各少数民族管理本民族内部事务权利的实现，发展各民族平等、团结、互助和社会主义民族关系的共同繁荣。

新中国的成立开辟了我国民族平等的新纪元。而《自治法》的颁布，使民族区域自治在新时期有了新的发展，使全国各族人民在把我国建设成为高度文明、高度民主的社会主义现代化强国的共同目标下，不断促进少数民族地区的发展，增进各民族间的平等、团结、交往和互助，逐步实现各民族的共同繁荣。

六、对个体农业、手工业的社会主义改造

到 1952 年底，全国农业互助组发展到 800 万个，参加农户 4536 万户；农业生产合作社试办了 3600 余个，组织起来的农户占全国农户的 40%。

在过渡时期中，党创造性地开辟了一条适合中国特点的社会主义改造的道路。对个体农业，遵循自愿互利、典型示范和国家帮助的原则，创造了从临时互助组和常年互助组，发展到半社会主义性质的初级农业生产合作社，再发展到社会主义性质的高级农业生产合作社的过渡形式。对于个体手工业的改造，也采取了类似的方法。

对农业的社会主义改造分为三个阶段。第一阶段，从新中国成立到 1953 年底，以发展互助组为中心，同时试办初级社；第二阶段，从 1954 年到 1955 年上半年，是初级社在全国的发展阶段；第三阶段，从 1955 年下半年到 1956 年底，是农业合作化的高潮阶段。

1951 年 9 月 9 日，中共中央召开第一次农业互助合作会议，通过了《中共中央关于农业生产互助合作的决议（草案）》，并于 12 月 15 日颁布执行，决议草案指出，按照自愿和互利的原则，发展农民互助合作的积极性。到 1952 年底，全国农业互助组发展到 800 万个，参加农户 4536 万户；农业生产合作社试办了 3600 余个，组织起来的农户占全国农户的 40%。

从 1953 年起，对个体农业的社会主义改造工作加快了进展。2 月，中共中央正式通过了《关于农业生产互助合作的决议》并于 2 月 26 日公布，决议要求在条件比较成熟的地区，有领导、有重点地发展以土地入股为特征的初级农业生产合作社，认为这是走向社会主义的"富有生命力的有前途的"过渡形式。决议对个体农业的改造提出要按照自愿互利、典型示范和国家帮助的原则。为加强党对农村工作的领导，中共中央决定从中央到省委一级成立农村工作部，邓子恢出任中央农村工作部部长，负责指导全国农业互助合作运动有步骤地进行。

1953年春，全国农业生产合作社发展到1.5万多个，参加农户274万户，比上年增加了几倍（见图3-12）。总的来看，合作社的发展是健康的，但在华北、东北、华东等局部地区，也出现了急躁冒进和强迫命令现象，一定程度上引起了农民群众的思想混乱，影响了农业生产。

图3-12　农民申请加入合作社

1953年12月，中央通过了《关于发展农业生产合作社的决议》，确定了积极领导、稳步前进的方针。决议进一步指明了引导个体农民经过具有社会主义萌芽性质的互助组，到半社会主义性质的初级社会，再到完全社会主义性质的高级社会的正确道路，并指出，这种由具有社会主义萌芽，到具有更多社会主义因素，到完全的社会主义的合作化发展道路，就是我们党指出的对农业逐步实现社会主义改造的道路。从此，农业合作社由试办阶段进入发展阶段。到1954年春，合作社发展到9万多个，比原来增长近7倍，当年秋天，初级社已发展到10万个。

从1954年秋到1955年春，由于深入宣传过渡时期总路线和中央《关于发展农业生产合作社的决议》，农业合作化运动在全国普遍开展起来。1955年1月，合作社已达48万个。这已超过了原定的全年发展计划，而且还有继续扩大的趋势。但是此时，出现了急躁冒进倾向，主要问题是有些地区超越条件许可，发展过多过猛，一哄而起，甚至出现了几十倍的增长；一些地区发生农民闹退社、砍树木、大量宰杀牲畜等情况。

为此，中央决定合作化运动基本上转入控制发展、着重巩固阶段。按不同地区，分别执行"停止发展，全力巩固，适当收缩，在巩固中继续发展"的方针。

1955年7月，毛泽东作了《关于农业合作化问题》的报告，系统地阐明了农业合作化的理论、方针和原则。9月，毛泽东又主持编辑了《中国农村社会主义高潮》一书；10月，中国共产党七届六中全会通过了《关于农业合作化问题的决议》。至此，农业合作化运动迅猛发展，形成高潮。到1955年底，全国初级社已发展到109.5万个，入社农户7545

图 3–13 山西太原高级社代表为开展增产竞赛举行的座谈会

万户，占农户总数的 63.8%。高级社在 1955 年下半年由 500 个猛增到 1.7 万个，增加了 33 倍，入社农户 475 万户，占农户总数的 4%。

1956 年 1 月，农业合作化进入由办初级社为主转变为办高级社为主的阶段。高级社迅猛发展。到 1956 年底，高级社已达 54 万个（见图 3–13）。入社农户占总农户的 96.3%，其中参加高级社的占 87.8%。此外，在基本完成土地改革的少数民族地区，约有 90%的农户和 85%的牧户加入了合作社。至此，全国提前实现了农业合作化，我国农村生产资料私有制的社会主义改造任务已经基本完成。

在开展农业互助合作运动的同时，对个体手工业的社会主义改造工作也开始进行。经过合作社的形式，把个体手工业的生产资料私有制逐步改造成社会主义集体所有制。采取的步骤和形式是从供销合作小组、供销合作社，再发展到生产合作社。

1953 年 11 月，全国合作总社召开了第三次全国手工业生产合作会议。会议确定，对手工业进行社会主义改造的方针是积极领导、稳步前进；提出采取三种组织形式：一是手工业生产小组，即有组织地接收订货和推销产品，不改变原有的生产方式和所有制关系，这是组织手工业者的初级形式。二是手工业供销生产合作社，即在供销环节上组织起来以外，开始购置公有的生产工具，进行部分的集中生产，这是改造手工业的过渡形式，具有更多的社会主义因素。三是手工业生产合作社，即生产资料部分或完全公有，生产由分散变为集中，部分实行或完全实行按劳分配，这是手工业社会主义改造的高级形式，具有半社会主义性质或完全社会主义性质。方法是从供销入手，实行生产改造；步骤是由小到大，由低级到高级。会议提出，办好手工业生产合作社，必须坚持就地取材，就地制造，就地供应；自愿互利，发扬社内民主；加强生产管理，实行经济核算；在社员收入逐年有所增长的同时，逐渐增加公共积累等原则。要求，在第一个五年计划期间建立手工业合作化的巩固基础，到 1957 年各种手工业合作组织的成员发展到 500 万人；生产总值 60 亿元以上。到第二个五年计划中期，在全国范围内基本上完成手工业合作化的组织任务。这次会议精神的贯彻，加快了手工业合作化的进程。

到 1954 年底，全国手工业合作组织达到 4.17 万多个，比 1953 年增加 7 倍多，社（组）员 113 万多人，比 1953 年增加 2.7 倍；当年产值 11.6 亿元，相当于 1953 年的 1.2 倍。

1954 年 12 月，第四次全国手工业工作会议在北京举行，讨论了手工业同地方工业的发展、同农业和资本主义工商业的社会主义改造如何统筹兼顾、合理安排等问题，确定了 1955 年手工业社会主义改造的中心任务是：在统筹兼顾、全面安排、积极领导、稳步前进方针的指导下，继续摸清主要行业的基本情况，分别轻重缓急按行业拟定供、产、销和手工业劳动者的安排计划，以便有准备、有步骤、有目的地进行改造。同时，整顿、巩固和提高现有社（组），总结对主要行业进行改造的经验，为进一步开展手工业社会主义改造工作奠定稳固的基础。在此基础上，从供销入手，适当发展新社。5 月 16 日，中共中央批准了这次会议的报告，使手工业合作化的发展得到控制。至 1955 年上半年，全国手工业社（组）4.98 万个，社（组）员 143.9 万人。

到 1955 年下半年，手工业社会主义改造进入了加速发展的阶段。当时，在批判"小脚女人"的冲击下，农业合作化一马当先，随后中共中央召开了工作会议，把对资本主义工商业的社会主义改造引向高潮作了部署。在这种形势下手工业改造的步伐也急剧加快了。

毛泽东于 1956 年初发表的《中国农村的社会主义高潮》一书的序言，也提出了加快手工业改造的速度问题。1956 年 2 月，《中共中央关于资本主义工商业改造问题的决议》中规定，对于个体手工业的改造，一般地应该采取合作化的形式；有些个别的或部分的小手工业也可以和资本主义工商业一起实行公私合营。在全国社会主义改造高潮中，手工业合作化运动也出现了整个行业和整个地区组织起来，并且越过供销生产合作社，直接组织起集体所有制的手工业生产合作社的形势。

根据中央加快手工业社会主义改造步伐的指示，在紧接农业和资本主义工商业改造的高潮之后，又掀起了手工业改造的高潮。

到 1956 年底，全国参加生产合作社（组）的手工业者达到 600 多万人，占全国手工业者的 91.7%，占全部手工业产值的 93%。个体手工业的社会主义改造基本结束。

七、对资本主义工商业的社会主义改造

中共中央提出，党对资本主义工商业的方针是："利用、限制、改造"；对资本主义工商业者的方针是："团结、教育、改造"。

我国的资本主义分为官僚资本和私人资本两部分。官僚资本是半殖民地半封建的旧中国的国家垄断资本，是我国资本主义的主体，而私人资本只占小的一部分。新中国成立后，没收了一切以前在国家经济生活中占统治地位的官僚资本主义企业，经过改造，使其成为国民经济中占领导地位的社会主义经济，这就基本上消灭了中国资本主义和资产阶级的主要部分。

对于私人资本主义，在新中国成立前夕召开的中国共产党七届二中全会上就确定了利用、限制的方针。新中国成立初期，私人资本主义经济在国民经济中还占有相当大的比重，私营工业的产值曾占全部工业总产值的63.2%，商品销售额占全国商业机构批发额的76%，零售额的85%。毛泽东和中共中央认为，当时的斗争对象主要是帝国主义、封建主义和官僚资本主义及其代表国民党反动派的残余，对民族资产阶级要实行又团结又斗争的政策，以达到团结其共同发展国民经济的目的。国营经济目前阶段不可无限制地发展，必须利用私人资本，划分公私经营范围。

从1950年起，我国各地就创造和实行了加工、订货、统购、包销、收购、公私合营等多种形式的国家资本主义，使私人资本主义工商业的绝大部分已纳入人民政府管理、同社会主义经济相联系、受工人监督的轨道。到1952年，资本主义工业的户数增加了21.4%，产值增加了54.2%；私营商业也有所发展。在此期间，出现了少量的国家资本主义企业。

1953年6月，中共中央政治局扩大会议通过了《关于利用、限制和改造资本主义工商业的若干问题（修改稿）》的决议。随后，中共中央提出，党对资本主义工商业的方针

是："利用、限制、改造"；对资本主义工商业者的方针是："团结、教育、改造"。9月，毛泽东同民主党派和工商界部分代表进行了谈话。他指出，经过国家资本主义完成对私营工商业的社会主义改造，是较健全的方针和办法，是改造资本主义工商业和逐步完成社会主义过渡的必经之路。对私营工业，采取公私合营、加工订货、收购产品三种形式；对私营商业，也不采取"排除"的办法。国家资本主义企业利润的分配，可采取所得税、福利费、公积金、资方红利各占一定比例的方法（"四马分肥"）。国家资本主义，是合作的事业，要出于资本家自愿，不能强迫，要稳步前进，不能太急。将全国私营工商业基本上引上国家资本主义轨道，至少需要3~5年的时间。这就对消除资产阶级分子对社会主义的顾虑，减少对资本主义工商业改造的阻力，产生了很大的影响。

此后，国家开始有计划地引导资本主义企业过渡到各种国家资本主义形式。先是国家资本主义的初、中级形式，如私营工业接受国营经济的加工订货、统购包销；私营商业为社会主义商业经销代销商品等。虽然这种形式有利于解放生产力和加强计划性，但不能根本解决公私之间和劳资之间的矛盾，因而进一步又发展为高级形式的国家资本主义，即公私合营。

1954年，我国在全国范围内开始有计划地扩展公私合营工业，一批规模较大、有关国计民生的重要企业实行了合营，增大了社会主义和半社会主义的经济力量，造成了继续进行社会主义改造的有利形势。年底，全国公私合营工业的户数达到了1700多户，职工53万人，产值50多亿元，占私营和公私合营总产值的33%。

1955年上半年，各地对公私工业和零售商业进行了全面安排，工业生产和商品流通都取得了一定的成效，资本主义工商业的改造也取得了很大的进展，已经实行公私合营的工厂达1900多个，其产值相当于资本主义工业总产值的58%。在零售商业中国家资本主义形式的经销、代销有了发展，纯粹私营商业的比重有很大下降。上海、北京、天津等地还出现了许多全行业公私合营的新情况，并取得了初步经验。

1955年下半年，中国出现农村社会主义改造高潮，在它的推动下，各地也掀起了资本主义工商业全行业公私合营的高潮。

1956年初，全行业公私合营高潮首先从北京开始（见图3-14），随后扩展到资本主义工商业集中的上海、天津、广州、武汉、西安、重庆、沈阳七大城市及多个中等城市，到第一季度末，除西藏等少数民族地区外，全国各地基本上实行了全行业公私合营。

通过全行业公私合营高潮，全国资本主义工商业都纳入了公私合营等各种改造形式。

图 3-14　北京市街头，商店上挂着庆祝公私合营的标语

到 1956 年底，298 万余家私营工业、商业和饮食服务业实现了所有制的转变，其中 59.7 万余家实行公私合营，其余的小户则实现了合作化。私营轮船业和汽车运输业也实现了全行业公私合营。

中国对资本主义工商业的社会主义改造，包括对资本家、资方代理人和其他资产阶级分子的改造，目的是使他们脱离剥削者的立场，逐步转变为社会主义的劳动者。由于中国的民族资产阶级具有两面性，对他们的改造是采取民主的方法，即团结、批评、教育的方法并结合企业改造的实践进行的。对资本主义企业的改造过程，不是把资本家排除在外，而是通过安排工作和学习，使他们参与企业的改造，把企业的改造和人的改造结合起来。经过多年的教育和改造实践，资本家阶级作为阶级已在中国消灭了，他们中有劳动能力的绝大多数人已经改造成为社会主义社会中的劳动者。

中国通过国家资本主义道路改造资本主义经济，成功地实现了马克思、恩格斯、列宁的在一定条件下对资产阶级实行赎买的设想，使得数以百万计的私人企业和平地、有秩序地转变为社会主义企业，有力地壮大了社会主义经济力量，促进了整个国民经济的发展，为今后的社会主义建设和今后的一切进步与发展打下了坚实的基础。

但是，在改造过程中，要求过急，速度过快，也发生了这样或那样的缺点和错误，在经济上、政治上都或多或少地造成了一些损失。对于一部分资本家的使用和处理不当，使其不能发挥所长。但是，它和农业、手工业改造后期出现的一些问题一样，都是前进中实际工作的偏差，并不能掩盖它们的积极作用。

八、社会主义制度在中国的确立

"通过社会主义工业化和社会主义改造，保证逐步消灭剥削制度，建立社会主义。"

在我国，由于半殖民地半封建的性质，由于中国人民深受帝国主义、封建主义和官僚资本主义的三重压迫，决定了我们国家的革命必须分两步走。第一步，进行反帝反封建反官僚资本主义的新民主主义革命；第二步，进行社会主义革命。因此，我们国家所表现出来的革命特点，是先建立起新民主主义社会，然后过渡到社会主义社会。也就是说，在民主革命取得胜利后，实现从新民主主义向社会主义转变。

党的七届二中全会决议指出，我国新民主主义革命胜利后的任务，是稳步地"由新民主主义国家转变为社会主义国家"。

1953年，中共中央批发中央宣传部拟定的《关于党在过渡时期总路线的学习和宣传提纲》，指出新中国成立后的过渡时期，"是我国由新民主主义社会过渡到社会主义社会的历史时期"。从新民主主义到社会主义的转变，是指社会制度的转变，即通过新民主主义革命取得全国政权，建立起新民主主义的社会，紧接着开始社会主义的革命，通过从上而下和从下而上相结合，在继续完成民主革命任务的同时，逐步进行社会主义改造，由新民主主义转变为社会主义。

新中国成立后，中国共产党领导全国各族人民开始了有步骤地从新民主主义到社会主义的转变。

新中国成立时，人民解放战争尚未完全结束，人民解放军还在东南、西南、西北等地追歼国民党残余部队。1950年6月，祖国大陆的国民党残余部队基本被消灭。1951年西藏和平解放，中国内地完成了统一。

一方面，随着解放战争的顺利发展，各地各级地方人民政府都相继建立起来。各族人民都在中央人民政府的领导下结束了长期分裂的局面，实现了各族人民的大团结。这种统一、安定、团结的局面有利于经济的恢复和社会的和平改革。

另一方面，国家没收官僚资本，对其进行民主改革，使其成为社会主义性质的国营企业；合理调整工商业；在农村引导农业互助合作，兴修水利，推动了国家经济状况的根本好转。到1952年底，我国工农业生产超过了中国历史上的最高水平，为我国向社会主义过渡奠定了经济基础。

建立新民主主义制度同向社会主义过渡是有机联系着的。整个新民主主义社会实际上就是一个过渡性质的社会。这个时期在主要完成民主革命任务的同时，在部分地区和部门已经开始进行了社会主义改造的工作。

1952年底，党中央根据毛泽东的建议，提出了党在过渡时期的总路线：从中华人民共和国成立，到社会主义改造基本完成，这是一个过渡时期。党在这个过渡时期的总路线和总任务，是要在一个相当长的时期内，逐步实现国家的社会主义工业化，并逐步实现国家对农业、手工业和资本主义工商业的社会主义改造。

过渡时期总路线和总任务提出后，我国开始进行大规模的有计划的经济建设和社会主义改造。根据过渡时期总路线的精神，制订了第一个五年计划。

1954年在全国人民普选的基础上召开了第一届全国人民代表大会。大会制定了《中华人民共和国宪法》。这部宪法明确提出了“通过社会主义工业化和社会主义改造，保证逐步消灭剥削制度，建立社会主义”。因此，它为我国由新民主主义向社会主义过渡提供了法律保证。

党在过渡时期的总路线的提出，是我国社会主义革命全面展开的一个重要标志。过渡时期总路线提出以后，在全党和全国人民中进行了广泛深入的宣传和教育工作，在党内迅速统一了认识，也得到了全国人民的拥护，成为团结和动员全国人民共同为建设一个伟大的社会主义新中国而奋斗的新的纲领。自此，有计划的经济建设的高潮到来了。在经济上，社会主义工业化开始起步。随着民主革命任务，特别是土地改革在全国完成以后，随着国民经济的全面恢复和大规模经济建设的展开，我们党又提出在逐步实现国家的社会主义工业化的同时，开始对个体农业、手工业和资本主义工商业进行全面的社会主义改造。文化建设、政治建设和外交工作等各方面的建设也都有了相应的发展。

按照总路线的要求，党采取了一系列适合中国特点的过渡形式，对农业、手工业和资本主义工商业进行了社会主义改造。

国家对农业社会主义改造的过程是：从临时的互助组发展到带有半社会主义性质的

初级社，再发展到土地和主要生产资料集体所有的完全社会主义性质的高级社。到1956年底，加入合作社的农户占全国农户数的96.3%（见图3–15），其中参加高级社的农户达到87.8%。

图3–15　农民踊跃报名加入农业生产合作社

对个体手工业的社会主义改造，也采取了逐步过渡的步骤。最初实行供销合作，后来发展成为生产合作；所采取的经济形式，从手工业供销小组到手工业供销合作社，再发展为手工业生产合作社。到1956年底，全国92%的手工业者已经组织起来，这些单位的总产值在全部手工业产值中占93%。

对资本主义工商业的社会主义改造是分两个步骤进行的，首先从资本主义经济，然后从国家资本主义转变为社会主义经济。在我国人民民主专政条件下，把资本主义工商业纳入国家资本主义的轨道，可以更好地利用它们有利于国计民生的积极作用，限制它们的消极作用。按照国家资本主义经济中社会主义因素的多少，我国的国家资本主义有初级形式和高级形式之分，初级形式的国家资本主义在工业中有加工、订货、统购包销；在商业中是经销、代销等形式。

国家对资本主义工商业进行社会主义改造实行的是赎买政策。在公私合营初期阶段单个企业公私合营时期，允许资本家在企业利润中提取20%左右的利润。全行业公私合营后，按资本家的股金发给年息5%的股息。这种赎买政策避免了阶级矛盾的激化，顺利完成了生产资料私有制向公有制的和平过渡，有利于社会的稳定和经济的持续发展。

社会主义三大改造完成以后，国家在较短的时间里实现了生产资料所有制的深刻变革。通过社会主义改造，基本消灭了剥削制度，全民所有制和劳动群众集体所有制这两种社会主义公有制形式，已在国民经济中占据绝对优势地位。

九、第一个五年计划的超额完成

在全党全国人民的共同努力下，“一五”计划的大多数指标到1956年底全面超额完成，至1957年提前一年基本完成了“一五”计划，社会主义经济建设取得了巨大成就。

新中国成立后，我国迅速恢复了国民经济，胜利开展了各项社会改革运动，并从1953年开始了大规模的有计划的经济建设。发展国民经济第一个五年计划（1953~1957年）的编制和实施，为发展中国社会主义工业化奠定了初步基础，是实现过渡时期总路线的一个重大步骤，在中国经济发展史上占有重要地位。

第一个五年计划的指导方针和基本任务是：集中主要力量发展重工业，建立国家工业化和国防现代化的初步基础；相应地发展交通运输业、轻工业、农业和商业；相应地培养建设人才；有步骤地促进农业手工业的合作化；继续进行对资本主义工商业的改造；保证国民经济中社会主义成分的比重稳步增长，同时正确地发挥个体农业、手工业和资本主义工商业的作用；保证在发展生产的基础上逐步提高人民物质生活和文化生活水平。为了实现第一个五年计划，党和政府采取了一系列的重大措施：抓住重点建设，发挥现有企业的潜力，统一调配和培养建设干部，增产节约，积累资金，开展先进生产者运动等。总之，在全党全国人民的共同努力下，“一五”计划的大多数指标到1956年底全面超额完成，至1957年提前一年基本完成了“一五”计划（见图3-16），

图3-16 第一汽车制造厂提前完成第一个五年计划的生产任务

社会主义经济建设取得了巨大成就。

生产资料私有制社会主义改造的基本完成，使社会主义经济成分在国民经济中占了绝对的优势。在国民收入中，1957年同1952年相比，国营经济所占比重由19%提高到33%，合作社经济由1.5%提高到56%，公私合营经济由0.7%提高到8%，个体经济则由72%降低到3%，资本主义经济由7%降低到千分之一以下。

在基本建设上，五年内全国完成投资总额为550亿元，其中国家对经济和文化部门的基本投资总额为493亿元，超过原来计划427.4亿元的15.3%。加上企业和地方自筹资金，全国实际完成基本建设投资总额588.47亿元。五年新增加固定资产411亿元，其中新增工业固定资产达到214亿元。五年内施工的工矿建设项目达一万多个，其中大中型项目有921个，比计划规定的项目增加227个，到1957年底，建成全部投入生产的项目有428个，部分投入生产的项目有109个。苏联帮助我国建设的156个建设项目，到1957年底，有135个已施工建设，有68个已全部建成和部分建成投入生产。

工农业较大幅度地增长，初步改变了我国工农业总产值中以农业为主的局面。1957年工农业总产值达到1241亿元，按可比价格计算，比1952年增长67.8%。其中，农业总产值537亿元，增长24.8%，所占比重由1952年的56.9%下降为43.3%；工业总产值704亿元，增长128.6%，所占比重由1952年的43.1%上升到56.8%。从工业总产值的构成来看，在轻重工业都有较大幅度增长的情况下，我国开始改变了工业总产值中以轻工业为主的局面。1957年轻工业在工业总产值中所占比重由1952年的64.5%下降为55%，重工业产值所占比重由1952年的35.5%上升到45%。

重工业主要产品的产量大幅度增长，使旧中国重工业十分落后的局面有所改变。1957年的钢产量为535万吨，比1952年增长近3倍；原煤为1.31亿吨，比1952年增长96%；发电量为193亿度，比1952年增长164.4%；机床产量达2.8万台，比1949年增长17.7倍；糖86万吨，比1952年增长92%。我国过去没有的一些工业，包括飞机、汽车、发电设备、重型机器、新式机床、精密仪表、电解铝、无缝钢管、合金钢、塑料、无线电等，从无到有地建设起来，从而改变了我国工业残缺不全的状况，增加了基础工业实力（见图3–17和图3–18）。

重工业产品产量的大幅度增长，促进了农业和轻工业的发展。

农业生产获得较大的发展。1957年农业总产值完成原定计划101%，比1952年增长25%，平均每年增长4.5%。粮食产量1957年达到3700亿斤，比1952年增长20%；棉花

图 3-17 河南洛阳拖拉机厂生产的第一批拖拉机

产量为 3280 万担，比 1952 年增长 26%。粮食和棉花年平均增长速度，分别为 3.7% 和 4.7%。五年内全国扩大耕地面积 5867 万亩。1957 年全国耕地面积达到 167745 万亩，完成原定计划 101%。五年内全国新增灌溉面积 21810 万亩，相当于 1952 年全部灌溉面积的 69%。

“一五”期间，轻工业生产主要以农产品为原料的局面虽然没有多大改变，但以工业品为原料的比重有所增加，产量大幅度增长。1957 年与 1952 年相比，以农产品为原料的棉纱、棉布的产量增长 30% 左右，毛线增长 1.9 倍，呢绒增长 3.3 倍；以工业品为原料的产品增长幅度更大，自行车增长 9 倍，缝纫机增长 3.2 倍，收音机增长 19.7 倍，其他日用工业品的产量也都有成倍增长。

全国交通运输业也有巨大发展，到 1957 年底，全国铁路通车里程达到 29862 公里，比 1952 年增加 22%。五年内，新建铁路 33 条，恢复铁路 3 条，新建、修复铁路干线、复线、支线共约一万公里。宝成铁路、鹰厦铁路、武汉长江大桥，都先后建成（见图 3-19）。到 1957 年底，全国公路通车里程达到 25 万多公里，比 1952 年增加 1 倍。康藏、青藏、新藏公路相继通车。

图 3-18 长春第一汽车制造厂试制的第一批国产解放牌载货汽车出厂

“一五”期间工业生产所取得的成就，远远超过了旧中国的 100 年。增长速度同世界其他国家同一时期相比，也是名列前茅的。

图 3-19　“一五”计划期间，行驶在宝成铁路上的列车通过大巴口桥

教育和科学获得较快发展。1957 年高等学校发展到 299 所，比 1952 年增长 14%，在校学生 44.1 万人，比 1952 年增长 1.3 倍；中等专业学校在校学生 77.8 万人，比 1952 年增长 22.3%；普通中学在校学生 628.1 万人，比 1952 年增长 1.5 倍；小学在校学生 6428.3 万人，比 1952 年增长 25.8%；1957 年全国科研机构共有 580 多个，研究人员 2.8 万人，比 1952 年增长 2 倍多。

人民生活也得到较大改善。1957 年全国职工的平均工资达到 637 元，比 1952 年增长 42.8%，农民的收入比 1952 年增加近 30%。人民平均消费水平，1957 年达到 102 元，比 1952 年的 76 元提高 34.2%。

“一五”期间，经济发展较快，经济效果较好，重要经济部门之间的比例比较协调。市场繁荣，物价稳定，人民生活显著改善。“一五”计划建设时期是我国经济社会发展最好的时期之一。第一个五年计划的超额完成，奠定了我国社会主义工业化的初步基础，提高了人民生活水平，显示了社会主义制度的优越性，并初步积累了社会主义建设的经验。

十、“百花齐放，百家争鸣”方针

“艺术问题上的百花齐放，学术问题上的百家争鸣，我看应该成为我们的方针。”

“百花齐放，百家争鸣”方针，是 1956 年 4 月党中央在讨论十大关系的过程中确定的关于科学和文化工作的重要方针。这个方针，是党在指导文艺工作和科学研究的实践中逐步提出的，有着深刻的历史背景。

1956年初，在我国生产资料私有制的社会主义改造取得决定性胜利之时，党和国家面临的迫切任务是要调动一切积极因素建设社会主义，迅速发展我国的经济、科学和文化。1956年4月，中央政治局扩大会议在讨论毛泽东同志的《论十大关系》过程中，提出要把政治思想问题同学术性质的、艺术性质的、技术性质的问题区分开来；为了发展文化和科学，要贯彻毛泽东同志过去吸收党内意见分别提过的“百花齐放”、“百家争鸣”两个口号。4月28日，毛泽东同志在作会议总结发言时明确提出：“艺术问题上的百花齐放，学术问题上的百家争鸣，我看应该成为我们的方针。”随后在最高国务会议上，毛泽东同志正式宣布将“百花齐放、百家争鸣”作为党发展科学、繁荣文学艺术的方针。

1956年5月26日，中央宣传部部长陆定一向自然科学家、社会科学家、医学家、文学家和艺术家作了题为《百花齐放，百家争鸣》的讲话，系统地阐述了党中央提出的“百花齐放，百家争鸣”的方针。他说：“要使文学艺术和科学工作得到繁荣的发展，必须采取‘百花齐放，百家争鸣’的政策。”“我们所主张的‘百花齐放，百家争鸣’是提倡在文学艺术工作和科学研究工作中有独立思考的自由，有辩论的自由，有创作和批评的自由，有发表自己的意见、坚持自己的意见和保留自己意见的自由。”“我们主张政治上必须分清敌我，我们又主张人民内部一定要有自由。‘百花齐放，百家争鸣’，是人民内部的自由在文艺工作和科学工作领域中的表现。”

6月7日，陆定一将讲话送给毛泽东审阅。6月13日《人民日报》全文发表这篇讲话。从此，“双百”方针传播开来。

1957年整风运动之前，毛泽东又多次重申并论述了“百花齐放，百家争鸣”方针。“双百”方针提出后，在知识界获得一片欢呼，艺术界和学术界开展了多次讨论，体现了“百家争鸣”的精神。在历史上，“百家争鸣”只是对一个时期多种主张并存的形容，我党第一次将“百家争鸣”作为发展科学文化的方针政策，显示了代表中国先进文化前进方向的执政党包容百川的气魄。

1957年1月，毛泽东针对一些同志怀疑“百花齐放，百家争鸣”的方针，夸大这个方针提出后出现的某些消极现象的情况，在省市自治区党委书记会议上多次指出：百花齐放，我看还是要放。有些同志认为，只能放香花，不能放毒草。这种看法，表明他们对“百花齐放，百家争鸣”的方针很不理解。“百花齐放，百家争鸣”，这个方针是合乎辩证法的。真理是跟谬误相比较，并且同它作斗争发展起来的。香花也是跟毒草相比较，并且同它作斗争发展起来的。

1957年2月，毛泽东在最高国务会议第十一次（扩大）会议上的讲话中宣布："百花齐放，百家争鸣"是党促进艺术发展和科学进步，促进社会主义文化繁荣的方针。3月12日，毛泽东又在全国宣传工作会议上的讲话中更加明确地指出，"百花齐放是一种发展艺术的方法，百家争鸣是一种发展科学的方法。'百花齐放，百家争鸣'这个方针不但是使科学和艺术发展的好方法，而且推而广之，也是我们进行一切工作的好方法。这个方法可以使我们少犯错误。有许多事情我们不知道，因此不会解决，在辩论中间，在斗争中间，我们就会明了这些事情，就会懂得解决问题的方法"。①

1957年反右派斗争开始后，本是为繁荣文艺和学术的"双百"方针变成了批评官僚主义、向党提意见的"大鸣大放"了。由于受"左"倾错误思想的影响，"双百"方针的贯彻受到了干扰和损害，尤其是在"文化大革命"中，这一方针受到极为严重的破坏。粉碎"四人帮"之后，特别是中国共产党十一届三中全会以来，中国共产党认真总结了贯彻执行"双百"方针的经验教训，坚决清算了1957年以来在这方面的"左"的错误，更加自觉地、坚定不移地贯彻"双百"方针。该方针现已成为中国社会主义科学文化事业繁荣发展的重要方针。

十一、新中国外交

"中华人民共和国联合世界上一切爱好和平、自由的国家和人民，首先是联合苏联、各人民民主国家和各被压迫民族，站在国际和平民主阵营方面，共同反对帝国主义侵略，以保障世界的持久和平。"

中国人民在中国共产党的领导下，历尽千辛万苦，终于摧垮了蒋介石的反动统治，

① 《建国以来毛泽东文稿》第6册，中央文献出版社1992年版，第391页。

成立了中华人民共和国。新中国的成立，结束了过去100多年的屈辱外交，执行了独立自主的和平外交政策。在《共同纲领》中，明确规定了新中国处理对外事务的基本方针政策。《共同纲领》"总纲"中规定："中华人民共和国联合世界上一切爱好和平、自由的国家和人民，首先是联合苏联、各人民民主国家和各被压迫民族，站在国际和平民主阵营方面，共同反对帝国主义侵略，以保障世界的持久和平。"《共同纲领》规定新中国外交政策的原则是："为保障本国的独立、自由和领土主权的完整，拥护国际的持久和平和各国人民间的友好合作，反对帝国主义的侵略政策和战争政策。"① 这是新中国外交政策的基本原则和根本出发点。

新中国成立初期，在坚持独立自主立场的前提下，公开宣布实行"一边倒"的外交政策。"一边倒"，就是倒向社会主义一边。"一边倒"的外交格局的形成，与当时美国对华政策，以及国际形势的发展密切相关。第二次世界大战结束后，世界划分为社会主义和资本主义两个阵营。在国际上，以苏联为首的社会主义阵营与以美国为首的资本主义阵营尖锐对立；在国内，存在着中国共产党与中国国民党的殊死斗争。国民党蒋介石投靠美国，美国出钱、出枪帮助蒋介石打内战，新中国成立后，美国采取敌视中国的政策，不仅对中国实行孤立、包围、封锁、禁运，而且支持逃到台湾的蒋介石国民党。这就迫使中国放弃中立立场，倒向了以苏联为首的社会主义国家一边。在中国革命的过程中，苏联曾多次给予帮助，在中华人民共和国成立的第二天就宣布承认中国，并决定与中国建立外交关系。苏联还帮助中国进行国民经济的恢复与建设。实行"一边倒"的外交政策，也是积累中国革命经验得出的结论。中国革命胜利的经验告诉我们，中国人民深知，欲达到胜利和巩固胜利，必须"一边倒"。中国人民不是倒向帝国主义，就是倒向社会主义一边，骑墙是不行的，第三条道路是没有的。中国的革命是反对帝国主义的革命。刚刚取得了胜利，摆脱了帝国主义控制的中国，是不可能再倒向帝国主义的，只能倒向社会主义一边。实行"一边倒"政策的直接原因，是新中国成立后，中国要争取得到国际上的承认，以及国内经济恢复和经济建设需要得到苏联的支持和援助。所以，毛泽东说，外交政策的"一边倒"，表现于行动上则愈早对我们愈有利。他还特别强调说，要主动地倒，免得将来被动地倒。新中国成立初期实行"一边倒"的外交政策，使中国成功地建立和巩固了同以苏联为首的社会主义国家的关系，从而在艰难的条件下，为新中国的社

①《建国以来重要文献选编》第1册，中央文献出版社1987年版，第13页。

会主义建设赢得了一个相对有利的国际环境；同时，这一政策的实施，打击了美帝国主义的侵略阴谋，巩固了远东和平。

中华人民共和国一成立，很快就得到苏联等社会主义国家的承认。1949年10月2日，苏联政府率先宣布承认中华人民共和国。次日，中苏正式建立外交关系，苏联政府断绝了同国民党政府的外交关系。随后，保加利亚、罗马尼亚、匈牙利、朝鲜民主主义人民共和国、捷克斯洛伐克、波兰、蒙古、德意志民主共和国、阿尔巴尼亚等欧亚社会主义国家相继与中国建交。1950年1月18日，中华人民共和国同越南民主共和国相互承认并建立大使级外交关系。中国是第一个承认越南民主共和国并与之建交的国家。南斯拉夫于1949年10月5日宣布承认中华人民共和国。1955年1月，中南两国正式建交。与此同时，新中国还努力争取一些民族独立国家和资本主义国家承认中国，并同他们发展友好关系。1949年末到1950年上半年，缅甸、印度、巴基斯坦、锡兰（今斯里兰卡）、以色列、阿富汗和印度尼西亚等一些亚洲国家相继承认中国，新中国同缅甸、印度、锡兰、印度尼西亚等国先后达成正式建交协议。1950年初，西、北欧的挪威、丹麦、芬兰、瑞典、瑞士也相继承认中国，其中，挪威在联合国中追随美国阻挠恢复中国在联合国合法权利，建交谈判长期拖延，至1954年10月建交。其余4国，在他们承认中华人民共和国中央人民政府是唯一合法政府的前提下，新中国分别与他们建立正式外交关系。英国政府和荷兰政府也先后于1950年1月和3月表示承认新中国，但是没有立即达成建交协议。

在亚洲、非洲民族解放运动不断高涨的形势下，由缅甸、锡兰（今斯里兰卡）、印度、印度尼西亚、巴基斯坦五国总理发起，共有29个国家政府首脑计340名代表参加的亚非会议，于1955年4月18日至24日在印度尼西亚万隆举行（故又称万隆会议）。中国政府派出以周恩来为首席代表，陈毅、叶季壮、章汉夫、黄镇为代表组成的代表团出席会议。这是亚非历史上第一次没有殖民国家参加的、由亚非国家自己讨论保卫和平、争取民族独立、发展民族经济等共同关心的问题的会议。周恩来面对帝国主义对会议的破坏阴谋及与会各国间矛盾分歧错综复杂的情况，鲜明地提出“求同存异”的方针，呼吁各国撇开分歧，为着反对殖民主义的共同利益而加强合作，为推动会议取得圆满成功作出了重大贡献（见图3-20）。

会议期间，中国代表团同与会各国建立了联系，加深了了解，增进了友谊。同时还声明，中国人民不要同美国打仗，愿意同美国政府讨论缓和台湾地区紧张局势的问题。

以周恩来为首的中国政府代表团，在亚非会议上这些卓有成效的外交活动，促进了国际紧张局势的缓和，扩大了我国同国际上的联系，提高了我国的国际地位，充分显示出我国在国际事务中的重要作用，从而为我国的社会主义建设争取了一个较为有利的外部环境，使我国的国际声誉日益提高，朋友越来越多，为我国的外交工作打开了新的局面。

图 3-20 周恩来在亚非会议上发言

第四章 社会主义建设道路的初步探索

一、多事之秋的1956年

“去年这一年是多事之秋，国际上是赫鲁晓夫、哥穆尔卡闹风潮的一年，国内是社会主义改造很激烈的一年。”

1956年是不平静的一年。毛泽东于1957年1月在省市自治区党委书记会议上的讲话中说：“去年这一年是多事之秋，国际上是赫鲁晓夫、哥穆尔卡闹风潮的一年，国内是社会主义改造很激烈的一年。”①

在国际上，1956年2月14日至25日，苏联共产党在莫斯科举行了第二十次代表大会。中国共产党派出了以朱德为团长的代表团。2月25日，大会在宣布闭幕后，又听取了赫鲁晓夫作的题为《关于个人崇拜及其后果》的秘密报告。赫鲁晓夫在报告中说：我这个报告的目的并不在于全面地评价斯大林的生涯及其活动，就斯大林的功绩而论，在他活着的时候已经写过无数这方面的书籍、小册子、研究性文件，就斯大林在准备和进行社会主义革命的过程中所起的作用及他在内战时期、我国建设时期所起的作用作了大量的宣传。我们现在关心的是一个无论现在还是将来对党都是极为重要的问题，即对于斯大林的个人崇拜到底是怎样慢慢滋长起来的，造成什么样的后果，等等。他虽然作了

①《毛泽东选集》第五卷，人民出版社1977年版，第339页。

上述说明，但报告对斯大林仍是作了全盘否定。

赫鲁晓夫的秘密报告引起了极大的震动。帝国主义和各国反动派，借赫鲁晓夫全盘否定斯大林之机掀起了反苏反共产主义的浪潮。在国际共产主义内部，由于揭开了斯大林个人崇拜的盖子，各社会主义国家摆脱了教条主义的统治和束缚，突破苏联社会主义模式，纷纷探索适合本国国情的社会主义建设道路。

苏共二十大后，在东欧国家发生的波兰事件和匈牙利事件，从本质上说就是要求摆脱苏联社会主义模式，走独立自主地建设社会主义的道路。1956 年 6 月，波兰重要工业城市波兹南的斯大林机车车辆制造厂工人要求增加工资和减税。由于增加工资的要求遭到拒绝，16000 多名工人走上街头，与政府从华沙派出的保安部队和坦克发生了冲突，造成流血事件。最后，遭到苏联赫鲁晓夫的干预，发生了波苏十月风波。这场风波以波兰党和人民的胜利而告终。波兰党在 1956 年 10 月召开的二届八中全会（即十月全会），一致推选哥穆尔卡为波兰统一工人党第一书记。波兰党和人民在他的领导下拉开了改革的序幕。

同年 10 月还爆发了匈牙利事件。10 月，波兰哥穆尔卡重新任职的消息传到匈牙利后，匈牙利人民要求重新起用支持改革匈牙利政治、经济体制的领导人纳吉的呼声越来越高。广大市民与学生组织和平示威游行。混在群众中的坏分子乘机扩大事态，挑起流血事件。和平示威变成骚乱。匈牙利党中央决定，由纳吉复任部长会议主席，并请苏军前来平息事端。纳吉主持政府工作后，着手恢复秩序，争取苏军撤退。但由于匈牙利国内斗争进一步恶化，在外界劝说下，苏军再次进入匈牙利。纳吉要求苏军退出，并号召人民拿起武器抵抗苏联军队。这时国内骚乱，被受西方挑动、影响的反革命分子利用他们袭击党内机关，屠杀共产党人，造成一场悲剧。

在我国国内，1956 年也出现了不大不小的风潮。这一时期，各种问题不断暴露出来，从下半年开始，部分地区出现了农民闹退社、工人罢工、学生罢课请愿的事件。在山东、辽宁、江西、陕西、甘肃、福建、浙江等地，还发生了复员军人请愿闹事事件。

对于国际、国内发生的一系列变化，中国共产党作出了自己的判断。对于斯大林的评价问题，中国共产党不赞成赫鲁晓夫全盘否定斯大林的做法。1956 年 4 月 5 日、12 月 29 日，《人民日报》编辑部根据中共中央政治局扩大会议的讨论写成并发表了《关于无产阶级专政的历史经验》（见图 4–1）、《再论无产阶级专政的历史经验》。在这两篇文章中，全面地论述了斯大林的功过，认为斯大林功大于过；论述了应该怎样历史地、有分析地

人民日报

关于无产阶级专政的历史经验

（这篇文章是根据中国共产党中央政治局扩大会议的讨论，由人民日报编辑部写成的）

图 4–1 《人民日报》发表《关于无产阶级专政的历史经验》

看待在无产阶级专政下所犯的错误的问题；论述了对斯大林个人崇拜现象产生的原因和如何从中吸取教训的问题；驳斥了帝国主义和各国反动派对无产阶级专政和社会主义制度的攻击，答复了人民群众和共产党内由于苏共二十大全盘否定斯大林而引起的种种怀疑。对于波匈事件问题，中国共产党当时由于对事件的复杂性没有搞清楚，因而对其本质缺乏明确的认识。认为：东欧一些国家的基本问题就是阶级斗争没有搞好，没有在阶级斗争中训练无产阶级，分清敌我，分清是非，分清唯心论和唯物论。实践证明，这样认识问题不尽符合实际情况。对于国内风潮问题，1956 年 12 月 24 日，中共中央在批转广东省委《关于退社问题的报告》中指出："中央认为让一部分（不是大部，更不是全部）坚决要求退社的富裕中农退社，不但无害，而且有益。"[①] 但是上述指示不但在实践中没有得到贯彻，相反却把闹退社的风潮，提到了阶级斗争的高度，认为是资产阶级或小资产阶级反对合作化，等等。

总的来看，执政之初的中国共产党对于如何进行本国的社会主义建设还缺乏系统而理性的认识，多事之秋的 1956 年给中国共产党的探索道路提供了新的课题，为后来一系列论著和政策出台提供了时代环境。这些问题也迫切要求中国共产党人作出准确判断，并在理论上和实践上作出正确回答。

①《建国以来重要文献选编》第 9 册，中央文献出版社 1994 年版，第 549 页。

二、《论十大关系》的发表

"提出这十个问题，都是围绕着一个基本方针，就是要把国内外一切积极因素调动起来，为社会主义事业服务。"

毛泽东《论十大关系》的讲话，以苏联经验为借鉴，初步总结了我国社会主义建设的经验，提出了探索我国国情的社会主义建设道路的任务。它是毛泽东在新中国成立后至逝世时最好的论著之一，也是列宁逝世后，国际共产主义运动中有关社会主义建设的最优秀的文献之一。

毛泽东关于十大关系的思想，是在这样的历史背景下产生的。新中国成立后，我国基本上是照搬了苏联模式。苏联国内长期存在的个人崇拜、肃反扩大化、经济建设上片面发展重工业而农业、轻工业发展缓慢，以及在处理各国共产党之间、社会主义国家之间关系的大国沙文主义等错误，在1953年斯大林逝世后陆续暴露出来。对苏联经济建设中的一些缺点和错误，中国共产党人也逐渐有所了解。另外，1955年下半年到1956年初，我国生产资料私有制的社会主义改造出现了高潮。从1953年"一五"计划算起，社会主义建设也积累了三年多的实践经验。在这种情况下，中国共产党人开始思考适合中国国情的社会主义建设道路问题。以苏联为鉴戒，总结我们自己的经验，探索一条适合我国情况的社会主义建设道路的任务，逐渐提到了中国共产党的面前。

为进一步总结经验，1956年2月开始，毛泽东利用一个半月的时间，认真听取了中央工业、农业、运输业、商业、财政等34个部委的汇报。中央政治局和国务院的一些领导人也参加了这些汇报会。关于正确处理十大关系的思想，就是经过中共中央政治局几次讨论，由毛泽东集中概括出来的。

1956年4月25日，毛泽东在有各省、市、自治区党委书记参加的中共中央政治局扩大会议上，作了关于十大关系的报告；5月2日，又在最高国务会议的讲话中作了进一步的阐述（见图4-2）。另外，他在1965年、1975年还进行了整理修改。毛泽东在1958年3月10日的成都会议上、5月18日的八大二次会议各代表团团长会议上和1960年6月18日在《十年总结》中多次提到了十大关系。

在报告中，毛泽东一开头就说："提出这十个问题，都是围绕着一个基本方针，就是要把国内外一切积极因素调动起来，为社会主义事业服务。"从寻找一条适合中国国情的社会主义建设道路这一根本点出发，他在政治、经济的各种矛盾中，提出了重要的十种矛盾，即十个方面的关系问题。

第一，重工业和轻工业、农业的关系。毛泽东指出，重工业是国家建设的重点，必须优先发展生产资料的生产。但是，决不可以因此而忽视生活资料尤其是粮食的生产。苏联和东欧一些国家在建设中重视重工业而忽视轻工业和农业，使国民经济结构不协调，致使粮食和原材料及生活消费品短缺，产生了严重问题。我们在这方面虽未犯原则性错误，但今后还应适当调整重工业、轻工业和农业的投资比例，更多地发展农业和轻工业。这样，才能更多地满足人民生活的需要，并更快地积累资金，为重工业提供更多的原料，促进重工业的发展。

第二，沿海工业和内地工业的关系。毛泽东指出，我国工业约有70%在沿海，只有30%在内地，这种不合理的状况是历史上形成的。为了平衡工业发展的布局和利于备战，内地工业必须大力发展，新的工业基地应当摆在内地。但是，新的工业基地的建设，需要依靠原有工业基地的支持，因此必须更多地利用和发展沿海工业，特别是轻工业。

第三，经济建设和国防建设的关系。毛泽东指出，我们一定要加强国防建设，这是我们的重要战略方针。但是只有加强经济建设，国防建设才有物质基础。为了加强国防建设，必须首先加强经济建设。

图4-2　毛泽东在会议上作《论十大关系》的报告

第四，国家、生产单位和生产者个人的关系。毛泽东指出，必须兼顾国家、集体和个人三方面的利益。国家和工厂、国家和工人、工厂和工人、国家和合作社、国家和农民、合作社和农民，这些方面的关系都必须兼顾，不能只顾某一头。无论只顾哪一头，都不利于社会主义，不利于无产阶级专政。这是一个关系到六亿人民的大问题。必须在全党和全国人民中间反复进行教育。在生产发展的基础上，使人民收入逐年增加。

第五，中央和地方的关系。毛泽东提出要发挥中央和地方两个积极性的方针，应当在巩固中央统一领导的前提下，充分发挥地方的积极性，扩大一点儿地方的权力，给地方更多的独立性，让地方办更多的事情。为建设一个强大的社会主义国家，必须有中央强有力的统一领导，必须有全国统一的计划和统一的纪律，同时，又必须充分发挥地方的积极性，还要处理好地方之间的关系。要注意发挥中央和地方两个积极性，这就开始涉及经济体制改革的问题。

第六，汉族和少数民族的关系。毛泽东指出，我们必须要搞好汉族与少数民族的关系，巩固各民族的团结。要着重反对大汉族主义；地方民族主义也要反对，但那一般不是重点。我们在处理民族关系中，必须更好地贯彻平等团结、互助合作、共同发展的方针。

第七，党和非党的关系。毛泽东指出，要正确处理好共产党与各民主党派、无党派民主人士间的关系，尽可能把他们的积极性调动起来，为社会主义服务。我们主张“长期共存，互相监督”，一贯采取“又团结又斗争”的方针。一切善意地向我们提意见的民主人士我们都要团结。这样对党、对人民、对社会主义比较有利。这是在进入社会主义社会后，明确宣布不搞苏联那样的“一党制”，确认中国共产党领导的统一战线和多党合作、政治协商制度要继续发挥作用。

第八，革命和反革命的关系。毛泽东指出，不镇压反革命，就会对社会主义事业和无产阶级专政造成严重危险。一定要分清敌我，必须把混在机关、学校、部队中的反革命分子清查出来。同时又指出，在我国的条件下，反革命分子的大多数将来会有不同程度的转变。因此，今后社会上的镇反，要少捉少杀；机关肃反坚持“一个不杀，大部不捉”。对一切反革命分子，都应给予生活出路，使他们有自新的机会，争取化消极因素为积极因素。

第九，是非关系。毛泽东指出，是非关系一定要搞清楚，但是在分清是非的基础上，对于犯错误的同志必须采取“惩前毖后，治病救人”的方针。一要看，二要帮。好意对待犯错误的人，可以得人心，可以团结人。

第十，中国和外国的关系。毛泽东指出，我们要坚持两点论，我们的方针是：一切民族、一切国家的长处都要学，但是必须要有分析有批判地学，不能盲目地学，不能一切照抄，机械搬运。学习外国的目的，是为了借鉴外国的经验，搞好我们的社会主义革命和建设。外国资产阶级的一切腐败制度、思想作风，要坚决抵制和批判。①

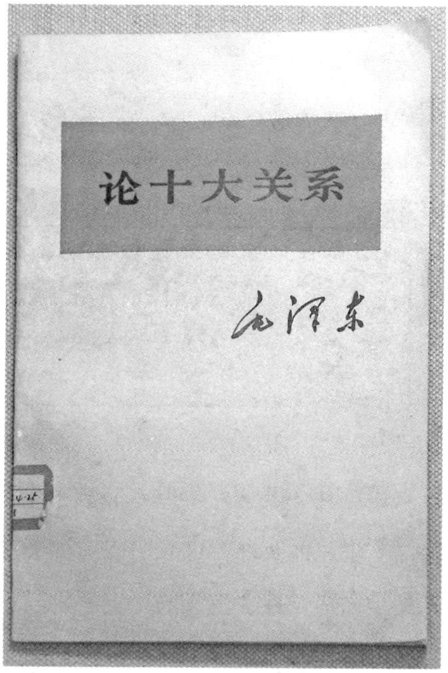

图 4–3 《论十大关系》单行本

毛泽东提出的十大关系，前五种关系基本属于经济问题，后五种关系基本属于政治问题。从总体上看，《论十大关系》（见图 4–3）无论在经济体制还是在政治体制方面，都没有完全冲破苏联在斯大林时期形成的模式。这反映出当时中国共产党人对社会主义建设客观规律的认识还是很初步的。但不可否认，它确实是初步总结了我国社会主义建设的经验，提出了一系列建设社会主义的基本原则，实际上已经开始打破了对苏联模式和经验的某些教条化、神圣化的错误观念。这是毛泽东和中国共产党探索中国社会主义建设道路所取得的重要成果，体现了将马列主义理论与中国建设实际相结合的思想，反映了中国的客观经济规律，为中国共产党后来制定正确的政策打下了良好的基础。

① 《建国以来毛泽东文稿》第 6 册，中央文献出版社 1992 年版，第 82~109 页。

三、中国共产党八大的召开

它是我们党在建设社会主义历史道路上一个光辉的里程碑，是党的历史上具有深远历史意义和重大现实意义的大会。

1956年，我国已经基本完成了生产资料私有制的社会主义改造，国民经济第一个五年计划也超前实现，这表明我国社会主义革命和建设已经跨入了一个新的历史时期，进入到全面建设社会主义的历史新阶段。新时期的来临，要求中国共产党对七大以来特别是新中国成立以来的工作，进行全面系统的总结，制定出新的历史时期的路线、方针和政策。特别是，如何把马克思列宁主义基本原理同中国社会主义建设的具体实践结合起来，把握住国内的主要矛盾，在实践中找到一条符合中国国情的社会主义现代化建设道路，使中国走向富强、民主、文明的现代化国家，已经成为中国共产党和中国人民面临着的一个亟待解决的新的重大问题。但当时的国内外形势却发生了重大变化。从国内方面看，在经济战线上，由于中央和地方的一些领导急于求成，错误地开展了反右倾保守的斗争，使党内滋长了“左”的情绪，加之我党缺乏经济建设经验，出现了急躁冒进的倾向。从国际上看，赫鲁晓夫在苏共二十大上作了《关于个人崇拜及其后果》的报告，暴露了苏联国内长期存在的个人崇拜、肃反扩大化等许多问题，并在世界各国共产党内造成了严重的思想混乱。因此，中国共产党有必要统一思想，纠正错误，总结经验，澄清是非，稳步前进。中国共产党第八次全国代表大会就是在这样的背景下召开的。

1956年8月30日至9月13日，中国共产党八大预备会议在北京召开，毛泽东在会上作了重要讲话。他指出，这次会议的宗旨和目的就是总结七大以来的经验，团结全党，团结国内外一切可以团结的力量，为建设伟大的社会主义中国而奋斗。

1956年9月15日至27日，中国共产党第八次全国代表大会在北京新落成的中国人民政治协商会议礼堂隆重开幕。出席会议的代表共1026人，代表全国1073万党员。58

个国家的共产党、工人党、劳动党和人民革命党的代表团到会祝贺。中国各民主党派和无党派民主人士的代表也列席了大会。毛泽东致《开幕词》(见图 4–4)。他指出:“我国的革命和建设的胜利,都是马克思列宁主义的胜利。把马克思列宁主义的理论和中国革命的实践密切地联系起来,这是我们党的一贯的思想原则。”他强调:“要把一个落后的农业的中国改变成为一个先进的工业化的中国,我们面前的工作是很艰苦的,我们的经验是很不够的。因此,必须善于学习。”他说:“虚心使人进步,骄傲使人落后,我们应当永远记住这个真理。”[①] 大会听取了刘少奇代表中共中央作的《政治报告》(见图 4–5)、周恩来作的《关于发展国民经济的第二个五年计划的建议的报告》、邓小平作的《关于修改党的章程的报告》。朱德、陈云、董必武等 100 多位代表作了大会口头发言和书面发言。

图 4–4 毛泽东在中共八大上致开幕词

八大对我国各项工作进行了全面而认真的总结,交流了各条战线的经验,着重讨论了社会主义时期的主要矛盾、国家的主要任务、执政党的建设,以及社会主义经济建设的方针、政策等问题。它是我们党在建设社会主义历史道路上一个光辉的里程碑,是党的历史上具有深远历史意义和重大现实意义的大会。它的突出贡献在于:

第一,正确分析了国内阶级关系和主要矛盾的新变化,提出了社会主义建设的总方针和主要任务。刘少奇在政治报告中指出:由于新民主主义革命的胜利和社会主义改造的完成,外国帝国主义势力已经被赶走,官僚买办资产阶级、除个别地区以外的封建地主阶级在中国大陆已被消灭;富农阶级也正在被消灭中;原来剥削农民的地主和富农分子正在被改造成为自食其力的新人;民族资产阶级也处于由剥削者到劳动者的转变过程中;广大农民和其他个体劳动者,已经转变为社会主义的集体劳动者;工人阶级已经成为国家的领导阶级,不但队伍扩大了,而且觉悟程度和文化技术水平也提高了;知识界

①《建国以来重要文献选编》第 9 册,中央文献出版社 1994 年版,第 33~37 页。

图 4-5　刘少奇在八大

已经改变了原来的面貌，成为一支为社会主义服务的队伍；国内各民族已经成为一个团结友好的民族大家庭；以共产党领导的人民民主统一战线，更加扩大和巩固了。所有这些变化都表明，无产阶级同资产阶级之间的矛盾已经基本解决，几千年来的阶级剥削制度的历史已经基本结束，社会主义制度已经基本建立起来。因此，国内主要矛盾已经不再是无产阶级和资产阶级之间的矛盾，而是人民对于建立先进的工业国的要求同落后的农业国的现实之间的矛盾，是人民对于经济文化迅速发展的需要同当前经济文化不能满足人民需要的状况之间的矛盾。全党和全国人民当前的主要任务，就是集中力量，发展社会生产力，尽快地把我国从落后的农业国变成先进的工业国，以满足人们日益增长的物质文化生活需要。同时，大会还告诫全党，阶级斗争虽非中国社会的主要矛盾了，但“反革命分子确实还存在着”，不可以放松警惕。

第二，提出了适合中国国情的经济建设方针，即既反保守，又反冒进，在综合平衡中稳步前进。大会在总结执行第一个五年计划经验教训的基础上，强调指出：经济建设应根据需要和可能，合理地规划国民经济的发展速度，把计划放在既积极又稳妥可靠的基础上，以保证国民经济比较均衡地发展。同时，要注意重点建设和全面安排相结合，正确处理经济和财政的关系，用财政计划保证经济计划的完成；在生产经营方面，在社会主义的统一市场里，坚持国家市场为主体，应该允许在一定范围内国家领导的自由市场的存在，作为国家市场的补充。

基于上述认识，大会提出了用三个五年计划的时间，在中国建成一个完整的工业体系的设想，并确定了第二个五年计划的基本任务，即继续进行以重工业为中心的工业建设，推进国民经济的技术改造，建立中国社会主义工业化的巩固基础；继续完成社会主义改造，巩固和扩大集体所有制和全民所有制；在发展基本建设和继续完成社会主义改造的基础上，进一步发展工业、农业和手工业，相应地发展运输业和商业；努力培养建设人才，加强科学研究工作；增强国防力量，提高人民的物质和文化生活水平。为完成这些任务，大会还提出了相应的措施。

第三，继续加强人民民主专政，进一步扩大国家的民主生活，健全社会主义法制。大会指出，我国人民民主专政，是以工人阶级为领导的人民大众对于反动派、反动阶级和反抗社会主义革命的剥削者的专政，这种专政实际上是无产阶级专政。无产阶级专政的任务，一方面是组织社会主义的经济文化；另一方面是镇压反动阶级和反动派的反抗，防御帝国主义的干涉。同时，为了适应社会主义建设的新形势，进一步扩大国家的民主生活，开展反对官僚主义的斗争，也有着更为迫切的重要意义。必须着手制定比较完备的法律，健全国家法制；必须加强党内党外的民主监督；必须巩固和扩大人民民主统一战线，共产党和各民主党派必须坚持“长期共存，互相监督”的方针。

第四，提出了在新的历史条件下加强执政党建设的问题。大会指出，执政党的地位，容易使共产党员沾染官僚主义习气，滋长骄傲自满情绪。因此，大会规定了执政党建设的一系列原则：坚持理论联系实际，实事求是的思想路线，反对主观主义；坚持群众路线，反对官僚主义；坚持民主集中制，实行集体领导与个人负责相结合的原则，发展党内民主和人民民主，反对个人专断和个人崇拜；坚持和巩固党的团结和统一，反对宗派主义。大会特别强调，要切实加强党的领导，既要加强党的思想建设，又要从国家和党的制度上作出严格规定，以便对于党的组织和党员实行严格监督。

大会选举产生了第八届中央委员会，毛泽东、刘少奇等97人当选为中央委员，73人当选为候补中央委员。1956年9月28日，八届一中全会选举了新的中央领导机构，毛泽东当选为中央委员会主席，刘少奇、周恩来、朱德、陈云当选为副主席，邓小平当选为中央书记处总书记，上述6人组成中央政治局常务委员会。

党的八大是中国共产党成为执政党后召开的第一次全国代表大会（见图4-6）。它所制定的路线、方针、政策，是对马列主义的创造性运用，是毛泽东思想的新发展。它是在中国社会历史的重要转折关头，承前

图4-6 中共八大闭幕式

启后，继往开来，探索有中国特色的社会主义道路的重要里程碑，为社会主义建设事业的发展指明了方向。但是，限于当时的历史条件和经验缺乏，八大在有些重要问题上也有不足之处。例如，在阶级斗争问题上，虽然指出工人阶级和资产阶级的矛盾已经基本解决，但对于这一科学论断所要求的党的指导方针和全部工作的深刻转变，对于如何在复杂的国际国内形势变化中坚持这一科学论断，还缺乏充分的认识；又如，正确地提出了反对个人崇拜的问题，但在大会上对此并未引起足够重视，没有制定出更有效的防备和制止个人崇拜发展的措施，没有形成完备而牢固的党内民主制度。更为遗憾的是，八大提出的路线和许多正确的方针、意见，没有能够在实践中坚持下去。

四、正确处理两类不同性质矛盾理论

社会主义社会有两类矛盾，一种是“敌我之间的”，一种是“人民内部的”。“前者是用镇压的方法，后者是用说服的方法，即批评的方法”。

《关于正确处理人民内部矛盾的问题》是毛泽东在我国进入新的历史时期这一关键时刻，为了使党和国家的工作适应新情况、采取新方法，而发表的一篇纲领性重要历史文献。

1956年，我国生产资料私有制的社会主义改造基本完成，标志着社会主义社会制度在我国已基本确立。从此，全国范围内的社会主要矛盾和阶级关系发生了根本的变化，无产阶级和资产阶级之间的矛盾已经基本上得到解决。国内的主要矛盾已经转变为人民群众对于经济文化迅速发展的需要与经济文化的发展不能满足人民群众这种需要的矛盾。中国共产党的主要任务就是领导全国人民全面建设社会主义，大力发展社会生产力，满足人民不断增长着的对于经济文化的需要。在这种重大转折关头，许多干部在思想上和工作中表现出了一些不适应，在具体工作中不能正确地认识和处理大量涌现出的新矛盾、新问题。一方面，出现了脱离群众、脱离实际的官僚主义、宗派主义、教条主义倾向；另一方面，在新问题面前又表现出了不知所措的被动状况。此外，从 1956 年下半年开始，我国部分地区发生了一些混乱。由于粮食、肉类和日用品的短缺和少数学生、工人、复员转业军人在升学、就业和安置方面遇到了困难，在一些城市和乡村发生了工人罢工、学生罢课和农民退社的情况。一些人则对中国共产党和国家工作中存在的一些问题提出了公开批评，其中也有错误的议论。在这种形势下，有的人不承认社会主义社会还有矛盾，有的人则把这些矛盾一概看做是阶级斗争的表现，并主张用简单粗暴的手段加以解决。在国际上，苏联共产党于 1956 年 2 月召开的二十大和同年发生的“波匈事件”，无疑对我国也发生了重要影响。国内、国际这种新的形势，以及在这种新的形势下出现的新矛盾、新问题，都迫切要求中国共产党作出迅速的判断，给以理论上的正确回答，并依据这一正确的理论判断，提出指导全党、全国人民认识和解决这些问题的方针、方法。只有这样，才能够团结全国各族人民，调动起各方面的积极因素，为巩固社会主义制度、建设社会主义强国而奋斗。在这样一个大的历史背景下，毛泽东敏锐地察觉到这个问题，及时地提出正确处理人民内部矛盾这个重大命题，把它作为政治生活的主题，作出了大量研究和阐述。

1956 年 4 月 5 日，《人民日报》发表了毛泽东主持中共中央政治局多次讨论写成的《关于无产阶级专政的历史经验》一文，文中明确指出：社会主义社会也存在矛盾，否认矛盾存在，就是否认辩证法。各个社会的矛盾性质不同，解决矛盾的方式也不同，但是社会的发展总是在不断的矛盾中进行的。社会主义社会的发展也是在生产力和生产关系的矛盾中进行着的。4 月 25 日，毛泽东发表《论十大关系》讲话，“十大关系”即“十大矛盾”，其中大部分阐述的是人民内部矛盾，一部分是敌我矛盾。《论十大关系》在正确区分两类矛盾学说方面大大前进了一步，使之更加具体化了。9 月，中国共产党八大正确地论述了我国社会的主要矛盾问题，指出“无产阶级同资产阶级之间的矛盾已经基本上解决”。[①] 此后一段时间，主要是在 1956 年 11 月至 1957 年 2 月，毛泽东以极大的精力投入到正确处理人民内部矛盾学说的探索研究中。

毛泽东提出正确处理两类不同性质矛盾的命题，最早见于 1956 年 12 月 4 日《致黄炎培》的信中，提出了敌我之间和人民内部的两类矛盾的科学概念。他指出：社会主义

①《建国以来重要文献选编》第 9 册，中央文献出版社 1994 年版，第 340 页。

社会有两类矛盾，一种是“敌我之间的”，一种是“人民内部的”。“前者是用镇压的方法，后者是用说服的方法，即批评的方法”。①

1956年12月29日，《人民日报》发表了经毛泽东修改的《再论无产阶级专政的历史经验》一文，在科学社会主义发展史上，第一次明确提出了社会主义社会两类矛盾问题。这篇文章虽然谈的是国际问题，但所论述的关于人民内部矛盾的思想，适用于所有的社会主义国家。

1957年1月，毛泽东在省市自治区党委书记会议上分析当时我国社会出现的各种矛盾时，强调指出：“怎样处理社会主义社会的敌我矛盾和人民内部矛盾，这是一门科学，值得好好研究。就我国的情况来说，现在的阶级斗争，一部分是敌我矛盾，大量表现的是人民内部矛盾。”②

图 4–7　毛泽东作《关于正确处理人民内部矛盾的问题》的报告

在上述理论探索的基础上，1957年2月27日，毛泽东在最高国务会议第十一次（扩大）会议上作了《如何处理人民内部的矛盾》的讲话，更明确提出了关于区分两类不同性质的社会矛盾和正确处理人民内部矛盾的问题。讲话以后，毛泽东又在不同场合继续阐发了这个问题，而后对讲话进行了重要的补充和修改，使之更系统化、理论化（见图4–7）。6月19日，《人民日报》以《关于正确处理人民内部矛盾的问题》为题公开发表了这个讲话。这篇重要文献分为12个专题：①两类不同性质的矛盾；②肃反问题；③农业合作化问题；④工商业者问题；⑤知识分子问题；⑥少数民族问题；⑦统筹兼顾、适当安排；⑧关于百花齐放、百家争鸣，长期共存、互相监督；⑨关于少数人闹事问题；⑩坏事能否变成好事；⑪关于节约；⑫中国工业化的道路。主要内容是：

第一，明确了社会主义社会的基本矛盾及其特点。毛泽东运用马克思主义矛盾学说，结合国际、国内社会主义革命和建设的具体实践，明确提出矛盾是普遍存在的，社会主

① 《毛泽东书信选集》，人民出版社1983年版，第514~515页。

② 《毛泽东选集》第五卷，人民出版社1977年版，第356页。

义社会也充满了各种矛盾。正是这些矛盾推动社会主义社会向前发展。毛泽东进一步指出：社会主义社会的基本矛盾是生产关系和生产力之间的矛盾，上层建筑和经济基础之间的矛盾。它与旧社会的生产关系和生产力的矛盾、上层建筑和经济基础的矛盾具有不同的性质和情况。社会主义生产关系已经建立起来，它是和生产力的发展相适应的；但是，它还很不完善，这些不完善的方面和生产力的发展又是相矛盾的。人民民主专政的国家制度和法律，以马克思列宁主义为指导的社会主义意识形态，这些上层建筑对于我国社会主义改造的胜利和社会主义劳动组织的建立起了积极的推动作用，它是和社会主义的经济基础，即社会主义的生产关系相适应的；但是，资产阶级意识形态的存在，国家机构中某些官僚主义作风的存在，国家制度中某些环节上缺陷的存在，又是和社会主义的经济基础相矛盾的。当然，在解决这些矛盾以后，又会出现新的问题、新的矛盾，又需要人们去解决。矛盾的不断出现，又不断解决，就是事物发展的辩证规律。

第二，提出了正确区分和处理敌我矛盾和人民内部矛盾这两类不同性质矛盾的理论。毛泽东指出：在我们的面前有两类社会矛盾，这就是敌我之间的矛盾和人民内部的矛盾。这是性质完全不同的两类矛盾。为了正确区分这两类矛盾，应该首先弄清楚什么是人民，什么是敌人。在现阶段，在建设社会主义的时期，一切赞成、拥护和参加社会主义建设事业的阶级、阶层和社会集团，都属于人民的范围；一切反抗社会主义革命和敌视、破坏社会主义建设的社会势力和社会集团，都是人民的敌人。敌我之间的矛盾是对抗性的矛盾。人民内部矛盾，一般说来，是在人民利益根本一致的基础上的矛盾，是非对抗性的。敌我之间和人民内部这两类矛盾的性质不同，解决的方法也不同。解决敌我矛盾用专政的方法，解决人民内部矛盾用民主的方法，具体为一个公式，叫做“团结——批评——团结”，或者说是“惩前毖后，治病救人”。他还指出：两类不同性质的矛盾不是固定不变的，在一定条件下，它们之间可以互相转化。敌我之间的矛盾如果处理得当，对抗性的矛盾可以转变为非对抗性的矛盾；人民内部矛盾不是对抗性的，但是如果处理不适当，或者失去警觉，麻痹大意，也可能发生对抗。这种情况，在社会主义国家通常只是局部的、暂时的现象。

第三，阐明了正确处理人民内部矛盾的一系列原则和方针政策。为了正确处理人民内部矛盾，毛泽东提倡和运用“团结——批评——团结”的公式，同时提出了一系列具体方针政策。在经济工作中实行“统筹兼顾，适当安排”的方针，要兼顾国家、集体和个人三者的利益，正确处理重工业与轻工业和农业的关系；在共产党和民主党派的关系上，实行“长期共存，互相监督”的方针；在科学文化工作中，实行“百花齐放，百家争鸣”的方针；在民族关系上，维护民族团结，克服大汉族主义或地方民族主义；在肃反问题上，坚持“有反必肃，有错必纠”的方针；对待少数人闹事问题，不采取镇压办法，要克服官僚主义，要把闹事群众引向正确的道路，利用闹事来作为改善工作、教育干部和群众的一种特殊手段。

第四，提出正确处理人民内部矛盾的目的和我们的任务。毛泽东继承八大关于社会矛盾问题的认识指出：革命时期的大规模的疾风暴雨式的群众阶级斗争基本结束，还有反革命，但是不多了，大量突出的是人民内部矛盾。进而还提出：我们的根本任务已经由解放生产力变为在新的生产关系下面保护和发展生产力。在这个时候，我们提出划分敌我和人民内部两类矛盾的界限，提出正确处理人民内部矛盾的问题，目的是团结全国各族人民进行一场新的战争——向自然开战，发展我们的经济，发展我们的文化，巩固我们的新制度，建设我们的新国家。在这里，毛泽东把正确处理人民内部矛盾问题作为国家政治生活的主题。

《关于正确处理人民内部矛盾的问题》（见图 4–8）的讲话深刻总结了国际共产主义运动的历史经验，研究了我国社会主义改造胜利后的新情况、新问题，分析了社会主义社会的矛盾问题，在马克思主义发展史上第一次把社会主义社会的矛盾区分为敌我矛盾和人民内部矛盾两类不同性质的矛盾，并系统论述了社会主义社会人民内部矛盾的表现、根源、性质和解决的方针、方法，从而形成了关于正确处理人民内部矛盾的理论，对马克思列宁主义作出了独创性的贡献。这一理论对于探索符合中国国情的社会主义建设道路，调动一切积极因素，团结全国各族人民，把我国建成社会主义强国具有重大的指导意义，是一部经得起历史检验的马克思主义的光辉著作。

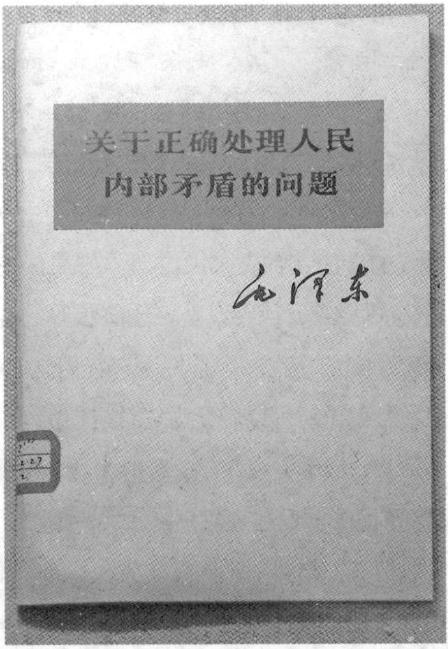

图 4–8 《关于正确处理人民内部矛盾的问题》

五、整风运动与反右派斗争

> "在全党重新进行一次普遍的、深入的反官僚主义、反宗派主义、反主观主义的整风运动，提高全党的马克思主义的思想水平。"

反右派斗争是中国共产党在1957年整风运动中，为反击极少数资产阶级右派分子对中国共产党和社会主义制度进行攻击而发动的一场运动。

1956~1957年，是中国社会发生大变动的时期，各种社会矛盾特别是人民内部的矛盾凸显出来。"百花齐放，百家争鸣"的方针提出后，知识分子的思想也比较活跃，对党和政府的工作提出了若干批评意见。为了提高全党的马克思主义思想水平，改进工作作风，更好地领导全国人民进行大规模的社会主义建设，中共中央决定在全党范围内发起一场旨在正确处理人民内部矛盾，反对官僚主义、宗派主义和主观主义的整风运动。

毛泽东在八届二中全会上建议1957年在党内开展一次整风运动。这次整风运动，实际上从1957年初全党学习毛泽东《关于正确处理人民内部矛盾的问题》的报告和在全国宣传工作会议上的讲话，逐级检查正确处理人民内部矛盾的情况就已经开始了。1957年2月，毛泽东在《关于正确处理人民内部矛盾的问题》的重要讲话中系统地分析和阐明了正确处理人民内部矛盾的方针和方法，号召团结全国各族人民，发展经济与文化，巩固新制度，建设新国家。1957年3月，中央宣传部召开有党内外思想工作者800多人参加的全国宣传工作会议，毛泽东在会上进一步论述了党对知识分子的估计（绝大多数赞成社会主义制度；少数对社会主义不那么欢迎，但还是爱国的；抱敌对情绪的是极少数）、知识分子改造和同工农群众结合的必要，并且宣布"百花齐放，百家争鸣"是一个基本性的也是长期性的方针。领导我们的国家应该采取"放"的方针，就是放手让大家讲意见，使人们敢于说话，敢于批评，敢于争论。

这两篇讲话在广大干部和知识分子中进行了传达和讨论，引起了热烈的反响。之后，中央连续发出一系列党内指示，党报发表了一系列社论，毛泽东、刘少奇分途南下，沿路作报告，要求党的干部充分认识由革命到建设的转变，充分理解党现在采取的正确处理人民内部矛盾的方针。

1957年4月27日，中共中央正式发出《关于整风运动的指示》，指出："几年以来，在我们党内，脱离群众和脱离实际的官僚主义、宗派主义和主观主义，有了新的滋长。"因此，中央认为有必要"在全党重新进行一次普遍的、深入的反官僚主义、反宗派主义、反主观主义的整风运动，提高全党的马克思主义的思想水平"。[①] 方针是"从团结的愿望出发，经过批评和自我批评，在新的基础上达到新的团结"。方法是和风细雨、实事求是地批评与自我批评，从上而下，从领导干部到全体党员逐步展开。该《指示》要求以毛泽东在2月最高国务会议上和3月在全国宣传工作会议上代表中央所作的两个报告为思想的指导，把正确处理人民内部矛盾的问题作为当前整风的主题，多采取个别谈心或开小型的座谈会和小组会的方式，一般不要开批评大会或斗争大会。毛泽东在《一九五七年夏季的形势》一文中说明：党希望通过整风，达到这样的目标：造成一个又有集中又有民主，又有纪律又有自由，又有统一意志又有个人心情舒畅、生动活泼，那样一种政治局面。[②]

4月30日，毛泽东在天安门城楼约集各民主党派负责人和无党派民主人士谈话，恳请他们帮助中共中央进行整风运动，要求以处理人民内部矛盾为题目，分析各个方面的矛盾，对高等教育、普通教育、文艺、科学、卫生等方面，"切实攻一下"，在报上发表，可以引起大家注意。

1957年5月1日，各大报公开发表《关于整风运动的指示》。5月2日，《人民日报》发表《为什么要整风?》的社论。5月4日，中共中央发出《关于继续组织党外人士对党政所犯错误缺点展开批评的指示》，要求各地不要停顿或间断，继续展开有党外人士参加的整风运动。

整风指示发布后，整风运动在全国范围迅速展开，全国各级党政领导机关和高等学校、科研机构、文化艺术单位的党组织，纷纷召开各种形式的座谈会（见图4–9）和小组会，听取党内外群众的意见，欢迎大家"鸣"、"放"。党内外的广大干部和群众则积极响应党的号召，对党和政府的工作，以及党政干部的思想作风，提出了大量的批评和建议。

①《人民日报》，1957年5月1日。
②《建国以来毛泽东文稿》第6册，中央文献出版社1992年版，第543页。

图 4-9 中国科学院邀请 100 多名著名科学家举行座谈会

然而，这场轰轰烈烈的请党外人士帮助整风的运动，开始不久便出现了复杂的情况。在 5 月初至 6 月上旬的座谈会及社会上，有极少数人乘机散布反对共产党领导、反对社会主义制度的言论。他们鼓吹所谓“大鸣”、“大放”、“大民主”，向党和新生的社会主义制度发起进攻，掀起了一股反党反社会主义思潮。他们攻击说共产党已经进退失措，社会主义制度不如资本主义制度，历次政治运动失败的居多，要为反革命“平反”；他们把共产党在国家政治生活中的领导地位攻击为“党天下”，甚至提出“轮流坐庄”，公然提出共产党退出机关、学校，公方代表退出合营企业；他们反对农业合作化和资本主义工商业的社会主义改造，极力抹杀社会主义改造和建设的成绩，根本否定了社会主义制度的优越性；他们把官僚主义说成是社会主义的产物和代名词，把主观主义、教条主义说成是马克思主义的产物，提出“根本的办法是改变社会制度”等。这些极右言论在社会上流传，在人们当中造成思想混乱，很快引起了中共中央领导人的重视。

5 月 16 日，中共中央再次发出《关于对待当前党外人士批评的指示》，在肯定党外人士的批评的同时，强调警惕最近社会上少数带有反共情绪的人跃跃欲试，散布煽动性言论，企图将正确解决人民内部矛盾、巩固人民民主专政、以利社会主义建设的正确方向，引导到错误方向去。

1957 年 6 月 8 日，反击右派的行动正式开始。中央发出《组织力量反击右派分子的猖狂进攻的指示》指出，这是一场大战，不打胜这一仗，社会主义是建不成的，并且有出“匈牙利事件”的某些危险。于是，一场大规模的暴风骤雨式的群众性的阶级斗争发生了。

全国的反右派斗争直到 1958 年夏天才告一段落，最后运动结束时，实际上全国被定为右派分子的有 55 万多人。应该说，在全党进行一次以正确处理人民内部矛盾为主题，以反对官僚主义、宗派主义和主观主义为内容的整风运动，发动群众向党提出批评建议，是发扬社会主义民主的正常步骤。对反对共产党的领导、反对社会主义道路的思潮和右派分子的进攻进行批判和反击是必要的，也是正确的。但是，由于当时党对阶级斗争的形势作了过分严重的估计和判断，导致反右派斗争严重扩大化，把一批人错划为“右派分子”，误伤了许多好同志、好干部和同党长期合作的朋友，其中不少是有才能的知识分子。许多同志和朋友因而受了长期的委屈、压制和不幸，不能在社会主义事业中发挥应有的作用。这不但是他们个人的损失，也是整个国家和党的事业的损失。

六、社会主义总路线的制定

1958年5月5日至23日，中国共产党第八次全国代表大会第二次会议在北京召开，正式制定了“鼓足干劲、力争上游、多快好省地建设社会主义”的总路线

1956年底，社会主义经济制度在全国确立起来。社会主义经济建设怎么搞的问题摆在全党和全国人民面前。

1956年，我国国民经济的发展速度比前几年有了较大的增长。但是，党内也出现了一些同志急于求成，有些地区和部门出现了贪多求快、急躁冒进的倾向。主要表现在：基本建设规模过大，投资速度超过了财政收入和生产资料增长速度，从而使基建和物资供应之间发生矛盾，造成停工、窝工现象；对《1956年到1967年全国农业发展纲要（草案）》（简称四十条纲要），有些地区和部门不顾主客观条件是否具备，试图在三五年内，甚至是一两年内就实现纲要规定的需12年完成的任务，等等。

面对由于不断提高指标而加剧的财政和物资紧张情况，1956年2月周恩来在国务院会议上及时指出：“现在有些急躁的苗头，这需要注意。社会主义积极性不可损害，但超过现实可能和没有根据的事，不要乱提，不要乱加快，否则就很危险。”“各部门定计划，

不管是12年远景计划，还是今明两年的年度计划，都要实事求是。”[①] 5月，刘少奇主持的中央会议确定了既反保守又反冒进，即在综合平衡中稳步前进的方针。6月，一届全国人大三次会议接受和通过了这个方针，《人民日报》发表了《要反对保守主义，也要反对急躁情绪》的社论，对急躁冒进进行了公开批评。

1956年9月，中国共产党召开的八大继续坚持了5月党中央提出的既反保守又反冒进的方针，周恩来在报告中作了系统阐述："应当根据需要与可能，合理地规定国民经济的发展速度，把计划放在既积极又稳妥可靠的基础上，以保证国民经济比较均衡地发展。"

1957年的反右派斗争开展以后，毛泽东逐渐偏离了中国共产党八大路线和他提出的正确处理人民内部矛盾的思想。他认为：新生的社会主义制度依然面临着资本主义道路的挑战，要巩固社会主义制度，一方面，要补社会主义革命不足的课，要进行政治战线和思想战线上的社会主义革命；另一方面，要加快建设速度。毛泽东认为，巩固社会主义制度的关键是发展经济、发展生产力，这个观点是正确的，但是不顾客观条件的可能性，盲目强调经济发展的高速度等急躁冒进思想在毛泽东的头脑中却再度抬头。

1957年10月9日，毛泽东在中国共产党八届三中全会上，改变了八大关于我国社会主要矛盾的基本观点，违背了八大决定的经济建设方针，首次公开对反冒进提出批评。会议闭幕以后，在11月和12月，《人民日报》相继发表了《发动全民，讨论四十条纲要，掀起农业生产的新高潮》和《必须坚持多快好省的建设方针》等社论，公开批判反冒进。

1958年1月，在杭州会议上，毛泽东再次批评了1956年的反冒进，说没有1956年的突飞猛进，就不能完成五年计划；并阐述了"不断革命"的思想，认为只有坚持不断革命，不断提出新任务，才能使干部和群众经常保持饱满的革命热情。提出从1958年起要在继续完成政治路线和思想路线上的社会主义革命的同时，把党的工作着重点放到技术革命上去。同月，在南宁会议上，毛泽东对反冒进的批判进一步升级，说反冒进使6亿人民泄了气，是政治问题。南宁会议召开的结果，一方面使党内不少人"宁左勿右"的"左"倾思想迅速地发展起来，有些地区和部门开始提出了不切合实际的计划指标；

---

①《建国以来重要文献选编》第8册，中央文献出版社1994年版，第130页。

另一方面使经济工作开始纳入到群众运动的轨道上来，形成了“大跃进”的气氛。

1958年元旦，《人民日报》发表社论《乘风破浪》，强调事在人为，必须鼓足干劲，力争上游，充分发挥革命的积极性、创造性，扫除消极、怀疑、保守的暮气。毛泽东赞扬了“鼓足干劲，力争上游”的口号。2月3日，《人民日报》又发表了题为《鼓足干劲，力争上游》的社论，无限夸大了人的主观能动性。报刊上对急躁冒进的宣传也大大升级。

1958年2月13日至23日，中共中央在北京召开了政治局扩大会议，传达了南宁会议精神。会上又进一步批评了1956年的反冒进。3月8日至26日，中共中央在成都召开了有中央各部门负责同志和各省、市、自治区党委第一书记参加的会议。在这次会议上，毛泽东继续批评了1956年的反冒进，说冒进是“马克思主义”的，反冒进是“非马克思主义”的；比较完整地提出了社会主义建设总路线，即“鼓足干劲，力争上游，多快好省地建设社会主义”；提出了“大跃进”，提倡破除迷信，解放思想和敢想、敢说、敢做的精神；提出了我国当前仍存在着两个剥削阶级和两个劳动阶级的错误观点；会议还开展了对右倾保守思想的批判，发出了《关于开展反浪费、反保守运动的指示》，要求各级党委抓好“反右倾”运动。

1958年5月5日至23日，中国共产党第八次全国代表大会第二次会议在北京召开，正式制定了“鼓足干劲、力争上游、多快好省地建设社会主义”的总路线（见图4–10）。会议指出：“现在已经是向全党和全国人民提出新的革命任务的时候了，已经是提出技术革命以及同技术革命相辅而行的文化革命的时候了。”[①]会议正式通过了社会主义建设总路线，并规定了它的基本点，这就是：“调动一切积极因素，正确处理人民内部矛盾；巩固和发展社会主义的全民所有制

图4–10　中共八大二次会议通过了关于中央委员会的工作报告的决议

①《建国以来重要文献选编》第11册，中央文献出版社1995年版，第302页。

和集体所有制，巩固无产阶级专政和无产阶级的国际团结；在继续完成经济战线、政治战线和思想战线上的社会主义革命的同时，逐步实现技术革命和文化革命；在重工业优先发展的条件下，工业和农业同时并举；在集中领导、全面规划、分工协作的条件下，中央工业和地方工业同时并举，大型企业和中小型企业同时并举；通过这些，尽快把我国建设成为一个具有现代工业、现代农业和现代科学文化的伟大的社会主义国家。”①

社会主义建设总路线的制定，反映了广大人民群众迫切要求改变经济文化落后状况的普遍愿望，也反映了党和毛泽东探索社会主义建设新道路的积极成果（见图 4–11）。但是，从总的指导思想上看，总路线脱离了中国的国情，单纯地追求高速度，特别是在宣传和实践中，不恰当地强调了“快”。片面地强调了发挥人的主观能动性，忽视了经济发展的客观规律。

图 4–11　各地掀起了宣传总路线、歌唱总路线的浪潮

中国共产党八大二次会议和社会主义建设总路线的制定，使急于求成的“左”倾思想迅速发展。会议以后，“大跃进”和人民公社化运动在全国范围内全面展开。

① 《建国以来重要文献选编》第 11 册，中央文献出版社 1995 年版，第 303~304 页。

七、“大跃进”运动

所谓“大跃进”，就是脱离中国的实际条件，违背国民经济发展的客观规律，主观上制定工农业生产的高指标，不断地批判所谓右倾保守思想，抓所谓的阶级斗争，大搞群众运动，以实现所谓的工业生产的高速度。

1958~1960年，是在我国历史上被习惯称为“大跃进”的年代。发动“大跃进”，是中国共产党在20世纪50年代后期社会主义探索过程中的一个重大失误。所谓“大跃进”，就是脱离中国的实际条件，违背国民经济发展的客观规律，主观上制定工农业生产的高指标，不断地批判所谓右倾保守思想，抓所谓的阶级斗争，大搞群众运动，以实现所谓的工业生产的高速度。

1958年初，全国政治经济形势一派大好。为了坚定地贯彻社会主义建设总路线，毛泽东代表中共中央直接开始抓经济建设工作。在他看来，社会主义的经济建设和民主革命时期的革命战争一样，必须采取大搞群众运动的方式才能够完成。于是，他全身心地致力于发动工农群众、组织工农业生产“大跃进”。“大跃进”的发动是从掀起农业生产高潮开始的，然后发展到工业。其运动的显著特点是片面追求农业、工业生产和建设的高速度，不断地、大幅度地提高和修改计划指标。

在农业上，围绕如何加快实现农业纲要的规定指标，在农村进行了一场大辩论。1957年11月13日，《人民日报》发表社论指出：“有些人害了右倾保守的毛病，像蜗牛一样爬行得很慢，他们不了解农业合作化以后，我们就有条件也有必要在生产战线上来一个大的跃进。”这在中共中央的文件和报刊中，最早使用了“大跃进”一词。这年冬季，各省、市、自治区纷纷召开党的代表大会，以大鸣、大放、大辩论、大字报的形式批判右倾保守思想，同时发动和组织广大农民日夜奋战，掀起一个以兴修水利、养猪积肥和改良土壤为中心的冬季农业生产高潮。投入水利建设的劳动力，10月份为2000万~3000

万人，12 月份为 8000 万人，1958 年 1 月达到 1 亿人。空前规模的农田水利建设运动的掀起，实际上吹响了农业"大跃进"的号角。

农业上"大跃进"的标志之一，是主观臆想地加快实现农业发展纲要指标。农业发展纲要指标原计划 12 年完成。在南宁会议上中央提出争取 5~8 年内实现农业发展纲要的计划指标。南宁会议后，浙江、广东、江苏、山东、安徽、江西等省委提出，5 年或者稍多一点时间，粮食生产就能达到农业发展纲要规定的目标。河南省委甚至提出当年实现纲要规定的需要 12 年达到的粮食亩产指标。各地你追我赶，指标越订越高，并且不顾当地具体条件，普遍推行深翻土地和高度密植等措施，还大破"条件论"，大批"农业增产有限论"，以致"人有多大胆，地有多大产"、"不怕做不到，就怕想不到"等一些主观唯心主义的口号也被当做正确的口号到处宣扬。过高的指标，急于求成的要求，靠大辩论开路的刮风式的领导方法等带来了各级干部的浮夸风。1958 年夏收期间，报刊上不断宣传"高产卫星"，6 月 8 日，报纸率先报道河南省遂平县放出亩产小麦 1052.5 公斤的"卫星"。随后"卫星"越放越大。小麦亩产最高的为 9 月 22 日《人民日报》报道的青海赛什克农场亩产 4292.5 公斤。各省上报的全年粮食估产总数加起来竟超过 5000 亿公斤。这种乐观的估计又导致了一个重大的错觉，就是认为我国农业问题解决了，粮食吃不了了。从这个错觉出发，作出了一系列的错误决策，其中之一就是农业逼工业，把全党工作重心转移到工业首先是钢铁上来，放手发动全党全民大办钢铁。

1958 年的工业"大跃进"，是以钢铁产量翻番、不断缩短超英赶美的时间为核心开展的。1957 年 11 月初，毛泽东在有 12 个社会主义国家共产党和工人党代表参加的莫斯科会议上提出：中国用 15 年左右的时间在钢铁等主要工业产品的产量方面，赶上和超过英国。12 月 2 日，刘少奇代表中央向中国工会第八次全国代表大会致词时，公开宣布："在 15 年后，苏联的工农业在最重要的产品的产量方面可能赶上或者超过美国，我们应当争取在同一期间，在钢铁和其他重要工业产品的产量方面赶上或者超过英国。"1958 年 3 月，冶金部在《钢铁工业的发展速度能否设想的更快一些》的报告中提出了 10 年超过英国，20 年赶上美国的设想。在中国共产党八大二次会议上，冶金部再次提出 5 年超过英国，15 年赶上美国的口号。5 月 18 日，毛泽东在《卑贱者最聪明，高贵者最愚蠢》的批语中，更明确提出，7 年赶上英国，再加 8 年或者 10 年赶上美国。从此，在钢铁和其他重要工业产品产量方面"超英赶美"，就成为发动"大跃进"特别是工业"大跃进"的一个重要口号。以后，随着"大跃进"的升级，"超英赶美"的时间缩得越来越短，以致举国民众普遍喊出了“乘卫星，驾火箭，一天等于二十年，超英赶美三十年”的口号(即超英三年，赶美十年)。毛泽东根据各大协作区钢铁会议提出钢产量翻番的意见，最后下了决心，提出钢铁翻番的任务，即以1957年钢产量535万吨为基数翻一番，达到1070万吨。在时间紧、任务重的情况下，只有动员全党全民大炼钢铁。1958年9月1日，党中央发布北戴河会议的公报，号召全党全民为生产1070万吨钢而奋斗。与此同时，《人民日报》连续发表了《紧紧抓住钢铁生产》、《立即行动起来完成把钢产量翻一番的伟大任务》两篇社论，指出：“钢铁工业是整个工业的基础，是整个工业的纲，是整个工业的元帅。”要其他部门“停车让路，让钢铁元帅升帐”。提出全力保证实现钢产量翻一番，是全党全民当前最重要的政治任务，于是开展了全民大炼钢铁的群众运动。为了实现钢铁指标，号召大搞“小（小高炉)、土（土办法)、群（群众运动)”。为了保证“钢铁元帅升帐”，在安排生产计划的时候，允许挤掉其他行业。在组织上，要求从省、地、县到乡，第一书记都要亲自挂帅，亲临现场指挥，还要制订每月、每周、每天的钢铁生产计划、煤炭生产计划和交通运输计划，并把执行情况上报中央。

1958年10月，我国掀起了声势浩大的全党全民大炼钢铁的高潮，各行各业成千上万的群众，都投入到这一运动中。10月，钢铁战线投入的劳动力达6000万人，年底达到9000万人。投入各类“小、土、群”的农村劳动力，最多时达6000万人以上。全国农村、城镇新建炼铁土高炉由7月的3万多座增加到10月的数百万座。经过全国人民3个半月的奋战，12月19日，党中央宣布：“1958年我国人民夺取1070万吨钢的大战已经告捷。”[①] 但实际上，其中有300多万吨是土钢，基本不能使用，合格的钢产量只有约800万吨。1958年的大炼钢铁运动，造成了人力、物力和财力上的巨大浪费，以及经济计划比例的严重失调，给国民经济带来了巨大损失，造成了严重后果。

应当肯定，毛泽东发动“大跃进”的出发点是好的，目的是尽快使国家富裕起来，强大起来。这种为改变国家贫穷落后面貌而加快经济发展的战略，也反映了全国人民的共同要求和愿望。三年的“大跃进”在经济上虽然不能说完全没有成绩，但从整个国民经济全局讲，却是失大于得。造成失误的原因，一是我们党对社会主义建设经验不足，对经济发展的客观规律和中国的经济的基本情况认识不足，把建设社会主义，根本改变中国贫困面貌看得太简单了、太容易了；二是毛泽东、中央和地方不少领导在胜利面前

①《钢帅报捷》，《中国青年报》，1958年12月22日。

滋长了骄傲自满情绪，急于求成，夸大了主观意志和主观努力的作用；三是我们党在指导思想上偏离了历来遵循的实事求是、调查研究，从各地实际情况出发，分类指导，因地制宜的原则；四是只反右不反“左”，一再批判反冒进，批判“观潮派”、“秋后算账派”，而对说大话、吹牛皮、搞浮夸的，不但不批评，反而给予肯定、重用，这成为脱离实际的高指标赖以存在的人为因由。

八、农村人民公社化运动

人民公社化运动的实质是企图在生产力不发达的基础上建立一个所谓普遍平等、平均、公正合理的社会。这只能是一种超现实的空想，它给中国社会带来了严重后果，留下了深刻教训。

农村人民公社化运动是与“大跃进”相伴而生的，既是为适应“大跃进”运动的体制变革的产物，又是急于向共产主义过渡的一次空想社会主义的错误实践。

在20世纪50年代以前，国际共产主义运动的领导人对社会主义建设的长期性和复杂性普遍认识不足。列宁、斯大林如此，毛泽东也是这样。1955年10月，毛泽东在中国共产党七届六中全会上，把中国未来发展进程同赶超美国、过渡到共产主义联系起来，认为50年后会出现一个共产主义的中国。

在这种急躁冒进思想的指导下，1957年冬到1958年春，全国出动几千万到上亿的劳动力，大搞农田水利基本建设，揭开了“大跃进”运动的序幕。这一群众运动的发展，需要组织大协作、土地联片和人员集中管理，也就促使毛泽东和其他中央领导同志迸发出了改变农村基层组织结构的思想。

1958年3月的成都会议上，毛泽东提出了小社并大社的问题，于是起草了《关于把小型的农业合作社适当地合并为大社的意见》。会后有的地区就开始了小社并大社的工作。中国共产党八大二次会议后，并社运动更普遍地展开了。河南和辽宁都进行了全省的并社工作。各地并起来的大社，初期的叫法多种多样。而人民公社这一名称，最早出现在1958年7月1日出版的《红旗》杂志所发表的《全新的社会，全新的人》一文中。8月6日，毛泽东视察河南省新乡县七里营公社时，充分肯定了人民公社的做法，并说“人民公社名字好”。8月9日，他视察山东农村时又说：“还是办人民公社好，它的好处是，可以把工、农、商、学、兵结合在一起，便于领导。”8月13日，《人民日报》发表了毛泽东关于“还是办人民公社好”的消息后，全国各地迅速掀起了办人民公社的热潮。

1958年8月17日至30日，中共中央政治局在北戴河举行了扩大会议。这次会议把“大跃进”运动推向了高潮，使以高指标、瞎指挥、浮夸风和“共产风”为主要标志的“左”倾错误大泛滥，给我国建设事业造成严重后果。会议通过的《关于在农村建立人民公社问题的决议》指出：“人民公社是形势发展的必然趋势。”“在目前形势下，建立农林牧副渔全面发展，工农商学兵相结合的人民公社，是指导农民加速社会主义建设，提前建成社会主义并逐步过渡到共产主义所必须采取的基本方针。”①1958年9月10日公布了《关于在农村建立人民公社问题的决议》，14日公布了《河南省遂平县嵖岈山卫星人民公社试行章程（草稿）》后，一场声势浩大的人民公社化运动在全国一哄而起。8月底9月初，河南和辽宁就基本上实现了全省的公社化。河北、黑龙江、安徽等省也进入了公社化运动的高潮。到10月底，全国基本实现了公社化，共建立人民公社26576个，参加人民公社的农户达12325万户，占全国总农户的99.1%。

人民公社的建立，使我国农村生产关系发生了剧烈的变动。人民公社化的过程实际上是“一平二调”大刮“共产风”的过程。人民公社的特点是“一大二公”。所谓“大”，一是规模比合作社大，人多地多，每个公社平均4600户以上，基本上是一乡一社、数乡一社，还有少数县联社；二是经营范围比合作社大，原合作社一般以从事农业生产为主，而人民公社是农林牧副渔全面经营，工农商学兵五位一体。所谓“公”，一是农村人民公社与农村基层政权组织合而为一，国家把原属于全民所有制的银行、商店和其他原县乡企业下放到公社管理，使人民公社集体所有制中含有若干全民所有制成分，并将继续扩大，逐步代替集体所有制，成为全民所有制；二是人民公社把社员的自留地、耕畜农具、家庭副业等都收归公社所有，甚至住房、存款都当做私有制残余被消除，扩大了社会主义集体化、公有化程度；三是人民公社把原来经济条件、贫富水平不同的几十个农业合作社合并在一起，各农业社的一切财产上缴公社，多者不退，少者不补，一切财产归公

①《建国以来重要文献选编》第11册，中央文献出版社1995年版，第446~447页。

社，实行统一核算，统一分配，无偿调拨，大搞平均主义；四是人民公社在组织管理上，按军队建制，实行组织军事化、行动战斗化、生活集体化（见图 4–12）；五是在分配制度上推行工资制和供给制相结合的制度，普遍建立公共食堂，吃饭不付钱，大力举办敬老院、托儿所、卫生院、农业中学、社办企业，试图把所有社员的生老病死、工学嫁娶全包下来。

图 4–12 人民公社实行"组织军事化，行动战斗化，生活集体化"

实践证明，人民公社化运动的实质是企图在生产力不发达的基础上建立一个所谓普遍平等、平均、公正合理的社会。这只能是一种超现实的空想，它给中国社会带来了严重后果，留下了深刻教训。第一，"一大二公"决不是社会主义的优越性。社会主义的优越性就是为了极大地发展社会生产力，实现高度的物质文明和精神文明，为过渡到共产主义创造条件。而人民公社化运动，企图仅仅通过不间断地改变生产关系来达到这一目的，不但没有体现社会主义优越性，反而对农业生产造成了严重破坏。第二，贫困不是社会主义。人民公社实行"穷过渡"，结果一直到 1978 年这 20 年间，我国农村人均年收入只有 60 元，城市职工的人均年收入只有 600 元，人民生活改善不多。这说明，贫困不是社会主义，要建设比资本主义更有优越性的社会主义，首先必须摆脱贫困。第三，平均主义不是社会主义。在人民公社化运动中，平均主义大泛滥，实行供给制，公共食堂，吃饭不要钱，干不干一个样，干多干少一个样，严重挫伤了农民群众的生产积极性，阻碍了生产力的发展。第四，政社合一的分社体制导致公社干部不尊重经济规律，不讲经济效益，用行政命令管理生产，成为产生官僚主义的根源。总之，人民公社化运动是中国共产党在探索社会主义建设过程中的又一次严重失误，从反面为我们提供了许多有益的经验和教训。

九、知识青年“上山下乡”运动

> “一切可以到农村中去工作的这样的知识分子，应当高兴地到那里去。农村是一个广阔的天地，在那里是可以大有作为的。”

知识青年“上山下乡”指的是城镇具有初中文化程度以上的青年离开城镇，到农村（牧村或渔村）安家落户。它是当代中国一种特有的移民方式，其规模和影响也远远超出了旧中国历次的移民运动。

这一运动开始于20世纪50年代。我国农村集体化运动完成后，为建立社会主义的新型农村，需要大量的有文化、有知识的青年农民。特别是，合作化后首先遇到的一个问题就是许多生产队缺少会计，更不用说教师、技术员和医生等。为解决这个问题，毛泽东较早地提出了动员城镇青年到农村参加农业生产的口号。1955年，毛泽东发出号召：“一切可以到农村中去工作的这样的知识分子，应当高兴地到那里去。农村是一个广阔的天地，在那里是可以大有作为的。”[①] 1956年1月，中共中央政治局在《1956年到1967年全国农业发展纲要（草案）》中提出：“城市的中、小学毕业的青年，除了能够在城市升学、就业的以外，应当积极响应国家的号召，下乡上山去参加农业生产，参加社会主义建设的伟大事业。”[②] 1957年4月8日，《人民日报》社论《关于中小学毕业生参加农业生产问题》中又提出：“就全国来说，最能够容纳人的地方是农村。容纳人最多的方面是农业。所以，从事农业是今后安排中小学毕业生的主要方向，也是他们今后就业的主要途径。”在这一精神的指引下，许多人自愿地离开大城市来到农村，成为新中国历史上的第一批下乡知识青年。到1957年底就已有7.9万多人下乡（见图4–13），同时还有更多的来自农村到城里念书的青年毕业后主动回乡，参加农业生产。

城市知识青年再一次的大规模“上山下乡”是在20世纪60年代初。当时国民经济

①《毛泽东选集》第6卷，中央文献出版社1999年版，第450页。
②《建国以来重要文献选编》第8册，中央文献出版社1994年版，第46页。

遇到了严重困难，需要对经济进行调整，加强农业，缩短基本建设战线，压缩重工业，精简机关，这样便开展了大规模的精简职工和减少城镇人口的工作，此时号召城市知识青年“上山下乡”又提出来了。1962 年 2 月 24 日，中共中央在《关于 1962 年上半年继续减少城镇人口 700 万人的决定》中提出：“城市中学、中等专业学校和技工学校中来自农村的学生，应当尽量动员他们回乡参加生产或者转到农村学校去学习。(对城市青年) 有条件的地方，可以动员其中不能升学的参加农场劳动。”5 月 27 日，中共中央、国务院在《关于进一步精简职工和减少城镇人口的决定》中提出：“城市中一般不能升学或就业的青年，有条件的可以下乡或者安置到农场去劳动。”[①] 1963 年 6 月 29 日至 7 月 10 日，中央召开了六大区城市精简职工和青年学生安置工作领导小组长会议。8 月 19 日，中共中央、国务院批转了中央安置工作领导小组《关于城市精简职工和青年学生安置工作领导小组长会议的报告》。这次会议召开后，各地安置工作的重点实际上已从安置精简下来的职工转为安置城镇下乡知识青年了。在政府的号召下，许多青年积极下乡，从事农业生产。1962 年和 1963 年有近 10 万名知识青年“下乡插队”，1964 年这一数字达到了 30 万名（见图 4–14）。

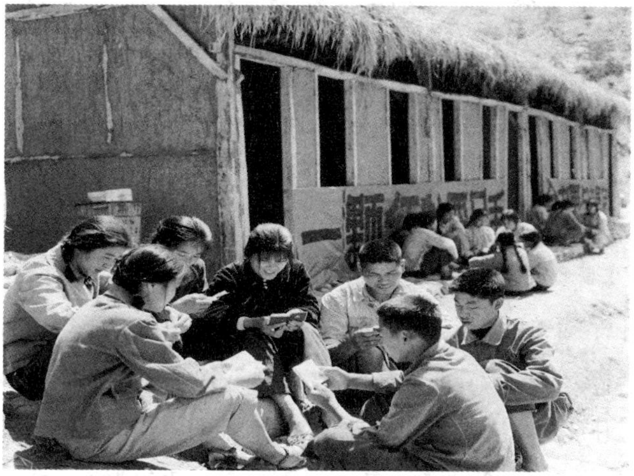

图 4–13 上山下乡到农村务农的知识青年坐在草房外学习红宝书

知识青年“上山下乡”运动，在“文革”期间掀起了高潮。“文化大革命”开始后，由于大学不招生，工厂不招工，商业和其他服务行业也处于停滞状态，整个社会缺乏容纳岗位，致使当时的 1000 多万初、高中毕业生无法分配。在这样的形势面前，知识青年“上山下乡”成为解决城市失业问题的唯一办法。但是由于“左”倾思潮泛滥，此时的知识青年“上山下乡”被赋予了浓厚的政治色彩，并迅速演变成一场规模巨大的政治运动，1967~1980 年，下乡知识青年多达 1700 万，超出了此前 10 年的 14 倍以上。

① 《建国以来重要文献选编》第 15 册，中央文献出版社 1997 年版，第 468 页。

图 4-14　家长各自动员自己的子女上山下乡锻炼

"文化大革命"之前的"上山下乡"运动，其出发点主要是为了发展农村社会经济、安置城市知识青年，特别是在 20 世纪 60 年代初，安置城市青年就业成为了主要原因。尽管当时也提出"阶级斗争"和"争夺下一代"问题，但主要还是从社会经济角度考虑的，所以这一时期的"上山下乡"运动是值得肯定的。但"文化大革命"中进行的"上山下乡"运动中的政策、措施、方法都存在严重错误。这些错误的做法带来了许多不幸的后果，客观上造成了人才生长的断层，给国家的现代化建设带来了长远的困难。实践证明，这种以下乡插队为主要形式的、采取政治运动方式的知识青年"上山下乡"，对国家、对农民、对知识青年都是不利的。1978 年 10 月 31 日至 12 月 10 日，全国知识青年"上山下乡"工作会议在北京举行。这次会议决定调整政策，城乡广开门路，采取多种形式安排知识青年，积极稳妥地解决好知识青年"上山下乡"以来存在的问题。这次会议宣告了"上山下乡"运动的结束，此后大批知识青年陆续返城。

十、庐山会议和"反右倾"斗争

这场斗争在政治上使党内从中央到基层的民主生活遭到严重损害，在经济上打断了纠正"左"倾错误的进程，使错误延续了更长时间。

1959 年 7 月 2 日至 8 月 1 日，党中央在庐山召开了政治局扩大会议；8 月 2 日至 16

图 4–15 中共八届八中全会会场

日，举行了党的八届八中全会。这两次会议统称为庐山会议（见图 4–15）。

自从 1958 年 11 月第一次郑州会议开始，中共中央着手纠正已觉察到的工作中的“左”倾错误，但由于是在充分肯定总路线、“大跃进”、人民公社三面红旗的前提下纠“左”，因此“左”倾的错误指导思想并未改变，1959 年国民经济计划继续提出了高指标。“大跃进”和高指标、瞎指挥、浮夸风等造成大中城市副食品和生活用品开始出现紧张局面，影响到了人民生活，使已经比例失调的国民经济向着更加不平衡的方向发展。党内对于“大跃进”和经济形势的看法很不一致。刘少奇、王稼祥等重要的领导人感到“大跃进”以来的问题严重，对钢铁高指标表示怀疑。但是，由于不断反冒进、“反右倾”，正确的意见很难正常地提出来。为避免更大损失，迫切需要总结“大跃进”的经验教训。庐山会议就是在纠正“左”倾错误不彻底、人们的意见又很不一致的情况下举行的。

从会议所讨论的重要内容看，庐山会议又可分为前期和后期两个阶段。从 7 月 2 日至 23 日为前期阶段，会议内容主要是继续纠正 1958 年以来“大跃进”和人民公社化运动中的“左”倾错误，继续贯彻第一次郑州会议的精神，内容是正确的；从 7 月 23 日至 8 月 16 日为后期阶段，毛泽东错误地发动了对彭德怀等人的批判，改变了会议方向，使会议从纠“左”转向“反右倾”斗争。

会议之前，毛泽东于 1959 年 6 月 15 日召集有少数中共中央领导人参加的会议，讨论工业问题、农业问题和市场问题，为庐山会议作准备。讨论中，毛泽东等都指出，“大跃进”中的主要问题是对综合平衡，有计划、按比例地发展经济抓得很不够。毛泽东承认高指标有一部分是主观主义的。6 月 29 日和 7 月 2 日，毛泽东在庐山同各协作区主任谈话中提出了要以农、轻、重为序安排国民经济计划。他在谈到陈云关于“先市场、后基建”的意见时说，把衣、食、住、用、行安排好，这是六亿五千万人民安定不安定的问题，肯定了陈云的意见。毛泽东这些意见在庐山会议开始后向与会者作了传达。加上从1959年4月上海会议以来，毛泽东一再鼓励人们要敢于讲话，提出敢讲真话的人，归根到底，于人民事业有利。这有利于推动大家摆脱思想束缚，深入地总结“大跃进”以来的经验教训。

会议开始后，毛泽东提出19个问题要会议深入讨论和检查“大跃进”以来的工作。这19个问题是：读书、形势、今年的任务、明年的任务、四年的任务、宣传问题、综合平衡的问题、群众路线问题、建立和加强工业企业的管理制度和提高工业产品质量的问题、体制问题、协作区关系问题、公社食堂问题、学会过日子问题、三定政策、农村初级市场的恢复问题、使生产小队成为半核算单位、农村党团基层组织的领导作用问题、团结问题、国际问题。会议按照大行政区划为东北、华北、西北、华东、中南、西南6个大组，着重围绕毛泽东提出的问题进行座谈讨论。

在讨论中，对1958年“大跃进”运动以来出现的问题的估计上发生了争论，出现了两种互相矛盾的看法：一种看法是，一部分同志从实际出发，认为从1958年以来在农村刮“共产风”，大办食堂，实行供给制等损害了农民的积极性，前一段纠“左”有一定成绩，但很不够；另一种看法是，把批评工作中的缺点说成是泼冷水，认为是右倾，不愿多讲缺点和多听批评，前一段的纠“左”已经过头了，出现了右倾。毛泽东讲，总路线无非是多快好省，多快好省根本不会错。从全局来说缺点和错误，只是一个指头的问题，总的形势来讲，就是九个指头和一个指头。7月4日，刘少奇在中南大组会上谈到，去年大跃进，吃了前年的库存，预支了今年的。凡事不要轻信，要有办法使人不说假话。说老实话的人，去年不好混。1958年最大的成绩是得到教训，全党全民得到深刻教训。7月6日，朱德在中南组会上发言，说食堂在消费上吃了大亏，食堂全垮了也不见得是坏事，办不起来不要硬办。工业主要是大炼钢铁搞乱了。彭德怀在西北大组也多次发言，坦率地谈了许多看法。他谈到：整风反右倾以来，我们在政治上、经济上取得一连串胜利，脑子热了一点；无产阶级专政以后容易犯官僚主义，因为党的威信高，与人民利益相一致的事情我们可以做到，与人民利益相违背的事（如砸锅——指大炼钢铁），在一定时候也可以做到；人民公社我认为早了些，公社化，未经过试验；政治与经济各有不同的规律，因此思想教育不能代替经济工作；等等。以上这些极其重要的经验教训，被一些人视为向“大跃进”泼冷水。当会议讨论《庐山会议议定记录》时，两种分歧更趋尖锐。

彭德怀对于讨论中未能达到统一认识而感到忧虑。他针对当时存在的问题，把不便在分组会表达的想法，实事求是地给毛泽东写了一封信，于7月14日交给毛泽东。彭德怀的信分两部分。第一部分遵照毛泽东关于“成绩很大，问题不少”的基本估计，肯定了成绩，指出“大跃进”和公社化中的某些缺点错误。第二部分分析了发生错误的原因。彭德怀揭露了“大跃进”以来在思想方法和工作作风方面的问题，认为是“犯了不够实事求是的毛病”。他认为，“总想一步跨进共产主义，抢先思想一度占了上风，把党长期以来所形成的群众路线和实事求是作风置诸脑后了”。信中还指出，“小资产阶级狂热性，使我们容易犯‘左’的错误”。党的历史经验证明，“纠正这些‘左’的现象，一般要比‘反右倾’保守思想还要困难些”。

7月16日，彭德怀的信被冠以“彭德怀同志的意见书”的标题印发全体与会者。由于彭德怀信的内容来自对实际的调查，是实事求是的，提出意见的方式也是完全符合党内民主的要求的，因此，在庐山会议分组讨论中，很多人表示了赞成态度。黄克诚、张闻天、周小舟在会上明确阐述了他们对彭德怀意见的支持，同时也提出了自己对“大跃进”以来工作错误的认识。不同意彭德怀意见的人认为，这封信夸大了缺点，否定了成绩，不符合实际，有埋怨泄气情绪，但还属于对工作的不同看法。

7月23日，毛泽东在大会上讲话说，现在党内外夹攻我们，有党外的右派，也有党内的那么一批人。我劝党内这一部分同志，讲话的方向问题要注意，在紧急关头不要动摇。他对彭德怀信中所讲的“比例失调”、“小资产阶级的狂热性”和“大跃进”比例失调、“有失有得”等，逐一作了批判。毛泽东的讲话被庐山会议完全接受，会议随即转向批判彭德怀等人的所谓右倾错误。根据毛泽东的意见，会议认为第一次郑州会议以来已经着手纠正错误，对群众运动不能泼冷水，气可鼓不可泄，现在党内党外右倾情绪、右倾思想、右倾活动已经增长，大有猖狂进攻之势，要“反右倾”、鼓干劲。这样，庐山会议的主题就变成了批判彭德怀等的右倾机会主义。

1959年8月2日至16日召开的中国共产党八届八中全会，继续批判所谓彭德怀为首的右倾机会主义反党集团，并作出《关于以彭德怀同志为首的反党集团的错误的决议》，把彭德怀、黄克诚、张闻天、周小舟等调离国防、外交、省委第一书记等工作岗位，同时保留他们党内职务，“以观后效”。全会还通过了《为保卫党的总路线、反对右倾机会主义而斗争》的决议，提出“右倾机会主义已经成为当前党内的主要危险。团结全党全国人民，保卫总路线，击退右倾机会主义的进攻，已经成为党的当前的主要任务”。这样，“反右倾”被列为整个国家的政治生活的主要内容。

彭德怀是对中国新民主主义革命和社会主义革命与建设做出重大贡献的无产阶级革

命家，是国内和国际著名的军事家和政治家，是中国人民解放军的创建人和中华人民共和国的开国元勋之一。在庐山会议上，因对工作方针持有不同意见，长期受到不公正评价，甚至连他的光荣历史也受到否定和歪曲，彭德怀凭着在中国共产党内长期养成的党性原则和顾全大局的精神，忍受了这一切而保持沉默。

庐山会议后期错误地发动了对彭德怀同志的批判，进而在全党开展了“反右倾”斗争。这场斗争在政治上使党内从中央到基层的民主生活遭到严重损害，在经济上打断了纠正“左”倾错误的进程，使错误延续了更长时间。主要由于“大跃进”和“反右倾”的错误，加上当时的自然灾害和苏联政府背信弃义地撕毁合同，我国国民经济在 1959 年到 1961 年发生严重困难，国家和人民遭受了重大损失。

第五章 进一步探索社会主义建设道路

一、国民经济的严重困难

我国农业连续几年遭受大面积自然灾害和苏联单方面撕毁建设合同的影响，到 1960 年，我国国民经济陷入严重的危机之中，国家和人民面临新中国成立以来最严重的经济困难。

由于“大跃进”和人民公社化运动中的严重“左”倾错误，加上从 1959 年起，我国农业连续几年遭受大面积自然灾害和苏联单方面撕毁建设合同的影响，到 1960 年，我国国民经济陷入严重的危机之中，国家和人民面临新中国成立以来最严重的经济困难。

1958 年以来，以“大炼钢铁”为中心内容的“大跃进”运动带来的只是工业，尤其是重工业的跳跃发展，其他部门受到排挤和打击，国民经济出现了严重的比例失调。到 1960 年，在“反右倾”运动的驱使下，坚持“以钢为纲”的“大跃进”，被推向新的高峰，国民经济比例失调的严重局面继续加剧。

第一，积累与消费的比例失调。由于基本建设投资不断增长，积累率提高到极端反常的高度。1958~1960 年，积累率分别达到 33.9%、43.9%、39.6%。三年积累额共 1438 亿元，大大超过第一个五年计划期间的平均积累率 24.2%。巨额积累造成经济循环不断恶化，并挤掉了人民的消费。

第二，工农业比例失调。1957~1960 年，工业总产值增长 1.3 倍，其中重工业产值增长2.3倍，形成畸形发展，而农业总产值却下降22.7%。工业建设发展过急，严重挤了农业，造成国民经济两大产业部门发展严重失衡。1957年粮食产量为3900亿斤，到1960年下降到2870亿斤。棉花产量1960年为2126万担，比1959年下降了37.8%，相当于1951年的产量。油料作物的种植面积和产量更为减少，1959~1962年，经济作物的种植面积下降了35%，1960年比1959年减产52.7%。

第三，工业内部各部门比例失调，轻重工业比例失调。在“一五”期间，轻重工业总产值的比例大体是3：2，而1957~1960年则为1：2。从1960年开始，轻工业总产值连续大幅度下降，1960年轻工业的比重由1957年的31.2%下降到26.1%，下降了9.8%。轻工业总产值下降的原因，除了“以钢为纲”，挤掉了轻工业所需要的燃料、运输外，主要是农业全面减产，棉花、烟叶、糖料、茶叶、芝麻等经济作物大幅度减产，造成原材料不足。

第四，财政收支不平衡，社会购买力与商品可供量比例失调。由于基本建设规模和职工人数膨胀，国家大幅度增加了基建投资和职工工资总额，造成财政收支不平衡，以及社会购买力和可供商品的比例严重失调，出现了巨大的财政赤字和市场紧张。1959年财政赤字为21.8亿元，到1960年竟高达81.8亿元。国家出现大量财政赤字，必须用多发钞票来弥补。1957年货币投放量为53亿元，此后不断增长，到1961年竟高达125亿元。结果，物价开始上涨，商品供应短缺，人民购买力下降。

最严重的是农业生产遭到极大破坏。出现了全国性粮、棉、油供应紧张的局面。从1959年起，全国有大面积的农田遭受自然灾害，农副产品产量急剧下降。1959年的粮食产量仅为3400亿斤，比1958年的4000亿斤减少600亿斤，而当时却被估计为5400亿斤。基于严重失实的高估产，当年征购粮食反比上年增加173亿斤，达到1348亿斤，超过实际产量的1/3。1960年粮食产量进一步降为2870亿斤，比1959年又减少530亿斤，跌落到1951年的水平。棉花产量也跌到1951年的水平，油料产量甚至低于1949年的水平。在此影响下，轻工业生产也急剧下降，1960年轻工业总产值比上年下降9%。

农业大幅度减产，粮食库存减少，粮、油和蔬菜、副食品极度缺乏，这就形成了全国性粮食危机，严重危及人民群众的健康和基本生存条件。城乡居民中因营养不良相当普遍地发生浮肿病，不少省份农村人口非正常死亡情况严重，人口死亡率显著提高。人民的生活已处于严重困难之中。

1960年前后中国遭受自然灾害的范围和程度都是历史上罕见的（见图5-1）。但是造成三年经济困难和人口非正常死亡的主要原因不仅在于天灾，更主要的原因，还是人祸。

图 5–1 自然灾害时期，河北阜平史家寨公社张龙凹大队，农民摘食树叶渡饥荒

首先，“大跃进”过程对工农业生产人为的破坏和公共食堂对粮食的极大浪费。在反对右倾的政治压力下，农村基层干部极大地夸大农业生产量，放“高产卫星”。虚假的浮夸数字使中央以为农民手里有过多的余粮，从而放弃了农业战线一直奉行的稳健政策，大幅度增加对农民粮食的低价征购定额。“浮夸风”、高估产冲昏了人们的头脑。公共食堂采取供应制，“放开肚皮吃”又造成了粮食的极大浪费。人民公社化运动中的“共产风”和“大锅饭”，严重打击了农民的生产积极性。另外，“大跃进”运动把工业企业中一些行之有效的管理体制打乱，结果企业管理混乱，浪费惊人，劳动生产率低下，亏损严重。

其次，苏联背信弃义。正当中国处于经济困难的时刻，1960 年 7 月，以赫鲁晓夫为首的苏联领导集团，采取突然袭击的手段，单方面撕毁了 12 个政府协议、343 个合同和合作补充书，片面决定从 7 月 28 日至 9 月 1 日，撤走全部在华专家 1390 人，并终止派遣专家 900 人，废除了 257 个科技合作项目，带走所有援建工程图纸、计划和资料，停止供应中国建设急需的重要物资和设备，大量减少成套设备和各种设备中关键部件的供应，造成中国 250 多个企事业单位的建设处于停顿或半停顿状态，严重扰乱了中国国民经济的原定计划，加重了中国国民经济的苦难。

但是，从根本上说，国民经济的严重困难主要是由于经济建设上的“左”倾指导思想造成的。三年“大跃进”和人民公社化运动刮“共产风”、浮夸风、瞎指挥风盛行，唯心主义泛滥，生产关系的变革超过了生产力的发展水平，搞“穷过渡”，从而严重破坏了生产力的发展。此后，为了摆脱全国性严重的经济困难，中共中央采取了一系列措施，到 1963 年底，国民经济开始全面好转；到 1965 年国民经济得到了全面恢复和发展。

二、《政治经济学（教科书）》

“将来有时间，可以再读一本，就是苏联同志们编的那本《政治经济学（教科书）》。”

从1958年开始的“大跃进”运动和人民公社化运动使“共产风”盛行，给国民经济带来了重大损失，也使人们在理论上、思想上产生了混乱。许多人头脑发热。为此，毛泽东多次号召全党和广大干部认真学习一下马克思列宁主义关于社会主义与共产主义、社会主义经济理论等方面的论述。

毛泽东第一次提倡学习政治经济学，是在“大跃进”运动开始后的1958年11月召开的郑州会议上。在会议召开之前，毛泽东已经初步察觉到“大跃进”和人民公社化运动中出了不少问题，主要是浮夸风和“共产风”。

当时毛泽东正在读斯大林的《苏联社会主义经济问题》。在1958年11月4日下午的会议上，毛泽东结合“大跃进”和人民公社化运动中遇到的问题，让大家学习斯大林的《苏联社会主义经济问题》和苏联科学院经济研究所编写的《政治经济学（教科书）》的社会主义部分。他说：我们研究公社的性质、交换、过渡这些问题，可以参考的材料还是斯大林那个《苏联社会主义经济问题》。从11月8日到10日，毛泽东亲自带领与会同志逐章逐段阅读这本书，边读边议。他指出：现在有几十万以至几百万干部头脑发热，有必要组织大家学习这本书和另一本书《马恩列斯论共产主义社会》，以澄清许多糊涂观念，保持头脑清醒。11月9日，毛泽东在致中央、省市自治区、地、县四级党委委员的信中，号召大家读书。他还说：“将来有时间，可以再读一本，就是苏联同志们编的那本《政治经济学（教科书）》。”在11月下旬的武昌会议上，中共中央宣传部的内部刊物上登载了中国科学院经济研究所整理的“苏联《政治经济学（教科书）》第三版的重要修改和补充”材料。毛泽东提议印成会议文件发给到会人员。

在12月的八届六中全会上（见图5-2），毛泽东要求大家拿出几个月时间来研究政治经济学。他认为，目前研究这个问题，有很大的理论意义和现实意义。八届六中全会还通过了《关于人民公社若干问题的决议（草案）》。决议要求针对“急于过渡”和企图取消商品生产这两个突出问题，对人民公社进行一次普遍整顿。

在1959年，庐山会议召开初期，毛泽东再次提倡学习政治经济学。毛泽东在会上提出的19个问题中，第一个就是“读书”，就是读苏联《政治经济学（教科书）》。他在会议开幕时说：有鉴于去年许多领导同志对于社会主义经济问题还不大了解，不懂得经济发展规律，有鉴于现在工作中还有事务主义，应当好好读书。中央、省、市、地委一级委员，包括县委书记，要读《政治经济学（教科书）》第三版。但由于在会议后期错误地开展了反对彭德怀等人的“右倾机会主义”后扭转了会议方向，会上的读书问题未能进行。

图 5–2　中共八届六中全会在湖北武昌举行

1959年冬，中共中央重新强调学习苏联的《政治经济学（教科书）》，毛泽东、刘少奇、周恩来先后组织了读书小组。1960年1月，中央在上海召开工作会议。在这次会上，毛泽东又一次倡导全党学习《政治经济学（教科书）》，并且肯定了读书小组的办法。他要求中央各部门、各省、市、自治区都要以第一书记挂帅，组织读《政治经济学（教科书）》的小组，先读这本书的下半部，“五一”节以后读上半部，读的方法是用批判的方法，不是用教条主义的方法。

此后，党中央和国家领导人先后组织了读书小组，系统研读了苏联《政治经济学（教科书）》。到1960年初，全党掀起一个学习政治经济学的热潮。

毛泽东等党和国家的领导人，在研读苏联《政治经济学（教科书）》时，将社会主义的经济理论与中国实践相结合，对有关问题进行了深入的探讨和总结，提出了许多重要的观点和思想，反映了当时党和国家领导人对中国社会主义建设中一些重要理论问题的认识，其中不乏真知灼见，当然也有失误，总体而言，使全党的理论水平得到了一定程度的提高。

毛泽东在研读《政治经济学（教科书）》时发表了许多谈话，涉及了社会主义时期、民主革命时期的政治、经济问题和国际问题及哲学问题。例如，他提出了社会主义要有发展阶段论："社会主义这个阶段，又可分为两个阶段，第一个阶段是不发达的社会主义，第二个阶段是比较发达的社会主义。"①

刘少奇在研读苏联《政治经济学（教科书）》中主要谈到社会主义社会生产关系、按劳分配和物质鼓励问题等社会主义建设中的一些重大问题。

20世纪60年代初，我国国民经济出现严重困难。1960年底到1961年初，毛泽东先后三次号召全党大兴调查研究之风，希望1961年成为一个调查年。在毛泽东的号召下，中央主要领导同志广泛深入基层，到第一线摸情况。1961年5月，中央工作会议在北京召开，会议通过了《农村人民公社工作条例（修正草案）》，并取消了公共食堂制度。在会议结束时，毛泽东发表讲话，建议大家再读一读斯大林的《苏联社会主义经济问题》。他说：这本书我最近又看了三遍。它讲客观规律，把社会科学的客观规律，同自然科学的客观规律并提，你违反了它，就一定要受惩罚。我们是受了惩罚，最近三年受了大惩罚。显然，毛泽东这次提倡学政治经济学，有了更多的实践体会。

"大跃进"后，毛泽东在全党范围内多次提倡领导干部学政治经济学，表明毛泽东一贯注重在复杂形势下加强干部的理论学习和提高他们的理论修养。只有加强理论学习，才能使广大干部提高认识，才能统一全党的思想，这样在实际工作中才能保持清醒的头脑，减少盲目性。通过研读苏联《政治经济学（教科书）》，研究了社会主义经济理论问题，总结了我国社会主义经济建设的经验，提出的许多理论观点对此后中国社会主义政治、经济的发展产生了深远影响。

①《毛泽东选集》第8卷，中央文献出版社1999年版，第103页。

三、八届九中全会与“调整、巩固、充实、提高”方针

再用两三年时间，继续实行“调整、巩固、充实、提高”的方针，调整国民经济的工作进入了一个新的阶段。

1958年以来，“大跃进”、人民公社化运动和“反右倾”斗争的进行，使得“左”倾错误严重泛滥，严重破坏了生产。再加上1959~1961年，我国连续发生严重自然灾害，大量农田受害。苏联单方面停止对华援助、撤走专家，中苏两党关系日益恶化，破坏了中国国民经济的原定计划，加重了中国的经济困难，整个国民经济比例严重失调。

在严重困难面前，中共中央不得不把注意力再次放到纠“左”方面来，并决定改变原定的计划部署，对国民经济实行调整的方针。从“大跃进”方针转变为“调整”方针经历了一个过程。这个过程就是“调整、巩固、充实、提高”的方针的形成过程。

1960年7月，中共中央在北戴河举行工作会议，讨论了国民经济调整问题。会议制定了《关于全党动手，大办农业，大办粮食的指示》，确定了压缩基建战线，保证工业生产，挤出一切可能挤出的劳动力充实农业战线，加强工业对农业的支援等措施，并初步拟订要对国民经济进行调整。

8月间，李富春在研讨冶金工业、交通运输、农业和经济计划问题时，集中大家的意见，多次提出应当对经济进行调整、巩固、提高。8月底，国家计委在向周恩来汇报1961年经济计划时，周恩来认为李富春提出的调整、巩固和提高的意见是正确的，并在调整、巩固的后边加了“充实”两个字，从而形成了“调整、巩固、充实、提高”的八字方针。

9月30日，中央批转了经周恩来审定的国家计委党组的《关于一九六一年国民经济计划控制数字的报告》。报告中第一次完整提出了“调整、巩固、充实、提高”的八字方针。

同年11月，国家计委在北京召开全国计划会议，初步总结了“大跃进”的经验教

训，传达了中央关于国民经济实行八字方针的决定，并提出了 1961 年的计划安排要点。李富春在向会议所作的报告中指出，1961 年的计划方针，就是要在调整、巩固、充实、提高的基础上争取国民经济继续跃进。中央也发出关于农村人民公社当前政策问题的紧急指示信，要求全党用最大的努力来坚决纠正各种“左”的偏差。

1961 年 1 月，中共中央举行八届九中全会（见图 5-3）。会上大家听取了李富春作的《关于 1960 年国民经济计划执行情况和 1961 年国民经济计划主要指标的报告》，批准对国民经济实行“调整、巩固、充实、提高”的八字方针，并建议国务院将 1961 年计划草案提交全国人代会审议。

毛泽东在讲话中强调指出：一定要缩短重工业和基本建设战线，延长农业和轻工业战线。要着重抓质量、品种、规格。他还号召全党发扬实事求是的优良传统，大兴调查研究之风。

图 5-3　中国共产党八届九中全会在北京举行

李富春在八届九中全会上的报告中指出，要调整国家各个部门已经变化了的相互关系，巩固生产力和生产关系在发展和变革中获得的硕大成果，充实新发展起来的一些事业的内容，提高那些需要进一步完善的新事物的质量。八字方针的贯彻，重点在于调整，要求当机立断，把该退的退够，以便迅速地改善整个国民经济的比例关系和生产关系。它的任务就是克服困难，恢复农业，恢复工业，争取财政经济状况的根本好转。

八届九中全会实现了国民经济指导方针由“大跃进”和“以钢为纲”向“调整、巩固、充实、提高”的历史性转变。但由于急于求成的“左”倾思想未能从根本上克服和对当时经济困难的严重性估计不足，全会通过的 1961 年国民经济计划仍然偏高。其中工业总值为 2310 亿元，比上年预计数增长 8%，钢产量 1900 万吨，生铁产量 2750 万吨，原煤产量 4.36 亿吨。农业总产值为 655 亿元，比上年预计数增长 10%。粮食产量 4100 亿斤，棉花 3200 万担。这次计划安排还是没有全面、切实地贯彻“调整、巩固、充实、提高”的方针。重工业尽管放慢了速度，但是主要指标仍然维持在上年的过高的水平上，没有降下来。因而，八届九中全会通过的1961年的高指标计划，使国民经济比例失调情况仍然很严重。

5月10日，李富春在国家计委的会议上提出，如果不采取坚决措施把过高的生产建设计划落到实处，国民经济全面被动的局面就不能扭转过来。并且提出5月间国家计委要会同各部门、各地区把当前各个行业的实际情况摸清，看看1961年生产建设任务究竟能够完成多少。

7月17日至8月12日，国家计委召开全国性计划会议，经过讨论后指出，根据当前的经济形势，1961年、1962年，这两年计划的安排，必须坚决地认真地贯彻执行“调整、巩固、充实、提高”的方针，并且以调整为中心。然而，这次会议调整后的数字指标实际也不低，而且计划执行得不好，绝大部分指标也没有完成。国家计委制定的1961年、1962年的国民经济的计划数字在1962年的西楼会议后又做了调整。

8月9日，邓小平在中央书记处听取计划会议汇报时批评调整不得力。他指出，要确实贯彻八字方针，调整什么、巩固什么、充实什么、提高什么，各部、各地区、各行业都要搞清楚，具体安排，不要再拉长战线了。八字方针的贯彻至少要5年时间。邓小平的讲话，对于切切实实贯彻八字方针，对于人们认识和迅速扭转日益恶化的经济形势起了积极的促进作用。

9月，中央作出关于当前工业问题的指示，强调必须当机立断，该退的坚决退下来，把工业生产和基本建设的指标降到确实可靠、留有余地的水平上。同时，中央发布试行《国营工业企业工作条例（草案）》（即“工业七十条”）。这个条例实行后，国营企业的一系列规章制度恢复和建立起来，工业调整有了明显的起色。

1962年1月召开的“七千人大会”对当时的经济困难和工作指导上的错误作了实事求是的分析，指出了经济困难的原因，除自然灾害造成农业歉收外，主要是由于工作中的缺点错误造成的。同时强调指出，当前的主要任务就是踏踏实实地、干劲十足地做好调整工作。这次会议对于统一全党的认识，坚定地执行以调整为中心的八字方针，具有重要的意义。

2月21日至23日，中共中央政治局常委在北京召开扩大会议（又称西楼会议），进一步讨论国民经济形势和调整问题，陈云在会上作了题为《目前财政经济的情况和克服困难的若干办法》的重要讲话。西楼会议后，刘少奇、周恩来、邓小平专程赴武昌向毛泽东作了汇报，得到毛泽东的赞同，并商定成立中央财政小组，陈云任组长，李富春任副组长。西楼会议是继“七千人大会”之后的又一次重要会议，其成果就是更加实事求是地认识当时的困难局面，并下决心进行彻底调整，这次会议成为了扭转被动局面的关键。

1962年5月7日至11日，中共中央政治局常委在北京举行工作会议，讨论中央财政小组提出的《关于讨论调整计划的报告》，作出了对国民经济进行大幅度调整的决策。刘少奇、周恩来、朱德、邓小平等在会上作了讲话。会议通过了中央财经小组的报告。报告提出，1962年整个国民经济必须进行大幅度的调整。要按农、轻、重的次序，综合平衡的方针，把建设规模调整到同经济的可能性相适应，同工农业生产水平相适应的程度；把工业生产战线调整到同农业提供的粮食、原料的可能性相适应的程度，同工业本身提供的原料、材料、燃料和动力的可能性相适应的程度；把文教事业的规模和行政管理的机构缩小，精简到同经济水平相适应的程度。报告还提出了大规模调整的具体方案。从此全国真正开始了扎扎实实的全面调整，八字方针落到了实处。

由于政策正确，措施得力，到1962年底，经济调整工作有了明显的效果。为了争取国民经济的根本好转。1963年2月召开的中央工作会议开始提出：再用两三年时间，继续实行“调整、巩固、充实、提高”的方针，调整国民经济的工作进入了一个新的阶段。到1965年，原定的调整任务胜利完成，各个经济部门在新基础上得到了比较协调的发展，国民经济出现了新的面貌。

四、大兴调查研究之风

全国各级领导干部积极响应号召，到工厂、农村、连队、学校等基层单位蹲点，进行调查研究，了解实际情况并就地解决问题。

在进行调整工作之时，中国共产党在工作作风上的转变和改进，为实际工作在一定程度上发生重要变化提供了前提。在1960年12月至1961年1月的中央工作会议和八届九中全会上，毛泽东着重强调了恢复实事求是和调查研究的问题。他指出，做工作要情况明、决心大、方法对。情况明是一切工作的基础，情况不明，一切无从谈起。他号召要发扬党的实事求是的优良传统，要大兴调查研究之风。他提出，1961 年要成为调查研究年，搞一个实事求是年。他还说，搞社会主义建设不能那么急，可能要搞半个世纪。今后搞几年慢腾腾，指标不要搞那么高，不要务虚名而招实祸。

图 5-4 国家主席刘少奇在大兴安岭根河林业局五峰山林场原始森林视察工作

八届九中全会以后，中共中央的领导人带头深入基层进行调查研究。毛泽东率三个调查组到浙江、湖南、广东、河南等省农村进行调查；刘少奇、周恩来、陈云、邓小平等中央领导人和各中央局、省、市、自治区主要负责人都带头深入农村和企业进行典型调查（见图 5-4）。1961 年 3月 23 日，中共中央发出《关于认真进行调查研究工作问题给各中央局，各省市区党委的一封信》，指出：几年来犯错误很大的原因在于对实际情况缺乏了解，往往根据片面的虚假的汇报材料作出判断和决定。这种状况必须改变，要求县级以上党委的领导人员，把深入基层、亲自进行系统的典型调查当做领导工作的首要任务，并随信转发了毛泽东 1930 年写的《关于调查工作》（以后改题为《反对本本主义》）一文。全国各级领导干部积极响应号召，到工厂、农村、连队、学校等基层单位蹲点，进行调查研究，了解实际情况并就地解决问题。这次广泛的调查研究，是新中国成立以来规模最大的一次，对于转变各级党政领导机关的作风起了重要作用。

1961 年 3 月，中共中央在广州召开工作会议，毛泽东主持制定了《农村人民公社工作条例（草案）》，（简称《农业六十条》）。这个草案经过群众讨论和试点，做了几次重要修改，于 6 月在中央工作会议上通过了修正草案。它规定：以生产大队的集体所有制为基础的三级集体所有制是现阶段人民公社的根本制度；人民公社各级规模不宜过大，特别是生产大队（原称生产队）的规模不宜过大；公社对生产大队的领导不可管得太多太死，不许瞎指挥生产，不许无代价地调用劳动力、生产资料和其他物资，生产大队是公社中的独立经营单位，实行独立核算，自负盈亏；停办公共食堂，取消分配上的供给制部分；不得侵犯社员个人财产，应恢复自留地，允许发展家庭副业和手工业等。针对《紧急指示信》发布以来农村退赔不彻底的情况，6月19日，中共中央作出《关于坚决纠正平调错误，彻底退赔的规定》，强调无偿占用的劳动力、生产资料和生活资料必须彻底清算和退赔，并规定了退赔的具体做法。此次先后向农民退赔了人民币250亿元。在人民公社基本核算单位问题上，毛泽东于9月29日给中央政治局常委写信件建议："三级所有，队为基础。"1962年2月13日，中共中央正式作出了《关于改变农村人民公社基本核算单位问题的指示》，决定将基本核算单位下放到生产队，至少30年不变。这样便将组织生产和分配单位统一起来，从而解决了自1956年高级社，即已存在的而在人民公社成立后更趋严重的生产队之间的平均主义问题。这个指示对于农业生产的恢复和发展起了促进作用。

与此同时，中共中央对于工业政策也进行了调整。1961年8、9月间，中共中央在庐山召开的工作会议，着重讨论了工业问题，作出了《关于当前工业问题的指示》。该指示指出，我们已经丧失了一年的时机，现在再也不能犹豫了，必须当机立断，切实进行调整工作，在工业管理方面，要实行高度集中统一的领导。此次工作会议的精神标志着中央对整个国民经济形势和"八字方针"的认识有了进一步的深化。为了整顿工业企业，改善和加强企业管理，1961年秋，邓小平主持制定了《国营工业企业工作条例（草案）》（简称《工业七十条》），明确规定：国营工业企业是社会主义全民所有制的经济组织，其根本任务是全面完成国家计划，增加社会产品，扩大社会主义积累；实行党委领导下的厂长负责制，防止和克服工作上的无人负责和生产技术上的瞎指挥现象；发扬民主，实行职工代表大会制度；加强经济核算和财务管理。

在商业方面，1961年5月，中共中央制定了《关于改进商业工作的若干规定（试行草案）》（简称《商业四十条》），提出恢复农村供销合作社、合作商店和合作小组，开放农村集市贸易，指出现阶段商品流通的三条渠道是国营商业、供销合作社商业和农村集市贸易。

在调整工、农、商业的同时，党在其他各条战线上也认真总结了正反两方面的经验，制定了一系列的工作条例，如《关于城乡手工业若干政策问题的规定（试行草案）》（即《手工业三十条》）、《关于确定林权、保护山林和发展林业的若干政策规定》（简称《林业十八条》），等等。

上述各种工作条例和规定，是党恢复实事求是、一切从实际出发、理论联系实际的正确思想路线的产物，是从各个方面系统地对我国社会主义经济和文化建设经验的总结。这些工作条例的实行，对纠正各条战线的“左”倾错误，贯彻“八字方针”，战胜困难，恢复和发展国民经济都起了积极作用。

五、“七千人大会”

会议取得了很大的成功，起到了团结和动员全党齐心协力为战胜严重困难而斗争的巨大作用。

“七千人大会”是指中共中央于1962年1月11日至2月7日在北京召开的扩大的中央工作会议。参加会议的有中央、各中央局、各省市自治区党委及地委、县委、重要厂矿企业和部队的负责干部共7118人。会议的目的是总结1958年以来社会主义建设的经验教训，统一认识，加强团结，加强民主集中制，切实做好国民经济的“调整、巩固、充实、提高”的工作。

从1958年，“大跃进”运动兴起后，“左”倾错误在实际工作中也越来越严重，“共产风”、浮夸风、对生产瞎指挥、强迫命令的做法盛行，严重破坏了生产力，挫伤了广大群众的生产积极性。毛泽东曾努力纠正这些错误，却由于在庐山会议上错误地发动对彭德怀、张闻天等人的批判，造成党内政治生活不正常，使之未能得到及时纠正，反而使其变得日益突出。再加上1959年遇到自然灾害，苏联停止对华援助、撤走专家，中苏两党关系日益恶化，更使国民经济雪上加霜，出现了严重的困难。

在这种情况下，中共中央于1962年1月11日召开扩大的中央工作会议（见图5-5）。会议分为两个阶段：第一个阶段从1月11日开幕到29日上午，主要围绕刘少奇所作的《书面报告》进行讨论、提出修正意见；第二个阶段从毛泽东1月30日下午讲话到会议结束，是开“出气会”，深刻总结“大跃进”以来的经验教训，全党思想得到进一步的统一。

会上的第一阶段是讨论、修改刘少奇代表党中央提出的《书面报告》草稿，同时联系

图 5–5 中共中央在北京举行扩大的中央工作会议（即“七千人大会”）

实际检查几年来的工作，总结经验教训，开展专题讨论，反对分散主义。《书面报告》初步总结了 1958 年以来社会主义建设的基本经验教训，分析了几年来工作中的主要缺点和错误。刘少奇在讲话中指出：造成当前经济困难的原因，一条是自然灾害，还有一条就是从 1958 年以来党的工作中的缺点和错误，并指出 1962 年是对国民经济进行调整最紧要的一年，全党必须踏踏实实、干劲十足地做好国民经济的调整工作。

从 1 月 30 日毛泽东讲话开始，会议进入第二阶段。毛泽东的讲话主要集中在六个方面，即这项会议的开会方法、民主集中制问题、应联合哪一些阶级压迫哪一些阶级、关于认识客观世界的问题、关于国际共产主义运动、要团结全党和全体人民。其“中心是讲一个民主集中制的问题”。

会上，毛泽东带头在讲话中做了自我批评。他说：凡是中央犯的错误，直接的归我负责，间接的我也有份，因为我是中央主席。我不是要别人推卸责任，其他一些同志也有责任，但是第一个负责任的应当是我。最后，毛泽东指出，必须在总结正反两方面经验的基础上，加深对社会主义建设规律的认识。

在毛泽东讲话前后，其他中央领导人周恩来、刘少奇、朱德等也带头开展了自我批评。省委、地委、县委的干部也纷纷进行了自我批评，主动承担责任，会议成为了“出气会”。“大跃进”以来，特别是庐山会议以来党内不正常的紧张气氛为之一扫，人们普遍感到心情舒畅了。

在广泛开展批评与自我批评的同时，会议研究了今后的工作，大家积极提出建议，集思广益，使中央关于今后工作的决策更加明确了。全会决定在经济工作中要继续贯彻执行八字方针。周恩来在大会的讲话中，分析了目前国家经济生活中存在的困难，提出了克服困难的主要办法。

“七千人大会”在当时历史条件下，取得的成果是重大的。大会初步总结了“大跃进”以来的经验，发扬了民主，开展了批评和自我批评，强调要恢复实事求是、走群众路线的优良传统，要健全党内民主生活，加强集中统一。会议取得了很大的成功，起到了团结和动员全党齐心协力为战胜严重困难而斗争的巨大作用。在此之后，国民经济的调整进一步深入展开，坚决全面地贯彻“调整、巩固、充实、提高”的八字方针，并在随后制定了一系列具体措施，使国民经济的恢复和发展收到显著成效。

六、调整国民经济任务的完成

现在调整国民经济的任务已经基本完成，整个国民经济将进入一个新的发展时期，要努力把我国逐步建设成为一个具有现代农业、现代工业、现代国防和现代科学技术的社会主义强国。

中国共产党八届十中全会以后，政治和思想文化方面“左”倾错误虽有进一步发展，但是直到“文化大革命”发动前，还没有成为支配全局的错误。全党和全国人民的主要注意力，仍然放在调整国民经济、恢复和发展生产方面。

在八字方针的指引下，1963 年上半年国民经济的形势开始全面好转，工农业生产稳步上升，市场供应明显改善，财政收支情况良好。面对当前的形势，中央领导内部也有两种不同的声音，有些领导人认为调整国民经济的任务已经基本完成，不必再提“调整、巩固、充实、提高”的方针了。有些人甚至认为目前的形势是由八字方针转变为新的“大跃进”的开始。

在这种情况下，1963 年 9 月，中共中央在北京召开工作会议，在认真分析了当前的形势后，认为国民经济已经出现了明显好转，但是还存在不少问题。农业生产还未恢复到 1957 年时的水平，粮食产量还低于 1952 年；基础工业还很薄弱，许多企业的生产能力还不配套，很多损坏的设备尚待维修或更新，企业的经营管理还很不健全，亏损还相当严重。因此，会议决定从 1963 年起，再用 3 年的时间，继续进行调整、巩固、充实、提高的工作，作为今后发展中的过渡阶段。会议确定了今后的主要任务和目标，农业生产达到或超过1958年时的水平；工业生产在1957年的基础上提高50%。国民经济主要比例关系取得基本协调；经营管理走上正常轨道。会议确定的基本方针是：以农业为基础、工业为主导发展国民经济；解决吃、穿、用，加强基础工业，兼顾国防和突破尖端；调整、巩固、充实、提高；自力更生、奋发图强、艰苦奋斗、勤俭建国。

1963年，国家连续进行了3年的国民经济调整，重点开始加强国民经济的薄弱部门和薄弱环节。首先，大力加强基础工业设施的建设，努力搞好设备维修和更新，抓紧对原有生产能力的填平补齐，使它们成龙配套。到1964年，一些毁坏失修的设备基本得到修复，黑色金属和有色金属矿山的设备完好率达到了80%，一般设备完好率达到85%~90%。到1965年，除金属矿山外，其他矿山，包括煤矿、黑色金属矿、有色金属矿等先后归还了欠账，矿山的采掘关系基本达到正常，矿井的综合生产能力逐步填平补齐；对老工业基地、老企业有计划、有步骤地进行设备更新和技术改造与解决新基地、新企业的配套工程和辅助设施等项工作也取得了一定成效。这些措施的贯彻实行，有效地提高了企业的技术水平和生产能力。

其次，在企业内部也进行了调整，改善企业的经营管理，增加产品的种类，提高产品的质量，成为企业调整的重点。经过连续三年的努力，工业企业的成本逐年下降，利润也逐年提高。到1965年，工业企业的亏损额减少到4.9亿元，基本上消灭了经营性亏损。到1965年，生铁合格率达到99.85%，钢材合格率达到98.5%，棉布的一等品率达到了97.4%。全民所有制独立核算的工业企业的全员劳动生产率（按不变价格计算）达到8943元，比1957年提高47.1%。在此期间，工业品的新产品、新品种迅速增加。钢和钢材的品种，1964年分别达到900多种和9000多种，比1957年增加1倍多。同时，机床品种也增加了1.8倍。石油的产量与品种也有所增加，石油消费基本实现自给。机械工业新品种也新增了几千种，国家已经能够制造一些大型的精密机械。新兴的电子工业、原子能工业、航天工业，已成为国民经济中的重要工业部门。石油化工、建材、轻工、纺织等工业，也增添了不少新的门类和产品。这不仅大大提高了原材料、燃料和设备的自给率，而且大大丰富了人民生活。

在继续调整的3年中，国家还在经济管理、物资管理、劳动管理等方面进行了探索性的改革，试行两种劳动制度和两种教育制度。这些调整政策的实行，对于经济调整任务的完成、促进国民经济的恢复和发展，起了积极作用。

经过全党、全国人民的共同艰苦的努力，到1965年，国民经济的调整任务全面完成，全党和全国人民比较圆满地实现了 1963 年 9 月中央工作会议所提出的继续调整的目标。

工农业总产值超过了 1957 年的水平。1965 年全国工农业总产值达到 2235 亿元，其中农业 833 亿元，工业 1402 亿元。按可比价格计算，同 1957 年相比，工农业总产值增长 59.9%，其中农业增长 9.9%，工业增长 98.1%，均超过了 1963 年预定的目标。

工农业生产中农、轻、重的比例关系实现了在新的基础上的协调发展。1965 年农业、轻工业、重工业在工农业生产总值中的比重分别是 37.3%、32.3%、30.4%，与 1957 年的 43.3%、31.2%、25.5%大体接近，基本上符合我国当时经济发展的实际。

国民经济生活中积累与消费的比例关系已基本恢复正常。国家在 1961 年才开始削减投资，积累率降至 19.2%，1962 年降至 10.4%，几乎没有扩大再生产的能力。从 1963 年开始的继续调整的 3 年中，1965 年积累率回升到 27.1%，大体恢复到 1957 年的 24.9%的水平。

财政收支基本实现平衡，市场稳定，人民生活有所改善。在继续调整的 3 年中，国家财政赤字逐步降低，最终做到了收支平衡、略有结余的财政状况，收入超过支出累积达 10.2 亿元。到 1965 年，我国提前还清全部外债。困难时期实行的高价商品和凭票供应等措施也陆续取消或缩小了范围，市场物价大幅度回落。虽然 1965 年全国人均粮食、食油、棉布的消费量仍略低于 1957 年，但由于整个经济恢复、国民收入的增长，人民生活水平仍有所改善。

在继续调整的 3 年中，由于阶级斗争扩大化的错误逐步发展，经济工作受到了阶级斗争扩大化的影响，不能不发生一定的偏差。但是，总的来看，国家在经济工作方面采取的基本方针、政策和措施，大体上还是比较符合当时国民经济的实际情况的，比较适合经济发展的需要，因而调整国民经济的工作仍然取得了巨大成效，为进一步探索中国自己的社会主义建设道路积累了新的经验。

1964 年 12 月 21 日至 1965 年 1 月 4 日，第三届全国人民代表大会第一次会议在北京召开，周恩来在大会上宣布：现在调整国民经济的任务已经基本完成，整个国民经济将进入一个新的发展时期，要努力把我国逐步建设成为一个具有现代农业、现代工业、现代国防和现代科学技术的社会主义强国（见图 5–6）。

图 5–6 周恩来在《政府工作报告》中提出我国实现四个现代化的伟大目标

七、十年建设的成就

十年中，国防科学技术的进展最为显著。国家在 1958 年已经展开了这方面的工作，1961 年中央又作出以研制“两弹”（原子弹和氢弹）为中心，加速国防科研和工业发展的重大决策。

1956~1966 年“文化大革命”发动前的十年，是党领导我国社会主义建设在探索中曲折发展的十年。在这十年中，我国的社会主义建设尽管经历了曲折，但由于有新中国成立后前 7 年较好的基础，在八大一次会议后最初一年多继续执行和超额完成第一个五年计划，以及从 1961 年开始对国民经济实行全面调整，党领导全国人民为克服困难进行了艰苦卓绝的努力，因而仍然取得了很大的成就。

工业建设方面，按当年价格计算，1965 年我国社会总产值达到 2695 亿元。以“一五”计划期末的 1957 年为基期，在 1958~1965 年的 8 年中，我国国民经济各部门基本建设投资额达 1627.98 亿元，建成大中型项目 936 个。1966 年同 1956 年相比，全国工业固定资产按原价计算，增长了3倍。我国新建、扩建了一大批重要企业——一批重要的有色金属冶炼厂、几十个煤炭企业和发电厂，建立了武汉、包头两大内地钢铁基地。攀枝花钢铁基地也是在此期间开始建设的，我国最大的鞍山钢铁基地在这个时期得到了进一步扩建。据统计，从新中国成立到1964年，重工业部门累计新建的大中型项目，有2/3以上是在这个时期开工的。国民经济经过5年的调整，一些工业技术的经济指标有所提高。1965年生铁合格率达到99.85%，钢材合格率达到98.5%，棉布的一等品率达到了97.4%。棉纱、原煤、发电量、钢和机械设备等主要工业产品的产量，都有很大增长。1965年同1957年相比，主要工业产品：钢增长了1.3倍，达到1223万吨；原煤增长了77%，达到2.32亿吨；发电量增长了2.5倍，达到676亿度；原油增长了6.75倍，达到1131万吨；天然气增长了14.71倍，达到11亿立方米；合成氨增长了8.7倍，达到148.4万吨；水泥增长了1.38倍，达到1634万吨。主要农业产品，棉花增长了27.9%，达到209.8万吨。

石油工业的发展尤其突出，到1965年已经实现原油的全部自给。1959年我国地质工作者在东北松辽平原找到了工业性油流。1960年，国家在最困难的时候，组织一切力量，迅速建设起大庆油田。经过3年的建设，大庆油田（见图5-7）成为了我国最大的油田，产量占全国产量的2/3。这时期在石油地质理论、油田开发和炼油工艺方面都有突破性的进展。随后，国家还开发了胜利油田和大港油田。到1965年，国内需要的石油已全部能够自给，中国人靠“洋油”过日子的时代结束了！

图5-7 大庆油田

这十年间，国家建设了一批新兴工业，初步改善了工业布局，形成了有相当规模和一定技术水平的工业体系。电力、煤炭工业逐步发展；钢和钢材品种都比1957年增加了一倍多，一些以前不能冶炼的钢材这个时期基本都能炼制了，如高温合金钢等，制造汽车、拖拉机、万吨远洋轮船所需的多种钢材，基本上都能解决了。国家此时也能独立设计和制造一部分现代化大型设备，形成了冶金、采矿、电站、石化等工业设备制造，以及飞机、汽车、工程机械制造等十几个基本行业。电子工业、石油化工、原子能、航天等一批新兴工业逐步建设起来，成为了中国重要的产业部门。到1965年，各种通信设备，包括广播电视发射设备、电视中心设备、无线电通信设备，以及电话、计算机等，国家已能独立生产。农业基本建设和技术改造大规模展开，并逐步收到成效。1957~1965年，全国农用拖拉机产量和化肥施用量都增长6倍以上，农村用电量增长70倍，由1.4亿度增加到37.1亿度。

交通运输也有较大发展，全国铁路、公路、水运、航空、邮电等事业都有了较大发展。十年新修铁路8000公里，全国除西藏以外，各省、市、自治区都有了铁路，福建、宁夏、青海、新疆第一次通了火车。铁路货运量1965年比1957年增加了79%。公路、水运、航空等事业也有较大发展，全国大部分县、镇通了汽车，沿海港口新增了十几个万吨深水泊位，远洋航运方面开辟了通往东南亚、欧洲和非洲的三条航线。

科学技术工作也取得了比较突出的成果，1956年制定的科学技术远景规划的许多具体要求均已达到。1963年我国提前制定了新的十年科学技术发展规划。

十年中，国防科学技术的进展最为显著。国家在1958年已经展开了这方面的工作，1961年中央又作出以研制“两弹”（原子弹和氢弹）为中心，加速国防科研和工业发展的重大决策。1962年11月，国家成立了以周恩来为首的15人专门委员会负责两弹的研制。1964年10月16日，我国成功地爆炸了第一颗原子弹（见图5-8），有力地打破了超级大国的核垄断和核讹诈，提高了我国的国际地位。导弹和人造卫星的研制也取得突破性进展。基础科学方面，1965年，在世界上首次人工合成结晶牛胰岛素。在应用科学技术方面，国家从20世纪50年代后期开始，改良和育成了矮秆、抗锈力强和产量高的小麦品种，并进行大面积推广，取得了较好的成果。这些成就集中代表了我国科学技术达到的新水平。

图5-8　中国第一颗原子弹爆炸成功

十年的教育、卫生、文化、体育等事业也有很大发展。高等院校毕业生近140万人，为前七年的4.9倍。中等专业学校毕业生达210多万人，为之前的2.4倍。经过整顿，教育质量得到显著提高。医疗卫生条件也有所改善，十年间，全国医疗卫生单位由107305个增加到224266个，每千人的医院床位数由0.42张增加到1.00张。

图 5–9 焦裕禄

在这十年里，无论是建设事业的专门人才队伍，还是党政干部队伍，都有较大发展。这期间成长起来的成千上万各类专门人才，大部分成为后来改革开放和现代化建设事业各方面的骨干力量。党的组织部门选拔了一批优秀青年知识分子干部到基层挂职锻炼，并提拔一些人到省、部级领导岗位工作，其中大部分人经受住了后来政治运动的考验，成为了领导改革开放和现代化建设事业的中坚力量。

需要指出的是，当时国内发生了严重经济困难和“左”倾错误，在国际上遭到战争威胁和巨大压力。中国共产党以苏联经验教训为借鉴，积累了领导社会主义建设的重要经验，党和人民团结一致，坚持独立自主、自力更生、顶住压力、战胜困难，表现出无比的英雄气概和高昂的精神状态，涌现出像河南兰考县委书记焦裕禄（见图5–9），大庆石油工人王进喜，解放军战士雷锋，科学家钱学森、李四光、钱三强等先进人物；还有响应党的号召，到祖国最需要的地方去，在国防尖端科技事业和三线建设中默默无闻地作出奉献的许许多多干部、职工、科技人员和解放军指战员。全党和全国人民在他们的精神鼓舞下同甘共苦，昂首前进。社会主义建设在战胜严重困难后逐步地重新出现欣欣向荣的景象。

这十年所取得的发展，为后来的社会主义建设奠定了初步的物质技术基础。我国赖以进行现代化建设的物质技术基础，很大一部分是这期间建设起来的；全国经济文化建设等方面的骨干力量和他们的工作经验，大部分是在这期间培养和积累起来的。十年间，虽然党在探索社会主义建设的过程中难免发生曲折，发生了这样或那样的错误。但是，这期间建设起来的一些基础设施、基础项目和大中型企业，至今仍在国民经济和社会生活中发挥着作用，这是党在探索中国自己的建设社会主义道路十年工作中的主导方面。

八、中国共产党八届十中全会的召开

全会继续坚持八字方针，提出当前的迫切任务是：贯彻执行以农业为基础、以工业为主导的发展国民经济的总方针，把发展农业放在首要地位，正确地处理工业和农业的关系，坚决地把工业部门的工作转移到以农业为基础的轨道上来。

“七千人大会”之后，中共中央在刘少奇主持下继续大力调整国民经济，进一步分析了经济方面存在的严重困难，研究了克服困难的办法，采取了切实可行的调整方针。到1962年下半年，国民经济开始趋向好转。中共中央在调整经济的同时，还注意调整政治思想文化方面的政策，给知识分子“脱帽加冕”（脱资产阶级知识分子之帽，加革命知识分子之冕），给一部分右派分子摘帽子，给“反右倾”中错批错斗的党员、干部甄别平反等。在这种形势下，由于中国共产党内“左”倾错误的指导思想未能从根本上纠正，党内在恢复农业生产和整个国民经济调整中存在意见分歧，也由于国际社会出现了一些变故、争端以及国内一定范围内的阶级斗争在某些方面有些激化，毛泽东又重提阶级和阶级斗争问题，造成“左”倾错误再度发展，严重干扰了探索中国自己的建设社会主义道路的进程。

图 5-10 毛泽东主席在中国共产党第八届中央委员会第十次全体会议上

在这种阶级斗争扩大化的理论指导下，中国共产党八届十中全会于9月24日至27日在北京举行（见图5-10）。会议原定的议题是研究调整和经济恢复问题。但是毛泽东在会上作了关于阶级、形势、矛盾和党内团结问题的讲话，进一步发挥了他提出的关于社会主义时期阶级和阶级斗争的错误论断，再一次批判了所谓“单干风”、“黑暗风”和“翻案风”，从而扭转了会议的议题，使会议的形势急转直下，阶级斗争问题变成了会议的中心议题和主要内容。

全会对国际国内形势作了判断，对于国际形势，全会公报中说，国际形势正朝着更加有利于各国人民的方向发展，帝国主义、各国反动派、现代修正主义者反共反人民的阴谋必将破产，各国人民的革命事业在国际范围内激烈的阶级斗争中必将得到新的发展。全会认为我国奉行的对外政策的总路线是完全正确的。对于国内形势，全会公报中说，自 1962 年以来，全党贯彻执行对国民经济的“调整、巩固、充实、提高”的方针，加强农业生产战线，已经取得了显著的成效。全会认为，总路线、“大跃进”、人民公社三面红旗是正确的。

对于“大跃进”以来经济困难形势的估计和对一些地区农村群众实行包产到户的态度问题，党内存在着不同的看法。对待包产到户问题，邓子恢、刘少奇、邓小平、陈云等表示过赞同的意见。但是，由于受到阶级斗争扩大化观点的影响，把党内这些认识上的分歧，当做阶级斗争的反映。毛泽东批评邓子恢等人支持包产到户，是代表富裕中农要求单干，甚至是站在地主富农资产阶级的立场上反对社会主义。

毛泽东关于社会主义时期阶级斗争的观点集中反映在经过他反复修改和最后审定的八届十中全会的公报中。公报说：在无产阶级革命和无产阶级专政的整个历史时期，在由资本主义过渡到共产主义的整个历史时期（这个时期需要几十年，甚至更多的时间）存在着无产阶级和资产阶级之间的阶级斗争，存在着社会主义和资本主义这两条道路的斗争。这种阶级斗争，不可避免地要反映到党内来。国外帝国主义的压力和国内资产阶级影响的存在，是党内产生修正主义思想的社会根源。会上毛泽东还说：在社会主义国家，要承认阶级和阶级斗争的存在，老干部要好好研究，要在中层干部、基层干部、特别是青年人中进行教育，我们必须从现在起，年年讲，月月讲，天天讲。

这是 1957 年以来，毛泽东在阶级斗争理论上的第一次全面表述，成为了此后阶级斗争扩大化的基本理论。到了“文化大革命”时期，这一理论被概括为“无产阶级专政下继续革命的理论”。

全会还讨论了经济工作，通过了《农村人民公社工作条例（修正草案）》、《关于进一步巩固人民公社集体经济，发展农业生产的决定》、《关于商业工作问题的决定》等文件。

全会继续坚持八字方针，提出当前的迫切任务是：贯彻执行以农业为基础、以工业为主导的发展国民经济的总方针，把发展农业放在首要地位，正确地处理工业和农业的关系，坚决地把工业部门的工作转移到以农业为基础的轨道上来。

全会强调，不要因为阶级斗争而放松了经济工作，“要把工作放在第一位”。这样，在八届十中全会之后，一方面在政治上越来越“左”，阶级斗争逐步升级；但另一方面经济调整和恢复工作也未受到太大影响，基本正常进行，没有因为阶级斗争扩大而影响到国民经济的发展，这表明阶级斗争扩大化并未发展到全局性的错误。

九、反对美国侵占台湾

“世界上只有一个中国，没有两个中国”，“中国人的事，只能由我们中国人自己解决”。

朝鲜战争结束后，美国将其远东政策的着眼点放在对付亚洲共产主义对美国安全利益的威胁上，直接表现为中美之间的对立。为了遏制新生的中华人民共和国，美国与日本、韩国、菲律宾等国签订了军事条约，在太平洋地区构筑了一道环形防线。1954 年，美国又一手制造了“东南亚条约组织”，其成员主要是中国周围的反共国家，对中国进行军事包围和封锁，同时也作为美国的安全屏障。因此，20 世纪 50 年代中期以后，亚太地区侵略和反侵略的斗争，主要表现为中美关于台湾问题和越南问题的斗争。

美国根据其侵略扩张政策，采取了敌视中国的态度。它武装插足台湾，干涉中国内政。美国政府无视中华人民共和国成立的事实，在台湾问题上，坚持推行“两个中国”的政策。1954 年 7 月 26 日，中国正式宣布要解放台湾。12 月 2 日，美国和国民党台湾当局签订了《美蒋共同防御条约》，公然干涉我国内政。由于美国军事力量在台湾海峡活动，加深了这一地区的紧张局势。

针对美国敌视中国的政策，中国政府采取坚持一个中国、维护独立主权、反对霸权主义和殖民主义、维护世界和平的原则，同美国的侵略扩张行径进行了坚决的斗争。

1958年7月15日，美国派遣军队入侵黎巴嫩，制造国际紧张局势，国民党台湾当局认为反攻大陆的时机已到，加紧了对金门、马祖的基地建设和对大陆的骚扰。台湾当局的军事活动本是中国内部事务，但却受到美国军方的公开支持。美国海军方面宣称：美国海军正密切注视台湾地区，随时准备进行像黎巴嫩那样的登陆。这就使台湾海峡事件变成了国际性事件，最终导致了“台湾危机”。

中国政府为了反击台湾国民党残余部队对大陆的军事骚扰，反对美国搞“两个中国”的阴谋，命令中国人民解放军从1958年8月23日开始炮击金门、马祖（见图5-11）。两个小时内，我军共向金门密集发射炮弹4.5万发，这一举动出乎了美国的预料。8月24日，美国匆忙从地中海抽调海军到台湾海峡支持第七舰队，并发表威胁性声明，声称要把美国军队在台湾海峡地区的“活动”范围扩大到金门、马祖等中国大陆岛屿，这严重侵犯了中国的主权。9月4日，中国政府正式宣布我国领海的宽度为12海里，一切外国飞机和军用船舶未经中华人民共和国政府许可，不得进入中国的领海和领空。9月6日，周恩来总理发表了《关于台湾海峡地区的声明》，重申解放台、澎、金、马是中国的主权，任何外国不得干涉，中美在台湾海峡地区的国际争端同中国解放自己领土台湾是性质不同的两件事，强烈谴责美国的战争挑衅。如果美国不顾中国人民的再三劝告和世界人民的和平愿望，继续对中国进行侵略和干涉，美国政府将承担由此产生的一切严重后果。

由于中国政府的强硬态度，美国在台湾海峡地区进行军事威胁的政策没有达到预想的效果。9月30日，美国方面又抛出了放弃金门、马祖，冻结台湾海峡的阴谋，命令美军侵占台湾、澎湖，妄图使“两个中国”的阴谋合法化。这是中国政府决不允许的，同时台湾的国民党蒋介石也表示反对。

图5-11 金门炮战中我军炮兵阵地

中国政府考虑到在反对美国搞“两个中国”的问题上与国民党当局有某些共同点，遂采取了灵活的策略和高超的斗争艺术，于10月6

日以国防部长彭德怀的名义，发布了《告台湾同胞书》(见图 5–12)，宣布对金门、马祖停止炮击 7 天，让国民党部队充分自由地输送供应品，但以停止美舰的护航为条件，并指出：“世界上只有一个中国，没有两个中国”，“中国人的事，只能由我们中国人自己解决”。10 月 25 日，彭德怀又发表了《再告台湾同胞书》，揭露了美国搞“两个中国”的阴谋，并严正指出：美帝国主义必须从中国领土上撤出去。

人民日报
RENMIN RIBAO

国防部长彭德怀告台澎金马军民同胞
建议举行谈判实行和平解决
“为了人道主义，我已命令福建前线，从十月六日起，暂以七天为期，停止炮击，你们可以充分地自由地输送供应品，但以没有美国人护航为条件。如有护航，不在此例。”

赫鲁晓夫驳斥艾森豪威尔

九个月国民经济各条战线空前大捷
新建七百五十万个工业单位
产粮七千亿斤产棉七千万担

我国第二个人口最多的省由缺粮变为余粮
山东产粮八百亿斤
宁夏夏秋作物增产一倍多，每人合粮1500斤

鹤岗煤矿提前超额完成年计划

中美会谈继续举行

图 5–12 《人民日报》头版发布《告台澎金马军民同胞 建议举行谈判实行和平解决》

从 1958 年 8 月 23 日至 10 月 25 日的金门炮战中，我军进行了大小海战 18 次，大的空战 10 次，大规模炮战 3 次。到同年 12 月底，共击沉、击伤国民党各型舰艇 23 艘，击伤、击落国民党军用飞机 34 架，打死、打伤国民党官兵 7000 余人。至此，台湾海峡的紧张关系基本稳定下来。

经过这次危机，美台矛盾通过激化和妥协，达到了新的平衡。而中国政府也终于完成了对台湾问题从局部军事斗争到全面政治、军事、心理斗争的转变，形成了完整的对台湾和沿海岛屿的政策。同时，也表明了国共两党在坚持一个中国、反对外来干涉问题上是一致的，使海峡两岸从此由武装冲突走上了武装对峙，粉碎了美国妄图制造“两个中国”的阴谋。

十、援越抗美

中国援越部队和越南人民并肩战斗，用鲜血和生命保卫了越南北方的领空，保障了越南南北方的交通线，解除了越南人民军的后顾之忧，为越南人民抗美救国战争作出了重大贡献。

20世纪60年代初期以后，国际局势动荡不安，战争因素急剧增长。美国对中国仍然抱公开敌视的态度，不但插手台湾问题，干涉中国内政，还武装侵略越南，直接威胁到中国的安全。

1954年日内瓦协议后越南实现停战，以北纬17度线为界，越南分裂为南北两派，北部由越南民主共和国管辖。而在南越，美国扶植亲美势力，阻挠越南南北方统一。1961年，美国派遣“特种部队”进入南越，次年成立“美国驻越南军事援助司令部”，加强对越南南方人民的镇压，并策划、准备袭击越南北方。为支援越南人民抗击美国侵略，中国向越南民主共和国无偿提供了大量军事装备。

1961年6月，周恩来总理在和来访的越南民主共和国总理范文同会谈时表明了中国政府的立场和态度，并坚持对越南提供物资援助。1963年8月29日，中共中央主席毛泽东在北京发表声明，反对美国侵略越南南方和屠杀越南人民的暴行。毛泽东指出，美帝国主义破坏了第一次日内瓦会议的协议、阻挠越南的统一、对越南南方公开进行武装侵略，被压迫人民和被压迫民族决不能把自己的解放寄托在帝国主义及其走狗的明智上面，只有通过加强团结、坚持斗争，才能取得胜利。中国人民坚决支持越南南方人民的正义斗争。

1964年8月，美国寻找借口，公然轰炸越南北方。1965年2月，中国政府发表声明，重申侵犯越南就是侵犯中国，美国对越南民主共和国的侵犯，六亿五千万中国人民绝对不会置之不理。从2月8日到12日，我国共有1100万人走上街头，声讨美帝国主义侵犯越南民主共和国的罪行。

1965年春以后，美国约翰逊政府逐步扩大侵越战争，公然宣布把中国当做主要敌人，声称“存在着同中国发生战争的危险”，阴谋在亚洲发动一场更大规模、世界性的战争。针对这种情况，1965年4月，周恩来请巴基斯坦总统阿尤布·汗向约翰逊转告中国对美国的政策。

1965年3月，美国海军陆战队在越南北部的岘港登陆，准备随时北犯。美国飞机不断侵入中国云南、广西和海南岛上空进行挑衅，企图把战火引向越南北方，再对中国实行威胁。中国政府立即作出反应，宣告越南民主共和国是中国唇齿相依的邻邦，越南人民是中国人民亲如手足的兄弟，美国对越南民主共和国的侵犯，中国人民决不会坐视不管，将坚定不移地采取一切可能的措施支援越南人民把抗美救国战争进行到底。在这种形势下，中央号召全国军民准备应付最严重的局面，并且应越南民主共和国政府的要求，开始向越南派出地空导弹、高炮、工程、铁道、扫雷、后勤保障等支援部队，中国政府和人民开始了抗美援越的斗争。

1965年11月，周恩来总理在同法国外交部长代表肖维尔谈话时重申了中国的严正立场。他指出，中国作为社会主义国家和越南的邻国，完全支持他们的声明和主张。在针对越南战争有扩大的可能的问题时，中国政府再次表明了支持越南，反对美国的侵略和战争政策的决心和认识。

1966年5月10日的《人民日报》公布了中国对美国的政策，指出中国不会主动挑起对美国的战争，如果亚洲、非洲或世界上任何国家遭到以美国为首的帝国主义的侵略，中国政府和中国人民是一定要给以支持和援助的。如果由于这种正义行动引起美国侵犯中国，我们将毫不犹豫地奋起抵抗，战斗到底。这项政策集中表达了中国人民反对侵略、维护和平的态度和决心，并向美国的挑衅行为发出了警告。

在向国际社会表明态度、对美国侵略行为提出警告的同时，中国政府和人民开始了积极的备战工作，以应付可能爆发的侵略战争。1965年4月，中共中央发出关于加强备战工作的指示。指示号召全党、全军和全国人民在思想上和工作上准备应付最严重的局面，要发扬爱国主义和国际主义精神，尽一切可能支援越南人民的抗美救国斗争（见图5-13）。中国人民严阵以待，随时准备消灭来犯之敌。在此前后我军先后击落多架美国派到中国上空的间谍飞机和美制蒋军侦察机。在海上先后击沉、击伤美制蒋军军舰“剑门号”、“章江号”、“永昌号”和“永泰号”等，打击了美国和其支持的蒋介石集团的挑衅。

与此同时，为了加强备战，中共中央作出了加强“三线”地区建设的重大决策。以战备需要出发、按战略位置不同，将全国分为一、二、三线地区。一线是边疆地区，三线是全国战略大后方，二线介乎一、三线地区之间。为捍卫祖国、保卫和平，国家进行了大规模的“三线”建设。1964~1968年，“三线”地区的投资为482.43亿元，占基本建设投资总额的52.7%，基本建立起了巩固的战略大后方。

在抗击美国、支援越南的战争中，中国政府和人民发扬国际主义，给予英雄的越南人民必要的物质支援，包括武器和一切作战物资，并表示中国人民随时准备着，当越南人民需要的时候，派出自己的人员，同越南人民一道共同战斗。

图 5-13　东北哈尔滨市广场举行抗美援越的街头活报剧

1965年，中国人民解放军应越方请求，先后帮助越方构筑永久性防空工程，修建机场设施和通信设施。为帮助越南公路、铁路的修复和保障，我国派出铁道兵、工程兵部队10万余人，帮助越南修复铁路100多个项目、公路1206公里。1956年9月以后，我国派出工程部队8万余人帮助越方修建、改建公路，共修公路1206公里，建设桥梁305座，涵洞4441座，完成土石方3050万立方米。

为反抗美军的轰炸，我国于1965年8月，向越南派出了高炮部队（见图5-14），担任友谊关铁路线北宁至谅山段、河内至老街铁路线安沛至老街段和新建的克夫至太原铁路线，以及太原铁路基地的防空作战任务。20世纪70年代以后，为粉碎美军对越南的军事封锁，我国又派出海军扫雷部队，并帮助越南铺设了5条输油管线，总长159公里，通过油管向越方输油130万吨。

中国援越部队和越南人民并肩战斗，用鲜血和生命保卫了越南北方的领空，保障了越南南北方的交通线，解除了越南人民军的后顾之忧，为越南人民抗美救国战争作出了重大贡献。我军共有4200余人身负重伤，有1100多名中国人民的优秀儿女为此献出了宝贵的生命。中国援越物资总价值达200亿美元。

在中国和其他国家的支援下，越南人民顽强奋战，美军节节败退，被迫于1968年11

图 5-14　抗美援越期间，入越作战中国高炮部队 65 支队队员和战友在越南安沛

月宣布停止对北越的轰炸和炮击，准备进行结束战争的谈判。中国支援部队从 1969 年开始陆续撤出了越南领土，并于 1970 年 7 月全部撤出，完成了援越抗美的光荣使命。

中国人民援越抗美斗争完全是无私的国际主义行为。在国际上坚决抗击了美帝国主义的霸权主义和侵略政策，表现了中国政府和中国人民高度的民族自尊心和民族独立精神，显示了中国人民维护和平的立场和态度，赢得了世界人民的尊敬。越南人民自此也实现了民族独立和国家的统一。

十一、中苏大论战

这场空前规模的大论战，导致国际共产主义运动和许多国家共产党之间的分裂。

新中国成立以来，中国共产党一向主张中苏两党、两国友好，主张国际共产主义运动和社会主义各国团结。1957 年，中苏两党协调立场、互有妥协，共同提出《莫斯科宣言》。但是从 20 世纪 50 年代后期起，由于苏联领导人推行大国主义政策，把中苏两党之间的分歧扩大到国家领域，这些分歧本来是可以通过平等协商加以解决的，但苏共以“老子党”自居，无端开展了对中国共产党的攻击，不但使问题未能解决，而且恶化了两党、两国的关系，使国际共产主义运动走向了分裂。

1958年，中苏双方先后就在中国沿海设立“长波电台”和“联合舰队”的问题产生争执。在这两个问题上，苏联要求联办和中国共同管理，这实际上是涉及中国主权的政治问题，是中国所不能接受的。这两个问题上的争执，给中苏关系投下了阴影。

1959年，赫鲁晓夫访美前夕，苏联政府于6月单方面撕毁了1957年10月中苏关于国防新技术的协定，拒绝向中国提供核工业的技术援助。9月，苏联又不顾中国的多次解释和劝阻，迫不及待地授权塔斯社公开发表关于中印边境冲突有意偏袒印度的声明。赫鲁晓夫访美后，来中国参加新中国成立10周年庆祝活动。他在同毛泽东等会谈中，埋怨中国1958年炮击金门、马祖给苏联“造成了困难”，对中国在台湾问题上的政策表示不满。他希望中国放弃对台湾使用武力，甚至强烈暗示中国可以考虑暂时让台湾独立。苏联的大国主义行径，理所当然地遭到了中国方面的驳斥。这些，不能不引起中苏矛盾的加深。

1960年6月，在罗马尼亚工人党第三次代表大会期间，赫鲁晓夫策划几国共产党在布加勒斯特会晤，对中共采取了突然袭击。苏共代表团向参加会议的兄弟党代表团散发了给中共中央的通知书，对中共进行全面的、毫无根据的攻击，歪曲真相，一手挑起了中苏两党的大论战。

7月16日，苏联政府突然照会中国政府，单方面决定召回在华苏联专家，而且不等中国政府答复，就在7月25日通知中国方面自7月28日至9月1日期间，撤走全部的在华专家。中国政府郑重表示，愿意挽留苏联专家继续在中国工作，希望苏联政府重新考虑和改变自己的决定。但苏联政府不顾中国的真诚态度和实际困难，背弃国际关系的准则，在短短一个月的时间内，悍然撤走了1390名苏联专家，撕毁了343个专家合同和合同补充书，废除了257个科学技术合作项目。苏联政府这种背信弃义的行动，破坏了中国国民经济的原定计划，给中国造成了巨大损失，加重了当时中国的经济困难，伤害了中苏两党、两国人民的感情。

9月17日至22日，中苏两党在莫斯科举行会谈。在会谈上，中共中央代表团团长邓小平批评了苏共中央，指出他们在兄弟党、兄弟国家之间的关系上，以“老子党”、“老子国家”自居，把中苏两党之间的思想分歧扩大到国家关系方面。苏共领导人不听中共中央告诫，反而要迫使中共中央屈服，双方互不相让，总是各自陈述自己的观点，会谈没有取得成果。

11月到12月间，在莫斯科举行了81个共产党和工人党代表会议。在会议前夕，苏共向各兄弟党代表团散发了一封更加粗暴地攻击中共的长达6万余字的信件，挑起了更尖锐的争论。为了维护兄弟党之间的团结，以便共同对敌，中苏双方各自作了一些让步，会议通过了《各国共产党和工人党代表会议声明》。

然而，苏共领导人并不就此为止，而是在苏共二十二大上挑起了新一轮的论战。在苏共二十二大上，苏共领导发动了对阿尔巴尼亚劳动党的公开攻击，其用意是指桑骂槐，向中共中央发动新攻击。中国代表团团长周恩来在讲话中明确指出，兄弟党应在马克思列宁主义的基础上，在互相尊重独立和平等的基础上，重新团结起来。赫鲁晓夫完全拒绝中共中央的劝告，周恩来以提前回国来表示中共中央对这种错误行为的坚决反对态度。

苏共二十二大后，在苏联的报刊上每年都要发表几百篇攻击中国的文章，并且利用兄弟党代表大会进行反华。同时，苏联方面还挑起了中苏边境纠纷。1962年4月、5月间，苏联在中国新疆维吾尔自治区制造塔城、伊犁事件，策动中国边境居民6万多人跑到苏联境内。虽经中国政府再三抗议和交涉，苏联政府仍然拒绝遣返，后又制造伊犁暴乱事件，使两国关系进一步恶化。

为了回击苏共对中共中央的各种攻击，中共中央于1962年12月5日到1963年3月8日，陆续发表了七篇重要文章，在文中对苏共领导等违背莫斯科宣言和莫斯科声明的错误言论进行了尖锐的批判，阐述了中共中央在一系列理论问题上的观点，当时文章没有公开点名批评苏共。

1963年3月30日，苏共致信中共中央，同意中共中央关于在各兄弟党会议之前先举行两党会谈的建议，并阐述了他们对国际共产主义运动一系列重大问题上的观点。中共中央于6月14日复信给苏共中央，提出了《关于国际共产主义运动总路线的建议》（即《二十五条》）。

但是，对于中共中央提出的《二十五条》，苏共中央表示不能接受。6月18日，苏共中央发表声明，说中共中央的建议是对他们的“攻击”，苏共以更大的规模展开了对中共中央的批判，还要求中国驻苏使馆的几名工作人员和在苏研究人员立即回国，使气氛更加紧张。

7月，邓小平率团去莫斯科举行中苏两党会谈（见图5–15）。会议为两团交替发言，对方发言时不要打断。这样，会谈便成了你讲你的，我讲我的，各讲一套，互不相让。会谈期间，苏共公开发表了《给苏联各级党组织和全体共产党员的公开信》，指责中国，中苏争论进一步公开化，会谈也无果而终。

图 5-15 毛泽东在机场迎接参加中苏会谈回国的邓小平

为了让全体党员和全国人民了解真相，中共中央从1963 年 9 月至 1964 年 7 月，以《人民日报》编辑部和《红旗》杂志编辑部的名义，相继发表了 9 篇评论苏共中央公开信的文章（史称“九评”），指名批判“赫鲁晓夫修正主义”，并由此论述了社会主义国家“和平演变”和“资本主义复辟”的世界历史教训。这场空前规模的大论战，导致国际共产主义运动和许多国家共产党之间的分裂。

1964 年 10 月，苏共中央撤销了赫鲁晓夫的领导职务，勃列日涅夫任苏共中央第一书记。中国共产党抱着改善关系的愿望，派周恩来率团赴苏参加十月革命庆祝活动。但是苏共新领导却声称他们在对华政策上和赫鲁晓夫“甚至没有细微的差别”。1965 年 3 月，勃列日涅夫强行召集以集体谴责中共为目标的各国共产党和工人党会议的筹备会，中国和其他六国共产党拒不参加。这次会议是一个使国际共产主义运动走向分裂的会议。此后，苏联向中苏边境不断增兵，并且向蒙古派驻苏军。1966 年 3 月，中共中央拒绝出席苏共二十三大，从此两党关系中断。

十二、中印边境自卫反击战

中国政府一贯主张通过谈判和平解决中印边界问题。中印边境这场战争，中国方面完全是被迫的。中国政府自卫反击战的目的，绝不是企图使用武力改变边界状况，更不是企图侵占印度的领土，而只是为了打退印度军队的猖狂进攻，求得中印边境的安宁，为和平解决边界问题创造条件。

中国和印度是亚洲两大文明古国，两国人民在争取独立的斗争中一直相互同情和支持。新中国成立后，两国在国际斗争中积极合作，并且共同提出著名的和平共处五项原则。中国极其希望维护和发展中印之间的友好关系。在1959年西藏反动分子发动的武装叛乱被迅速平息以后，印度当局一些人对中国西藏少数人的民族分裂活动采取或明或暗的支持态度，给中印关系投下了阴影。中印边界纠纷渐趋尖锐。

中印两国人民在历史上长期友好交往，并按照双方行政管辖范围形成了一条传统的习惯边界线。而印度政府主张的边界线大大超过了它原来实际管辖的范围，把传统习惯线以北一直由中国管辖的大片领土划归印度。中国主张通过友好协商，全面解决边界分歧，但是印度政府拒绝谈判。1959年8月以后，印度方面一再挑起事端，制造边界冲突，使中印边界的局势日趋紧张。对于印度方面的无理进攻，中方一贯主张通过和平谈判解决。1959年11月7日，周恩来致函尼赫鲁，建议双方武装部队从当时存在于中印边界全线的实际控制线各自后撤20公里，并且停止巡逻。在印度方面拒绝了这个建议之后，中国单方面在边界自己一边停止了巡逻。

为了谋求中印边界问题的和平解决，周恩来在1960年4月访问新德里，同尼赫鲁举行了会谈，并且力求达成有助于解决边界问题的初步协议。由于印度政府无理要求中国无条件地接受它的全部领土要求，致使会谈毫无结果。其后，中印两国官员的会晤也没有得到应有的结果。为了顾全大局，中国方面在继续寻求和平解决边界问题途径的同时，再三采取克制忍让的态度，力求避免武装冲突，耐心等待印度政府转变态度和立场。中国边防部队遵照中国政府和中央军委的指示，单方面采取了一系列非常措施，如在实际控制线本侧30公里内不巡逻、不平叛、不打猎；在20公里内不打靶、不演习、不爆破；等等。

然而，印度政府却无视中国政府的建议，依然大肆扩军备战，发出战争叫嚣。1962年10月2日，印度总理尼赫鲁在新德里的集会上说，将“以军事力量”对付中国。12日，他公开下令要印度军队在侵占的中国领土上把中国军队全部“清除掉”。14日，印度国防部长宣称要同中国打到最后一个人、最后一支枪，他乘飞机到中印边界东段部署兵力，大量增兵。17日、18日，印度军队在中印边境东段和西段大规模地向中国军队发动进攻，侵入中国领土纵深，挑起了大规模的武装冲突。20日，印度军队全面向我发动进攻后，我方被迫进行反击，中印边境自卫反击战开始。

中印边境自卫反击战从1962年10月20日开始，至11月21日基本结束，作战经历了两个阶段。

第一阶段作战从10月20日至28日，主要是击溃大规模入侵的印度军队，清除其建在我方境内的据点，打击其侵略势头。

在第一阶段自卫反击战中，我国军队主要发动了在东段的克节朗、达旺地区的反击作战，在西段发动了加勒万河谷和红山头地区的反击作战。

在克节朗地区，印军第七旅3000余人入侵，印军在这里建有大量据点，企图长期占领我国这一领土。中国人民解放军兵分两路，对盘踞在这里的印军实施打击，在20日当天就将这一地区的印军据点全部清除，夺回了被印军控制的地区。

在右翼和左翼部队达到作战目的后，我反击部队连续作战，兵分四路向印军指挥部所在地——达旺挺进，经过激战，我军消灭了入侵印军第七旅，俘获其旅长季·普·达维尔。

在西段，我人民解放军勇猛作战，先后拔除了盘踞在我加勒万河谷和红山头地区的印军5个营，5600余人，使印军以此为基地入侵中国的新疆阿克赛钦和西藏阿里地区的企图没有得逞。

我军第一阶段自卫反击作战取得了重大胜利，军事斗争正处于十分有利的态势。但是，中国政府本着和平解决边界争端的一贯立场，为了中印两国人民的根本利益，缓和由印度当局造成的严重局势，于10月24日发表声明，提出和平解决中印边界问题的三项建议。其最主要的一点是：双方武装部队从实际控制线各自后撤20公里，脱离接触。同一天，周恩来致函尼赫鲁，希望印度政府对中国政府的三项建议作出积极反应。三项建议使全世界人民更加看清了我国和平解决边界问题的诚意。

但是，印度政府拒绝了我国的建议，并且诬蔑我国的建议是骗人的，关闭了和平谈判的大门。印度方面在拒绝了中方和平建议的同时，不甘心侵华活动的失败，调集兵力再次向中国军队进攻。为此，中国人民解放军开始了第二阶段的反击作战。

第二阶段是11月16日至21日，我边防部队粉碎了印军的全线进攻，向传统习惯线逼近。

第二阶段反击作战主要在西山口—邦迪拉地区进行。印军在第一阶段失败后调集6个旅部署在中印边界东段，其中将8000余人布置在西山口—邦迪拉地区，将重兵布置在前沿，准备向中国境内纵深推进。11月16日，在西山口地区的印军在炮火掩护下向中国军队进攻。面对印军攻击，中国人民解放军决定分兵数路，对入侵印军实施分割包围、向心合击、各个歼灭的战术，进行坚决反击。我东路部队从西山口右侧迂回反击，西路部队从西山口正面强攻。18日下午，我反击部队取得胜利，夺回了西山口。19日收复邦迪拉。印军增援部队700余人与残敌会合后企图阻止我军南进，也被我军击溃。

在瓦弄地区，我军击溃了入侵该地区的印军4个营，4000余人，拔除了修在我国领土上的堡垒。16日，人民解放军进入瓦弄，继续追击入侵印军。到21日，我军已进至金古衣，逼近中印边界传统习惯线。

在西段，人民解放军在班公洛地区粉碎了印军的进攻。

为了高举和平谈判的旗帜，促成我国三项建议的实现，中国政府于1962年11月21日宣布，从22日起中国边防部队在中印边境全线主动停火，主动后撤。从12月1日开始，我军回撤至1959年11月7日中印双方实际控制线我侧20公里以内。其后，我军又将缴获的印军武器弹药和军用物资交还给印度，并释放了全部印军战俘。中国政府的这一举动，在战争史上是史无前例的，得到了世界上许多国家和人民的高度赞扬。

中印边境自卫反击战历时1个月，我边防部队取得了重大胜利，在中印边境东段，我人民解放军推进到了非法的“麦克马洪线”以南接近传统习惯线附近地区（此后，印军又继续进占了非法的“麦克马洪线”以南的大片中国领土，对此中国政府依然主张通过谈判和平解决）。在西段，我军清除了印军全部入侵据点。作战中，我军歼灭印军3个旅，对另外8个旅也予以重创，总计歼灭入侵印军8900余人，缴获火炮300余门，飞机5架，坦克10辆，汽车400余辆以及大量军用物资。在反击作战中，我方共伤亡2400余人，以较小的代价取得了重大的胜利，驱逐了入侵的印军，维护了中国的领土和主权，打击了当时印度扩张主义者的嚣张气焰，大扬了国威、军威。

中国政府一贯主张通过谈判和平解决中印边界问题。中印边境这场战争，中国方面完全是被迫的。中国政府自卫反击战的目的，绝不是企图使用武力改变边界状况，更不是企图侵占印度的领土，而只是为了打退印度军队的猖狂进攻，求得中印边境的安宁，为和平解决边界问题创造条件。这些行动证明中国力求控制并平息边境冲突，以两国人民友好的大局为重。但是在那以后的很长时间里，印度在边境重起挑衅的威胁仍然存在。

十三、“文化大革命”的内乱及广大党员、干部和群众的抵制与抗争

正是由于广大党员、干部和工人、农民、解放军指战员、知识分子及知识青年的共同斗争，使“文化大革命”的破坏受到了一定程度的限制。

1966年5月至1976年10月的“文化大革命”，是一场由领导者错误发动，被反革命集团利用，给党、国家和各族人民带来严重灾难的内乱。这场内乱是在所谓“无产阶级专政下继续革命的理论”指导下进行的。当时毛泽东同志对我国阶级形势及党和国家政治状况的估计，是完全错误的。他认为，只有实行“文化大革命”，公开地、全面地、自下而上地发动广大群众，才能把被所谓“党内走资本主义道路的当权派”篡夺的权力重新夺回来。1966年5月中央政治局扩大会议和同年8月八届十一中全会的召开，是“文化大革命”全面发动的标志。这两次会议相继通过了《五一六通知》和《关于无产阶级文化大革命的决定》，对所谓“彭真、罗瑞卿、陆定一、杨尚昆反党集团”和对所谓“刘少奇、邓小平司令部”进行了错误的斗争，对党中央领导机构进行了错误的改组，成立了所谓“中央文革小组”并让它掌握了中央的很大部分权力。林彪、江青、康生、张春桥等人利用毛泽东同志的错误，乘机煽动“打倒一切、全面内战”，使全国陷入动乱之中。1969年召开的党的九大使“文化大革命”的错误理论和实践合法化，加强了林彪、江青、

康生等人在党中央的地位。九大在思想上、政治上和组织上的指导方针都是错误的。1970年至1971年间发生的林彪反革命集团阴谋夺取最高权力、策动反革命武装政变的事件，客观上宣告了“文化大革命”理论和实践的失败。毛泽东、周恩来同志机智地粉碎了这次叛变。此后，周恩来同志在毛泽东同志支持下主持中央日常工作，使各方面的工作有了转机。1973年召开的党的十大继续了九大的“左”倾错误，江青、张春桥、姚文元、王洪文在中央政治局内结成“四人帮”，江青反革命集团的势力得到加强。1975年，邓小平同志在毛泽东同志支持下主持中央日常工作，着手对许多方面的工作进行整顿，使形势有了明显好转。1976年9月毛泽东同志逝世，江青反革命集团加紧夺取党和国家最高领导权的阴谋活动。同年10月上旬，中央政治局执行党和人民的意志，毅然粉碎江青反革命集团，结束了“文化大革命”这场灾难。在粉碎江青反革命集团的斗争中，华国锋、叶剑英、李先念等同志起了重要作用。对于“文化大革命”这一全局性的、长时间的“左”倾严重错误，毛泽东同志负有主要责任。但是，毛泽东同志的错误终究是一个伟大的无产阶级革命家所犯的错误。因为他对革命事业长期的伟大贡献，中国人民始终把毛泽东同志看做是自己敬爱的伟大领袖和导师。

在“文化大革命”中，广大党员、干部和人民群众对“左”倾错误和林彪、江青反革命集团的抵制与抗争是艰难曲折的，是一直没有停止的。“文化大革命”整个过程的严峻考验表明：党的八届中央委员会和它所选出的政治局、政治局常委、书记处的成员，绝大多数都站在斗争的正确方面。其中许多同志遭受严重的打击和迫害，但是他们顾全大局，忍辱负重，仍然密切关注党和国家的重大事务和发展前途，在力所能及的范围内为党做一些有益的工作。1967年2月前后许多中央领导同志要求纠正“文化大革命”错误的正义抗争，1972年周恩来同志领导批判极“左”思潮，1975年邓小平同志主持全面整顿，1976年4月全国范围内掀起的以“天安门事件”为代表的悼念周总理、反对“四人帮”的强大抗议运动，都是对“文化大革命”进行的不同方式、不同程度的抵制和抗争。正是由于广大党员、干部和工人、农民、解放军指战员、知识分子及知识青年的共同斗争，使“文化大革命”的破坏受到了一定程度的限制。国民经济虽然遭到巨大损失，仍然取得了进展。在国家动乱的情况下，人民解放军仍然英勇地保卫着祖国的安全。对外工作也打开了新的局面。当然，这一切决不是“文化大革命”的成果，如果没有“文化大革命”，我们的事业会取得大得多的成就。在“文化大革命”中，我们尽管遭到林彪、江青两个反革命集团的破坏，但终于战胜了他们，使党和国家的工作重新走上健康发展的轨道。

十四、中国重返联合国

当电子计票牌亮出59票反对、55票赞成、15票弃权，否决了“重要问题”提案时，整个大厅沸腾起来，掌声持续了几分钟。

恢复中华人民共和国在联合国的合法席位是新中国外交史上的重大事件。中国是1945年成立的联合国的创始会员国和联合国安全理事会五个常任理事国之一。1949年中国人民推翻了国民党蒋介石集团的反动统治，建立了中华人民共和国。中华人民共和国中央人民政府从1949年10月1日成立那一天起，就是代表全中国人民的唯一合法政府，理所当然地享有中国在联合国的席位。但是，由于美国的阻挠，中华人民共和国在联合国的席位一直被台湾国民党当局所占据。围绕中国在联合国的席位问题，中国政府进行了长期不懈的斗争。中国政府的原则立场是：中国是联合国的创始会员国和联合国安全理事会五个常任理事国之一。世界上只有一个中国，台湾自古以来就是中国的领土。恢复中华人民共和国在联合国的一切合法权利，就必须承认中华人民共和国政府的代表是中国驻联合国的唯一合法代表，承认中华人民共和国是安全理事会五个常任理事国之一，并立即把蒋介石集团的代表从联合国及其一切机构中驱逐出去。

随着中国国际地位的提高，随着亚非拉一系列新独立国家不断加入联合国，中国政府的主张得到世界上越来越多的国家的支持。1961年第16届联合国大会（以下简称联大）突破美国设置的障碍，同意将中国在联合国席位问题提交联大讨论。为继续阻挠联合国正确解决中国代表权问题，12月15日，美国操纵联大通过所谓“重要问题”提案，规定凡任何改变中国代表权的提案，都必须由联大2/3多数赞成才能决定。这是对《联合国宪章》的严重违反，对中国内政的粗暴干涉。21日，中国外交部发表声明，严厉谴责“重要问题”提案，指出：“这个蹂躏《联合国宪章》，侵犯中国主权的决议，是完全非法的、无效的。”整个20世纪60年代，虽然中国继续被挡在联合国大门外，但中国政府对恢复在联合国的合法席位充满信心，坚信“联合国，我们总有一天可以进去”。

1971年9月21日，第26届联合国大会开幕。中国代表权问题是大会的主要议题。提交大会的提案主要有三项：一是由阿尔巴尼亚、阿尔及利亚等18国（后增为23国）提出的恢复中华人民共和国在联合国的一切合法权利，并立即把蒋介石集团的代表从联合国及其一切机构中驱逐出去；二是由美、日等19国（后增为22国）提出驱逐“中华民国”属于必须有2/3多数才能通过的“重要问题”提案；三是美、日等17国（后增为19国）提出的既接纳中华人民共和国代表，也保留“中华民国”代表的“双重代表权”提案。

10月25日，第26届联大对恢复中国合法权利的提案举行表决。大会首先对“重要问题”提案进行表决。当电子计票牌亮出59票反对、55票赞成、15票弃权，否决了“重要问题”提案时，整个大厅沸腾起来，掌声持续了几分钟。接着表决阿尔巴尼亚等23国提案，表决前，美国代表节外生枝，要求删去关于立即驱逐蒋介石集团代表出联合国的一节，遭到大多数国家代表反对。阿尔巴尼亚等23国提案作为2758号决议，以76票赞成、35票反对、17票弃权的压倒多数，通过了恢复中华人民共和国的合法席位！当电子计票牌再度亮出表决结果时，大厅里再次爆发出热烈的欢呼声和雷鸣般的掌声。2758号决议的通过，使美、日等19国的“双重代表权”提案成了废案。11月1日，中华人民共和国的五星红旗第一次在联合国升起（见图5-16）。

图5-16　中国代表团成员乔冠华（左一）、黄华（右一）在第26届联大上

中国重返联合国，是中国外交工作的重大胜利，也是世界正义力量的胜利。从此，作为联合国安全理事会常任理事国之一的中华人民共和国，出席了联合国的历届会议，与其他会员国一道，在联合国组织内为实现联合国宪章的宗旨、贯彻联合国宪章的原则、维护世界和平、加强各国友好合作、促进人类进步事业，作出了自己的不懈努力和重要贡献。

十五、1975年整顿

> 1972年1月10日，毛泽东在参加陈毅追悼会时，表示邓小平的问题其性质是属于人民内部矛盾，向人们发出重新起用邓小平的信号。

“文化大革命”初期，中共中央政治局常委、总书记邓小平被当做刘少奇之后第二号“走资本主义道路的当权派”打倒，受到错误的批判和迫害，被剥夺了一切领导职务和人身自由。1969年10月，邓小平与家人一起被强迫“疏散”转移到江西省新建县，开始了长达3年多的下放生活。在此期间，他通过读书、参加县拖拉机厂的劳动，在接触群众，了解当时基层社会情况的基础上，开始更加深入、全面地对“文化大革命”进行了冷静的思考，坚定了真理必将战胜谬误的信心和斗争的意志，为复出工作做着积极的准备。

1971年“九一三”事件后，邓小平曾给毛泽东写信，揭露了林彪、陈伯达的问题，表示了对中央关于林彪事件的处理方法的拥护，并表达了愿为祖国和人民重新工作的强烈愿望。

1972年1月10日，毛泽东在参加陈毅追悼会时，表示邓小平的问题其性质是属于人民内部矛盾，向人们发出重新起用邓小平的信号。同年8月14日，毛泽东对邓小平的来信作了肯定的批示，说邓小平没有历史问题，没有投降过敌人，在苏区挨过整，在革命战争中立过功，为新中国做过好事。

1973年3月10日，中共中央作出《关于恢复邓小平同志的党组织生活和国务院副总理的职务的决定》。8月底，中国共产党十大在北京召开，邓小平被选为大会主席团成员和中央委员。12月22日，根据毛泽东的意见，中共中央发出通知，决定：邓小平为中央政治局委员，参加中央领导工作，待十届二中全会开会追认；邓小平为中央军委委员，参加军委领导工作。1975年1月5日，中央发出1号文件，任命邓小平为中央军委副主席兼中国人民解放军总参谋长。在1月8日至10日召开的党的十届二中全会上，邓小平的中央政治局委员得到追认，并被选为政治局常委、中央副主席。1月13日召开的四届全国人大，邓小平被任命为国务院副总理（见图5-17）。

图5-17　邓小平复出主持中央日常工作

1975年，在周恩来病重的情况下，邓小平在毛泽东支持下主持中央日常工作。在此期间，邓小平努力排除江青反革命集团的干扰，召开了解决交通、工业、农业、科技等方面的会议和军委扩大会议，着手对各方面的工作进行整顿，使全国形势明显好转。

铁路运输的整顿。由于“文化大革命”中林彪、江青一伙及其帮派势力的破坏，我国铁路运输长期堵塞。到1975年2月，全国铁路日装车降为4.2万余车，与实际需要相差约1.2万多车，严重危及工业生产和一些城市的生活。面对严峻局势，2月25日至3月8日，中央召开全国工业书记会议。会上，邓小平作了整顿铁路问题的重要讲话。根据邓小平的讲话精神，中央决定加强铁路工作，恢复和健全铁路系统必要的规章制度。会后，各铁路局调整和充实了各级领导班子，逮捕了一小撮派性严重、破坏铁路运输的“坏头头”，初步稳定了铁路运输的秩序。到4月份，堵塞严重的几个铁路局都得到了疏通，全国铁路日装车平均达到5.3万多车，列车安全正点率也大大提高。

工业生产的整顿。5月，中央召开钢铁工业座谈会，提出整顿钢铁工业的任务。邓小平明确提出，从冶金部到各个厂都要建立强有力的领导班子和生产指挥系统及规章制度。接着，邓小平抓了整个工业的整顿。他对国家计委根据国务院指示起草的整顿工业的文件，即《关于加快工业发展的若干问题》（简称工业二十条）极为重视，提出了许多关键性意见。这个稿子虽然由于江青一伙的干扰、破坏未能形成正式文件，但对实际工作却产生了积极影响。与1974年相比，1975年全国工业总产值和钢产量、原煤产量、发电量、棉纱产量等一些重要工业产品都有较大幅度的增长（见图5-18）。

农业生产的整顿。针对“文化大革命”中农业受到很大破坏的情况，国务院决定对农业进行整顿。在全国农业学大寨会议上，邓小平强调指出，农业搞得不好要拉国家建设的后腿，并且提出要落实农村干部政策等正确主张。在这次会议的推动下，各地区抽调了上百万干部到农村社队帮助整顿。为了落实党在农村的经济政策，中央还专门发出文件，强调不能把社员正当的家庭副业当做资本主义来批判。这些重要措施，调动了农民的生产积极性。1975 年全国农业总产值比上年增长 4.6%，主要农产品的产量都有一定增长。

军队的整顿。为了肃清林彪反革命集团和江青一伙对军队工作的恶劣影响，1975 年 6 月 24 日至 7 月 15 日中央军委召开了扩大会议，叶剑英、邓小平作重要讲话，精辟地分析了国内外形势，恰当地估量了军队的状况和存在的问题，提出了军队整顿的任务和要求。邓小平强调军队必须加强团结，军队建设中要克服“肿、散、骄、奢、惰”的缺点，军队领导班子中要解决“软、懒、散”的问题，为军队建设指出了明确方向。同时，提出了压缩军队定额，改善军事装备，加强思想政治工作的要求。军委扩大会议的文件，经党中央批准转发后，对全党和全国各条战线的工作产生了重大影响。

图 5-18 沈阳重型机器厂大转子小组

与此同时，科技、文化教育等方面也都大力进行了整顿，分别取得了明显成绩。1975 年 7 月，中央派胡耀邦等到中国科学院主持工作，并起草了《科学院工作汇报提纲》，这是在科技领域系统纠正“左”倾错误、恢复和建立正确政策的重要文件。9 月 26 日，邓小平听取了科学院工作汇报，肯定了科学院汇报提纲，强调科研要走在国民经济的前面，要爱护和鼓励科技人员，发挥其作用。他还强调要办好教育，调动教师的积极性，选数理化好的高中生入科技大学；要调整文艺政策等。在邓小平主持下，科学和文化教育领域进行了大量的整顿工作，长期被压抑的广大知识分子受到了鼓舞，不少方面的工作有了起色。

各项整顿工作开始后，为加强整顿政策的研究，国务院政治研究室根据邓小平多次讲话精神，于 10 月写成了《论全国全党各项工作的总纲》。其中，明确提出继续以“三项指示为纲”，即以毛泽东提出的“学习无产阶级专政理论，反修防修”，“促进安定团结"，"把国民经济搞上去"作为实现四化的纲领。这三项指示虽罩有"左"的光环，但却体现出了一切政党工作成绩的大小好坏、路线正确与否，归根结底要看它对生产力的发展是否有帮助及帮助大小的正确观点。《总纲》还大力宣传了发展生产力，加速进行现代化建设的思想。这些无疑都是刺向"四人帮"的真理之剑。所以这一文件和《关于加快工业发展的若干问题》、《科学院工作汇报提纲》并称为初步整顿中的三个著名文件。

各条战线的初步整顿，使全国形势有了明显好转。国民经济从停滞下降走向了恢复发展；从中央到地方，党的领导逐步加强，安定团结的政治局面开始出现。这次整顿实际上是要系统地纠正"文化大革命"的错误，恢复党的正确路线。它有力地加速了"文化大革命"走向终结的进程，为粉碎"四人帮"和以后所进行的拨乱反正工作打下了基础。

十六、"文化大革命"中的经济、文教、科技与外交

国民经济损失巨大，文化教育事业严重破坏，科技事业艰难发展，对外关系发展曲折。

延续十年之久的"文化大革命"给党和国家的各项事业以沉重打击。但在广大干部群众的共同努力下各项事业也取得了进展。当然，这一切决不是"文化大革命"的成果，如果没有"文化大革命"，我们的事业会取得大得多的成就。

国民经济损失巨大。"文化大革命"期间，我国国民经济损失约5000亿元。这个数字相当于新中国成立30年全部基建投资的80%，超过了新中国成立30年全国固定资产的总和。尽管损失巨大，但在全党、全国人民的努力下，国民经济建设仍在某些方面取得了一定的进展。如粮食生产保持了比较稳定的增长，1976年达到2863亿公斤，比1965年增加了917.5亿公斤；基本建设、工业交通取得了一系列重要成就，十年中累计基建投资2730.98亿元，建成投产的大中型项目共1485个，如工程艰巨的成昆、湘黔等

新铁路和建成通车的宏伟的南京长江大桥，技术先进的大型企业四川攀枝花钢铁厂、湖北第二汽车制造厂建成投产等；十年间，大庆油田连年增产，新开发的胜利油田和大港油田也初具规模，1976年的原油产量相当于1965年的6.7倍等。

文化教育事业严重破坏。文化教育部门是“文化大革命”中的重灾区。首先，文化领域首当其冲。席卷全国的红卫兵运动当时是以破“四旧”为口号的。在这一口号的蛊惑下，从北京开始，红卫兵在“横扫一切牛鬼蛇神”、“砸四旧”的狂热下，抄家打人，乱烧滥砸，使无数珍贵文物、古迹被毁于一旦，中华民族数千年的优秀文化遗产遭受空前浩劫。在“文艺革命”的旗号下，对新中国成立以来文化界取得的成绩一笔抹杀，把大批文艺界著名人士划入“文艺黑线专政”的圈子，对其进行批斗、监禁，连吴晗、老舍等有学问、有名望的学者也被迫害致死。“文化大革命”中，全国所有的文艺团体基本上停止了演出活动。另外，教育部门更深受其害。“文化大革命”开始后，学校停课“闹革命”。学生冲向社会破“四旧”、“大串联”，荒废了学业。1966~1969年，全国高校未招生。1970年与1971年开始试点招收工农兵学员，用面试文化课、推荐选拔的方法来招生。招来的学生多数只有相当于初中和不到初中的文化程度。学生在校期间主要是开门办学，下乡下厂，以阶级斗争课为主，再加上原有的大学教师不少人被赶到农村、干校去劳改和再教育，一些学有专长的教授、学者被迫害致死，教师的积极性不能发挥，教育质量明显下降。

科技事业艰难发展。“文化大革命”对科技事业的破坏也相当严重。林彪、江青一伙诬陷科技战线执行一条“反革命修正主义路线”，将许多学有所成、有所建树和有贡献的科学家打成资产阶级知识分子和反动学术权威，加以批斗和迫害，使广大科技人员的工作积极性和聪明才智的发挥受到了严重挫伤。在对知识分子“再教育”的旗号下，科研人员被下放“劳动锻炼”，知识分子被称为“臭老九”。中国科研机构最集中的中国科学院，大批研究所被拆散，许多科研项目被迫下马。地方的科研工作也大致如此。10年间，除个别研究领域有所进展外，中国科技园区大部分是一片荒芜。新中国成立17年来逐步培养起来的科技力量元气大伤，进一步拉大了与国外先进科技水平的差距。由于中央对一些有贡献的科学家、科技人员实行了特殊保护政策，我国在核技术、人造卫星、运载火箭、电子技术、农业科技等尖端科技研究方面，则取得了丰硕成果。

对外关系的曲折发展。“文化大革命”初期，由于极“左”思潮的干扰和林彪、江青一伙插手外事部门，使这些部门的工作一时被打乱，极大地损害了我国的国际声誉和对外关系的发展。

十七、恢复高考

恢复高考宛如冬天里的一把火，顷刻间点燃了广大青年的读书热潮，全国上下读书学习蔚然成风。

1966年“文化大革命”高潮中，高考制度被认为是“旧框框”而被废除，所有大学停止招生。到1970年，北京大学、清华大学开始试招具有两年以上实践经验的初中以上文化程度的工人、农民和解放军官兵。招生办法是自愿报名，群众推荐，领导批准，学校复审（简称“16字”办法），其关键是把“招考”改为“推荐”。这一方法才试行两年，就暴露出招生“走后门”、入学者文化太低的显著弊端。不久，周恩来提出“对社会科学理论和自然科学理论有发展前途的，中学毕业后，不需要专门劳动两年，可以边学习边劳动。”1973年4月3日，国务院批转科教组《关于高等院校1973年招生工作的意见》，提出进行文化考察以保证入学新生至少有初中文化水平。这些旨在纠正“群众推荐”弊端的措施在不久以后的“批林批孔”中作为“复辟旧高考制度”、“修正主义教育路线回潮”而被废弃。1975年邓小平主持整顿工作，再次重申周恩来1972年关于选拔高中毕业生直升大学的意见，由于“反击右倾翻案风”，“群众推荐”制度一直实行到1976年。

1977年6月29日到7月5日，教育部在山西召开了全国高等院校招生工作座谈会。与会代表批判了白卷英雄，研究了招生政策。但会议仅确定了一个在“老基调”上做了一些修补的方案。

7月16日至21日，中国共产党十届三中全会决定恢复邓小平的工作和他的一切职务。自请分管教育的邓小平于8月4日在北京饭店组织召开了科学和教育座谈会（见图5-19）。与会的专家、教授纷纷发言，一致建议国务院下大决心推倒“16字”招生办法，改革现行招生制度。邓小平表示同意恢复高考。

8月13日，教育部根据邓小平的指示，破例在一年内第二次召开全国招生会议。这次会议开了44天。由于刚召开的中国共产党十一大对“文化大革命”依然持肯定态度，因此招生工作会议开始时并未取得突破。邓小平又一次适时地站了出来，尖锐地批评了教育部思想不解放，并且细致地抓了招生的具体工作，这有力地推动了恢复高考的进程。

图5-19 邓小平恢复了党政军领导职务后，在中共十届三中全会上发言

10月21日，《人民日报》报道了教育部召开全国高等学校招生工作会议。根据会议提出的招生工作意见，1977年高等学校的招生工作有了重大改革。招生对象是：工人、农民、上山下乡和回乡知识青年（包括按政策留城而尚未分配工作的）、复员军人、干部和应届高中毕业生。年龄在20岁左右，不超过25周岁，未婚。条件是：政治历史清楚，拥护中国共产党，热爱社会主义，热爱劳动，遵守革命纪律，决心为革命学习；具有高中毕业或相当于高中毕业的文化水平（在校的高中学生，成绩特别优良，可自己申请，由学校介绍，参加报考）；身体健康。另外，对实践经验比较丰富并有成绩或确有专长的，年龄可以放宽到30岁，婚否不限（要注意招收1966、1967两届高中毕业生）。

招收新生要坚持德、智、体全面衡量，择优录取的原则，实行自愿报名，统一考试，地、市初选，学校录取，省、市、自治区批准的办法。录取学生时，将优先保证重点学校。医学院校、师范院校和农业院校，将分别注意招收表现好的赤脚医生、民办教师和农业科技积极分子。要注意招收少数民族学生，并注意招收一定数量的台湾籍青年、港澳青年和归国华侨青年。毕业后要服从国家统一分配，到祖国最需要的地方去，到最艰苦的地方去。

另外，会议还对招收研究生的工作进行了讨论，就共产主义劳动大学、七二一大学、五七大学的招生，以及有计划地招收“社来社去”学生和举办进修等问题提出了相应的意见。

这次会议是新中国成立以来教育史上的一次重要会议，它实现了两项重大的拨乱反正：一是推翻了“文化大革命”中压在上千万中国知识分子头上的“两个凡是”，二是决定恢复高校招生统一考试制度。这次历时 44 天的会议也是时间最长的一次招生工作会议。

招生考试于当年冬季进行，新生春季入学。恢复高考宛如冬天里的一把火，顷刻间点燃了广大青年的读书热潮，全国上下读书学习蔚然成风。图书馆、新华书店里人头攒动，成为最拥挤、最热闹的地方。蒙满了灰尘的旧课本一时间洛阳纸贵，人们到处寻找。在全国拨乱反正的大潮下，高考成为当时社会最大的关注点，积压了整整 10 年的考生拥进考场（见图 5-20）。这一年全国有 570 万人报考，当年全国高等学校录取新生 27.3 万人；半年后，1978 年的夏天，610 万人报考，录取了 40.2 万人，同时还有 6.35 万人报考研究生，1.07 万人获得了深造机会。冬夏两季，全国共有约 1180 万名青年参加了考试，迄今为止，这是世界考试史上人数最多的考试，堪称一项“世界之最”。

图 5-20　中国高考恢复

这次招生为“老三届”初、高中毕业生找回了上大学的机会，全国也发现了不少拔尖人才。高考制度的恢复，把交白卷、推荐上大学的做法彻底推翻了，为我国高校招生工作翻开了新的一页。它是“文化大革命”后拨乱反正的重要标志之一，是我国教育改革中较早进行的一项重大改革，强烈地震撼了教育界乃至全社会。它不仅是高等教育领域的一件大事，而且是对整个教育事业、整个社会发展具有重大影响的大事。它也极大地改变了当时年青一代沉闷的精神状态，激发了亿万青少年学习科学文化知识的热情，广大教师精神振奋，教育界重新焕发了生机和活力，全国教育风气为之一新；它也激活了整个社会，社会风气和人们的生活方式为之一变（见

图 5–21）。中国教育和人才培养由此走上了健康的轨道。

图 5–21　江苏工业学院 1977 级的同学在参加毕业设计

第六章 开辟社会主义发展新时期

一、真理标准问题的大讨论

理论与实践的统一，是马克思主义的一个最基本的原则，任何理论都要不断地接受实践的检验。

真理标准问题的讨论，是在党和国家处于重大历史性转折的背景下，在邓小平等老一辈无产阶级革命家的领导和支持下开展起来的思想解放运动。

“文化大革命”结束后，党面临着思想、政治、组织等各个领域全面拨乱反正的任务。但是这一进程受到“两个凡是”（即“凡是毛主席作出的决策，我们都坚决拥护；凡是毛主席的指示，我们都始终不渝地遵循”）错误方针的严重阻碍。“两个凡是”，禁锢了人们的思想，使“文化大革命”中的许多错误决策迟迟得不到纠正。为扭转这种局面，打破“两个凡是”的禁锢，以邓小平为代表的老一辈革命家和广大干部群众进行了不懈努力。“两个凡是”提出不久，邓小平就旗帜鲜明地反对“两个凡是”的错误方针。1977年2月，他就公开支持许多同志的看法，指出，“两个凡是”是不对的。在4月10日，他写给党中央的信中指出，“我们必须世世代代地用准确的完整的毛泽东思想来指导我们全党、全军和全国人民，把党和社会主义的事业，把国际共产主义运动的事业，胜利地推向前进”。这个观点得到了叶剑英、李先念的支持。5月24日，邓小平在一次谈话中又指出：“‘两个凡是’不行”，“不符合马克思主义”。“这是个重要的理论问题，是个是否坚持历史唯物主义的问题。”邓小平的谈话得到了叶剑英、李先念、陈云、聂荣臻、徐向前等的肯定和支持，为全党突破“两个凡是”的禁区提供了思想武器，为关于真理标准问题大讨论奠定了基础。

1977年底，中央党校根据胡耀邦的意见，明确规定研究党的历史要遵守两条原则，一条是完整地、准确地理解毛泽东的有关指示；一条是以实践为检验路线是非的标准。至此，一场判断思想是非、理论是非标准问题的思想政治领域的大讨论已不可避免。

1978年3月26日，《人民日报》发表了一篇题为《标准只有一个》的思想评论，强调检验真理的标准只能是社会实践。5月10日，中共中央党校内部刊物《理论动态》发表了由胡耀邦审定的《实践是检验真理的唯一标准》一文。5月11日，《光明日报》以“特约评论员”的署名，公开发表这篇文章，新华社向全国转发。次日，《人民日报》和《解放军报》同时予以转载，全国绝大多数省、市、自治区的报纸也陆续予以转载。文章重申实践是检验真理的唯一标准这个马克思主义认识论的基本原理。指出：理论与实践的统一，是马克思主义的一个最基本的原则，任何理论都要不断地接受实践的检验。这篇文章旗帜鲜明、观点犀利，从理论上否定了“两个凡是”的方针。这立即在党内外激起轩然大波，从而引发了一场关于真理标准问题的全国性大讨论（见图6–1）。

图6–1 《实践是检验真理的唯一标准》引起了广泛的讨论

这一讨论得到了邓小平、叶剑英、陈云、李先念、胡耀邦、谭震林、聂荣臻、徐向前、罗瑞卿等老一辈革命家的积极支持。1978年6月2日，邓小平在全军政治工作会议上，针对“两个凡是”的错误观点，精辟地阐明了实事求是是毛泽东思想的出发点、根本点的科学论断。他批评一些人“天天讲毛泽东思想，却往往忘记、抛弃甚至反对毛泽东同志的实事求是、一切从实际出发、理论与实际相结合这样一个马克思主义的根本观点，根本方法”。他强调，“一定要肃清林彪，‘四人帮’的流毒，拨乱反正，打破精神枷锁，使我们的思想来个大解放”。邓小平的讲话进一步驳斥了“两个凡是”的观点，有力地支持和推动了关于真理标准问题的讨论，并为这场讨论指明了方向。

6月24日，《解放军报》在罗瑞卿的直接支持下，以特约评论员名义发表了《马克思主义的一个最基本的原则》一文，文章运用马克思主义的原理和有力的历史事实，论证了理论和实践的正确关系，阐明了实践是检验真理的唯一标准的观点。比较系统地从理论上驳斥了对于坚持实践是检验真理的唯一标准这一原则的责难。这篇文章被称为《实践是检验真理的唯一标准》一文的姊妹篇，在当时也产生了强烈反响。7月，李先念在国务院务虚会上明确肯定实践是检验真理的唯一标准的提法是正确的。9月，邓小平在东北巡视时，再次明确批评"两个凡是"不是高举毛泽东思想，而是损害毛泽东思想。

在老一辈革命家的鼓舞和支持下，理论界、学术界和新闻界等顶住来自"两个凡是"的压力，继续撰写文章，召开会议，把真理标准问题的讨论引向深入。中央党校、中国社会科学院、《人民日报》、《光明日报》、《解放军报》，以及许多地方报刊也纷纷发表文章，开展关于真理标准问题的讨论。

随着真理标准问题讨论的深入，从6月到11月，全国绝大多数省、市、自治区和各大军区的主要负责同志都发表了文章或讲话；中央和地方的报刊也发表了许多这方面的文章。绝大多数讲话和文章都认为，坚持实践是检验真理的唯一标准这一马克思主义的原则具有重大的现实意义。

这场讨论的实质在于是否真正坚持马列主义、毛泽东思想。它是唯物主义思想路线和唯心主义思想路线的一次大论争，是关系党和国家确立什么样的思想路线的原则争论。它是继延安整风后在中国共产党历史上又一次伟大的马克思主义教育运动和思想解放运动，极大地提高了全国人民的思想水平和识别问题的能力，是十一届三中全会实现新中国成立以来党的历史上具有深远意义的伟大转折的思想先导。它冲破了长期以来"左"的错误思想束缚，破除了"两个凡是"的禁区，极大地推动了各方面工作的整顿和历史遗留问题的解决。这场大讨论，为党中央重新确立马克思主义的思想路线、政治路线和组织路线奠定了理论基础，为我们党在改革开放伟大实践中坚持解放思想，坚持和发展中国特色社会主义道路，形成中国特色社会主义理论体系提供了强大的精神动力。

二、中国共产党十一届三中全会

全会从根本上纠正了“文化大革命”中以及以前的“左”倾错误，标志着中国共产党在思想上、政治上和组织上恢复和确立了马克思主义的正确路线，标志着中国共产党人在新的时代条件下的伟大觉醒，从此开始把工作重点转移到社会主义现代化建设上来。

1978年12月18日至22日，中共中央在北京召开了党的十一届三中全会（见图6-2）。这次会议的主要任务，就是要深入讨论并确定把全党工作重点转移到社会主义现代化建设上来。与此同时，审议通过农业问题的两个文件和1979年、1980年两年经济计划工作，讨论人事问题和选举成立中央纪律检查委员会。

早在1978年9月，邓小平就提出把全党工作重点转移到社会主义现代化建设上来的战略性意见。为此，中共中央于11月10日至12月15日，召开了一次36天的中央工作会议。在中央工作会议上，党的许多老一辈革命家和领导骨干对“文化大革命”结束后两年来党的领导工作中出现的失误提出了中肯的批评，对党的工作重点转移到经济、政治方面的重大决策，党的优良传统的恢复和发扬等，提出了积极的建议。邓小平在会议闭幕式上作了题为《解放思想，实事求是，团结一致向前看》的重要讲话。这次中央工作会议，为随即召开的十一届三中全会作了充分准备。邓小平的讲话实际上成了三中全会的主题报告，为十一届三中全会提出了根本的指导思想。

图6-2　中共十一届三中全会会场

在邓小平同志和其他老一

图 6-3　邓小平和陈云在主席台上

辈革命家支持下，党的十一届三中全会顺利召开（见图 6-3）。这次会议，解决了一系列根本的重大问题：

第一，重新确立了解放思想、实事求是的思想路线。会议讨论和重新确立了党的正确思想路线，坚决批判了“两个凡是”的错误方针，对历时近一年的真理标准问题大讨论作了全面总结，并给予了高度评价；要求历史地、科学地认识毛泽东的伟大功绩，完整地、准确地掌握毛泽东思想的科学体系，并在新的历史条件下加以发展；确定了解放思想、开动脑筋、实事求是，团结一致向前看的指导方针。

第二，确定了正确的政治路线，实现了全党工作重点的转移。会议恢复和确立了党的正确政治路线，果断停止使用和否定了不适用于社会主义社会的“以阶级斗争为纲”、“无产阶级专政下继续革命”等口号和理论，决定从 1979 年起把全党和全国人民的工作重点转移到社会主义现代化建设上来，为把我国建设成为社会主义现代化强国而进行新的长征。会议重申了毛泽东的“大规模急风暴雨式的群众斗争已基本结束”的正确论断，指出要严格区分和处理两类不同性质的矛盾，决不允许因混淆两类不同性质的矛盾而损害安定团结的政治局面。

第三，重新确立了正确的组织路线。全会决定在组织上健全党的民主集中制，健全党规党纪，反对突出个人和搞个人崇拜，加强党的集体领导。全会认为，全体党员和党的干部，人人遵守党的纪律是恢复党和国家政治生活的起码要求，各级党的干部必须带头遵守党纪。为了维护党规党纪，切实搞好党风，全会决定建立中央纪律检查委员会，并相应选出了有关领导人。

第四，提出了要注意解决好国民经济重大比例严重失调的问题，制定了关于加快农业发展的决定。全会原则同意 1979 年、1980 年两年的国民经济计划安排，建议修改后提交全国人大会议通过，同意将《中共中央关于加快农业发展问题的决定（草案）》发到各省、市、自治区讨论试行。

第五，全会适应现代化建设的需要，提出了对外开放和在党和国家工作的各个方面进行改革的任务。全会指出："实现四个现代化，要求大幅度提高生产力，也就必然要求多方面地改变同生产力发展不相适应的生产关系和上层建筑，改变一切不适应的管理方式、活动方式和思维方式，因而是一场广泛、深刻的革命。"全会还对我国现行体制存在的弊端及改革的方向作了论述。会议还指出，要在自力更生的基础上积极发展同世界各国平等互利的经济合作，要注意引进技术和设备。

第六，提出了健全社会主义民主和加强社会主义法制的任务。会议强调一定要接受过去民主法制不健全的惨痛教训，使民主制度化、法制化，做到有法可依，有法必依，执法必严，违法必究。

第七，对"文化大革命"中的一些重大政治事件进行了认真的讨论，实事求是地审查和解决了党的历史上一批重大的冤假错案和一些重要领导人的功过是非问题。全会撤销了中共中央发出的有关"反击右倾翻案风"运动和"天安门事件"的错误文件，纠正了过去对彭德怀、陶铸、薄一波、杨尚昆等人的错误结论，肯定了他们对党和人民的贡献，决定永远废止过去那种脱离党和群众监督、设立专案机构审查干部的方式，强调一定要把在"文化大革命"中被"四人帮"颠倒了的历史重新颠倒过来。

党的十一届三中全会实现了新中国成立以来党的历史上具有深远意义的伟大转折，是一次重要的拨乱反正的会议。全会从根本上纠正了"文化大革命"中以及以前的"左"倾错误，标志着中国共产党在思想上、政治上和组织上恢复和确立了马克思主义的正确路线，标志着中国共产党人在新的时代条件下的伟大觉醒，从此开始把工作重点转移到社会主义现代化建设上来。全会结束了1976年10月以来各项工作在徘徊中前进的局面，揭开了党和国家历史的新篇章。

三、新的“八字方针”的制定

李先念代表党中央和国务院作了重要讲话，提出了“调整、改革、整顿、提高”的新八字方针，并作了系统的说明。

中国共产党十一届三中全会以后，党和国家把工作的着重点转移到社会主义现代化建设上，扭转了国民经济停滞、倒退的局面，但是重大比例关系失调的情况仍然相当严重。当时负责财经工作的陈云同志深入调查了我国经济建设的现状，研究了解决国民经济比例严重失调的方针和方法。1979 年 3 月 14 日，陈云、李先念致书中央，提出“要有两三年的调整时期，才能把各方面的比例失调情况大体上调整过来”。[①] 李先念还说，只有解决好这个问题，才能为今后国民经济的发展创造更好的条件，为我们在实行全党、全国工作重点的转移之后创造一个良好的新开端。1979 年 4 月 5 日至 28 日，党中央在北京召开了由中央和各省、市、自治区主要负责人参加的中央工作会议，讨论了调整国民经济的问题。李先念代表党中央和国务院作了重要讲话，提出了“调整、改革、整顿、提高”的新八字方针，并作了系统的说明。他指出：两年来国民经济恢复和发展取得很大成绩，但是各种比例严重失调的状况没有从根本上改变过来。根本原因是林彪、“四人帮”的破坏所造成的，但是粉碎“四人帮”后对比例失调的严重认识不足，对经济发展要求过急，步子迈得不稳，也是重要原因。

新“八字方针”要求在调整中改革，在调整中整顿，在整顿中提高，把国民经济纳入到持久地、按比例地、高速度地发展的轨道。其重点是调整，要求“调整国民经济，坚决压缩基本建设投资，降低积累率，实现财政收支平衡，同时加强薄弱环节，大力发展农业、轻工业、能源、交通和建筑业。在调整的同时，还必须着手经济体制的改革，提高企业管理水平”。同年 6 月召开的全国人大五届二次会议，正式通过了对国民经济实

①《陈云文集》第 3 卷，中央文献出版社 2005 年版，第 123 页。

图 6-4　邓小平在全国政协五届二次会议上发表具有重要历史意义的讲话

行调整的“八字方针”（见图 6-4）。“八字方针”的确立及其具体措施的落实，对于纠正国民经济的严重失误，有着积极意义并逐渐取得显著的成效。

第一，国民经济各部门重大的比例关系逐步朝着协调的方向发展。农业生产得到了比较迅速的恢复和发展，绝大多数农民的收入有所增加，尤其是中共中央在 1980 年 9 月 27 日印发了《关于进一步加强和完善农业生产责任制的几个问题》，对进一步加强和完善农业生产责任制的政策措施作了具体规定，更加有效地调动了农民的生产积极性。轻工业的增长速度超过了重工业，重工业在调整产品结构，为农业、轻工业和人民生活服务方面有了进展，由国家拨款的基本建设规模得到了一定的控制，过高的累税率开始下降，城乡人民生活有所改善。

第二，经过全国人民的奋斗，我国国民经济取得重大成果。1979 年工农业总产值比 1978 年增长 8.5%；1980 年比 1979 年又增长了 7.2%。其中，农业总产值 1979 年比 1978 年增长了 8.6%，1980 年在不少地区遭受严重自然灾害的情况下，仍比上年增长 2.7%。工业总产值 1980 年比 1979 年增长 8.7%，其中轻工业 1979 年比 1978 年增长 9.6%，1980 年比 1979 年增长 18.4%（见图 6-5）。

第三，对经济管理体制进行了一些探索和局部改革。保障农村社队的自主权，扩大工商业管理的权限，实行计划经济下的市场调整，允许合法的城乡个体经济的存在和一定限度的发展，实行中央和地方两级财务制度等，这些改革措施取得了一定的效果。

大规模的经济调整工作，虽取得了显著进展，但是，由于当时党内思想没有完全统一，有些同志对调整的必要性和迫切性认识不足，进而贯彻执行不力，甚至加以抵制，以致前两年的调整效果整体上看还没有达到预期效果，1979 年和 1980 年连续出现了 170 亿元和 123 亿元的财政赤字，增发货币 130 亿元，使得物价上涨，国民经济出现新困难。

于是，1980 年 12 月，中央召开会议决定在经济上实行进一步调整的方针。会议指出，经济必须适合我国国情，符合经济规律和自然规律；必须量力而行，循序渐进，经过论证，讲求实效，使生产的发展和人民生活的改善密切结合；必须在坚持独立自主、自力更生的基础上，积极开展对外经济合作和技术交流。这次调整，主要是基本建设要退够，同时在各个领域开展增收节支工作。其他方面，主要是农业、轻工业和有关人民生活的日用品生产，能源、交通的建设，以及科学教育文化事业，还要尽可能地继续发展。在这个积极健康方针的指导下，经过调整，农、轻、重之间，积累和消费之间的比例关系逐渐协调，我国经济开始走上了稳步发展的健康道路。

图 6–5 江苏省赣榆县小麦大丰收

四、平反冤假错案

9 月，中共中央发出通知，对“文化大革命”中在中央、地方以及军队的报刊、文电上被错误点名批判的同志，宣布一律平反。

新中国成立以后，由于“左”的思想干扰和阶级斗争扩大化的错误，特别是由于林彪、江青两个反革命集团利用“文化大革命”中的“左”倾错误，在中国共产党党内外制造了大批冤假错案，给党和国家带来了极其严重的损失。1976 年 10 月粉碎“四人帮”以后，中国共产党即开始了平反冤假错案的工作，把被颠倒的历史重新颠倒过来。1978 年召开的十一届三中全会，彻底否定了“两个凡是”，开始全面地、认真地纠正“文化大革命”中及其以前的“左”倾错误，平反冤假错案的工作，也开始出现了新面貌。

十一届三中全会及会前的中央工作会议，为“反击右倾翻案风”、“天安门事件”、“二月逆流”平了反，审查纠正了对彭德怀、陶铸、薄一波、杨尚昆等人所作的错误结论，并且为所谓“61人叛徒集团”、“新疆叛徒集团”、“东北叛徒集团”等平了反，从而促进了平反冤假错案工作在全国范围内大规模展开。按照实事求是、有错必纠的原则，到十二大召开前，在三年多的时间里，不仅平反了“文化大革命”中的冤假错案，而且还纠正了一批“文化大革命”前乃至新中国成立前的冤假错案。主要有：

一是为党和国家及军队各部门的一些领导人平反。继1978年底中央工作会议期间为邓小平、彭德怀等党和国家领导人平反之后，中共中央又陆续为在“文化大革命”中遭受迫害的贺龙、乌兰夫、彭真、谭震林、罗瑞卿、陆定一、杨尚昆、萧劲光、萧华、杨成武、余立金、傅崇碧等平反。还先后为在“文化大革命”前受到错误批判的谭政、习仲勋、黄克诚、邓子恢等平反。一些蒙冤多年的党的早期领导人瞿秋白、张闻天、李立三等，也先后得到了平反昭雪，恢复了名誉。

1980年2月，十一届五中全会决定，为刘少奇平反，撤销中共八届十二中全会强加给刘少奇的一切罪名和作出的错误决议，恢复刘少奇作为伟大的马克思主义者和无产阶级革命家、党和国家主要领导人之一的名誉，纠正了这一“文化大革命”中最大的冤案（见图6–6和图6–7）。

图6–6 邓小平在刘少奇同志追悼大会上致悼词

9月，中共中央发出通知，对“文化大革命”中在中央、地方以及军队的报刊、文电上被错误点名批判的同志，宣布一律平反。

图 6-7 北京，刘少奇追悼大会隆重举行

二是为“文化大革命”中受到错误批判或遭受诬陷的中央领导机关和一些部门平反。1979 年 1 月，中央为“中宣部阎王殿”问题平反；2 月 28 日，中央宣传部对“旧文化部”、“帝王将相部、才子佳人部、外国死人部”大错案彻底平反；3 月 2 日，为解放军总政治部被诬为“阎王殿”冤案彻底平反；3 月 9 日，撤销对中共中央对外联络部所谓实行“三和一少”、“三降一灭”的错误结论；此后，撤销了 1966 年 2 月所谓林彪委托江青召开部队文艺工作座谈会的纪要和《全国教育工作会议纪要》，推翻了“四人帮”强加给教育战线的所谓“两个估计”；等等。

三是对全国各地发生的事件、案件进行复查平反。继为“天安门事件”平反之后，中央又为武汉“七二〇事件”、宁夏青铜峡“反革命暴乱事件”、云南“沙甸事件”、“三家村”冤案等进行复查和平反。

四是为在“文革”中被错判的反革命案件、刑事案件和冤杀、错杀案件改判或平反。一批在“文革”中因同林彪、“四人帮”进行英勇斗争而惨遭杀害的优秀共产党员如张志新、史云峰等人，得到了平反昭雪。

五是为在历次政治运动中特别是“文革”中受到打击、诬陷和迫害的党外人士平反。1979~1982 年，陆续被平反的著名人士有：蒯伯赞、高崇民、吴晗、马寅初、曾昭抡、费孝通、黄药眠、陶大镛、钱伟长、吴景超等人。根据中共中央决定，还平反了国民党起义投诚人员中的冤假错案，全国共为 45 万多名国民党起义投诚人员落实了政策。

六是对“文革”前的一些问题也进行了清理、纠正，并先后作出决定，如给被错划为右派分子的 53 万人进行了摘帽平反；宣布原工商业者已改造成为劳动者；把原为劳动者的小商小贩、手工业者从原资产阶级工商业中区别出来，恢复其劳动者的身份；给地主、富农分子摘帽等。在基本解决了新中国成立以来的冤假错案的平反工作后，又对 20 世纪三四十年代的历史遗案进行了实事求是的复查和纠正，平反了一批冤假错案，如关于地下党问题上的错案，根据地的肃反问题、肃托问题上的错案，等等。

中国共产党以无产阶级政党特有的宽阔胸怀，实事求是地纠正自己历史上的错误，经过大量的艰苦细致的工作，到1982年底，全国大规模地平反冤假错案工作已经基本结束。据不完全统计，在此期间，经中共中央批准平反的影响较大的冤假错案有30多件，全国共平反纠正了300多万名干部的冤假错案，47万多名共产党员恢复了党籍，数以千万计的无辜受株连的干部和群众得到了解脱。

冤、假、错案的大规模平反，各种历史遗留问题的解决，实现了组织路线上的拨乱反正，调整了社会关系，促进了安定团结，调动了广大干部群众的积极性，推动了全党工作重点的转移。

五、《关于建国以来党的若干历史问题的决议》

《关于建国以来党的若干历史问题的决议》，标志着党在指导思想上已经胜利地完成了拨乱反正的历史任务。

为了系统地、全面地总结新中国成立以来32年的基本历史经验，正确评价“文化大革命”和毛泽东以及毛泽东思想，统一全党、全军、全国各族人民的思想认识，把全党、全军、全国各族人民的意志和力量进一步集中到建设社会主义现代化强国这个目标上来，1981年6月27日至29日，中共中央在北京举行了十一届六中全会，审议和通过《关于建国以来党的若干历史问题的决议》（见图6-8）；改选和增选中央主要领导人。全会一致认为，《决议》的通过和发表，对于统一全党、全军、全国各族人民的思想认识，同心同德地为实现新的历史任务而奋斗，必将产生伟大而深远的影响。

图6-8 《关于建国以来党的若干历史问题的决议》

这一重要历史决议的起草工作由邓小平、胡耀邦主持，起草工作由胡乔木负责，起草小组的组织、安排以及联系、交流，由邓力群负责。1979年11月，起草小组开始工作。从1980年3月到1981年6月党的十一届六中全会，邓小平多次谈了对决议稿的起草和修改意见。

1980年3月19日，邓小平找胡耀邦、胡乔木、邓力群谈话，提出了起草的三条指导思想：第一，确立毛泽东同志的历史地位，坚持和发展毛泽东思想。这是最核心的一条。第二，对新中国成立30年来历史上的大事，哪些是正确的，哪些是错误的，要进行实事求是的分析，包括一些负责同志的功过是非，要作出公正的评价。第三，通过这个决议对过去的事情做个基本的总结。总结宜粗不宜细。总结过去是为了引导大家团结一致向前看。争取在《决议》通过以后，党内、人民中间思想得到明确，认识得到一致，历史上重大问题的议论到此基本结束。三条中，最重要、最根本、最关键的，还是第一条。其间，陈云、叶剑英、李先念等也提出了很重要的意见。

《决议》草稿先后经中央书记处、党内4000余名负责干部、50余名老同志、中央政治局数次讨论修改，广泛集中党内外包括130余名民主党派的代表正确意见，其间历经一年零八个月，八易其稿，使草稿日臻完善和成熟。

《决议》共分8个部分：新中国成立以前二十八年历史的回顾；新中国成立三十二年历史的基本估计；基本完成社会主义改造的七年；开始全面建设社会主义的十年；“文化大革命”的十年；伟大的历史转折；毛泽东同志的历史地位和毛泽东思想；团结起来，为建设社会主义现代化强国而奋斗。

《决议》实事求是地评价了新中国成立32年来的功过是非，彻底否定了“文化大革命”。指出，新中国成立32年来，我们取得的成就是主要的。新中国成立以来的历史，总的说来，是我们党在马克思列宁主义、毛泽东思想指导下，领导全国各族人民进行社会主义革命和社会主义建设并取得巨大成就的历史。忽视错误、掩盖错误是不允许的；忽视或否认成就，忽视或否认取得成功的经验，同样是严重的错误。指出，“文化大革命”的理论和实践都是完全错误的，它不是也不可能是任何意义上的革命或社会进步，而是一场由领导者错误发动，被反革命集团利用，给党、国家和各族人民带来严重灾难的内乱。毛泽东负有主要责任，但他的错误是一个伟大的无产阶级革命家所犯的错误。中国人民始终把他看做是自己敬爱的伟大领袖和导师。党和人民在“文化大革命”中同“左”倾错误和林彪、江青反革命集团进行了艰难曲折的斗争，使“文化大革命”的破坏受到了一定限制，并终于战胜了林彪、江青两个反革命集团。历史表明了人民的伟大、我们的党和社会主义具有伟大而顽强的生命力。

《决议》实事求是地评价了毛泽东的历史地位和毛泽东思想。《决议》充分肯定了毛泽东的历史地位，指出他是伟大的马克思主义者，是伟大的无产阶级革命家、战略家和理论家。他为中国革命事业建立了不可磨灭的功勋。就他的一生来看，他对中国革命的功绩远远大于他的过失。他的功绩是第一位的，错误是第二位的。毛泽东思想是马克思列宁主义在中国的运用和发展，是被实践证明了的关于中国革命的正确的理论原则和经验总结，是中国共产党集体智慧的结晶。《决议》强调，毛泽东思想是我们党的宝贵的精神财富，它将长期指导我们的行动。我们必须继续坚持毛泽东思想，并以符合实际的新原理和新结论丰富和发展毛泽东思想。这就统一了全党和全国人民的思想，维护了全党的团结、全国人民的团结，为社会主义建设事业的健康发展，提供了根本的保证。

《决议》依据新中国成立以来正反两方面的经验、特别是“文化大革命”的教训，对十一届三中全会以来党初步确立了的适合我国情况的社会主义现代化建设的正确道路作了基本的总结。这条道路的主要点：一是在社会主义改造基本完成以后，我国所要解决的主要矛盾，是人民日益增长的物质文化生活的需要同落后的社会生产之间的矛盾。党和国家工作的重点必须转移到以经济建设为中心的社会主义现代化建设上来，大力发展社会生产力，并在这个基础上逐步改善人民的物质文化生活。二是社会主义经济建设必须从我国国情出发，量力而行，积极奋斗，有步骤、分阶段地实现现代化目标。三是社会主义生产关系的变革和完善必须适应于生产力的状况，有利于生产的发展。四是在剥削阶级作为阶级消灭以后，阶级斗争已经不是主要矛盾。五是逐步建设高度民主的社会主义政治制度是社会主义革命的根本任务之一。六是社会主义必须有高度的精神文明。七是改善和发展社会主义民族关系，加强民族团结，对于我们这个多民族国家具有重大意义。八是在战争危险依然存在的国际条件下，必须加强现代化国防建设。九是在对外关系上，必须继续反对帝国主义、霸权主义、殖民主义和种族主义，维护世界和平。十是根据“文化大革命”的教训和党的现状，必须把我们党建设成为具有健全的民主集中制的党。

中国共产党十一届六中全会，是继十一届三中全会之后，党的历史上又一次具有重大意义的会议，是总结经验、团结前进的会议。全会通过的《关于建国以来党的若干历史问题的决议》，标志着党在指导思想上已经胜利地完成了拨乱反正的历史任务。

六、农村家庭联产承包责任制

1978 年 11 月 24 日，安徽省凤阳县凤梨公社小岗村的 18 位农民冒险开了一次全体会议，签订了实行“大包干”到户的生死契约。

中国的经济体制改革首先在农村进行。农村改革的第一步就是推行家庭联产承包责任制。新中国成立后至十一届三中全会以前，我国农村发生了根本性的变化，但是由于“左”的思想束缚，农村长期实行的是集中管理、集中劳动的统一分配僵化体制。在不同时期发生的一些地区的农民摆脱这种高度集中的经营体制的尝试也由于“左”倾错误的干扰，而受到批判、压抑而中途夭折。所有制形式上的“一大二公”，经营方式上的“单打一”、“瞎指挥”，分配形式上的“大锅饭”，严重挫伤了广大农民的劳动积极性，阻碍了农村生产力的发展。

1978 年，各种形式的农业生产责任制以自发的方式在各地农村开始出现。十一届三中全会根据一些地方农民的创造，明确提出应建立农业生产责任制，并肯定包括“包工到组”、“联产计酬”在内的多种具体形式，但当时还“不许包产到户”。三中全会后，这种生产责任制在农村逐步得到推行。这同“大锅饭”相比是前进了一步，但是这种生产责任制容易发生只顾劳动数量，不顾劳动质量的偏向。安徽、四川等地出现的“大包干”，使全党对这种生产责任制的认识逐步发生变化。

以包产到户为内容的家庭联产承包责任制是农业管理体制的一场重大改革，是新时期中国农民在农村改革中创造的家庭承包经营的主要形式。它是首先从安徽农村出现而后逐渐在全国推广开来的。

1978 年 11 月 24 日，安徽省凤阳县凤梨公社小岗村的 18 位农民冒险开了一次全体会议，签订了实行“大包干”到户的生死契约（见图 6-9）。事后，立即将田分到户。小岗的这种包干到户是在包产到户的基础上发展起来的，与包产到户的主要区别是在劳动成果的分配方法上取消了工分分配形式，承包者按照事先与集体经济组织商定的条件，除包缴一定数量的实物或现金作为集体提留，保证完成向国家交售的产品收入外，所得收入及剩余产品统归承包者所有，群众称这种“交够国家的，留足集体的，剩下的全是自己的”的家庭承包经营责任制为“大包干”，并概括为“大包干、大包干，直来直去不拐弯，保证国家的，留足集体的，剩下都是自己的”。

小岗村的做法得到了时任安徽省委第一书记万里的支持，万里认为“翻不了天，就让他们干下去”。“大包干”成为农村改革的第一步。

由于“大包干”在不改变土地等生产资料公有制的前提下，实行所有权与使用权的分离，使用权归农户，实现了劳动者与劳动资料的直接结合；这实质上取消了人民公社，又没有走土地私有化的道路，而是实行家庭联产承包为主，统分结合，双层经营，既发挥了集体统一经营的优越性，又调动了农民生产积极性。到 1979 年底，小岗生产队大丰收。全队粮食总产量 132370 斤，相当于 1966~1970 年 5 年粮食产量的总和；油料 35200 斤，是过去 20 年产量的总和；养猪 135 头，超过历史上任何一年；售油料 24933 斤，超过任务的 80 多倍；还清借款 800 元；队里还留有储备粮 1500 斤，公积金 150 元。全队人均收入达 371 元。1979 年整个凤阳县粮食总产量达 4.4 亿多斤，比 1978 年增长 49%，人均收入达 150 元，比 1978 年的 81 元增长 85%。仅仅一年时间，就摘掉了逃荒要饭的帽子（见图 6–10）。

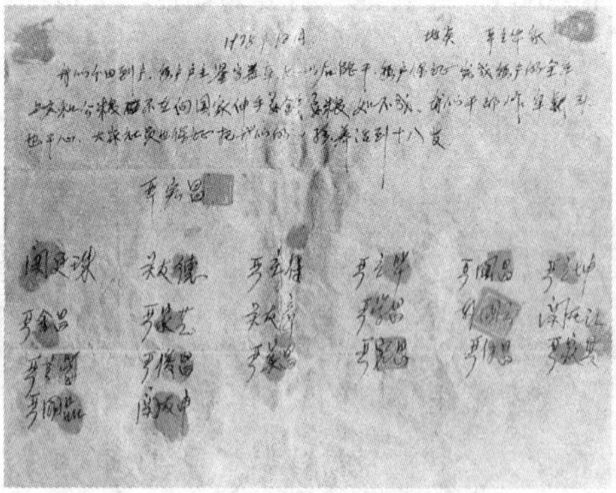

图 6–9　安徽凤阳县梨园公社小岗村 18 户农民代表签署的全国第一份包干合同书

图 6–10　安徽砀山县，收获梨子的果农

1980 年初，时任安徽省委书记的万里来到小岗村，正式肯定了村民的做法，并表示：“地委能批准你们干三年，我批准你们干五年。只要能对国家多做贡献，对集体多提留，社员生活能有改善，干一辈子也不能算开倒车。”此后，“大包干”迅速发展。

1980年1月11日至2月2日，国家农委在北京召开了全国农村人民公社经营管理会议。会上展开了激烈的争论，会议形成的纪要强调基本不许包产到户。四川省委和安徽省委坚持不改变已实行的办法。

针对这种情况，1980年5月31日，邓小平在同中央负责工作人员谈话时，旗帜鲜明地支持了家庭联产承包责任制这一重大改革。并且指出：农村政策放宽以后，一些适宜搞包产到户的地方搞了包产到户，效果很好，变化很快。安徽肥西县绝大多数生产队搞了包产到户，增产幅度很大。“凤阳花鼓”中唱的那个凤阳县，绝大多数生产队搞了大包干，也是一年翻身，改变面貌。有的同志担心，这样搞会不会影响集体经济，我看这种担心是不必要的。邓小平的谈话，对消除部分干部群众的思想顾虑，推动农业生产责任制的发展起了重要作用。

1980年9月27日，中共中央发出了十一届三中全会以来第二个重要的农业文件《关于进一步加强和完善农业生产责任制的几个问题》，对包产到户、包干到户的“双包”生产责任制给予肯定。到1981年，家庭联产承包责任制已经在中国农村绝大部分地区推广（见图6-11）。

1982年1月1日，中共中央批转《全国农村工作会议纪要》，即1982年中央1号文件，指出目前农村实行的各种责任制，包括小段包工定额计酬，专业承包联产计酬，联产到劳，包产到户、到组，包干到户、到组等，都是社会主义集体经济的生产责任制。

图6-11　由大连理工大学艺术系塑造的18户农民按手印大型雕像

1983年中央下发文件，指出联产承包制是在党的领导下我国农民的伟大创造，是马克思主义农业合作化理论在我国实践中的新发展。1983年底，中国农村实行家庭联产承包责任制的达到99.7%。在各种经营承包责任制形式中，“大包干”即“包干到户”这种经营分配方式被全国大多数农民所选择。到1983年底，实行“包干到户”的生产队占全国生产队总数的97.8%，成为多种责任制的主体。

以"大包干"为代表的生产责任制，自1978年开始到1984年基本完成，1984年以后进入稳定、完善阶段。1984年我国粮食总产量达到40731万吨，为有史以来最高水平，农业总产值达到3214.13亿元人民币。而1978年中国粮食总产量只有30477万吨，农业总产值只有1397亿元人民币。1979~1984年六年间，农业总产值增长55.4%，平均每年增长7.6%。粮食产量增长33.6%。农村改革的巨大成功，改变了中国农村的面貌，也对整个改革起到了示范和推动作用。

1991年11月，中国共产党十三届八中全会在北京举行，会议通过了《中共中央关于进一步加强农业和农村工作的决定》。《决定》提出把以家庭联产承包为主的责任制、统分结合的双层经营体制作为我国乡村集体经济组织的一项基本制度长期稳定下来，并不断充实完善。1998年全国人大常委会修订后的《土地管理法》以及党的十五届三中全会通过的《关于农业和农村工作若干重大问题的决定》，贯彻了土地承包期再延长30年的政策。1999年再次修改宪法时，将"家庭联产承包责任制"改为"家庭承包经营"。以农民家庭承包经营为基础、统分结合的双层经营体制，成为我国农村的基本经营制度，其核心是土地承包经营制度。党的十七大在对统筹城乡发展、推进社会主义新农村建设作出部署的同时，进一步强调要坚持农村基本经营制度，稳定和完善土地承包关系，按照依法自愿有偿原则，健全土地承包经营权流转市场，有条件的地方可以发展多种形式的适度规模经营。探索集体经济有效实现形式，发展农民专业合作组织，支持农业产业化经营和龙头企业发展。实践证明，家庭联产承包责任制的实行，使我国广大农民获得了充分的经营自主权，极大地调动了农民的积极性，解放和发展了农村生产力。

七、城市改革的启动

城市经济体制的试点改革，在建设中国特色社会主义道路上迈出了重要的一步，使我国原来的计划经济体制开始松动，表明我国经济已经开始突破过去僵化和封闭的旧模式。

十一届三中全会以后，伴随着农村的改革，城市也开始逐步进行改革。城市的改革远比农村的改革复杂和艰巨。从最初的试点工作来看，城市的经济体制改革主要是从改革经济管理体制、扩大基层单位的自主权，即从解决企业同国家的关系问题等三方面入手的。

第一，简政放权、扩大企业自主权。在原有经济体制下，经营管理权集中在国家手中，企业实际上成了各级行政机构的附属物，缺乏必要的自主权，在很大程度上失去了活力。因此，扩大企业自主权就成为了改革旧的经济体制的一个起点。邓小平在十一届三中全会前召开的中央工作会议上的讲话明确指出，现在我国经济体制权力过于集中，应该有计划地大胆下放，这样才能充分发挥国家、地方、企业和劳动者四方面的积极因素；而且当前最迫切的是扩大厂矿企业和生产队的自主权。

1978 年 10 月，四川省首先选择了四川宁江机床厂等 6 个企业进行扩大自主权的试点，当年就取得了初步成效。1979 年，四川工业企业试点扩大到 100 个，同样取得了显著的成效。根据四川省试点的经验，全国于 1979 年 5 月在北京、天津、上海选择了 8 个企业进行试点（见图 6-12）。改革的主要内容是：改企业基金制为利润留成制；企业在产品生产、销售、试制和资金使用、人事安排、职工奖惩等方面，拥有部分权力；企业实行党委领导下的厂长负责制，建立职工代表大会制度，扩大职工的民主管理权力。

为了引导扩大企业自主权试点工作的进行，1979 年 7 月，国务院下发了关于扩大国营工业企业经营管理自主权、国营企业实行利润留成、开征国营工业固定资产税等五个方面的文件，要求各地区各部门选择少数企业试点。

1979 年底，试点企业扩大到 4200 个。1980 年发展到 6600 个，把扩大企业自主权的

图 6–12 《人民画报》中文版封面：首钢公司的炼钢工人

改革逐步推开了，试点企业占国家预算内工业企业的 16%，产值的 60%，利润的 70%。到 1982 年已经在全国普遍推行。

通过改革，企业部分扩大了企业自主权，在完成国家计划的前提下，多余的生产能力可根据市场需要自行安排生产；企业拥有部分销售权和部分资金使用权，从而一定程度上调动了企业改善经营管理、提高经济效益的积极性。

但是，改革中也存在一些问题，对企业的调整、监督等措施未能加强，致使企业不能正确地理解与使用企业的自主权，影响了企业的积极性的发挥。而且，扩大企业自主权只是城市改革的单项改革，而没有城市经济体制的全面改革，企业改革也不可能实现。这样，城市经济体制综合改革试点的问题被提上了议事日程。

第二，进行城市经济体制综合改革试点，发挥城市组织经济的作用。1981 年 7 月，国务院批准在湖北沙市进行经济体制综合改革试点，沙市在计划、金融、科技、劳动、分配制度等方面进行综合性改革探索。1982 年 3 月又批准在江苏常州进行综合改革试点。1983 年 2 月，中共中央和国务院又批准在四川重庆进行大城市的综合改革试点（见图 6–13）。在 3 个试点城市的带动下，国家还在一些地区和城市进行单项改革试验，如在江苏省进行财政体制改革试点等，为城市经济体制全面改革创造了必要的条件。之后，试点城市逐步增加，到 1984 年扩大到 58 个城市。

为了更好地发挥中心城市的作用，一些省实行了由市领导县的新体制。到 1983 年 11 月，全国共有 121 个省辖市领导 511 个县。1982 年 12 月，国务院还批准成立上海经济区和山西能源基地，同时积极发展横向经济联合。到 1983 年底，全国组建的各种工业企业的经济联合体已达 2400 多个。

第三，发展多种经济形式。十一届三中全会以前，由于“左”倾错误思想的影响，片面强调公有制经济，忽视城镇经济，消灭了个体经济，从而使经济形式和经营方式越来越单一，就业渠道也逐渐狭窄。当时，全国有 800 多万人急需安排就业，其中知识青年占到57%。劳动就业问题就尖锐地摆到了各级政府的面前。为扩大就业，中央决定大力发展城镇集体经济，并允许和鼓励城镇个体经济的发展。

十一届三中全会以后，中国集体经济和个体经济有所恢复和发展。为了鼓励集体经济和个体经济的发展，中央制定了一系列方针、政策。1980年8月，中共中央转发全国劳动就业工作会议关于《进一步做好城镇劳动就业工作》的文件。首次提出在解决城镇劳动就业问题上，要打破由国家全包的“老框框”，实行在国家统筹规划和指导下，劳动部门介绍就业、自愿组织起来就业和自谋职业相结合的方针。文件强调：在解决今后几年劳动就业问题时，要大力发展自负盈亏的集体所有制经济和不剥削他人的个体经济。

针对个体工商户的性质，1981年6月，国务院有关部门发出通知，提出个体工商户是自食其力的独立劳动者，各级有关部门在政治上和经济上对个体工商户要同全民所有制和集体所有制单位一视同仁、同等对待，在资金、原料、税收等方面给予支持。

1981年7月，国务院发布《关于城镇非农业个体经济若干政策性规定》，明确肯定了多种经济成分和多种经营方式同时存在的必然性、长期性。并且对个体户雇工问题作出了规定，指出“必要时，经过工商管理部门的批准，可以请一至两个帮手；技术性强或者有特殊技艺的可以带三个最多不超过五个学徒”。这样对个体户最多可雇7人作了界定。

1981年10月17日，中共中央和国务院又作出《关于广开门路，搞活经济，解决城镇就业问题的若干规定》。指出，发展个体经济绝不是一种权宜之计。强调开辟在集体经济和个体经济中的就业渠道(见图6-14)，并增加自谋职业的渠道。明确在社会主义公有制占优势的根本前提下，实行多种经济形式和多种经营方式长期并存是我党的一项战略决策。

图 6-13 重庆长江大桥的变化

随着对外开放政策的实施，城镇集体经济和个体经济得到了较快的发展，中外合资、中外合作和外商独资企业也不断建立。1978~1982年的5年间，城镇集体企业共安置就业人员1237.9万人，个体劳动者从15万人增加到147万人。到1987年底，国营集体工商业企业已有428.8万户，从业人员1.69亿人；全国城乡个体工商业有1372.5万户，从业人员2158.3万人；私营企业11.5万户；外商投资的“三资”企业8546户。初步形成了以公有制为主体，个体经济、私营经济和“三资”企业等多种经营方式并存的格局。这对于搞活城乡经济、发展各项建设事业、扩大城镇劳动就业，起了很好的积极作用。

图6-14　江苏苏州街头的服装摊

城市经济体制的试点改革，在建设中国特色社会主义道路上迈出了重要的一步，使我国原来的计划经济体制开始松动，表明我国经济已经开始突破过去僵化和封闭的旧模式，抛弃那些不切实际的固定观念，摆脱不适合生产力发展要求的旧路子，逐步走上了符合我国国情的新路子，这既为今后的改革积累了经验，又为改革的继续发展创造了条件。

八、创办经济特区

“还是叫特区好，陕甘宁开始就叫特区嘛！中央没有钱，可以给些政策，你们自已去搞，杀出一条血路来。”

随着社会化大生产和国际贸易的发展，交换和市场也不断扩大，这就要求同国际市场联系起来，扩展对外贸易，引进先进技术，利用国外资金，以及发展各种形式的国际经济技术合作，促进本国经济的发展。创办经济特区已成为社会发展的必然趋势。但新中国成立以后，由于资本主义国家长期对新中国采取孤立和封锁的政策，以及国内“左”倾错误思潮的影响，我国在相当长的一段时间内长期处于与世界隔绝的状态。

十一届三中全会作出了把全党工作重点转移到社会主义现代化建设上来的决定，确定对外开放为一项基本国策。十一届三中全会公报提出：“实现四个现代化，要求大幅度地提高生产力，也就必然要求多方面地改变同生产力发展不适应的生产关系和上层建筑，改变一切不适应的管理方式、活动方式和思想方式。”① “对经济管理体制和经营管理方法着手认真地改革，在自力更生的基础上积极发展同世界各国平等互利的经济合作，努力采用世界先进技术和先进设备。”

1979 年 4 月，中共中央召开工作会议，主要讨论经济问题。李先念在报告中指出：我们要多引进一些国外先进技术，最可靠、最主要的途径，就是要扩大出口，积极吸收侨汇。在会议上，当时担任广东省委主要领导工作的习仲勋、杨尚昆向中央汇报工作，他们建议：希望中央下放若干权力，让广东在对外经济中有必要的自主权，允许毗邻港澳的深圳市、珠海市和重要侨乡汕头市举办出口加工区。

邓小平十分赞同这一设想。汇报完的当天，邓小平就与广东省负责人谈话，并对广东省委负责人说：“还是叫特区好，陕甘宁开始就叫特区嘛！中央没有钱，可以给些政策，你们自己去搞，杀出一条血路来。”

中央工作会议不久，中共广东省委、福建省委分别在同年 6 月 6 日和 6 月 9 日向中央递交了关于对外经济活动实行特殊政策和灵活措施的报告。7 月 15 日，中共中央、国务院批转了广东省委、福建省委的报告，决定对两省的对外经济活动实行特殊政策和灵活措施，给地方以更多的自主权，以充分利用两省的优越条件，扩大对外贸易，抓紧当前有利的国际形势，先走一走，把经济尽快搞上去。同时决定，先在广东的深圳、珠海两市划出部分地区试办出口特区，待取得经验后，再考虑在广东的汕头、福建的厦门设置。

1980 年 3 月 24 日至 30 日，中共中央在广州召开广东、福建两省会议，正式将“出口特区”，定名为“经济特区”，从而更完整地概括了特区的性质和作用。5 月，中共中央和国务院决定在广东的深圳、珠海、汕头和福建的厦门分别划出一块区域，试办经济特区（见图 6-15）。

①《三中全会以来重要文献选编》（上），人民出版社 1982 年版，第 7 页。

同年8月，五届全国人大正式批准国务院提出的在广东的深圳、珠海、汕头和福建省的厦门设立经济特区，通过并颁布《广东省经济特区条例》，完成了经济特区设置的立法程序。

四个经济特区的设立，表明我国对外开放迈出了实质性的一步。特区经济在全国统一领导下，以外资企业为主，以市场经济为主，从此走上了迅速发展的道路。

但是，由于传统观念的束缚，对于创办特区，一开始就有不同意见，作为改革开放中的新生事物，经济特区一方面受到国内外各界人士的广泛关注、热情支持和深切理解；另一方面有人担心国门一旦打开之后，资本主义的东西会不会如洪水猛兽一样涌进来，“担心是不是搞资本主义”。针对这种情况，1980年12月，邓小平在中央工作会议上坚定地说：“在广东、福建两省设置几个特区的决定，要继续实行下去。”[①]

1981年11月，国务院召开沿海9省、市、自治区对外经济贸易座谈会，会议提出要利用沿海地区的有利条件，加强国际经济合作和技术交流；大胆利用外资，积极引进技术，对现有企业进行技术改造；在内外销统筹安排的条件下，努力增加出口比重；针对国内外两个不同市场、两个价格体系的情况下，积极地、有步骤地改革对外经济贸易管理体制等意见，并形成座谈会纪要。

图6–15　广东省汕头特区港口俯瞰

1984年1月24日，邓小平亲自南下考察深圳、珠海、厦门三个经济特区（见图6–16）。2月24日，邓小平同几位中央负责同志谈话时说：“我们建立经济特区，实行开放政策，有个指导思想要明确，就是不是收，而是放。”同时他还指出厦门特区划得太小，要把海南岛发展起来，再开放几个港口城市，要让一部分地区先富裕起来。邓小平在经济特区发展的关键时刻的讲话，排除了怀疑和非议。为特区的建设和发展指明了方向。

①《邓小平文选》第2卷，人民出版社1994年版，第363页。

1985~1991 年，特区建设进入基本成型阶段，由“铺摊子、搭架子、打基础”转到“抓生产、上水平、求效益”上来。

图 6-16 中国改革开放总设计师邓小平首次亲临深圳特区视察

在深圳、珠海、厦门、汕头四个经济特区取得成绩的同时，国家决定在海南岛建立经济特区。经过一系列准备工作，1988 年 4 月 13 日，七届全国人民代表大会通过了设立海南省，建立海南岛经济特区的决定。

经济特区创建后，得到了很快、很大的发展，其中深圳发展的速度最快。据统计，深圳市的国内生产总值由 1980 年的 2.7 亿元增加到 1990 年的 135 亿元，增加了 49 倍，平均每年递增 47.9%；人均国民生产总值由 835 元增加到 6861 元，增加 7. 2 倍，增长 23.4%；开放度已由 5.1%上升为 115.4%。这就是脍炙人口的“深圳速度”。珠海、厦门、汕头也取得了不俗的发展。

进入 20 世纪 90 年代，特区建设驶入快车道，特别是 1992 年初邓小平南方谈话发表之后，使特区进一步涌起改革开放的春潮，特区建设进入了一个新的阶段。到 1996 年，五大经济特区都取得了不凡的成绩，特区顺利实现了初创起步——基本成熟——迅猛发展的阶段转换，昔日荒凉的地方都成了中国对外开放的窗口和基地，成了繁荣、安康、文明的国际性城市或地区。

1997 年中国共产党第十五次全国代表大会提出，要进一步办好经济特区，鼓励特区在体制创新、产业升级、扩大开放等方面继续走在前面，发挥对全国的示范、辐射等作用。特区建设已经发生了根本性的变化，为迈向 21 世纪奠定了坚实的基础。

事实证明，创办经济特区是一个成功的试验。经济特区处在中国对外开放战略格局中的前哨阵地，不仅发挥了窗口的作用，还显示了社会主义的优越性。特区不断开拓新技术、新产品，实现产业化，在引进技术、获得知识、学习管理、培养人才等方面，不断取得进步与发展。我国经济特区从无到有，从弱小到强大，从一种形式发展为多种形式，有力地促进了我国全方位、多层次、宽领域对外开放格局的形成。

九、对外开放政策的初步实施

“特区是个窗口，是技术的窗口、管理的窗口、知识的窗口，也是对外政策的窗口，从特区可以引进技术、获得知识、学到管理。”

开放是世界经济发展的大趋势，对外开放是社会主义的本质要求，是加速中国现代化建设的客观要求，中国的发展离不开世界。

早在1978年春夏，国务院就派出两个考察团到国外进行考察。一个是以谷牧为团长，有杨波、钱正英等参加的西欧考察团；另一个是以李一氓为团长，有于光远、乔石等参加的南斯拉夫、罗马尼亚考察团。组成这两个考察团赴国外考察，这还是新中国成立以来经济建设史上的一个重大举措。考察团成员开眼看世界，深感世界发展变化之快，中国不应自我封闭，而应奋起直追，中国应当扩大对外经济文化交流，扩大吸引外资，加快经济建设，参与国际市场竞争。回国后，考察团提出了一些政策性建议，并上报中央，为中央制定改革开放的方针政策起了重要的作用。

1978年7月6日到9月9日，李先念主持召开国务院务虚会议。会议重点讨论了引进问题。会议提出要引进资本主义国家的先进技术设备、先进管理经验，以及要大量地引进资本主义国家的资金来进行社会主义现代化建设。这次会议基本确立了引进开放的战略目标，并体现在后来召开的十一届三中全会的战略决策中。

1978年9月6日到11月3日，国务院召开全国计划会议，会上提出经济战线必须实行三个转变。其中之一，是从那种不与资本主义国家进行经济技术交流的闭关自守或半闭关自守状况，转到积极地引进国外先进技术、利用国外资金，大胆地进入到国际市场上来。

改革推动开放，1978年12月的中共十一届三中全会，在作出把全党的工作重点转移到社会主义现代化建设上来的重大战略决策的同时，明确提出了实行对外开放的方针，在自力更生的基础上积极发展同世界各国平等互利的经济合作，努力采用世界先进技术和先进设备。中央也多次讨论，一致认为，我们的社会主义现代化建设，要利用国际国内两种资源，要打开国际国内两个市场，要学会组织国内建设和发展对外经济关系的两种本领，从而把对外开放提高到了战略地位。此后，我国的对外开放在实践中经历了一个分层次、有重点的由外向内逐步推进的历史进程。

我国的对外开放是从兴办经济特区起步的。1980 年 5 月，中共中央、国务院正式确定在广东省的深圳市、珠海市、汕头市和福建省的厦门市，各划出一定的区域，试办“经济特区”。邓小平指出：“特区是个窗口，是技术的窗口、管理的窗口、知识的窗口，也是对外政策的窗口，从特区可以引进技术、获得知识、学到管理。”[①] 特区成为了对外开放的窗口和试验场。

1984 年 4 月，根据邓小平的建议并总结了兴办经济特区和对外开放的其他方面的实践经验，在北京召开了沿海部分城市的座谈会，并于 5 月 4 日颁发了《沿海部分城市座谈会纪要》，决定开放大连、秦皇岛、天津、烟台、青岛等 14 个沿海港口城市，给予这些城市更多的优惠，从而更好地利用外资和引进先进技术，作为我国实行对外开放的一个新的重要步骤（见图 6–17）。

图 6–17　广东湛江港迎来第一艘外国邮轮

1985 年 2 月，中共中央、国务院决定将长江三角洲、珠江三角洲和闽南厦门、泉州、漳州三角地区开辟为沿海经济开放区。

1988 年 3 月，国务院发出《关于进一步扩大沿海经济开放区范围的通知》，进一步扩大了长江、珠江三角洲和闽南三角地区的范围，并把辽东半岛、山东半岛和环渤海湾地区的一些市、县和沿海开放城市所辖的县列为沿海经济开放区，从而使沿海经济开放区的范围扩大到包括杭州、南京、沈阳等省会城市的 140 个市、县，人口增加至 1.6 亿。同

① 《邓小平文选》第 3 卷，人民出版社 1994 年版，第 51~52 页。

年4月第七届全国人大一次会议，通过设立海南省和建立全国最大的海南经济特区的决议（见图6-18）。

经过不断的实践，我国初步形成了“经济特区、沿海开放城市、沿海经济开放区、内地”这样一个多层次、有重点、点面结合的对外开放格局。

图6-18　海南省人民政府正式挂牌成立

对外开放的第二步就是引进外资，创办“三资”企业。开放之初，我国经济建设资金不足，利用外资就成为我国开放的中央政策内容之一。十一届三中全会以后，国家在引进外资，鼓励外国公司企业或个人到国内来投资设厂，或办合资企业上取得了突破。早在1978年，邓小平就提出了要引进资金，加速我国的经济发展，从而打破了长期以来形成的“既无内债，又无外债”的思想框框，开阔了我们的思路。

从1979年开始，我国就通过外国政府贷款、对外发行债券的方式，引进外资；第二年，我国接受外国政府和国际货币基金组织、世界银行等国际经济组织和机构的贷款，在利用外资方面迈出了新的步伐。我国在利用外资的同时，吸收外商的直接投资，在中国投资建厂。为规范外资在中国投资建厂，1979年7月，五届全国人大二次会议制定的《中华人民共和国中外合资经营企业法》颁布实施。随后，国务院还颁布了其他有关法规，规定对外商来华投资、转让技术，在劳务费用、场地使用、税收、利润、生产经营的外部条件和自主权等方面给予一定的优惠待遇。截至1982年底，全国已批准中外合资经营企业48家，投资总额2亿多美元；我国同174个国家和地区建立了经济贸易往来，扩大了对外经济交往的范围。这对于吸收国外企业先进的经营管理经验、提高产品质量、扩大出口创汇等方面都起了积极作用。

对外开放的第三步就是引进技术和先进设备。对外开放刚刚展开时，我国技术水平落后，设施陈旧、效率低下，这就迫切需要引进国外的先进技术和设备，以改进我国在技术与设备方面落后的局面。1979~1988年，我国通过各种方式共引进各类技术1.8万多项。一批老企业改变了设备陈旧、技术落后、效率低下的状况，缩短了同国际先进水平的差距（见图 6-19）。沿海城市还直接引进了一批国际上 20 世纪 80 年代的先进技术与产品，填补了国内空白，如上海引进的大众汽车、厦门引进的柯达彩色胶片生产技术等，都使国内生产技术有了大幅度的提高。通过引进先进技术和设备，提高了我国企业的生产能力，填补了国内某些技术空白，加快了产品的更新换代，促进了产业结构的调整，缩小了我国与发达国家的差距，增强了我国产品在国际上的竞争力，扩大了出口创汇能力。

实行对外开放，是对当代世界经济、科技发展和国际形势发展的必然要求；是我们党解放思想，实事求是地对怎样建设社会主义进行重新认识的结果；是邓小平等领导人对落后国家如何赶上和超过发达资本主义国家进行再认识的重要成果。我国对外开放的成功实践证明，对外开放的政策是完全正确的。

图 6-19 上海宝山钢铁总厂第一炉钢出炉

第七章 全面开创社会主义现代化建设的新局面

一、中国共产党第十二次全国代表大会胜利召开

把马克思主义的普遍真理同我国的具体实际结合起来，走自己的道路，建设有中国特色的社会主义，这就是我们总结长期历史经验得出的基本结论。

十一届三中全会以后，为了制定具有中国特色的社会主义建设的基本纲领，全面开创社会主义现代化建设的新局面，1982年9月1日至11日，中国共产党第十二次全国代表大会在北京召开。出席大会的正式代表1545名，候补代表145名，代表着全国3965万多名党员。大会的主要议程是：审议第十一届中央委员会的报告；审议和通过新的党章；选举新的中央委员会、中央顾问委员会和中央纪律检查委员会。

邓小平致大会开幕词，胡耀邦代表第十一届中央委员会作题为《全面开创社会主义现代化建设的新局面》的报告，叶剑英、陈云就干部队伍的新老合作和交替问题讲了话，李先念致闭幕词。

开幕词回顾了党的历史，论述了党的十二大的历史地位。邓小平指出，党的七大是建党以后民主革命时期我们党最重要的一次代表大会，为新民主主义革命在全国的胜利奠定了基础。党的八大的路线是正确的，但是没有能够在实践中坚持下去。八大以后，

我们取得了社会主义建设的许多成就，同时也遭到了严重挫折。从十一届三中全会以来，我们党在经济、政治、文化等各方面的工作中恢复了正确的政策，并且研究了新情况、新经验，制定了一系列新的正确政策。我们有充分的根据相信，这次代表大会制定的正确的纲领，一定能够全面开创社会主义现代化建设的新局面。这次代表大会将是党的第七次全国代表大会以来的一次最重要的会议。邓小平在开幕词中提出了建设有中国特色的社会主义的著名思想，他说："我们的现代化建设，必须从中国的实际出发。无论是革命还是建设，都要注意学习和借鉴外国经验。但是，照抄照搬别国经验、别国模式，从来不能得到成功。这方面我们有过不少教训。把马克思主义的普遍真理同我国的具体实际结合起来，走自己的道路，建设有中国特色的社会主义，这就是我们总结长期历史经验得出的基本结论。"[①] 邓小平提出的这一指导思想，既是十二大的指导思想，也是整个新的历史时期的改革开放和现代化建设的指导思想。

十二大提出，中国共产党在新的历史时期的总任务是：团结全国各族人民，自力更生，艰苦奋斗，逐步实现工业、农业、国防和科学技术的现代化，把我国建设成为高度文明、高度民主的社会主义国家。报告指出，在全面开创新局面的各项任务中，首要的任务是把社会主义现代化经济建设继续推向前进。从 1981 年到 20 世纪末的 20 年，我国经济建设总的奋斗目标是，在不断提高经济效益的前提下，力争使全国工农业的年总产值翻两番，即由 1980 年的 7100 亿元增加到 2000 年的 2.8 万亿元左右。实现这个目标，我国国民收入总额和主要工农业产品的产量将居于世界前列，整个国民经济的现代化过程将取得重大进展，城乡人民的收入将成倍增长，人民的物质文化生活可以达到小康水平，把 20 世纪末的奋斗目标由先前的实现现代化改为实现小康是符合我国经济落后和发展不平衡的实际情况的。

大会提出了今后 20 年经济发展的战略重点，是解决好农业问题、能源、交通问题和教育、科学问题。在战略部署上分两步走：前 10 年主要是打好基础，积蓄力量，创造条件，后 10 年要进入一个新的经济振兴时期。会议提出，在 1982~1985 年的第六个五年计划期间，要继续坚定不移地贯彻执行调整、改革、整顿、提高的方针，厉行节约，反对浪费，把全部经济工作转移到以提高经济效益为中心的轨道上来。会议强调，要集中资金进行重点建设，继续改善人民生活；要坚持国营经济的主导地位，同时积极发展多种

①《邓小平文选》第 3 卷，人民出版社 1994 年版，第 2 页。

经济形式；正确贯彻计划经济为主、市场经济为辅的原则；坚持自力更生和扩大对外经济技术交流。

十二大（见图7-1）第一次在提出经济建设目标的同时，明确提出要努力建设高度的社会主义精神文明和高度的社会主义民主。指出，社会主义精神文明是社会主义的重要特征，是社会主义制度优越性的重要表现。还指出，建设社会主义的物质文明和精神文明，都要靠继续发展社会主义民主来保证和支持。社会主义民主的建设必须同社会主义法制的建设紧密地结合起来，使社会主义民主制度化、法律化。报告最后强调努力把党建设成为领导社会主义现代化事业的坚强核心。

图7-1 中共十二大在北京召开

十二大提出了要实现干部队伍的革命化、年轻化、知识化、专业化。指出，党风问题是关系到执政党生死存亡的问题。大会确定，从1983年下半年开始，对党的作风和党的组织进行一次全面整顿。

大会审议和通过了新党章。新党章清除了1977年十一大党章中“左”的错误，继承和发展了七大、八大党章的优点，新党章规定党中央不设主席只设总书记，还规定中央和省一级设顾问委员会，作为新老干部交替的过渡性机构，以发挥许多从第一线退下来的富有经验的老同志对党的事业的参谋作用。

大会选出中央委员210名，候补中央委员138名，组成第十二届中央委员会。同时选出中央顾问委员会委员172人，中央纪律检查委员会委员132人。全会选举胡耀邦为中央委员会总书记；选举万里等9人为书记处书记，乔石等2人为候补书记；决定邓小平为中央军事委员会主席和顾问委员会主任；批准陈云为中央纪律检查委员会第一书记。在当选的348位中央委员和候补中央委员中，新当选的有221人，占60%；50岁以下的49人，占14%；60岁以下的171人，占49%；具有大专以上学历的122人，占35%。书记处成员比前一届平均年轻5岁。这时，党中央领导集体中，除老一辈领导人外，增加了新的成员。邓小平是这一代领导集体的核心。

十二大是新中国成立以来党的历史上一次重要的代表大会。它全面地总结了新中国成立30多年来社会主义革命和建设的经验教训，提出了新时期的总任务，制定了党领导人民全面开创社会主义现代化建设的纲领、路线和方针政策，标志着党胜利地实现了历史性的伟大转变，标志着党的最高领导层新老合作和交替的实现，使干部队伍在革命化、年轻化、知识化、专业化道路上大大前进了一步；标志着十一届三中全会以来的正确路线继续前进的连续性和稳定性，从而开创了中国社会主义现代化建设的新篇章。

二、《中华人民共和国宪法》的修订

本宪法以法律的形式确认了中国各族人民奋斗的成果，规定了国家的根本制度和根本任务，是国家的根本法，具有最高的法律效力。

1982年11月至12月间第五届全国人民代表大会第五次会议在北京举行。叶剑英主持开幕大会。彭真受叶剑英主任委员的委托，代表宪法修改委员会作《关于中华人民共和国宪法修改草案的报告》。

新中国成立以来，我国曾经在1954年、1975年、1978年先后制定了三部宪法。1980年9月五届人大三次会议通过了中共中央关于修改《中华人民共和国宪法》和成立宪法修改委员会的建议，决定系统地修改1978年的宪法。同年9月10日正式成立宪法修改委员会并主持宪法的修改工作。该会于1982年2月提出了《中华人民共和国宪法修改草案》讨论稿。全国人大常委会委员、全国政协常委会部分委员、各民主党派和各人民团体负责人及党和政府各部门的负责人，都提出了修改意见。经宪法修改委员会认真修改，由全国人大常委会公布，交全国各族人民讨论。后又经多次修改，提交全国人大审议。五届人大五次会议正式通过并颁布实行的《中华人民共和国宪法》，是新中国成立以来的第四部宪法。彭真受叶剑英的委托，在大会上代表宪法修改委员会作的报告中指出：这次宪法的修改、讨论工作进行了两年之久，是做得相当认真、慎重和周到的（见图7-2）。

图 7–2 彭真作关于宪法修改草案的报告

新宪法有序言、四章 138 条。序言中规定“本宪法以法律的形式确认了中国各族人民奋斗的成果，规定了国家的根本制度和根本任务，是国家的根本法，具有最高的法律效力（见图 7–3）。全国各族人民、一切国家机关和武装力量、各政党和各社会团体、各企业事业组织，都必须以宪法为根本的活动准则，并且负有维护宪法尊严、保证宪法实施的职责”。新宪法不但彻底纠正了 1978 年宪法中还存在的“左”的指导思想，而且内容更加完备，增加了适应社会主义现代化建设的新规定，其主要特点表现在：

第一，新宪法确定总的指导思想是坚持四项基本原则，实行改革开放的总方针；提出了社会主义现代化建设的基本纲领和今后的根本任务，即集中力量进行社会主义现代化建设，逐步实现农业、工业、国防和科学技术的现代化，把我国建设成为高度文明、高度民主的社会主义国家。

第二，新宪法明确了国家性质，扩大了公民的各项基本权利。规定“中华人民共和国是工人阶级领导的、以工农联盟为基础的人民民主专政的社会主义国家”。增加了关于公民的人格尊严、人身自由、宗教信仰、住宅、通信等方面的权利。

第三，新宪法对我国的社会主义经济制度作了进一步说明。规定国营经济和集体经济都是社会主义公有制经济形式，是中国社会主义经济制度的基础。城乡劳动者个体经济是社会主义公有制的补充。国家允许外国的经济组织或个人在中国投资，进行各种形式的经济合作，并依法保护其合法权利。国家通过经济计划的综合平衡和市场调节的作用，保证国民经济按比例协调发展。

第四，新宪法适应我国政治体制改革的需要，发展了人民民主制度。新宪法扩大和完善了人大常委会的职能；恢复了 1954 年宪法设立国家主席的规定；新设了国家中央军事委员会，领导全国的武装力量；国务院实行总理负责制，各部、委实行部长、主任负责制；废除实际存在的领导职务终身制，规定国家领导人连续任职不得超过两届；在中央统一领导下，加强地方政权建设，改变农村人民公社的政社合一体制，设立乡政权；

图 7–3 《中华人民共和国宪法修改草案》公布后，北京市群众争相购阅

设立居民委员会和村民委员会；县以下人大代表直接选举产生等。

第五，新宪法突出了我国社会主义精神文明建设。新宪法规定国家通过普及理想、道德、文化、纪律、法制等教育，通过制定和执行适合基层群众的各种守则、公约，加强社会主义精神文明建设，使公民成为有理想、有道德、有文化、守纪律的公民，形成新的社会道德风尚。

第六，新宪法进一步加强了维护国家统一和民族团结。规定对台湾等个别地区实行“一国两制”，在少数民族地区实行民族区域自治。

这部宪法是我国在新的历史时期治国安邦的总章程，它对于发扬社会主义民主、健全社会主义法制、国家的长治久安、各族人民的安居乐业，对于开创社会主义现代化建设和改革开放的新局面，起着极其重要的保证作用。

三、社会主义精神文明建设的开展

一定要坚持发展物质文明和精神文明，坚持“五讲四美三热爱”，教育全国人民做到有理想、有道德、有文化、有纪律。

在建设物质文明的同时，加强社会主义精神文明建设，是建设中国特色社会主义重要内容。对此，党的认识经历了一个不断深化的过程。

建设社会主义精神文明，最早是 1979 年 9 月 25 日至 28 日在党的十一届四中全会上，讨论叶剑英准备在国庆节发表的讲话时提出来的。1980 年 12 月 25 日，邓小平对建设社会主义精神文明的内容和重要性进行了阐述。他指出，我们要建设的社会主义国家，不但要有高度的物质文明，而且要有高度的精神文明。所谓精神文明，不但是指教育、科学、文化（这是完全必要的），而且是指共产主义的思想、理想、信念、道德、纪律，革命的立场和原则，人与人的同志式关系，等等。他还认为，没有这种精神文明，就不能建成社会主义。

为了推进社会主义精神文明建设，在十一届四中全会和中央工作会议精神指引下，建设社会主义精神文明的群众运动——“五讲四美”与“全民文明礼貌月”活动迅速在全国开展起来。1981 年 2 月 25 日，全国总工会、共青团中央、全国妇联、全国文联等 9 个单位联合发出《关于开展文明礼貌活动的倡议》。《倡议》指出：在进行四化建设的同时，大力加强社会主义精神文明建设，开展以讲文明、讲礼貌、讲卫生、讲秩序、讲道德和心灵美、语言美、行为美、环境美为内容的“五讲四美”文明礼貌活动。2 月 28 日，中宣部、教育部、文化部、卫生部和公安部联合发出《关于开展文明礼貌活动的通知》，积极支持上述倡议。1982 年 2 月，中共中央办公厅转发中宣部《关于深入开展“五讲四美”活动的报告》，规定每年 3 月份为“全民文明礼貌月”。2 月 28 日，党和国家领导同志同首都党政军民学 200 多万人走上街头，打扫卫生，维持交通秩序，宣传文明礼貌，开展学雷锋、树新风活动，揭开了“全民文明礼貌月”活动的序幕（见图 7-4）。

图 7-4 在全民文明礼貌月中北京 125 中的学生在东单刷洗广告牌

中国共产党十二大把建设社会主义精神文明提到了重要位置。邓小平在十二大开幕词中提出“建设社会主义精神文明”的任务。强调社会主义精神文明的核心，是共产主义理想，它决定着社会主义精神文明的性质和方向。

1985 年 3 月 7 日，邓小平在全国科技工作会议上指出，我们在建设具有中国特色的社会主义社会时，一定要坚持发展物质文明和精神文明，坚持“五讲四美三热爱”，教育全国人民做到有理想、有道德、有文化、有纪律。这四条里面，理想和纪律特别重要。

要特别教育我们的下一代、下两代，一定要树立共产主义的远大理想。有了理想，还要有纪律才能实现。1986年1月17日，邓小平在中央政治局常委会上指出，抓精神文明建设，抓党风、社会风气好转，必须狠狠地抓，一天不放松地抓，从具体事件抓起。3月28日，他又提出，我们现在搞两个文明建设，一是物质文明，一是精神文明。实行开放政策必然会带来一些坏的东西，影响我们的人民。要说有风险，这是最大的风险。我们用法律和教育这两个手段来解决这个问题。

为了加强精神文明建设，1986年9月党的十二届六中全会作出《关于社会主义精神文明建设指导方针的决议》。这个决议，进一步阐述了社会主义精神文明建设的战略地位、根本任务和基本指导方针。

第一，指出了精神文明建设的重要性。《决议》指出，我国社会主义现代化建设的总布局是：以经济建设为中心，坚定不移地进行经济体制改革，坚定不移地进行政治体制改革，坚定不移地加强精神文明建设，并且使这几个方面互相配合，互相促进。全党同志必须从这个总体布局的高度，正确认识社会主义精神文明建设的战略地位。以马克思主义为指导的社会主义精神文明是社会主义社会的重要特征。在社会主义时期，物质文明为精神文明的发展提供物质条件和实践经验，精神文明又为物质文明的发展提供精神动力和智力支持，为它的正确发展方向提供有力的思想保证。社会主义精神文明建设，是关系社会主义兴衰成败的大事。

第二，明确了精神文明建设的任务。社会主义精神文明建设的根本任务，是用建设有中国特色的社会主义的共同理想动员和团结全国各族人民，树立和发扬社会主义的道德风尚，加强社会主义民主、法制、纪律的教育，普及和提高教育科学文化，培养有理想、有道德、有文化、有纪律的社会主义公民，提高整个中华民族的思想道德素质和科学文化素质。

第三，提出了新的要求。《决议》还指出，全面改革和对外开放对精神文明建设提出了新的、更高的要求，能不能适应这种要求，有力地抵制资本主义和封建主义的腐朽思想，防止种种迷失方向的危险，这是一个历史性的、重大的考验。《决议》要求坚持马克思主义在精神文明建设中的指导作用，反对资产阶级自由化，要求各级党组织和广大党员带头搞好精神文明建设。

《关于社会主义精神文明建设指导方针的决议》是党制定的第一个关于社会主义精神文明建设的纲领性文件，对于推进社会主义精神文明建设，保证社会主义现代化建设的顺利进行起到了重要的指导作用。

四、改革开放的全面展开

经济体制改革迅速地在全国范围内全面展开，重点由农村转向城市，并推广到教育、科技、国防等诸多领域，对外开放也形成了多层次、有重点、点面结合的格局。

十二大以后，经济体制改革迅速地在全国范围内全面展开，重点由农村转向城市，并推广到教育、科技、国防等诸多领域，对外开放也形成了多层次、有重点、点面结合的格局。

1. 农村经济体制改革的深入开展

20世纪80年代初，农业生产责任制得到进一步的稳定和普遍实行。1983年中央一号文件《当前农村经济政策的若干问题》对农业发展规划、农村发展道路、稳定和完善农业责任制以及农村领导体制作了规定，并进一步阐明了发展联产承包责任制的重要性与必要性，从而推动了农业生产责任制在全国的迅猛发展。到1984年，全国已有99.96%的生产队实行了以联产承包为主要形式的责任制。

继十一届三中全会提出了发展农、林、牧、副、渔多种经营的政策后，1981年3月，中共中央和国务院转发了国家农委《关于积极发展多种经营的报告》，报告对多种经营的作用作了全面总结；对我国农业的特点作了科学的概括，并提出今后农村经济的指导方针是决不放松粮食生产，积极开展多种经营，同时制定了相应的政策和措施。1983年中央一号文件《当前农村经济政策的若干问题》进一步提出允许农村的资金、技术、劳动力一定程度的流动和多种方式的结合；允许农民个人或联户购置大、小型农机，从事生产和运输；允许农民个人或合伙进行长途贩运；扶持农村的个体商业和多种服务业等。1985年1月，中共中央、国务院颁发的《关于进一步活跃农村经济的十项政策》，提出了允许农民进城开店设坊，兴办服务业，提供各种服务。上述各种政策措施，提高了全党对开展多种经营的认识，有力地推动了农村多种经营的开展。农村多种经营范围日益扩大，商品经济开始活跃起来，农民生活进一步改善。

农村经济力量的不断壮大，促进了乡镇企业和集镇的发展。1984年初，中共中央、国务院相继发布了《关于开创社队企业新局面的报告》等一系列文件，认为乡镇企业是多种经营的重要组成部分，对乡镇企业在发展方向上要给予积极引导，进而推动农村中各种性质的乡镇企业的发展。文件精神的贯彻，促进了乡镇企业的迅猛发展。到1987年，全国乡镇企业从业人数达到8805万人，产值达到4764亿元，占农村社会总产值的50.4%，第一次超过了农业总产值。

改革农产品统派统购制度，扩大农民生产经营自主权。1978年以后，中央陆续提出了一系列调整农副产品购销政策。1985年1月，中共中央、国务院在《关于进一步活跃农村经济的十项政策》中，明确提出了国家对农产品统派统购制度的改革，指出从1978年起，除个别品种外，国家不再向农民下达农产品统派统购任务，按照不同情况，分别实行合同订购和市场收购。对粮食、棉花等少数重要产品，实行尊重农民自主权的国家计划合同收购的新政策，合同收购以外的产品可以自由出售，或以协议价格卖给国家；其余多数产品，逐步放开，自由交易。这一政策把农村经济纳入了有计划的商品经济轨道，促使传统农业逐步向专业化、商品化方向发展。

对人民公社政社合一的体制进行彻底改革。1983年10月下发了《关于实行政社分开建立乡政府的通知》，按照中央的要求，到1984年底全国已有97%以上的农村人民公社完成了政社分设，建立了9.1万个乡（镇）政府，同时成立了92.6万个村民委员会。

2. 城市经济体制改革的全面展开

1984年10月，在北京举行的十二届三中全会一致通过了《中共中央关于经济体制改革的决定》，总结了新中国成立以来特别是十一届三中全会以来经济体制改革的经验，比较系统地提出和阐明了经济体制改革中的一系列重大理论和实践问题，是全面进行城市经济体制改革的纲领性文件。

第一，在城市经济体制改革中进行了扩大企业自主权的改革，即扩大国营工业企业经营管理自主权的改革。从1978年10月开始对城市国营企业实行“扩权”试点。通过简政放权，企业扩大了生产计划权、产品购销权等一系列权力，一定程度上增强了企业活力。

第二，实行政企分开，扩大企业生产经营自主权。《决定》分析了政企不分的弊病，认为政府机构管理经济的主要职能应该是：制订经济和社会发展的战略、计划、方针和政策；制订资源开发、技术改造和智力开发的方案；协调地区、部门、企业之间的发展计划和经济关系；部署重点工程或工业的建设；汇集和传布经济信息，掌握和运用经济调节手段，等等。

第三，实行厂长（经理）负责制。从1979年开始，许多企业就进行了企业领导体制改革的试点。1983年国务院颁布的《国营工业企业暂行条例》规定，企业实行党委领导下的厂长（经理）负责制和职工代表大会制，企业是法人，厂长（经理）是法人代表。1984年，党中央和国务院发出通知，要求在全民所有制工业企业中有计划地试行厂长负责制。1986年9月，党中央和国务院正式颁发了《全民所有制工业企业厂长工作条例》等三个条例，把厂长负责制作为企业的基本制度肯定下来。11月，国务院发出的认真贯彻三个条例的补充通知，进一步明确了厂长是企业一厂之长，是企业法人代表，处于中心地位，起中心作用，对企业负有全面责任。厂长负责制实现了厂长责任与权力的统一，明显改善了企业党政不分、以党代政的状况，改善了企业经营管理体制。

第四，实行以公有制经济为主的多种经营成分并存的新格局。1984年开展的以城市为重点的经济体制改革，是在公有制为主的前提下，调整所有制结构，以公有制为主体，个体经济、私营经济、外资经济和其他经济为补充，多种经济成分并存，共同发展，逐步打破原来那种与现实生产力水平不完全适应的单一公有制结构。同改革前的1978年相比，在全国工业总产值中，全民所有制所占的比重由77.6%下降为59.7%；集体经济由22.4%上升到34.6%；个体经济、私营经济、“三资”企业和其他非公有制经济成分则由几乎为零上升到5.6%。

第五，实行“利改税”。1979年以来，国家先后在部分企业中进行了征收所得税的试点工作。国务院在试点的基础上批准分两步对国有企业实行“利改税”。第一步是把国有大中型盈利企业上交国家的利润改按55%的比例交纳所得税及再收取部分效益好的企业的承包费，对微利和亏损企业实行盈亏包干。第二步是将国有企业利润分配制度改为征收所得税和调节税，税后利润归企业自主安排使用。两步“利改税”增强了经济调节功能，在一定程度上改变了财政“统收统支”、吃“大锅饭”状况，调整了中央与地方、国家与企业之间的分配关系，进一步扩大了企业自主权，调动了地方和企业的积极性。

第六，调整和改革计划管理体制。《关于经济体制改革的决定》和《关于改革计划管理体制的若干暂行规定》指明了计划体制改革的目标和方向，并对计划管理体制进行了一系列调整和改革，主要内容有：国家有计划地缩小了指令性计划的范围，下放了计划管理权限；重视运用经济政策和经济调节手段，积极发挥市场机制的作用；实行不同形式的计划承包责任制，破除吃“大锅饭”的弊端；积极促进横向经济联合，打破条块分割状况等。

除此之外，十一届三中全会以来，为了有序地推进对外开放政策的实施，党中央、国务院采取了一系列重要措施，迈出了重要步伐并取得了很大的进展和突破，我国逐步形成了沿海、沿江、沿边和内陆地区全方位、多层次、有重点、梯度推进的对外开放新格局。

五、反对资产阶级自由化

“问题在于我们思想战线上出现了一些混乱，对青年学生引导不力。这是一个重大失误。”

资产阶级自由化思潮在“文化大革命”结束后不久就开始出现，随着改革开放的不断深入其影响也不断增强。所谓资产阶级自由化，就是否定社会主义制度，主张在中国实行资本主义制度，核心是否定中国共产党的领导。其基本特征是崇拜西方资本主义的“民主”、“自由”，变相吹捧、褒扬资本主义，怀疑、反对马克思主义、毛泽东思想，否定社会主义。

1985 年前后，思想文化界一些人借改革开放之机，打着解放思想旗号，利用报刊发表文章或者利用高校讲坛发表演讲，公然散布各种背离四项基本原则的错误言论，鼓吹资产阶级自由化，污蔑党的领导，否定社会主义制度，主张资本主义制度。在他们的鼓动下，一些高校思想政治工作薄弱，学生思想混乱。

1986 年下半年，各地高校不同程度地出现了学潮，究其原因，其中包括由中央、地方以及学校某些工作中的失误所造成的对党的领导的不信任情绪。但总的说来，是几年来反对资产阶级自由化旗帜不鲜明、态度不坚决的结果。

学潮发生后，中央立即对闹事学生采取了正面教育、积极疏导的方法，迅速平息了事态。为了引导学生正确认识问题，《人民日报》于1986年底和1987年初先后发表了《珍惜和发展安定团结的政治局面》、《政治体制改革只能在党的领导下进行》、《讲民主不能离开四项基本原则》和《旗帜鲜明地反对资产阶级自由化》的社论和评论员文章，阐明了坚持四项基本原则的重要性和资产阶级自由化的危害性，以及坚持四项基本原则、反对资产阶级自由化与改革、开放的相互关系。

1986年12月30日，邓小平就学生闹事发表谈话指出："学生闹事，大事出不了，但从问题的性质来看，是一个很重大的事件。""凡是闹得起来的地方，都是因为那里的领导旗帜不鲜明，态度不坚决。这也不是一个两个地方的问题，也不是一年两年的问题，是几年来反对资产阶级自由化思潮旗帜不鲜明、态度不坚决的结果。要旗帜鲜明地坚持四项基本原则，否则就是放任了资产阶级自由化。"邓小平还说："问题在于我们思想战线上出现了一些混乱，对青年学生引导不力。这是一个重大失误。"①

为了全面正确地贯彻执行十一届三中全会以来的路线、方针和政策，坚定不移地进行全面改革和实行对外开放，教育和团结全体党员和广大群众，维护安定团结的政治局面，中央决定于1987年上半年在思想战线上开展一场坚持四项基本原则、反对资产阶级自由化的斗争。

1987年1月28日，中共中央发出了《关于当前反对资产阶级自由化若干问题的通知》。其主要内容是：①各级党组织务必充分认识反对资产阶级自由化斗争的重要性和长期性。搞资产阶级自由化，即否定社会主义制度、主张资本主义制度，核心是否定党的领导。反对资产阶级自由化的斗争，关系到党的十一届三中全会以来的路线、方针和政策能否正确地坚持下去，关系到我们的事业将由什么样的一代人来继承，关系到党和国家的命运以及社会主义事业的前途。这场斗争将是长期的，存在于开放和改革的整个过程中。②规定了当前反对资产阶级自由化斗争的范围和重点。这场斗争要严格限于党内，而且主要在政治思想领域内进行，着重解决根本政治原则和政治方向问题，即主要是反对企图摆脱共产党的领导、否定社会主义道路的错误思潮。党政军机关、城市企事业单位和人民解放军，主要是对广大党员进行正面教育，农村不搞，不涉及民主党派和党外知识分子。③反对资产阶级自由化必须十分注意政策界限。这场斗争要始终坚持以正面

①《邓小平文选》第3卷，人民出版社1994年版，第198页。

教育为主，团结绝大多数的方针。④反对资产阶级自由化必须采取正确的方法，不搞政治运动。要采取和风细雨、心平气和、以理服人的办法，坚决避免过去那种“以人划线、上挂下连、层层检查、人人过关”，以及号召揭发检举等“左”的错误做法。⑤要进一步稳定高等学校的局势，改进和加强学校思想政治工作。必须提高青年学生坚持四项基本原则、抵制资产阶级自由化思潮影响的自觉性。⑥新闻、舆论阵地必须坚持正确的思想政治方向和舆论导向。⑦各级党委要加强调查研究，不断总结经验，精心指导好这场斗争。《通知》强调指出，党的十一届三中全会以来的路线有两个基本点：一是坚持四项基本原则，二是坚持改革、开放、搞活。两者互相联系，缺一不可。开展这场斗争，正是为了正确地、全面地贯彻党的十一届三中全会以来的路线、方针、政策，也是贯彻十二届六中全会《关于社会主义精神文明建设指导方针的决议》的重要步骤。

3月3日和8日，邓小平在会见外宾的谈话中，再次明确指出：“反对资产阶级自由化是一个长期教育的问题，同四个现代化建设将是并行的。”[①] 这场斗争不会改变我们既定的方针政策，“总的讲，我们有四个不变：坚持四项基本原则不变，一心一意搞四个现代化建设不变，对外开放政策不变，进行经济体制改革和政治体制改革的方针不变”。[②] 中共中央的《通知》和邓小平的谈话，起了指导斗争和稳定人心的作用，保证了反对资产阶级自由化斗争的健康进行。

---

①《邓小平文选》第3卷，人民出版社1994年版，第208页。
②《邓小平文选》第3卷，人民出版社1994年版，第211页。

六、"一国两制"的科学构想

> "我们提出的大陆与台湾统一的方式是合情合理的。统一后，台湾仍搞它的资本主义，大陆搞社会主义，但是是一个统一的中国。一个中国，两种制度，香港问题也是这样，一个中国，两种制度。"

"一国两制"，即"一个国家，两种制度"的简称。它是中国共产党和中国政府为解决台湾与中国大陆分离问题，恢复行使香港、澳门地区主权，以和平方式实行国家统一而提出来的一项重大战略决策，是中国社会主义实践中的一个创举，是邓小平同志对马克思主义的重大贡献。

"一国两制"的构想，萌芽于20世纪50年代。周恩来在1957年4月就表示，香港要完全按资本主义制度办事，才能存在和发展，可以作为我们与国外进行经济联系的基地，可以通过它吸收外资、争取外汇。党的十一届三中全会以后为解决台湾问题，这一构想逐步形成。

1978年下半年，中美在建交谈判过程中，中国共产党把和平解决台湾问题作为完成祖国统一大业的基本方针，这反映在邓小平的几次谈话中。例如，邓小平在1978年10月8日会见日本著名文艺评论家江藤淳、11月14日会见缅甸总统吴奈温、11月27日会见美国专栏作家罗伯特·诺瓦克，在同他们的谈话中指出，希望用和平方式解决台湾问题，但不作不使用武力的承诺。在解决台湾问题时，会尊重台湾的现实，可以保留原来的社会制度、经济制度，生活方式可以不动。美国、日本在台湾的投资可以不动，但祖国要统一。这已把"一国两制"的意思表达出来了。

1979年元旦，全国人大常委会发表了《告台湾同胞书》(见图7-5)，郑重宣布了和平统一祖国的大政方针，表示在解决统一问题上，尊重台湾现状和台湾各界人士的意见，采取合情合理的政策和办法，不使台湾人民蒙受损失，并建议双方尽快结束军事对峙状

工人日报

GONGREN RIBAO

1979

中华人民共和国全国人民代表大会常务委员会

告台湾同胞书

图 7–5 《工人日报》头版头条：中华人民共和国全国人民代表大会常务委员会告台湾同胞书

态，实现通商、通邮、通航。1 月 30 日，邓小平访问美国时宣布，我们不再使用“解放台湾”这个提法了，只要台湾与祖国大陆实现统一，我们将尊重那里的现实和现行制度。

1980 年 4 月 20 日，邓小平进一步提出，允许台湾的社会制度、生活方式不变，甚至允许台湾作为地方政府保留自己的军事力量，只要台湾当局承认台湾是中华人民共和国的一部分，它是一个具有广泛自治权的地方政府。这就勾勒了“一国两制”的基本轮廓。

1981 年国庆前夕叶剑英委员长发表的谈话中提出关于台湾回归祖国实现和平统一的方针政策（即九条声明），其主要内容是：举行国共两党对等谈判，实行第三次国共合作，共同完成祖国统一大业；国家实现统一后，台湾可作为特别行政区，享有高度的自治权，并可保留军队；台湾现行社会、经济制度不变，生活方式不变，同外国的经济、文化关系不变；私人财产、房屋、土地、企业所有权、合法继承权和外国投资不受侵犯；台湾当局和各界代表人士，可担任全国性政治机构的领导职务，参与国家管理，等等。九条方针是国家实现统一后，对台湾将实施的政策和措施的具体化，这里虽然没有使用“一国两制”的提法，但实际上体现了“一国两制”的基本内容。

1982 年颁布的《中华人民共和国宪法》规定：“国家在必要时设立特别行政区。在特别行政区内实行的制度按照具体情况由全国人民代表大会以法律规定。”它表明了我们在维护国家主权统一和领土完整上原则的坚定性，以及在具体政策、措施方面的灵活性，它充分照顾了台湾地方的现实情况和台湾人民及各方面人士的意愿。这一基本立场，对于我们处理香港和澳门问题同样是适用的。宪法关于特别行政区的规定，为大陆和台湾和平统一后，也为我国恢复行使香港、澳门主权后，分别在台湾、香港、澳门设立特别行政区，并实行不同于内地的制度和政策提供了法律依据。

1984年以后，“一国两制”的构想得到了进一步完备和发展。1984年2月22日，邓小平会见美国乔治城大学战略与国际问题研究中心代表团时说：“我们提出的大陆与台湾统一的方式是合情合理的。统一后，台湾仍搞它的资本主义，大陆搞社会主义，但是是一个统一的中国。一个中国，两种制度，香港问题也是这样，一个中国，两种制度。”① 这是邓小平首次完整地提出“一个国家，两种制度”的科学概念。6月22日、23日，邓小平在分别会见香港工商界访京团和香港知名人士钟士元等时说：“我们的政策是实行‘一个国家，两种制度’的办法来解决香港和台湾问题。”“中国的主体必须是社会主义，但允许国内某些区域实行资本主义制度，比如香港、台湾。”② 至此，“一国两制”的科学概念已经提出，基本内容已经具备。这一科学构想为1984年5月召开的六届全国人大二次会议所一致赞同，并被确定为我国的一项基本国策。此后，这一科学构想得到了进一步丰富和完善，其基本原则在与香港问题结合后，开始变为有理论和政策指导的伟大实践。

“一国两制”是邓小平理论的重要组成部分，具有特定的含义和具体的内容。

第一，“一国两制”的核心是一个中国，即中华人民共和国。祖国和平统一后，建立单一制的国家结构，组成统一的中华人民共和国。在国际上代表中国的，只能是中华人民共和国。台湾、香港、澳门都是中华人民共和国不可分割的组成部分，是中央人民政府管辖下的地方政府，不带有任何政治实体性质，不能行使国家主权，在国防、外交、宣战、媾和等方面必须服从中央人民政府。承认一个中国即中华人民共和国，是“一国两制”的政治前提和根本保证。

第二，祖国统一后，在统一的中华人民共和国内，依法在台湾、香港和澳门设立特别行政区。特别行政区内现行的社会、经济制度不变，生活方式不变。特别行政区享有其他省、自治区、直辖市所没有的高度自治权，包括行政管理权、立法权、独立的司法权和终审权。台湾特别行政区还可以保留自己的军队。

第三，“一国两制”的主体是社会主义。在统一的中华人民共和国内，作为国家主体的大陆地区坚持社会主义制度，台湾、香港、澳门保持原有的资本主义制度不变。在这里，不存在谁吃掉谁的问题，而是两种制度长期并存，和平共处，互相竞赛，互相支持，共同为国家的繁荣和民族的振兴作贡献。“一国两制”构想提出在一个统一的国家里，以

---

①《邓小平文选》第3卷，人民出版社1994年版，第49页。

②《邓小平文选》第3卷，人民出版社1994年版，第59页。

社会主义制度为主体，允许一些特殊地区保留和实行资本主义制度。这在理论和实践上都是一个伟大创造。

“一国两制”构想开辟了和平统一祖国的最佳途径。它坚持一个中国的原则立场，存两种制度之异，求祖国统一之大同，尊重历史和现实，兼顾各方面利益，不仅符合大陆地区人民的心愿，也符合台湾、香港、澳门地区人民的心愿，合乎祖国统一的历史潮流，是和平统一祖国的最佳途径。“一国两制”构想还有利于中华民族的繁荣与进步。它提出以和平方式解决祖国统一问题，并在统一的中华人民共和国内实行不同制度地区之间的和平共处、相互合作，有利于祖国大陆和台湾、香港、澳门充分发挥各自的经济优势，取长补短，共同发展，促进国家的富强和中华民族的振兴。另外，“一国两制”构想也为解决国际争端和世界遗留问题提供了新的思路、新的途径和新的范例，对世界的和平事业产生了重大影响。

七、中英、中葡解决香港、澳门问题协议的签订

“我们对香港问题的基本立场是明确的，这里主要有三个问题。一个是主权问题；再一个问题，是一九九七年后中国采取什么方式来管理香港，继续保持香港繁荣；第三个问题，是中国和英国两国政府要妥善商谈如何使香港从现在到一九九七年的十五年中不出现大的波动。”

“一国两制”的构想首先应用于解决香港、澳门问题。香港、澳门长期以来一直被英国、葡萄牙殖民者所占领。新中国成立后，中国政府对香港、澳门的一贯立场是：不承认帝国主义强加的不平等条约，主张在适当时机通过和平谈判解决这一问题，未解决前暂时维持现状。进入20世纪80年代以后，国内形势和国际环境发生了很大变化。按照“一国两制”构想，解决香港、澳门问题的时机和条件已经成熟。

从1979年开始，英国政府多次派人访问北京，或通过其他渠道试探中国关于解决香

港问题的立场和态度。1982年1月，英国掌玺大臣阿特金斯访问中国，正式就谈判解决香港问题同中国方面进行了初步接触。9月22日，英国首相撒切尔夫人访问中国（见图7-6）。邓小平指出："我们对香港问题的基本立场是明确的，这里主要有三个问题。一个是主权问题；

图7-6 邓小平会见访华的英国首相撒切尔夫人

再一个问题，是一九九七年后中国采取什么方式来管理香港，继续保持香港繁荣；第三个问题，是中国和英国两国政府要妥善商谈如何使香港从现在到一九九七年的十五年中不出现大的波动。"[①] 9月24日，中英双方发表联合声明，一致同意通过外交途径商谈解决香港问题。此后中英双方进行了长达两年之久的谈判。

中英关于香港问题的谈判第一阶段是从1982年9月至1983年6月，双方主要就一些原则问题进行了磋商，并就议程和其他程序问题达成了协议。第二阶段是从1983年7月至1984年9月，两国政府代表团就具体实质性问题进行了22轮会谈。

1983年7月，中英两国政府代表团开始第一轮会谈。由于英国政府并没有改变其殖民主义的立场，致使会谈一波三折，多次陷入僵局。在前四轮会谈中，英国方面先是提出19世纪同清政府签订的三个不平等条约仍然有效的论调，继而又提出"以主权换治权"的主张，这些直接侵犯了中国领土、主权的完整，被中方所拒绝。接着，英国政府又乘香港前途不明，人心浮动，金融动荡之机，大打"民意牌"和"经济牌"，企图迫使中国在谈判桌上作出让步，以便继续维持他们在香港的殖民统治。对此，1983年9月，邓小平在会见英国前首相希思时强调指出，英国想用主权换治权是行不通的，希望英国政府采取明智的态度，不要把路走绝了，以免出现到1984年9月中国不得不单方面公布解决香港问题的方针政策的局面。英方迫于形势，不得不承认要达成一份香港在1997年以后仍然继续由英国管理的协议，是不切实际的设想，同意在1997年后整个香港的主权

①《邓小平文选》第3卷，人民出版社1994年版，第12页。

和管治权应该归还中国。至此，中英会谈的主要障碍得以排除。

从1983年12月第七轮会谈起，谈判纳入了以中国政府关于解决香港问题的基本方针政策为基础进行讨论的轨道。此后，英方仍不时提出一些同中国主权原则相冲突的建议，但都遭到中方的坚决反对。特别是在关于中国收回香港后驻军问题上，中国政府态度十分明确。中方代表严正指出：驻不驻军是中国主权范围内的事，英方无权干涉。

从1984年4月第十二轮会谈后，双方转入讨论过渡时期香港的安排和有关政权移交的事项。其中，关于设立中英联合联络小组的问题是谈判中遇到的最困难的问题之一。双方争论了3个多月，仍未能取得一致意见。为此，中方及时调整策略，主动提出将联合联络小组的工作时间延长到2000年，从而打消了英方的顾虑，会谈很快达成了协议。1984年9月18日，经过两年22轮的谈判，中英两国政府终于在相互信任和谅解中就香港的全部问题达成协议。9月26日，中英两国政府在北京草签了中英关于香港问题的联合声明和三个附件。12月19日，中英两国政府首脑正式签署了关于香港问题的联合声明。1985年4月，中英两国立法机关分别批准了《联合声明》。5月27日，中英两国政府在北京互换了批准书，中英联合声明正式宣告生效。

1985年7月1日，中华人民共和国香港特别行政区基本法起草委员会正式成立。之后，在历时4年零8个月的起草工作中，起草委员会集思广益，广泛征集港人的意见，终于形成了基本法草案。1990年4月4日，《香港特别行政区基本法》经全国人大七届三次会议审议通过，并正式颁布。基本法以国家法律的形式，落实了“一国两制”的伟大构想，为保持香港的稳定、繁荣提供了法律保证。

香港的过渡时期并不是一帆风顺的。20世纪80年代末90年代初，当中国国内发生政治风波和国际上苏联解体、东欧剧变之后，英国政府错误地估计了形势，在香港问题上采取与中国不合作的态度，接连在政治体制、人权及新机场建设问题上制造麻烦，企图利用英方掌握的管治权，单方面决定跨越“九七”的香港事务，造成既成事实，迫使香港特别行政区政府接受，以维持英国对香港的长期影响。1992年10月，彭定康出任香港总督后，不顾中方的反对，擅自抛出所谓“政改方案”，单方面决定对香港现行政治体制作重大改变。此后，中英双方进行了长达8个月共17轮的谈判。由于英方一意孤行，最后导致谈判破裂。为此，中国政府及时制定了“以我为主”的正确方针，坚持“面向港人，依靠港人”的政策，采取了一系列果断措施。1994年8月31日，全国人大常委会作出决定，宣布港英最后一届立法会于1997年6月30日随英国对香港管治的结束而终止。1996年3月，香港特别行政区筹备委员会决定，设立临时立法会，为确保香港特别行政区的正常运作制定必不可少的法律和参与必要的人事安排。12月21日，香港特别行政区第一届政府推选委员会在深圳选举产生了临时立法会的60名议员。随后又选举董建华为香港特别行政区第一任行政长官。临时立法会的成立和特别行政区首任行政长官的产生，为香港顺利回归祖国铺平了道路。

香港问题的圆满解决，为中葡两国解决澳门问题提供了范例。早在1979年中葡建交时，双方就达成了澳门归还中国的谅解。1984年12月，李先念主席访问葡萄牙，两国领导人就澳门问题互相交换了意见。1985年5月，葡萄牙共和国总统拉马路·埃亚内斯访问中国，两国政府领导人就解决澳门问题进行了坦诚友好的会谈。双方一致认为，解决澳门问题的时机和条件已经成熟，同意于1986年上半年在北京举行外交谈判。1986年6月，中葡两国政府代表团在北京就澳门问题举行了第一轮会谈。此后又进行了第二轮和第三轮会谈。由于有解决香港问题的经验，双方谈判进行得比较顺利。双方代表经过坦诚、深入、广泛的讨论，取得了基本一致的意见。1987年3月，中葡两国政府代表团举行了第四轮会谈，双方本着友好合作、相互信任和互谅互让的精神，就澳门的全部问题达成了协议。3月26日，两国政府代表团草签了关于澳门问题的联合声明。4月13日，中国政府总理和葡萄牙总理代表各自政府在《联合声明》上正式签字（见图7–7）。联合声明宣布，中华人民共和国将于1999年12月20日对澳门恢复行使主权，中国政府根据“一国两制”的方针，在澳门设立特别行政区。澳门特别行政区除外交和国防事务属中央人民政府管理外，享有高度自治权，澳门现行的社会、经济制度和生活方式都保持不变。《中葡联合声明》的签订，标志着澳门问题也获得了圆满的解决。

图7–7 中葡政府关于澳门联合声明正式签字仪式

1988年9月，七届全国人大常委会第三次会议决定成立澳门特别行政区基本法起草委员会。起草委员会按照“一国两制”的原则，借鉴香港基本法的经验，经过4年零3

个月的广泛征求意见和反复讨论、修改，于1993年1月15日完成了起草工作。3月，全国人大八届一次会议正式审议并通过了《中华人民共和国澳门特别行政区基本法》。从此，澳门进入了过渡时期。

香港、澳门问题的圆满解决，洗雪了中华民族百余年来的历史耻辱，是中国人民在实现祖国统一大业上取得的巨大成就，是“一国两制”科学构想的成功运用和伟大胜利。同时，香港、澳门问题的解决，也为当今世界通过和平谈判解决国际争端和历史遗留问题树立了光辉的典范。

八、“863计划”的编制和实施

改革开放刚刚起步，邓小平提出“发展是硬道理”、“科学技术是第一生产力”的思想开始深入人心，加快发展我国科学技术事业有了现实的可能性。

“863计划”，即国家高技术研究发展计划，因1986年3月获得批准立项而得名。这个计划是在中央财政支持下的以政府为主导，以一些有限的领域为研究目标的一个基础研究的国家性计划。

图7–8　国家“863”计划十五周年活动香港代表团

“863计划”是科学家的智慧和国家领导人的战略眼光相结合的产物（见图7–8）。

从20世纪80年代初开始，国际上不断掀起以信息、生物、新材料等高技术为中心的新的科技革命。1983年，美国提出了“星球大战计划”，随后欧洲出笼了“尤里卡计划”，日本出台了“今后10年科学技术振兴政策”，经互会成员国也提出了“2000年科学技术进步综合纲要”，国际高技术领域掀起了不甘落后的竞争热潮。而20世纪80年代，我国刚从“文化大革命”的噩梦中醒来，国家的经济、教育、科技、文化都遭到了“文化大革命”灾难性的破坏，我国科学技术与世界先进水平的差距十分明显。这时，改革开放刚刚起步，邓小平提出“发展是硬道理”、“科学技术是第一生产力”的思想开始深入人心，加快发展我国科学技术事业有了现实的可能性。

国家的发展机遇不能一再丧失，国际的挑战必须积极应对，严峻的形势引发了科技界认真的思考和讨论。1986年3月3日，王大珩、王淦昌、杨嘉墀、陈芳允四位老科学家联合向中共中央写了一封信，题为《关于跟踪世界战略性高科技发展的建议》，信中恳切地指出，面对着世界新技术革命的挑战，中国应该不甘落后，要从现在就抓起，用力所能及的资金和人力跟踪新技术的发展进程，而不能等到10年、15年经济实力相当好时再说，否则就会贻误时机，以后永远翻不了身。这封信得到了邓小平同志的高度重视，于3月5日亲自批示：“这个建议十分重要”，“找些专家和有关负责同志讨论，提出意见，以凭决策，此事宜速作决断，不可拖延”。随后，国务院和有关领导部门组织众多专家，进行高技术研究发展计划的论证和拟定，经过半年多的努力，形成了一个比较全面又重点突出的“国家863计划”。1986年3月这个历史性的时间也因此载入史册。中共中央、国务院于11月正式下发了《国家高技术研究发展计划纲要》，即著名的“24号文件”。至此，一个面向21世纪的中国战略性高科技发展计划正式公之于世。

“863计划”是在世界高技术蓬勃发展、国际竞争日趋激烈的关键时期，我国政府组织实施的一项对国家的长远发展具有重要战略意义的国家高技术研究发展计划，在我国科技事业发展中占有极其重要的位置，肩负着发展高科技、实现产业化的重要历史使命。根据中共中央《高技术研究发展计划（863计划）纲要》精神，“863计划”从世界高技术发展的趋势和中国的需要与实际可能出发，坚持“有限目标，突出重点”的方针，选择了生物技术、航天技术、信息技术、激光技术、自动化技术、能源技术和新材料技术七个高技术领域作为我国高技术研究发展的重点。“863计划”的目标是，希望在15年内达到：在几个最重要的高技术领域，跟踪国际水平，缩小同国外的差距，并力争在我们有优势的领域有所突破，为20世纪末特别是21世纪初的经济发展和国防安全创造条件；培养新一代高水平的科技人才；通过伞形辐射，带动相关方面的科学技术进步；为21世纪初的经济发展和国防建设奠定比较先进的技术基础，并为高技术本身的发展创造良好的条件；把阶段性研究成果同其他推广应用计划密切衔接，迅速地转化为生产力，产生经济效益。为达到这些目标，国家每年都要为“863计划”投入千亿元人民币以上的巨资。

图 7-9 “863”计划十五周年成就展在北京展出

“863计划”选择了对我国今后发展有重大影响的七个高技术领域（见图 7-9）。1993年通信技术作为一个主题列入“863计划”。1991~1995年，国家科委适时地将水稻基因图谱、航空遥感实时传输系统、HJD—04大型数字程控交换机关键技术、超导技术和海洋技术作为专项纳入“863计划”。1996年7月，国家科技领导小组批准将海洋高技术作为“863计划”的第八个领域。

“863计划”主要是由政府主导，同时鼓励企业的参与。其中，国家级的科研机关和各高等院校是科学研究的主导力量，而企业要加入“863计划”必须通过政府和相关部门的严格筛选，更重要的是企业自身的实力和发展潜力，因此只有极少具有实力的企业才能作为该计划的承担单位。

20多年过去了，实践证明，“863计划”的实施，通过典型示范和伞形辐射，引导带动了中国高技术及相关科学技术的发展，逐步形成了适合中国国情的高技术研究开发的发展战略；完成了高技术研究和开发的总体布局；建立起一批高技术研究和开发的基地；培养造就了新一代高科技队伍；突破了一大批重大关键技术，缩小了同世界先进水平的差距；推动阶段成果商品化、产业化，开始为改造传统产业、培育新兴产业作出贡献。“863计划”已经成为中国高技术发展的一面辉煌旗帜。

九、百万大裁军

6月10日，新华社向全世界宣布，我国政府决定军队员额减少一百万。这项决定在世界上引起了强烈反响。

“精兵”、“质量建军”是中国人民解放军的建军原则，在人民解放军建军史上，多次出现因形势与任务需要而进行精兵减员的情况。然而，20世纪80年代中期进行的百万大裁军，却是历史上空前的大行动。

1984年11月，邓小平在中央军委座谈会上强调军队体制改革和进一步精简编制的必要性时指出，即使战争爆发，我们也要消肿。减到三百万，一是必要；二是没有风险。

1985年5月23日至6月6日，中共中央军委在北京召开了扩大会议。出席这次会议的人员，除了全体军委委员外，还有全军部队军以上主要干部，中央军委常务副主席杨尚昆主持会议。会议的中心议题：一是调整、选配大军区领导班子，使一批年富力强的同志走上重要岗位。二是讨论《军队体制改革精简整编方案》，确定裁军百万，部署整编工作。6月4日，军委主席邓小平到会发表了重要讲话。邓小平分析了国际形势，阐述了我国对外政策，论证了人民解放军实行体制改革、精简整编的基本依据，宣布中国人民解放军要裁减员额一百万（见图7–10）。

图7–10 中央军委主席邓小平在军委扩大会议上

中央军委副秘书长、总参谋长杨得志作了《改革体制、精简整编、加速我军现代化正规化建设》的报告，就《军队体制改革、精简整编方案》作了说明。对军队减少员额一百万、大军区调整、集团军编成、机关精简、减少干部等一系列重大变动作了具体安排。总政治部主任余秋里、国防部部长张爱萍、总后勤部部长洪学智都在会上就精兵减员作了重要讲话。参加会议的同志坚决拥护党和政府的重大战略决策，决心按照中央军委的要求，有秩序、有步骤地完成精简整编这件大事。这次会议以作出军队建设指导思想实行战略性转变和百万大裁军的战略决策而永载史册。

6月8日，中共中央、国务院、中央军委发出《关于支持军队体制改革、精简整编的通知》。《通知》指出，军队体制改革、精简编制是新的历史时期加强军队现代化建设和贯彻军队必须服从国家经济建设大局方针的重大决策。为此，人民解放军要严格执行精简整编方案。地方各级党委和政府要主动帮助解决好部队干部、职工安置和精简整编中出现的其他具体问题。

6月10日，新华社向全世界宣布，我国政府决定军队员额减少一百万。这项决定在世界上引起了强烈反响。

7月27日，中共中央、国务院又发出《关于尊重、爱护、积极支持军队改革和建设的通知》。《通知》对做好尊重、爱护、积极支持军队工作提出了六项具体要求，要求各级党政负责同志一定要正确认识军队的地位和作用。

按照中央军委的部署，百万大裁军从1985年下半年开始，依照先机关，后部队、院校和保障单位的顺序，自上而下地组织实施。百万大裁军的主要内容有：

一是精简机构。各总部、军兵种和国防科工委机关及直属单位撤并业务相近的部门和重叠机构，降低部分单位的等级，减少层次，人员精减40%左右。1982年，已撤销铁道兵建制，将十几万铁道兵划归铁道部。撤销基建工程兵，近20万人转业到地方工作。将独立的炮兵、装甲兵、工程兵等兵种总部撤销，其领导职责改由总参谋部炮兵部、装甲兵部和工程兵部行使。军队的国防科学技术委员会和科技装备委员会同国务院国防工业办公室合并为国防科学技术工业委员会。

二是裁减部队。将原来的11个大军区合并减少为7个大军区。保留北京、沈阳、济南、兰州、成都、广州、南京军区，撤并武汉、昆明、福州、新疆4个军区。同时，减少军级单位31个，师团级单位4054个。海军和空军淘汰了陈旧落后的飞机和舰艇，相应减少了人员。一些担任内卫、执勤任务的部队移交公安部门，改为人民武装警察部队。2529个县和相当于县的市人民武装部划归地方建制，工作人员改为地方干部，任务不变，实行地方和军队双重领导。这次精简也触及了中国人民解放军的主力部队，一批在战争年代战功卓著，声威远震的军、师、团建制部队在百万大裁军中被撤销建制。

三是减少军官数量。在确定实行义务兵和志愿兵的服役制度后，军队中原先由军官担任的行政管理、技术领导等76种职务，改由军士长担任，其中包括连队的司务长、电影队长及电台台长、各类修理技师等。这次精简，为减少军官数量，还减少了副职，使指挥系统更加精干（见图7–11）。

四是提高合成程度。较大幅度地调整各兵种的编成比例，加强特种兵部队，凡保留下来的陆军的军全部整编为合成集团军。装甲兵的全部，炮兵、高炮部队的大部分及部分野战工兵部队划归集团军建制，同时开始建立一些新的技术部（分）队，大大提高了现代条件下的合成训练和作战能力。

图7–11 “百万大裁军”中的战友离别图

五是调整军队院校体制编制。全军院校数量精简12%，人员数量减少20%以上。全军指挥院校实行指挥军官初、中、高三级培训体制。初级指挥院校按中专、大专、本科三个层次培养各军兵种初级指挥员。军事学院、政治学院、后勤学院合并为国防大学。

六是已经组建的预备役师、团正式列入人民解放军的建制序列，并授予番号和军旗，形成了常备军与后备力量相结合的新体制，解决了平时少养兵、战时多出兵这一重大问题。

七是结合精简整编，按照革命化、年轻化、知识化、专业化的方针调整配备领导班子，一批德才兼备、年富力强的干部走上了领导岗位，使部队领导班子的年龄、知识结构得到改善。

八是有计划、有步骤地妥善安置60万编余干部转业到地方工作或离休退休，加强国家建设力量。

经过军民齐动员，上下共努力，1987年4月4日，在六届全国人大五次会议举行的中外记者招待会上，时任中国人民解放军副总参谋长的徐信宣布，中国人民解放军精简整编的任务已基本完成，裁减员额100万后，军队的总定额为300万。

这次对中国人民解放军军队体制进行改革和精简整编是十分必要的，是适应和平和发展成为时代主题这一国际形势的需要的，是适应我国一贯奉行独立自主的外交政策的需要的，是适应现代化建设全局的需要的，是军队革命化、现代化、正规化建设的需要。

百万大裁军举世瞩目，它为世界和平作出了贡献，受到了全世界的称赞；百万大裁军意义深远，它为人民解放军的精兵之路开辟了通道，受到了全军指战员的拥护，在中国人民解放军历史上写下了浓墨重彩的一笔。通过裁军，人民解放军也正在有效地、逐步地建设成一支机构精干、指挥灵便、装备精良、训练有素、反应快速、战斗力强、具有中国特色的现代化、正规化的革命军队。

十、海峡两岸关系的新发展

“汪辜会谈”的成功，标志着两岸关系跨出了历史性的一大步，将对两岸关系的继续发展起到重要作用。

“一国两制”方针的提出和香港、澳门问题的顺利解决，为海峡两岸的和平统一创造了有利条件，提供了成功的经验和可行的模式。从此，海峡两岸关系进入了一个历史性转折时期。

在提出和平统一方针的同时，中国政府也采取了一系列消除隔阂、增加了解和交往的具体措施。例如，停止炮击金门、马祖；停止打宣传弹和海漂；把解放军福建前线广播电台改名为海峡之声广播电台；撤销福州军区，并将在金门射程之内的厦门确定为对外开放的经济特区；国务院设立对台办公室，全国政协设立祖国统一工作组，各地也建立相应的对台工作机构；大力落实台胞、台属和国民党起义、投诚人员政策；制定台胞办理到大陆探亲、旅游的优惠政策，在国际活动中，中国政府一再放松对台湾的压力，支持台湾人民参与国际间的各种交流活动等。

面对海峡两岸人民要求祖国统一的历史潮流，台湾当局对大陆的政策开始松动，逐渐改变“不接触、不谈判、不妥协”的“三不政策”。1981年4月，国民党“十二大”批准了“三民主义统一中国”的口号，作为对大陆的基本方针，并申明“和平统一确实是全中国人民的共同愿望”。“和平统一”口号第一次出现在国民党的正式文件中。此后，“和平统一”成为了台湾岛内的一个热门话题，两岸民间接触日渐增多。对此，台湾当局对民间交往又提出了新的“三不”原则，对海峡两岸的学者、体育工作者、运动员在国际场合相遇，台湾人员对大陆同行可采取“不逃避、不退让、不畏缩”的弹性办法处理。

在海峡两岸人民的强烈要求下，1987 年 10 月，台湾当局又宣布开放民众赴大陆探亲，并在经贸往来、学术、新闻出版等方面采取了更为松动和弹性的做法，两岸关系进一步缓和。1988 年 7 月，国民党“十三大”第一次提出《现阶段大陆政策案》，确定在维护官方“三不政策”的前提下，“民间、间接、单向、渐进”开放两岸关系。同年 11 月，又宣布有条件地开放大陆同胞赴台探亲、奔丧。尽管这些开放措施是有限度的，但对于促进两岸关系的发展和祖国和平统一具有重要的积极作用。

在两岸交往方面，出现了前所未有的“大陆探亲热”。每年到大陆探亲、旅游、考察、交流、经商的台胞人数逐年增加，已逾百万人次。大陆赴台探亲、奔丧人员也逐渐增加。两岸长途电话已能直接拨通，每年来往信件达数百万件。两岸科技、文艺、新闻、体育交流由暗到明，方兴未艾。台湾记者接踵到大陆采访中国共产党十三大和政协、人大等重要会议。1989 年 4 月台湾当局派出由“财政部长”郭婉容率领的代表团，出席了 5 月 4 日在北京举行的亚洲开发银行第 22 届理事会。这是台湾首批现任官员踏上大陆。

两岸经济贸易关系进一步加强和扩大，双边间接贸易迅速发展。1979 年两岸经香港转口贸易额只有 0.77 亿美元， 1987 年达到 15.26 亿美元， 1992 年增至 74.4 亿美元。自 1989 年 1 月台湾当局允许台商通过第三地区到大陆投资设厂以来，台商到大陆考察或洽谈投资踊跃。到 1991 年，台湾到大陆投资的厂家突破 3000 家，协议金额达 30 亿美元。海峡两岸的经贸关系正逐步从间接贸易、间接投资向直接贸易、直接投资方向发展。

海峡两岸民间团体也为发展两岸民间往来，促进祖国和平统一作出了巨大努力。1990 年 11 月，台湾成立了“财团法人海峡交流基金会”（简称“海基会”）。1991 年 12 月，大陆成立了“海峡两岸关系协会”（简称“海协会”）。两会成立后，为沟通两岸交往与联系，处理两岸民间交往中衍生出的各种问题，做了卓有成效的工作。1992 年 1 月和 8 月，“海协会”会长汪道涵两次致函台湾“海基会”董事长辜振甫，希望就两岸经贸合作与两会会务问题交换意见，洽商方案。此举得到了海基会的积极响应， 8 月 22 日，辜振甫正式复函受邀。1993年4月27日至29日，“汪辜会谈”在新加坡举行（见图7-12）。这是海峡两岸通过民间渠道进行的首次高层负责人接触和对话。会谈取得了一系列积极成果：一是确立了两会联系与会谈制度，使两岸交流有了正常化、制度化的联系渠道；二是两会领导人就加强经济交流、促进和更好保护台商在大陆的投资和正当权益达成了新的共识；三是确立了加强两岸科教、文化、新闻交流的原则。会谈结束后，双方签署了《汪辜会谈共同协议》、《两会联系与会谈制度协议》、《两岸公证书使用查证协议》和《两岸挂号函件查询、补偿事宜协议》。“汪辜会谈”的成功，标志着两岸关系跨出了历史性的一大步，将对两岸关系的继续发展起到重要作用。

图7-12 1993年在新加坡举行的第一次“汪辜会谈”

经过海峡两岸人民的共同努力，海峡两岸关系走向了缓和，在某些方面还有突破性的新进展。但是，这种变化与实现“三通”、和平统一的目标还相距甚远，在发展两岸关系的道路上还存在着许多阻力和障碍。主要原因是台湾当局仍然禁止直接“三通”，并推行“本土化”政策，淡化与大陆的联系。在对外关系上，推行“弹性外交”、“双重承认”，制造“两个中国”或“一中一台”并纵容“台独”活动，这是完全违背全中国人民统一祖国的心愿的。

十一、对外政策的调整

中国作为联合国的成员之一，作为安理会五个常任理事国之一，积极参与国际和地区多边外交活动，在和平解决国际争端、保护环境、促进社会发展等问题上发挥了独特的作用，为维护世界和平与稳定作出了重要的贡献。

十一届三中全会后，中央实事求是地对世界局势进行了科学分析。邓小平坚持用马克思主义的宽广眼界观察世界，对当今时代特征和总体国际形势、对世界上其他社会主义国家的成败、发展中国家谋求发展的得失、发达国家发展的态势和矛盾进行了分析，毅然决定把全党、全国的工作重点转移到社会主义现代化建设上来，并在此基础上作出了“两个重要转变”：第一，在较长时间内，不发生大规模世界战争是有可能的，维护世界和平是有希望的，从而改变了原来认为战争危险很迫近的看法。邓小平综观国际风云变幻，洞察国内外形势发展，把握当今时代特征，及时地提出了和平与发展是当代世界两大主题的科学论断。第二，改变了“一条线”战略，高举反对霸权主义、维护世界和平的旗帜，坚定地站在和平力量一边。正是基于这一判断，中国对内确立了改革开放的基本国策，对外确立了以和平与发展为主题的外交战略，即更加鲜明地坚持独立自主的和平外交政策，积极发展同世界各国的友好合作关系，为现代化建设创造有利的国际环境。

邓小平外交思想是新时期我国外交的理论基础和行动指南。在邓小平外交思想指引下，我国坚持独立自主，不同任何大国结盟或建立战略关系，也不支持它们一方反对另一方。对于所有国际事务都从中国人民的根本利益出发，根据事情本身的是非曲直，独立自主地决定自己的态度和政策，从而进一步完善了我国独立自主的和平外交政策。通过全面贯彻外交工作为我国社会主义现代化建设服务的方针，坚持在和平共处五项原则的基础上发展同世界各国的关系，努力营造长期、稳定的国际和平环境，不断加强经济外交，外交工作出现了新的局面。

从20世纪80年代初开始，中国共产党调整了同外国党的关系。根据十二大确定的发展党际关系的四项原则，即独立自主、完全平等、互相尊重、互不干涉内部事务，中国共产党恢复和改善了同各国共产党、工人党的关系。早在1977年，南斯拉夫共产主义者联盟主席铁托访华，中南两党关系恢复正常化。1980年，中国共产党恢复了同意大利、西班牙共产党的关系。此后，中国共产党同希腊、法国、荷兰等国家的共产党进行了互访。1987年中国共产党恢复了同原民主德国、匈牙利、波兰、保加利亚、捷克斯洛伐克曾中断过的党的关系。中苏两党关系也开始松动。与此同时，中国共产党还同日本、法国、澳大利亚、新西兰等许多国家的社会党、社会民主党、工党建立了关系，同第三世界国家的民族主义政党建立了不同形式的联系和接触。

在发展同外国政府关系上，中美自1979年建交以来，关系大体稳定，双方保持着高层接触。1984年1月，中国总理赵紫阳访问美国。同年4月，美国总统里根访问中国（见图7-13）。1985年7月，国家主席李先念访美，同年10月，美国副总统布什访华。两国的经贸关系、科技交流和人员往来有了进一步发展。到1986年，两国的双边贸易额达73亿美元，美国在华直接投资协议金额达27亿美元。但是，台湾问题始终是中美关系发展的主要障碍，美国有些人总是企图以种种借口干涉中国内政，从而在一定程度上影响了中美关系的健康发展。

图7-13　邓小平在人民大会堂会见访华的美国总统里根

中日自1978年签订《中日和平友好条约》以来，两国关系进一步加强，两国领导人互访频繁。1982~1983年，两国领导人在互访中，确认“和平友好、平等互利、长期稳定、相互信任”作为发展两国关系的四项原则。1984年，中日两国建立了“中日友好二十一世纪委员会”，两国的睦邻友好关系更加巩固和发展。日本还是中国的主要贸易国，1986年，中日贸易额达到138.6亿美元，占中国外贸总额的23.2%。中日文化交流和其他交往也全面展开。但是，在1982年和1986年两次发生了日本文部省修改历史教科书，为日本军国主义开脱罪责的事件；1985年，又发生了日本首相中曾根参拜“靖国神社”的事件，这在一定程度上损害了两国关系的正常发展。

进入20世纪80年代之后，中苏之间的意识形态的论战已经停止，边境对峙状况得到缓和，中苏关系开始解冻。中苏之间的贸易、科技交流和人员往来有所增加。1982年10月，中苏之间开始就改善两国关系举行副外长级磋商。1987年2月，中断9年之久的中苏边界谈判开始恢复。到20世纪80年代后期，终于实现了中苏两党、两国关系的正常化。

随着改革开放的深入发展，中国同西欧各国的关系发展迅速。中国同西欧各国领导人接触增多，互访频繁。双方贸易关系不断扩大，科技、文化、体育等方面的交往接连不断。中英、中葡经过友好协商，妥善解决了历史遗留下来的香港和澳门问题。

中国向来保持着同第三世界各国的友好关系。1981年，国务院总理赵紫阳先后访问了缅甸、泰国、巴基斯坦、尼泊尔、孟加拉国、菲律宾、马来西亚和新加坡。1982年，他又出访了非洲11国。访问期间，赵紫阳宣布了中国同非洲国家经济技术合作的四项原则：平等互利、讲求实效、形式多样、共同发展。在此期间，也先后有20多位第三世界国家的领导人访问中国。中国还先后同拉丁美洲、非洲、西亚、南太平洋的一些国家建立了正式外交关系。

中国作为联合国的成员之一，作为安理会五个常任理事国之一，积极参与国际和地区多边外交活动，在和平解决国际争端、保护环境、促进社会发展等问题上发挥了独特的作用，为维护世界和平与稳定作出了重要的贡献。中国提出的建立公正、合理的国际政治经济新秩序的主张，受到了世界各国的广泛关注，引起了发展中国家的热烈响应。中国的国际地位进一步增强，影响进一步扩大，声望不断提高。

20世纪80年代以来，中国的外交工作取得了举世瞩目的成就。仅1983~1987年，中国领导人就出访了46个国家，足迹遍及五大洲，接待了来自89个国家的元首和政府首脑。到1987年止，中国先后同135个国家建立了外交关系，同178个国家和地区有贸易关系。中国同周边国家的睦邻友好关系得到了进一步发展，同第三世界国家的友谊、团结与合作进一步加强，同世界各国在经济、科技、文化、教育、体育等方面的交流与合作日益扩大。中国对外关系的新发展，为改革开放和现代化建设创造了有利的国际条件。

第八章 沿着中国特色社会主义道路继续前进

一、中国共产党第十三次全国代表大会胜利召开

“我们党的十三大要阐述中国社会主义是处在一个什么阶段，就是处在初级阶段，是初级阶段的社会主义。……就是不发达阶段。一切都要从这个实际出发，根据这个实际来制订规划。”

党的十一届三中全会以来，经过九年的改革，我国的社会主义现代化建设取得了巨大成就，改革开放也日益深入人心；但随着改革的深化和开放的扩大，问题、矛盾也日益暴露出来。为进一步总结十一届三中全会以来改革的成就和经验，进一步加快和深化改革，拟定中国今后发展的方针和大计，1987年10月25日至11月1日，中国共产党在北京召开了第十三次全国代表大会。出席这次会议的代表1936人，特邀代表61人，代表了全党4600多万党员。一些不是十三大代表的十二届中央委员、中央顾问委员会委员和中央纪律检查委员会委员、党内部分老同志和有关负责同志317人列席了大会。会议的主要议程是：听取并审查中央委员会的报告；审查中央顾问委员会和中央纪律检查委员会的报告；审议党章部分条文修正案；选举第十三届中央委员会；选举新一届中央顾问委员会和中央纪律检查委员会。

大会开幕式由邓小平主持。赵紫阳代表第十二届中央委员会作了题为《沿着有中国

特色的社会主义道路前进》的报告。报告共分七个部分：历史性成就和这次大会的任务、社会主义初级阶段和党的基本路线、关于经济发展战略、关于经济体制改革、关于政治体制改革、在改革开放中加强党的建设、争取马克思主义在中国的新胜利。

十三大的突出贡献，是系统地阐述了关于社会主义初级阶段的理论和党在社会主义初级阶段的基本路线。

十三大报告指出，“正确认识我国社会现在所处的历史阶段，是建设有中国特色的社会主义的首要问题，是我们制定和执行正确的路线和政策的根本依据”，“我国正处在社会主义的初级阶段”。[①] 对我国社会所处的历史阶段问题，中国共产党人曾进行了长期的探索。但对这一问题认识的重大突破，主要是在党的十三大的筹备过程中。1987 年 2 月 6 日，邓小平指出，“十三大报告要在理论上阐述什么是社会主义，讲清楚我们的改革是不是社会主义”。[②] 同年 8 月 29 日，他又明确指出，“我们党的十三大要阐述中国社会主义是处在一个什么阶段，就是处在初级阶段，是初级阶段的社会主义。……就是不发达阶段。一切都要从这个实际出发，根据这个实际来制订规划”。[③] 十三大报告明确提出的“我国正处在社会主义的初级阶段”这个论断包括两层含义：第一，我国社会已经是社会主义社会。我们必须坚持而不能离开社会主义。第二，我国的社会主义社会还处在初级阶段；我们必须从这个实际出发，而不能超越这个阶段。社会主义初级阶段是我国在建设社会主义成长过程中的一个特定历史阶段。它不是泛指任何国家，而是特指我国在生产力落后、商品经济不发达的条件下建设社会主义必然要经历的历史阶段。报告指出，我国从 20 世纪 50 年代生产资料私有制的社会主义改造基本完成，到社会主义现代化的基本实现，至少需要上百年时间，都属于社会主义初级阶段。报告进一步指出，总的说来，我国社会主义初级阶段，是逐步摆脱贫穷、摆脱落后的阶段；是由农业人口占多数的手工劳动为基础的农业国，逐步变为非农产业人口占多数的现代化的工业国的阶段；是由自然经济、半自然经济占很大比重，变为商品经济高度发达的阶段；是通过改革和探索，建立和发展充满活力的社会主义经济、政治、文化体制的阶段；是全民奋起，艰苦创业，实现中华民族伟大复兴的阶段。

从社会主义初级阶段的实际出发，十三大确立了六条具有长远意义的指导方针：第

① 《十三大以来重要文献选编》，人民出版社 1991 年版。
② 《邓小平文选》第 3 卷，人民出版社 1994 年版，第 203 页。
③ 《邓小平文选》第 3 卷，人民出版社 1994 年版，第 252 页。

一，必须集中力量进行现代化建设；第二，必须坚持全面改革；第三，必须坚持对外开放；第四，必须以公有制为主体，大力发展有计划的商品经济；第五，必须以安定团结为前提，努力建设民主政治；第六，必须以马克思主义为指导，努力建设精神文明。

十三大明确把党的十一届三中全会以来，在社会主义初级阶段建设有中国特色的社会主义基本路线概括为“领导和团结全国各族人民，以经济建设为中心，坚持四项基本原则，坚持改革开放，自力更生，艰苦创业，为把我国建设成为富强、民主、文明的社会主义现代化国家而奋斗”，即“一个中心，两个基本点”。十三大报告特别指出，不能以僵化的观点看待四项基本原则，否则就会怀疑以至否定改革开放的总方针；也不能以自由化的观点看待改革开放，否则就会离开社会主义轨道。并认为，排除僵化和自由化这两种错误思想的干扰和影响，将贯穿社会主义初级阶段的全过程。

十三大提出了经济“三步走”的发展战略：第一步，实现国民生产总值比 1980 年翻一番，解决人民的温饱问题，这个任务已基本实现；第二步，到 20 世纪末，使国民生产总值再增长一倍，人民生活达到小康水平；第三步，到 21 世纪中叶，人均国民生产总值达到中等发达国家水平，人民生活比较富裕，基本实现现代化。然后，在这个基础上继续前进。

大会选举了新的中央委员会、中央顾问委员会和中央纪律检查委员会。11 月 2 日，十三届一中全会选举产生了政治局委员 17 人，候补政治局委员 1 人；选举赵紫阳、李鹏、乔石、胡启立、姚依林为政治局常委，赵紫阳为总书记，邓小平为中央军委主席；批准陈云为中顾委主任，乔石为中纪委书记。

十三大是一次加快改革开放的大会（见图 8-1），是十一届三中全会路线的继续和发展。这次大会坚持实事求是的思想路线，总结了新中国成立以来正反两方面的经验，系统地阐明了我国正处在社会主义初级阶段的理论，勾画了建设有中国特色的社会主义理论的基本框架，确定了在社会主义初级

图 8-1 中共十三大主席台（左起）：田纪云、习仲勋、乌兰夫、徐向前、彭真、陈云、邓小平、赵紫阳、李先念、胡耀邦、邓颖超、聂荣臻等

阶段党的基本路线，为我国进一步加快和深化改革奠定了坚实的理论基础。这次大会进一步实现了新老交替，从而使党的领导核心更加充满活力，有利于保持党的路线和方针政策的连续性和稳定性。

二、推进政治体制改革

应该把政治体制改革“作为改革向前推进的一个标志”，“我们所有的改革最终能不能成功，还是决定于政治体制的改革”。

在任何一种社会制度下政治同经济都是密不可分的。从十一届三中全会开始，在积极进行经济体制改革的同时，我国的政治体制改革也逐渐深入。

1980年8月18日，邓小平在政治局扩大会议上发表题为《党和国家领导制度的改革》的讲话。这篇讲话经过政治局讨论通过，发至全党，成为我国政治体制改革的一个纲领性文献。邓小平在这篇讲话中，敏锐而深刻地揭露了我国政治体制的主要弊端和产生根源，系统、精辟地论述了政治体制改革的目的和主要内容。改革的锋芒所向，直指原有政治体制的“总病根”——“权力过分集中”，特别是“领导者个人高度集权”。从而为我国政治体制改革奠定了坚实的理论基础，指明了原则和方向。时至今日，这仍然是指导我国政治体制改革的一篇光辉文献。

1984年，经济体制改革的重点从农村转向城市。邓小平敏锐地感觉到了政治体制改革与经济体制改革不相适应的问题。他多次指出，现在经济体制改革每前进一步，都深深感到政治体制改革的必要性。应该把政治体制改革“作为改革向前推进的一个标志”，“我们所有的改革最终能不能成功，还是决定于政治体制的改革”。[①] 邓小平认为，1980年就提出政治体制改革，但没有具体化，现在应该提到日程上来。改革总要有一个期限，不能太迟。

---

①《邓小平文选》第3卷，人民出版社1994年版，第164页。

1987年7月1日，中央决定发表邓小平1980年8月18日在中央政治局扩大会议上的讲话《党和国家领导制度的改革》。《人民日报》发表了社论《把政治体制改革提到日程上来》。

1987年10月，十二届七中全会原则同意了《政治体制改革总体设想》。随后召开的十三大对我国的政治体制改革进行了全面部署。十三大报告指出，经济体制改革的展开和深入，对政治体制改革提出了愈益紧迫的要求。发展社会主义商品经济的过程，应该是建设社会主义民主政治的过程。不进行政治体制改革，经济体制改革不可能最终取得成功。把政治体制改革提上全党日程的时机已经成熟。报告指出，我国是人民民主专政的社会主义国家，基本政治制度是好的。但在具体的领导制度、组织形式和工作方式上，存在着一些重大缺陷，主要表现为权力过分集中、官僚主义严重、封建主义影响远未肃清。进行政治体制改革，就是要兴利除弊，建设有中国特色的社会主义民主政治。报告指出，邓小平同志1980年8月在中央政治局扩大会议上所作的《党和国家领导制度的改革》的讲话，是进行政治体制改革的指导性文件。政治体制和经济体制改革的目的，都是为了在党的领导下和社会主义制度下更好地发展社会生产力，充分发挥社会主义的优越性。也就是说，我们最终要在经济上赶上发达的资本主义国家，在政治上创造比这些国家更高、更切实的民主，并且造就比这些国家更多、更优秀的人才。要用这些要求来检验改革的成效。

十三大报告在论述政治体制改革的意义时，主要是从配合经济体制改革的角度去展开的，认为不进行政治体制改革，经济体制改革不可能最终取得成功。这是一个极富远见的认识。

十三大后的政治体制改革是从实行党政分开做起的。党政分开，即党政职能分开。党领导人民制定了宪法和法律，党应当在宪法和法律的范围内活动。党领导人民建立了国家政权、群众团体和各种经济文化组织，党应当保证政权组织充分发挥职能，应当充分尊重而不是包办群众团体及企事业单位的工作。对于如何体现党的领导的问题，十三大报告指出，党的领导是政治领导，即政治原则、政治方向、重大决策的领导和向国家政权机关推荐重要干部。要做到这点，既要改变传统的由党直接领导指挥各方面工作的观念，转变党组织的职能，又要改变领导方法。这确实是党的工作中一个重大的、历史性的转变。

党政分开，政的方面同样也要改变。这次改革主要抓了两件事：一是由全国人民代表大会正式审议批准国务院的机构改革方案，使之具有法律效力；二是逐步实施国家公务员制度。

1987年4月，第七届全国人民代表大会第一次会议（见图8-2），审议通过了国务院机构改革方案。撤销12个部委，新组建9个部委，保留部、委、行、署32个，新华通讯社转为事业单位。变化较大的是：国家计划委员会和国家经济委员会合并为新的国家计划委员会；劳动人事部一分为二，成立人事部和劳动部；新组建物资部；煤炭工业部、石油工业部、核工业部合组为能源部；航空工业部和航天工业部合组为航空航天工业部；国家机械工业委员会和电子工业部合组为机械电子工业部；另设水利部；撤销城乡建设环境保护部，新组建设部等。此后，国务院的机构又多次进行合并和重组。

图8-2　人大代表黄顺兴在七届全国人大一次会议上公开发表反对意见，这是全国人民代表大会历史上首次出现的不同声音

国务院的这次机构改革进展顺利。到1988年底，新组建部已投入正常运行；保留部门“定职能、定机构、定编制”的三定工作接近完成，一些部门的深化改革正在进行。据统计，非常设机构从原来的75个减少到44个；司局级机构减少20%以上；改编后的定编人员比改革前实有人数减少近一万人。地方政府机构的改革此后也陆续开展。

建立国家公务员制度是一项更为复杂而艰巨的工作。为此做了很多工作，如以《国家公务员法》为核心建立较为完整的公务员法规体系；在政府部门分期分批推行国家公务员制度；建立国家行政干部学院和若干个地方行政学院，逐步形成以行政学院为主体的公务员培养体系等。这些工作当时预计要15年或更多的时间才能基本完成。

十三大提出了一系列政治体制改革的近期内容，标志着我国政治体制改革开始全面启动。自此，我国政治体制改革之路越走越宽。

三、国民经济的治理整顿

整顿经济秩序，就是整顿新旧体制转换中各种混乱现象，坚决整治流通领域的混乱，坚决刹住乱涨价风和坚决整顿公司等。

实行改革开放政策取得的成就是举世公认的，但在前进中也存在着许多问题。由于“七五”计划的贯彻落实和党的十三大及七届全国人大一次会议的推动，经济增长势头旺盛。当年国民生产总值达13600亿元，比上年增长11.3%。但是，经济秩序混乱和经济不稳定因素也在成正比例增长。

经济工作存在一些失误，主要表现在当经济出现过热和总需求膨胀时，未能及时采取果断措施，以至导致通货膨胀。1984年下半年，经济开始出现过热现象，当年工业总产值比上年增长16.3%，1985年又比上年增长21.4%。经济的过快增长主要是靠信贷规模膨胀刺激起来的。1987年计划会议上虽然提出实行收紧财政信贷的方针，但没有坚决贯彻执行。1984~1988年，国民收入按可比价格计算增长50%，而同期全社会固定资产投资增长1.45倍，城乡居民货币收入增长1倍。由于总需求大大超过总供给，造成了物价上涨的巨大压力。加上工农业比例关系失调，工业内部基础工业、基础设施与加工工业的比例失调，加剧了通货膨胀。1988年，全国零售物价指数在连续几年较大幅度上涨的基础上，又上涨了18.5%。在这种情况下，1988年夏季不适当地决定进行价格改革触发了1988年下半年全国性的抢购风潮。另外，在流通领域，秩序混乱现象，“倒爷”层层牟利现象也相当严重。继1985年第一次经商热后，1987~1988年6月出现第二次经商热。各类公司猛增至40万个，这其中有许多公司是社会需要的，对社会主义建设起积极作用，但确有不少公司买空卖空，层层渔利，导致物价上涨，也导致党政机关的部分人员吃喝、索贿、敲诈勒索等腐败现象的蔓延。

在严峻的经济形势下，1988年9月12日，邓小平提出赞成边改革、边治理环境整顿秩序，认为要定一个方针，就是要在中央统一领导下深化改革。不仅是价格一个方面的

图 8-3　邓小平与十三届五中全会主要领导人合影

改革，而且是多方面的、综合的改革。9 月 15 日至 21 日的中央工作会议和 9 月 26 日至 30 日召开的十三届三中全会，提出了“治理经济环境，整顿经济秩序，全面深化改革”的方针，决定 1989 年、1990 年两年，把改革和建设的重点突出地放在治理经济环境和整顿经济秩序上来。具体地说：治理经济环境，主要是压缩社会总需求，抑制通货膨胀。整顿经济秩序，就是整顿新旧体制转换中各种混乱现象，坚决整治流通领域的混乱，坚决刹住乱涨价风和坚决整顿公司等。

经过一年多的努力，到 1989 年底，治理整顿取得了初步成效：过高的工业增长速度降了下来，1989 年工业总产值比上年只增长 8.5%；投资规模和消费需求有所控制，物价上涨势头趋于缓和，全社会固定资产投资总额为 4137.73 亿元，比上年减少 8%，货币回笼情况良好。但这些成效仅仅是初步的，距离治理整顿的目标还有很大的距离。由于 1989 年春夏之交的政治风波引发了西方国家对我国实行“经济制裁”，我国经济形势愈加严峻。

1989 年 11 月 9 日，十三届五中全会在京召开（见图 8-3）。全会通过了《中共中央关于进一步治理整顿和深化改革的决定》。全会认为，继续坚定不移地贯彻执行治理整顿和深化改革的方针，是克服当前经济困难，实现国民经济持续、稳定、协调发展的根本途径。全会决定，从 1989 年算起，用 3 年或更长一些时间基本完成治理整顿任务。

治理整顿的首要任务是压缩社会总需求。为此采取了一些具体措施：一是压缩固定资产投资总规模。1989 年要比 1988 年压缩 920 亿元，减少 21%；1990 年、1991 年要维持甚至低于 1989 年水平。二是要坚决控制消费需求过快增长，坚决压缩社会集团的购买力。1989 年要在 1988 年基础上再压缩 20%。三是紧缩金融和财政，控制住全社会的信贷总规模。四是逐步缓解分配不公的社会矛盾。五是进一步清理整顿公司，特别是流通领域内的公司，逐步消除流通领域内秩序混乱的状况，逐步解决生产资料价格的“双轨制”问题，等等。

经过努力，三年治理整顿和深化改革成效明显。第一，过热的经济明显降温，经济基本恢复正常增长。国民生产总值年均增长，1989~1991 年为 5.4%，大大低于 1985~1988 年的 10.7%。第二，供求失衡矛盾明显缓解，通货膨胀得到控制。第三，市场供应充足，秩序明显好转，居民消费心态回归正常。第四，基础产业得到加强，产业结构瓶颈矛盾得到缓解。第五，进出口贸易由逆差转为顺差，国家外汇储备大量增加。第六，宏观调控手段趋向多元，积累了宝贵经验。另外，价格、外贸体制、国营工业企业的第二轮承包等改革也取得了新的进展。总的看来，三年多的治理整顿和深化改革实现了预期目标。

四、邓小平南方谈话

不要以为，一说计划经济就是社会主义，一说市场经济就是资本主义，两者都是手段，市场也可以为社会主义服务。

1992 年 1 月 18 日至 2 月 21 日，我国改革开放的总设计师邓小平，先后到武昌、深圳（见图 8-4）、珠海、上海等地视察并发表了重要谈话。这次谈话意义重大，有着深刻的时代特点和历史背景。

图 8-4　中国改革开放的总设计师邓小平参观深圳仙湖植物园

1989 年下半年以后，人们在如何深化改革问题上产生了某些疑惑。当时，人们对中国 1989 年政治风波和苏联东欧剧变的根源问题，对如何判断和平演变的危险问题等争论不休。一段时间里，有相当多的人把和平演变战略的危险性估计得过分严重，甚至把它看做是与经济建设并立的两项中心任务，甚至有的同志提出它是当前的中心任务。正是在这样的背景下，党内产生了担心改革开放会滑向资本主义的思想情绪，甚至认为和平演变的主要危险来自经济领域，把改革开放说成就是引进和发展资本主义，因而对改革开放中许多重大问题，如特区、“三资”企业、私营经济、让一部分人先富起来等问题，提出了疑问。他们认为，当前的主要问题不是如何深化改革，而是要划清社会主义改革与资本主义改革的界限。这种“姓什么”的问题，突出地反映在计划与市场问题上。当时有人对十三大提出的“国家调节市场，市场引导企业”表示质疑，报刊上也不再使用。1989年底至1990年，在内部和公开的报刊舆论中，“市场取向的改革”这种想法受到批评，认为市场经济就是取消公有制，是要否定共产党的领导，否定社会主义制度，搞资本主义。“市场经济取向”这种理论上的失误造成了工作上的失误，并被宣传资产阶级自由化的人所利用。

对此，邓小平有针对性地几次发表谈话，以澄清人们思想认识上的误区。1990年12月24日，在十三届七中全会前夕，他同中央几位负责同志谈话时指出，我们必须从理论上搞懂，资本主义与社会主义的区分不在于是计划还是市场这样的问题，不要以为搞点市场经济就是资本主义道路。1991年1月28日至2月18日，他在视察上海时又一次谈到，不要以为，一说计划经济就是社会主义，一说市场经济就是资本主义，两者都是手段，市场也可以为社会主义服务。随后，三四月间，上海《解放日报》以皇甫平名义发表《改革开放要有新思路》等三篇评论文章。其中指出，我们要防止陷入某种新的思想僵滞，如果我们仍囿于“姓社还是姓资”的诘难，那就只能坐失良机。并指出，计划和市场只是资源配置的两种手段和形式。这种科学认识的获得，正是我们在社会主义商品经济问题上又一次更大的思想解放。然而，皇甫平的文章在北京舆论界遭到一些有影响的报刊的批评。显然，“姓资姓社”问题仍然严重束缚着人们的思想。改革开放面临着困境。

在这种情况下，邓小平先后在视察南方过程中发表了重要谈话。谈话的主题是中国社会主义发展的大战略问题，包括在治理整顿任务基本完成之后，党的十四大即将召开，中国改革开放和经济建设如何向前推进；在国际政治风云变幻的形势下，中国的社会主义道路究竟如何走；等等。邓小平这次谈话，对建设有中国特色的社会主义理论作了非常精辟、深刻、系统的阐述，把这一理论推进到一个新的高度。具体说来，谈话论述了六方面的问题。

第一，坚持党的“一个中心，两个基本点”的基本路线一百年不动摇。指出，基本路线要管一百年，动摇不得。谁要改变十一届三中全会以来的路线、方针、政策，老百姓不答应，谁就会被打倒。第二，改革也是解放生产力，要大胆地改革开放。提出了判断改革开放和各方面成败得失的三条标准，即主要是看是否有利于发展社会主义社会的生产力，是否有利于增强社会主义国家的综合国力，是否有利于提高人民的生活水平。第三，针对长期困惑人们的计划与市场的关系问题，指出，计划多一点还是市场多一点，不是社会主义与资本主义的本质区别。计划经济不等于社会主义，资本主义也有计划；市场经济不等于资本主义，社会主义也有市场。计划和市场都是经济手段。社会主义的本质，是解放生产力，发展生产力，消灭剥削，消除两极分化，最终达到共同富裕。第四，抓住时机，发展自己，关键是发展经济，强调发展才是硬道理。第五，坚持两手抓，一手抓改革开放，一手抓打击各种犯罪活动，两手都要硬。强调在整个改革开放的过程中，必须始终注意坚持四项基本原则。第六，加强党的建设，特别是组织建设。强调学马列要精，要管用。最后，邓小平严肃地回答了当代马克思主义和社会主义的命运问题。他再次重申，从新中国成立起，用一百年时间把我国建设成为中等水平的发达国家。

邓小平这篇谈话，是在建设中国特色社会主义的关键时刻发表的，它精辟地分析了国内国际形势，科学地总结了十一届三中全会以来党的基本实践和基本经验，明确地回答了多年来经常困扰和束缚人们思想的许多重大认识问题；它进一步推动了人们的思想解放，为中国改革开放进一步指明了方向；它为党的十四大在思想上、政治上作了充分的准备，为开好十四大作出了巨大贡献。

五、社会主义市场经济体制目标的确立

计划多一点还是市场多一点，不是社会主义与资本主义的本质区别。

1992年10月12日至18日，中国共产党第十四次全国代表大会在北京隆重举行（见

图 8-5)。这次大会是在深入贯彻邓小平同志年初南方重要谈话精神，我国改革开放和经济建设进入一个新阶段的形势下召开的。参加这次会议的正式代表 1989 人，特邀代表 46 人，代表全国 5100 万党员。大会的重要议程之一是审议并通过了江泽民代表十三届中央委员会向大会作的题为《加快改革开放和现代化建设步伐，夺取有中国特色社会主义事业的更大胜利》的报告。

图 8-5　江泽民总书记在中共十四大上作报告

这次大会创造性地提出了我国经济体制改革的目标是建立社会主义市场经济体制。党的十四大报告指出，我国经济体制改革确定什么样的目标模式，是关系整个社会主义现代化全局的一个重大问题。这个问题的核心是正确认识和处理计划与市场的关系。报告指出，计划多一点还是市场多一点，不是社会主义与资本主义的本质区别。建立社会主义市场经济体制，就是要使市场在社会主义国家宏观控制下对资源配置起基础性作用，就是要把公有制的优越性与市场经济对资源的优化配置有效地结合起来，使经济活动遵循价值规律的要求，适应供求关系的变化；通过价格杠杆和竞争机制的功能，把资源配置到效益较好的环节中去，并给企业以压力和动力，实现优胜劣汰；运用市场对各种经济信号反应比较灵敏的优点，促进生产和需求的及时协调。同时，也要看到市场有其自身的弱点和消极方面，必须加强和改善国家对经济的宏观调控。

报告指出，社会主义市场经济体制是和社会主义基本经济制度结合在一起的。在所有制结构上，以公有制包括全民所有制和集体所有制经济为主体，个体经济、私营经济、外资经济为补充，多种经济形式长期共同发展，不同经济成分还可以自愿实行多种形式的联合经营。国有企业、集体企业和其他企业都进入市场，通过平等竞争发挥国有企业的主导作用。在分配制度上，以按劳分配为主体，其他分配方式为补充，兼顾效率与公平。运用包括市场在内的各种调节手段，既鼓励先进，提高效率，合理拉开收入差距，又防止两极分化，逐步实现共同富裕。在宏观调控上，国家把人民的当前利益和长远利益、局部利益和整体利益结合起来，更好地发挥计划和市场两种手段的优势。国家计划是宏观调控的重要手段之一。

报告还指出，建立和完善社会主义市场经济体制，是一项长期而艰巨的社会系统工程。社会主义条件下的市场经济，应当也完全可能比资本主义条件下的市场经济运转得更好。报告还指出建立社会主义市场经济体制要抓好几个相互联系的重要环节：一是转换国有企业特别是大中型企业的经营机制，把企业推向市场，增强它们的活力，提高它们的素质；二是加快市场体系的培育；三是深化分配制度和社会保障制度的改革；四是加快政府职能的转变。

社会主义市场经济体制目标的确立，是对党的十二届三中全会提出的公有制基础上有计划商品经济改革目标的进一步发展。这一决策标志着党对社会主义理论和改革开放实践的认识发生了新的飞跃，对经济体制改革和社会主义现代化建设具有重大而深远的指导意义。

十四大以后，中共中央、国务院围绕建立社会主义市场经济体制目标，加快推进各项改革，并抓紧制定建立社会主义市场经济体制的总体规划和部署。

1992 年 12 月，国务院总理李鹏在全国计划会议上强调，社会主义市场经济包括市场和计划两种宏观调控手段，因此必须十分重视培育和发展各类市场，发挥市场在资源配置中的基础作用。1993 年 3 月 8 日，国务院批转了国家体改委《关于一九九三年经济体制改革要点》，要求本年度的经济体制改革要以转换国有企业经营机制，把企业推向市场为中心环节，加快各项改革，大力发展市场体系。

1993 年 11 月召开的党的十四届三中全会，审议并通过了《中共中央关于建立社会主义市场经济体制若干问题的决定》，制定了建立社会主义市场经济体制的实施方案。

《决定》指出：社会主义市场经济体制是同社会主义基本制度结合在一起的。建立社会主义市场经济体制，就是要使市场在国家宏观调控下对资源配置起基础性作用。《决定》勾画了社会主义市场经济体制的基本框架。这一框架包括五个部分：一是建立现代企业制度。必须坚持以公有制为主体、多种经济成分共同发展的方针，进一步转换国有企业经营机制，建立适应市场经济要求，产权清晰、权责明确、政企分开、管理科学的现代企业制度。二是培育和发展市场体系。统一、开放、竞争、有序的市场体系是市场运行的基础。建立全国统一开放的市场体系，实现城乡市场紧密结合，国内市场与国际市场相互衔接，促进资源的优化配置。《决定》提出的重点是发展生产要素市场，包括资本市场、劳动力市场、房地产市场、技术市场和信息市场等。资本市场和劳动力市场是第一次在中央文件中提出。三是建立和健全宏观调控体系。转变政府职能，建立以间接手段为主的完善的宏观经济调控体系。在市场经济条件下，市场机制对资源配置起基础性作用，但是市场具有自发性和盲目性，必须建立和健全宏观调控体系。四是建立合理的收入分配制度。建立以按劳分配为主体，效率优先，兼顾公平的收入分配制度，鼓励一部分地区和一部分人先富起来，走共同富裕的道路。五是建立社会保障制度。建立多层次的社会保障制度，为城乡居民提供与我国国情相适应的社会保障制度，促进经济发展和社会稳定。

党的十四届三中全会通过的《决定》是根据邓小平建设有中国特色社会主义理论和党的十四大精神，把十四大提出的经济体制改革目标和基本原则具体化，在某些方面有进一步发展。这是我国在 20 世纪 90 年代进行经济体制改革的行动纲领。这次会议后，我国的经济体制改革向纵深处发展，极大地推动了我国建立社会主义市场经济体制的进程。

六、开创外交工作的新格局

面对新的形势，以江泽民同志为核心的党的第三代领导集体继承并创造性地贯彻邓小平外交思想和独立自主的和平外交政策，始终把维护国家的主权和安全放在第一位，坚持以经济建设为中心，不断增强我国的综合国力。

20 世纪 80 年代末 90 年代初，国际形势发生急剧而深刻的变化。两极格局终结，各种力量重新分化组合，世界进入了新旧格局转换的过渡时期。主要表现在：1989 年前后东欧各国相继发生剧变。这一年从春夏之交波兰团结工会政府的建立到年底罗马尼亚领导人齐奥塞斯库被杀，世界为之震惊；苏联解体，联合国安理会常任理事国的席位为俄罗斯所取代；随着东欧、苏联剧变，华沙条约组织宣告解体，第二次世界大战之后形成的东西方对峙的两极格局结束；南斯拉夫分裂与内战；海湾战争的爆发；西方世界内部矛盾逐步增大、南北差距拉大；等等。

面对新的形势，以江泽民同志为核心的党的第三代领导集体继承并创造性地贯彻邓小平外交思想和独立自主的和平外交政策，始终把维护国家的主权和安全放在第一位，坚持以经济建设为中心，不断增强我国的综合国力。积极谋求在和平共处五项原则基础上同世界各国发展友好合作关系，共同推进国际政治、经济新秩序的建立。我国的国际地位进一步提高。

1. 积极开展睦邻外交，周边环境和平安宁

在20世纪90年代初，我国积极开展睦邻友好外交活动，大大地改善了过去我国几面受敌的态势。一个安定的周边环境已大体形成。

1989年5月，苏共中央总书记戈尔巴乔夫访华，同邓小平会晤。这标志着破裂了20多年的中苏关系开始正常化。1990年4月23日至26日中国外长对苏联进行的正式访问，是在苏联领导人戈尔巴乔夫上年5月访华成果的基础上继续发展中苏关系的一次重要访问。其后两年，李鹏总理和江泽民总书记先后应邀访苏，使中苏两国的睦邻友好关系得到进一步发展。

尊重各国人民自主选择的原则，先后同独联体各国建立外交关系并保持友好往来。1992年12月中旬，俄罗斯总统叶利钦访华时，中俄签署了20多个协议，建立了新的外交关系，并向良好的方向发展。中蒙关系在1990年5月蒙古国家元首彭·奥其尔巴特访华之后开始向健康的方向发展。

1992年8月24日，中国与韩国正式建立外交关系，结束了两国40多年相互隔绝的状态。1992年中日邦交正常化20周年，两国高层领导互访，中日关系从此更加健康地发展起来。中朝关系比较密切，两国领导人经常互访。

在1991年李鹏总理访印之后，中印关系有了很大的改善。1992年印度总统卡塔拉曼访华，开辟了中印关系的新时期。同时，我国与巴基斯坦、孟加拉国、尼泊尔等南亚国家的传统友谊也有了新的发展。

1990年12月，李鹏总理访问老挝，实现了中老关系正常化。1991年11月，中越两国领导会晤，结束了双方长达13年的敌对状态，实现了两国关系的正常化。1992年底，李鹏总理访越，进一步推动了两国关系的健康发展。与此同时，中国同东盟各国关系也出现了重大转变。1990年8月6日至11日，李鹏总理对印度尼西亚进行了友好访问，标志着我国同东盟国家关系进入了一个新的发展阶段。同年10月3日，中国与新加坡建交。1991年，中国与文莱建交。至此，中国同所有东盟国家建立和恢复了外交关系。

2. 密切和加强同第三世界国家的关系

加强同第三世界及广大发展中国家的关系，对维护世界和平、推动世界向多极化发展，具有重要作用。中国同广大发展中国家的关系在20世纪90年代初也有了较大的发展。

1990年5月，中国国家主席杨尚昆访问了拉美的墨西哥、巴西、乌拉圭、阿根廷和智利五国，这是我国国家元首第一次访问拉美。同年11月，阿根廷总统梅内姆访华，密切了两国关系。1992年7月，杨尚昆主席又访问了非洲的摩洛哥、突尼斯、科特迪瓦三国，还发表了发展中非关系的六条原则。同时，中国和中东国家的关系也有了重大发展。1990年7月21日，中国同沙特阿拉伯建交。1991年，李鹏还对中东、海湾六国进行了富有成效的访问。1992年1月24日，来访的以色列外长戴维·利维与中国外长钱其琛同时提笔在中以建交联合公报上签字，从而揭开了两国关系的崭新一页。中以建交，实现了我国同中东地区的所有国家都建立起正常的外交关系。中国还同南太平洋诸岛国建立或进一步发展了友好合作关系。

3. 坚持改善同西方发达国家的关系

1989年政治风波平息之后，西方七国首脑巴黎会议曾发表宣言“制裁”中国，使中国与西方发达国家的正常关系一度“降温”。我国政府在坚持独立自主、反对外来干涉的方针下，最终打破了西方国家的制裁，同西方发达国家的正常关系逐步恢复并增进了相互间的友好合作。

1990年7月，日本率先恢复对我国的贷款。10月22日，欧共体国家也决定立即取消在政治、经济和文化方面对中国实行的制裁。11月22日，西班牙外交大臣开始对我国进行正式友好访问。11月30日，钱其琛外长应美国国务卿贝克邀请正式访美，此后美国国务卿贝克访华，这标志着美国不同中国进行高层交往的禁令结束了。1991年，日本首相海部俊树、英国首相梅杰和意大利总理安德列奥蒂以及英、法、意等国外长先后访问了中国，这表明中国同日本及欧共体各国关系恢复正常。1992年初，李鹏总理出席联合国安理会首脑会议期间，同美、英、法等一些西方国家领导人分别举行了会谈。同年10月，德国外长访华时说：“中德关系已完全正常化。”

4. 独立自主地处理国际事务

中国作为安理会五个常任理事国之一，在国际许多重大而复杂的问题上既坚持原则，又灵活务实，赢得了广泛的赞赏和支持。在柬埔寨问题、海湾危机问题、巴勒斯坦问题、巴尔干半岛冲突问题及前苏联一些地区的武装冲突问题等方面，中国都持明确而公正的态度。有的问题，中国为其顺利解决直接作出了重大贡献。

中国还积极参加国际上多边外交活动。1992年，第48届联合国亚太经济社会委员会会议在北京举行，通过了《北京宣言》。这有利于推动区域经济协调发展，共同繁荣。同年6月，李鹏总理出席了在巴西召开的联合国环境与发展大会，提出了关于加强环境保护与发展领域国际合作的五点主张。会上，李鹏总理还代表中国政府签署了《气候变化框架公约》和《保护生物多样性公约》，充分体现了中国政府对国际环境保护与发展事业的高度重视与责任感。这年9月，中国正式成为不结盟运动的观察员国，标志着中国同这个运动的友好合作进入了一个新阶段。同年3月，中国还正式加入了《核不扩散条约》。

至1992年底，我国已同154个国家建立了外交关系，同200多个国家和地区发展了经贸、科技、文化交流与合作。我国外交已形成了全方位外交的新格局。中国的社会主义现代化建设已形成了一个良好的国际环境。

七、《邓小平文选》的出版发行

邓小平在军事、政治、经济、党的建设等方面的重要思想，体现出邓小平在长期的革命斗争中，善于把马克思列宁主义的普遍原理同当时当地的具体实际相结合。

《邓小平文选》为邓小平的主要著作集，共3卷。中共中央文献编辑委员会编辑，人民出版社出版。收入邓小平自20世纪30年代末至90年代初长达半个多世纪的主要著作共222篇，约85万字。民族出版社和外文出版社分别出版了多种少数民族文本和英、法、西班牙、俄、日、德等外文本。文选所收著作均经作者审定。1983年出版《邓小平文选（一九七五——一九八二年）》卷，1989年出版《邓小平文选（一九三八——一九六五年）》卷。1993年将邓小平1982年9月至1992年2月这段时间内的主要著作编辑为《邓小平文选》第三卷，出版后经作者同意，对前两卷文选作了增订，于1994年出版第2

版，并按时间次序改称为第一卷、第二卷。

第一卷编入邓小平 1938 年 1 月至 1965 年 12 月的主要著作 43 篇，反映了抗日战争、解放战争、中华人民共和国成立后 17 年这几个历史时期，邓小平在军事、政治、经济、党的建设等方面的重要思想，体现出邓小平在长期的革命斗争中，善于把马克思列宁主义的普遍原理同当时当地的具体实际相结合。他的思想和理论是毛泽东思想的重要组成部分。特别是邓小平担任中共中央总书记期间的著作，反映了他作为中共第一代中央领导集体的重要成员对中国社会主义建设道路的探索，包含着建设中国特色社会主义的思想萌芽。

第二卷编入邓小平 1975~1982 年这段时间内的主要著作 60 篇，反映了邓小平在 1975 年整顿、中共十一届三中全会前后拨乱反正和改革开放起步时期的历史贡献。其中收入的 1975 年的 9 篇著作反映了邓小平同“四人帮”进行针锋相对的斗争，领导全面整顿，为纠正“文化大革命”的错误，为促进安定团结和国民经济发展所做的巨大努力。1977 年以后的 51 篇著作，比较充分地反映了邓小平在 20 世纪 70 年代末 80 年代初提出的一些重要思想，如：关于什么是社会主义以及怎样建设社会主义这一基本理论问题的提出；关于社会主义首先要发展生产力；关于中国 20 世纪的目标是实现小康；关于社会主义也可以搞市场经济；关于利用外资是一个很大的政策，要充分利用和善于利用；关于要以世界先进的科学技术成果作为我们发展的起点；关于科研工作要走在前面；关于民主和法制两手都不能削弱；关于各民主党派和工商联是为社会主义服务的政治力量；关于中国永远不称霸；等等。通过这些著作，邓小平全面系统地阐发了马克思列宁主义、毛泽东思想关于社会主义的基本观点，做了大量思想上、理论上的正本清源工作，提出了中国特色社会主义理论的基本思路和内容。

第三卷编入邓小平 1982 年 9 月至 1992 年 2 月这段时间内的主要著作 119 篇。作者亲自指导这一卷的编辑工作，逐篇审定了全部文稿。这一卷文选同第二卷相衔接，汇集了邓小平在形成和发展中国特色社会主义理论过程中最重要、最富有独创性的著作，是邓小平领导推进改革开放和社会主义现代化建设丰富经验的理论总结，是指引党和国家继续前进的科学指南。这一卷文选以《中国共产党第十二次全国代表大会开幕词》为开卷篇。开幕词中提出的“建设有中国特色的社会主义”是全书的主题。1992 年 1 月 18 日至 2 月 21 日《在武昌、深圳、珠海、上海等地的谈话要点》是全书的结束篇，是全书的纲领和总结。在这一卷的著作中，邓小平提出了一系列新的思想、新的观点、新的论断。例如：关于社会主义的本质和根本任务；关于社会主义初级阶段；关于“三个有利于”的判断标准；关于分三步走的经济发展战略；关于抓住时机，加快发展，争取国民经济隔几年上一个新台阶；关于科学技术是第一生产力；关于改革是中国的第二次革命；关于中国的发展离不开世界，反对自我封闭和孤立；关于社会主义和市场经济不存在根本矛盾；关于政治体制改革必须与经济体制改革相适应；关于两手抓，两手都要硬；关于“一国两制”；关于坚持社会主义，制止动乱，防止和平演变；关于要警惕右，主要是防止“左”；关于坚持党的“一个中心，两个基本点”的基本路线一百年不动摇；关于和平与发展是当代世界两大主题；关于以和平共处五项原则为准则，建立国际新秩序；关于对国际局势要冷静观察、稳住阵脚、沉着应付；关于中国的问题关键是把共产党内部搞好；关于加强廉政建设，反对腐败；等等。

三卷文选包含政治、经济、文化、军事、外交、党的建设等各个方面的丰富内容，反映了邓小平把马克思列宁主义的基本原理同中国革命和建设的具体实践相结合，同时代特征相结合，形成的基本理论观点和政策策略思想，是对马克思列宁主义、毛泽东思想的继承和发展。特别是第二卷和第三卷主要是改革开放和社会主义现代化建设新时期的著作，在内容上前后衔接，相互贯通，形成一个科学体系，是中国特色社会主义理论这一当代中国马克思主义的奠基之作。

第九章 进入社会主义改革开放和现代化建设的新阶段

一、宏观调控与经济“软着陆”

中国经济的“软着陆”，是在一个社会主义大国处于计划经济体制向市场经济体制转轨过程中实现的，显示了中国改革开放所显示的威力，因而具有极其重要和广泛的国内外影响。

“软着陆”是指航空器在空中飞行过程中逐步降低飞行高度，安全平稳着陆，本是一个航空用词，与之相对应的是“硬着陆”。用“软着陆”来比喻宏观调控，实际上表明调控采取的是渐进式的方式，以逐步达到调控的目的（见图9–1）。经济“软着陆”是指国民经济的运行经过一段过度扩张之后，平稳地回落到适度增长区间。国民经济的运行是一个动态的过程，各年度间经济增长率的运动轨迹不是一条直线，而是围绕潜在增长能力上

图 9–1 中国经济“软着陆”

下波动，形成扩张与回落相交替的一条曲线。国民经济的扩张，在部门之间、地区之间、企业之间具有连锁扩散效应，在投资与生产之间具有累积放大效应。当国民经济的运行经过一段过度扩张之后，超出了其潜在增长能力，打破了正常的均衡，于是经济增长率将回落。“软着陆”即一种回落方式。“软着陆”是相对于“硬着陆”即“大起大落”方式而言的。“大起大落”由过度的“大起”而造成。国民经济的过度扩张，导致极大地超越了其潜在增长能力，严重地破坏了经济生活中的各种均衡关系，于是用“急刹车”的办法进行“全面紧缩”，最终导致经济增长率的大幅度降落。

改革开放以前（1949~1978年），中国在计划经济体制下经历过多次升降幅度很大的经济周期波动。改革开放以后，这种升降幅度虽有变化，但仍发生了多次经济周期波动。如1978~1983年、1984~1987年、1988~1991年、1992~1996年。相对前三次经济周期来说，第四次具有一个明显的特点，即“软着陆”。

“软着陆”是从1993年开始的，其背景就是1992~1993年的经济过热。1992年，我国经济改革步伐加快，全年GDP增长速度由上年的9.1%提高到14.2%，工业总产值增长速度由上年的14.8%提高到24.7%，全社会固定资产投资增长速度由上年的23.9%提高到24.7%，社会商品零售价格指数由上年的2.9%提高到5.4%。1993年国民经济运行继续升温，整体运行态势仍处在“红灯区”，由于经济过热，投资增长过快，经济生活中出现了许多问题，宏观经济环境日趋严峻。

为有效缓解这种经济过热状态，解决经济运行中出现的严重问题，党中央和国务院相继制定实施了一系列果断措施。1992年底和1993年初，国务院先后发出了《关于制止乱集资和加强债券发行管理的通知》、《关于严格审批和认真清理各类开发区的通知》等，特别是党中央和国务院于1993年6月正式下发了《关于当前经济情况和加强宏观调控的意见》。《意见》中提出的16条措施对克服经济运行中存在的问题和扭转经济形势起了决定性作用。随后根据党的十四届三中全会通过的《关于建立社会主义市场经济体制若干问题的决定》的精神，1994年相继出台了财税、金融、外贸、外汇、投资、价格和流通体制等方面的改革方案和措施，使改革不断深入，以进一步巩固和发展1993年宏观调控的成果。

这次宏观调控的方式与以往有所不同，一是在调控手段上强调以经济、法律手段为主，辅之以必要的行政干预，特别注意以整顿金融为突破口，中央提出的16条措施中，有13条是经济方面的，其中11条是金融方面的；二是既没有因遏止经济过热的要求而

采取“急刹车”的办法，也没有因国有企业资金紧张对信贷造成倒逼机制的压力而放松宏观调控的力度；三是把制度创新作为宏观调控的重要内容，于1994年对财税体制、金融体制和外汇外贸体制进行了重大改革。

经过三年的不懈努力，宏观经济情况逐年改善，到1996年已经取得了明显成效，既有效地抑制了通货膨胀，又保持了经济的持续快速增长，经济运行出现了“高增长、低通胀”的理想局面。1996年GDP增长9.7%，比上年高出0.7个百分点，商品零售价格指数上涨6.1%，比上年下降了8.7个百分点。全社会固定资产投资增长14.8%，比上年下降2.7个百分点，广义货币供应量（M2）增长25.3%，比上年下降4.2个百分点，对外贸易顺差122亿美元，城镇登记失业率仅为3%。

1996年11月在北京召开的中央经济工作会议，对历时三年的经济“软着陆”进行了总结。会议认为，经过近三年的努力，我国国民经济实现了持续、快速、健康发展，有效地解决了在大步前进中曾一度出现的投资和消费增长过快、金融秩序混乱、物价涨幅过高等突出矛盾和问题，成功地避免了经济可能出现的大起大落。整个经济开始进入适度快速和相对平稳发展的轨道，以治理通货膨胀为首要任务的宏观调控基本上达到了预期目标。这些成绩的取得，是全面、正确、积极贯彻邓小平建设有中国特色社会主义理论和党的基本路线的结果，也是全党和全国上下齐心协力、积极奋斗的结果。实践充分证明，党中央、国务院关于深化改革、加强和改善宏观调控的决策是完全正确的，所采取的一系列政策措施也是比较稳妥的。这说明我们党对社会主义市场经济体制和社会主义现代化建设规律的认识逐步深化，领导和驾驭经济工作的水平提高了。

中国经济的“软着陆”，是在一个社会主义大国处于计划经济体制向市场经济体制转轨过程中实现的，显示了中国改革开放所显示的威力，因而具有极其重要和广泛的国内外影响（见图9-2）。

图9-2 第六届中国投资贸易洽谈会开幕在即，许多跨国公司纷纷抢滩厦门寻找商机

二、实施科教兴国的发展战略

科学技术是推动社会生产力发展的首要力量，在人类社会发展史上，科学技术的每一次重大突破，都会引起生产力的飞跃和人类社会生活的深刻变革。

1979年以来，中国经济增长速度举世瞩目，但其增长点主要依靠资源、资金和廉价劳动力推动的外延式、粗放式的经济增长方式。实现国民经济持续、快速、健康发展，必须依靠科技进步，以解决好产业结构不合理、技术水平落后、劳动生产率低、经济增长质量不高等问题，从而加速国民经济增长从外延型向效益型的战略转变。为此，中国于1995年宣布，决定实施科教兴国的发展战略（见图9–3）。科教兴国，是指全面落实科学技术是第一生产力的思想，坚持教育为本，把科技和教育摆在经济、社会发展的重要位置，增强国家的科技实力及向现实生产力转化的能力，提高全民族的科学文化素质；把经济建设转到依靠科技进步和提高劳动者素质的轨道上来，加速实现国家的繁荣强盛。科教兴国战略是党中央、国务院在总结历史经验的基础上，根据我国社会主义现代化建设的现实情况作出的重大战略决策。

图9–3　实施科教兴国的伟大战略

以江泽民同志为核心的党的第三代中央领导集体确定了实施科教兴国的发展战略。1992年，党的十四大明确提出，必须把经济建设转到依靠科技进步和提高劳动者素质的轨道上来。1993年，党中央、国务院发布了《中国教育改革与发展纲要》，明确了教育优先发展的战略地位（见图9–4）。1995年，我国又发布了《中共中央、国务院关于加快科学技术进步的决定》，并召开了全国科技大会，江泽民同志在大会讲话中第一次正式提出，中国要实施科教兴国战略。1996年，八届全国人大四次会议通过了关于国民经济和社会发展“九五”计划和2010年远景目标，把科教兴国战略作为中国的一项基本国策。1997年，党的十五大站在跨世纪发展的高度，着眼于走出一条速度较快、效益较好、整体素质不断提高的经济协调发展的路子，进一步强调了实施科教兴国战略的地位和意义，作出了实施这一战略的具体部署：一是要深化科技和教育体制改革，加强科技、教育同经济的结合，完善科技服务体系，加速科技成果向现实生产力转化；二是要推进国家创新体系建设；三是要发挥风险投资的作用，形成促进科技创新和创业的资本运作及人才汇集机制。也就是说，要形成一整套支持科技与经济密切联系，技术资源、人力资源和资本资源紧密结合的制度安排和运作机制。

图9–4　培养优秀人才

实施科教兴国战略是实现社会主义现代化宏伟目标的必然选择。科学技术是推动社会生产力发展的首要力量，在人类社会发展史上，科学技术的每一次重大突破，都会引起生产力的飞跃和人类社会生活的深刻变革。邓小平关于科学技术是第一生产力的思想，深刻揭示了近代人类社会发展的历史规律。从蒸汽机的使用，到电的广泛应用，再到20世纪下半叶以来在全世界范围内兴起的新技术革命，这一切都证明，现代科学技术已经成为影响经济增长的决定因素。据统计，20世纪初，发达国家国民生产总值中科技进步因素仅占5%~10%，20世纪中叶已经上升到了50%，20世纪80年代则达到了60%~80%，科技进步对经济增长的贡献已明显超过资本和劳动力的作用。科技是先导，教育是基础，经济的发展有赖于教育的普及和提高。现代科学技术的飞速发展及其在生产领域中的广泛应用，对劳动者的素质提出了越来越高的要求，而要满足这种要求，必须依靠教育。发达国家高经济增长总是伴随着科学技术的开发和利用，以及对教育的重视，这已经是一个普遍的规律。我国要实现到21世纪中叶的第三步战略目标，也必须走科教兴国之路。

实施科教兴国战略是保证社会主义经济建设持续、快速、健康发展的根本措施。我国经济、社会发展的实践表明：经济建设必须坚定地依靠科技进步，才能蓬勃而持续地发展。新中国成立以来所取得的巨大成就，科学技术起到了关键性的作用。科技与经济密切相关，科技的发展会促进或带动经济的繁荣和发展，已成为经济发展的强大动力。当今世界，科技革命正在形成新的高潮，又一个科技和经济大发展的新时代正在来临，科学技术的实力已成为决定国家国力强弱和国际地位高低的重要因素。而我国的科技水平与发达国家比较还有很大差距，依靠科技来促进经济发展已刻不容缓。实施"科教兴国"战略，就是要彻底改变过去那种靠增加资金、扩大规模来发展经济的模式，使我国的经济建设步入到依靠科技进步来寻求发展的轨道上来。

实施"科教兴国"战略是培养跨世纪优秀人才，确保民族振兴的久远之策。科技人才是第一生产力的开拓者，是社会主义现代化建设的骨干力量。当今世界上国与国之间的竞争，说到底是科技实力的竞争，而科技实力的竞争，又往往取决于优秀科技人才的竞争。谁拥有大量高水平、高素质的科技人才，谁就能在国际间激烈的竞争中占有优势，也就在世界经济发展中占有优势。培养优秀的科技人才，教育是基础。教育不仅可以造就出能够引导世界科技发展潮流的科技精英，还可以培养出具有现代科学知识和技能、适应于未来现代化社会的新人。中国要实现经济和社会发展的宏伟目标，就必须重视和加强教育。应当继续坚持"三个面向"，致力于提高国民素质教育，在各领域培养出一批跨世纪优秀人才。随着教育改革的深入，素质教育观念已深入人心，社会主义教育事业的发展必定能够为我国培养千百万跨世纪的年青一代优秀人才，为中华民族在知识经济时代的发展中占据一席之地，提供坚实有力的基础。

三、港澳回归——“一国两制”的成功实践

“经历了百年沧桑的香港回归祖国，标志着香港同胞从此成为祖国这块土地上的真正主人，香港的发展从此进入了一个崭新的时代。”

1997年7月1日零时零分，在全世界的瞩目下，鲜艳的五星红旗在香港冉冉升起，“东方明珠”香港终于回到了祖国的怀抱；1999年12月20日，澳门顺利回归祖国。这样的时刻让人难忘。

香港和澳门自古以来就是中国领土，但一百多年来一直为英国和葡萄牙殖民主义者所统治。新中国成立后，就面临着用什么方式将香港、澳门回归祖国的问题。香港和澳门的问题，是由于帝国主义强权政治强加给中国人民的不平等条约造成的。香港地区由香港岛、九龙以及新界组成，总面积1095平方千米，人口660多万。香港自古以来就是中国领土不可分割的一部分。1840年鸦片战争后，英帝国主义用武力强迫清政府陆续签订了关于割让香港岛和九龙、强行租借新界地区的三个不平等条约，即1842年的《南京条约》、1860年的《北京条约》和1898年的《展拓香港界址专条》，强占香港整个地区。而1887年，葡萄牙殖民者迫使清政府签订《中葡会议条约》和《北京条约》，继1849年占领澳门半岛、1851年占领氹仔岛、1864年占领路环岛，又写上“葡国永驻管理澳门”的条款。

1949年10月中华人民共和国成立后，中国政府郑重申明，香港、澳门是中国的领土，不承认帝国主义强加的一切不平等条约，并宣布在条件成熟的时候通过谈判恢复对香港、澳门行使主权，未解决之前维持现状。香港、澳门的地理位置优越。20世纪中叶以来，广大港澳同胞利用其独特的区位优势，不断调整工业结构，以日益强大的祖国为依托，抓住时机，奋力拼搏，经济发展一直呈上升趋势，目前仍盛而不衰，尤其是香港在国际上有很重要的经济地位。在自由港的资本主义制度下生活了一百年的港澳同胞，

已逐渐习惯了这种社会经济制度和生活方式。这一现实，中共中央、中央人民政府从一开始就充分估计到了。新中国成立之初，面对国家建设百废待兴和帝国主义对我国全面封锁的形势，毛泽东主席就香港问题说过："香港还是暂时不收回来好，我们不急，目前对我们还有用处。"1957年4月28日，周恩来在谈到香港问题时曾说："因为香港现在英国统治下，是纯粹的资本主义市场，不能社会主义化，也不应该社会主义化。香港要完全按资本主义制度办事，才能存在和发展，这对我们是有利的。香港的主权总有一天我们是要收回的，连英国也可能这样想。""要进行社会主义建设，香港可作为我们同国外进行经济联系的基地，可以通过它吸收外资，争取外汇。"事实证明，我们党对港澳问题的决策是正确的和有远见的。1960年，中共中央进一步明确提出"长期打算，充分利用"的港澳工作方针，并一再强调对港澳要实行有别于内地的政策，不允许影响那里的社会安定。同时，内地还以优惠的价格大量供应食品、淡水、日用品、燃料、工业原料、半成品等。多年来，港澳地区与内地联系越来越密切。根据1898年《展拓香港界址专条》，"新界"地区租借期为99年，到1997年6月30日期满。随着这一日子的逐渐临近，香港问题的妥善解决已具有极大的紧迫性。1982年9月24日，邓小平在会见英国首相撒切尔夫人的谈话中，表示中国政府准备用"一国两制"来解决香港问题。邓小平强调说："关于主权问题，中国在这个问题上没有回旋余地。坦率地讲，主权问题不是一个可以讨论的问题。现在时机已经成熟了，应该明确肯定，一九九七年中国将收回香港。"他还说："收回香港后，香港仍将实行资本主义，现行的许多适合的制度要保持。"①

不久，中英两国政府开始谈判解决香港问题，1984年9月26日，中英两国政府签署了关于香港问题的《联合声明》。在联合声明中，体现了三个主要原则：①必须由中国恢复行使主权；②在1997年我国恢复对香港行使主权后，50年内香港现行的社会经济制度不变，生活方式不变，现行的法律基本不变；③香港的国防、外交权属于中央。同年12月19日，《中华人民共和国政府和大不列颠及北爱尔兰联合王国政府关于香港问题的联合声明》正式签署，1985年5月27日生效。

中英联合声明签署后，香港进入了中国恢复行使主权的过渡时期。1985年4月，根据宪法第31条规定和中英联合声明中阐明的方针和政策，六届全国人大三次会议决定成立香港特别行政区基本法起草委员会，负责基本法的起草工作。经过4年零8个月的工

① 《邓小平文选》第3卷，人民出版社1994年版，第12页。

作，基本法起草工作完成。1990年4月4日，七届全国人大三次会议通过了《中华人民共和国香港特别行政区基本法》，为香港回归后的稳定繁荣提供了可靠的法律保障。

1997年7月1日零时，是一个永载史册的时刻。这一刻，在香港维多利亚湾畔新落成的会展中心新翼五楼大会堂里，中英两国政府举行了香港政权交接仪式，宣告中国恢复对香港行使主权（见图9-5）。中国国家主席江泽民庄严宣告："经历了百年沧桑的香港回归祖国，标志着香港同胞从此成为祖国这块土地上的真正主人，香港的发展从此进入了一个崭新的时代。"①

图9-5 1997年7月1日零时，中英两国香港政权交接仪式在香港会展中心举行

本着"一国两制"构想的基本原则精神，澳门问题也获得了妥善解决。1986年6月，中国和葡萄牙两国政府开始谈判，1987年4月13日，正式签署了《中华人民共和国政府和葡萄牙共和国政府关于澳门问题的联合声明》，1988年1月15日生效。这一声明郑重宣告，1999年12月20日，中国政府将对澳门恢复行使主权。1993年3月31日，八届全国人大一次会议通过了《中华人民共和国澳门特别行政区基本法》。

1999年12月20日，中葡两国政府如期在澳门举行了澳门政权交接仪式，宣告中国对澳门恢复行使主权（见图9-6）。香港和澳门回归祖国后，社会稳定，经济繁荣，人民安居乐业。实践证明，邓小平提出的"一国两制"构想，是适应时代发展潮流、符合我国实际的伟大创举。

1997年的香港回归和1999年的澳门回归，是中华民族历史上的两大盛事，具有巨大的历史意义。第一，雪洗百年耻辱，振奋民族精神，树立社会主义中国的崇高形象。香港、澳门的回归标志着一个多世纪以来帝国主义侵略、压迫中国最后遗迹的清除，这是中华民族的伟大壮举，百年的耻辱得以洗刷。港澳的回归不是外人的施舍，而是中国共

①《江泽民文选》，人民出版社2006年版，第651页。

图 9–6　1999 年，澳门回归阅兵仪式

产党领导下改革开放和社会主义现代化建设的必然结果。港澳的回归极大地振奋了广大人民的民族精神和爱国热忱，推动祖国和平统一的进程。第二，中国共产党运用“一国两制”思想成功地收回了香港和澳门，必将对解决台湾问题产生强烈的示范作用。特别是香港和澳门在回归后，仍保持社会安定、经济繁荣，也会使得“一国两制”方针得到包括台湾同胞在内越来越多人的认同，从而对台湾当局的大陆政策形成巨大的社会压力，为两岸最终统一打下良好的基础。第三，推动港澳经济持续繁荣，促进内地现代化的进程。香港是亚太地区及世界上重要的国际贸易、金融和航运中心，澳门也具有鲜明的特色和优势，回归使两地与内地的经济合作关系进入一个新阶段，合作的层次大大加深，将促使港澳自身再创辉煌。另外，回归后，香港与澳门也进一步为内地的现代化提供诸多成功经验，并利用其特殊的区位优势，促进内地的改革开放及社会主义现代化向纵深发展。第四，为解决国际争端和历史遗留问题提供范例。在解决香港及澳门问题过程中，在务实外交思想指导下的中国共产党和中国政府，创造性地运用和发展了和平共处五项原则，邓小平“一国两制”的科学构想，就是将这一原则灵活运用于解决一个国家内部事务方面的具体表现。在中英、中葡之间的多次外交较量中，中国政府将原则的坚定性和策略的灵活性相结合，最终实现港澳的平稳回归，取得了外交上的重大胜利。“一国两制”方针，也为国际社会解决国家间存在的历史遗留问题和争端，提供了一种成功的模式，香港与澳门主权的和平移交具有鲜明、积极的国际意义。

四、1997 年亚洲金融危机

在亚洲金融危机大肆施虐，大多数东南亚国家深受重创之际，中国内地的金融和经济形势却相对稳定。尽管企业经济效益还不够高、经济结构不够协调等矛盾仍较突出，但从整体看来，中国 1997 年国民经济保持了快速增长的趋势。

1997 年下半年，由泰国爆发的金融危机迅速蔓延，扩展到东南亚各国。泰国、菲律宾、印度尼西亚、马来西亚、新加坡、韩国成为了这次危机的重灾区，并且一度使经济实力非常强大的日本也感受到了金融危机强大的冲击波。货币贬值、股市下跌、外汇短缺、大量企业破产倒闭，其严重的后果不仅给这些国家和地区的经济以沉重打击，也对世界经济的发展产生了深远的影响。虽然各国政府和国际金融组织采取了各种措施阻止危机的发展，但直到 1998 年初，危机仍未结束。这是继 1994 年墨西哥金融危机以来的又一次影响深入、波及广泛、持续时间较长的全球性金融危机。

东南亚各国经济的快速发展，给世界经济的发展注入了活力。这次金融危机是东南亚国家 30 多年来遇到的最严重的经济困难。据经济学家估计，受这场金融危机的影响，1998 年世界经济的增长速度将由 1997 年的 3.2%降为 3.0%；美国经济的增长速度将由 1997 年的 3.7%下降为 2.5%；拉美国家的经济增长速度由 1997 年的 5.2%降为 3.5%。我国经济与东南亚各国有着密切的联系，这场金融危机对我国持续、稳定的经济发展产生了许多不利影响，最直接的影响表现在对外贸易和外资引进上（见图 9–7），但这场危机也给我国经济发展带来了某些新的机遇。

为什么这次金融危机影响范围如此之广，如此旷日持久？其中既有经济的原因，又有社会的原因；既有全球性的共性原因，又有东南亚地区特性的原因。可以说此次危机的爆发是多方面因素共同作用的结果，如东南亚国家或地区（尤其是泰国）引进和利用外资结构不合理（过于依赖短期资本，外资过多投向房地产业）；国内金融体系不健全，

图 9–7　1998 年，在亚洲金融危机影响下，广州商家普遍感到生意难做，国有百货公司的"减"字招牌当头而挂

监管措施不完备，信贷结构不合理（倾向于非生产性用途贷款，导致泡沫经济，银行坏账增加）；过早实行资本项目自由化，未建立相应的配套防范措施；经济增长放慢，产业结构不够合理，出口产品竞争力下降，导致经常项目赤字过大，引起信心危机；汇率政策不当，加上国际投机资本的冲击等内忧外患，各种因素交织在一起，导致了这样一场危机的总爆发。

追求不切实际的过高经济增长速度，是东南亚金融危机的根源。在追求经济高速增长中，由于没有处理好所引致的各种矛盾与相关问题，直接导致了东南亚金融危机爆发。泰国等东南亚国家和地区在追求过快的经济增速中，积累了许多结构性矛盾，由于政府宏观调控能力较弱，这些矛盾未能得到及时缓解。为了实现经济高速增长，必须吸引外资，扩大对外贸易。随着美元汇率上升，东南亚国家的货币汇率也相应攀升，导致本国币值渐趋高估。在这种条件下，同样是为了吸引外资以促成经济高速增长，又不适时宜地开放短期资本市场，实行资本项目自由化，为国际投机资本投机炒作打开了方便之门。当金融风险加剧时，国际投机者乘机炒作，人们的心理预期急剧恶化，资本大量抽逃，使潜在的经济矛盾在短期内爆发出来，在经济全球化、金融市场一体化的条件下，出现了多米诺骨牌效应，金融危机的影响迅速扩大，酿成了以泰国为发端（见图 9–8）、快速蔓延到整个东南亚和东亚的亚洲金融危机。可以说，导致亚洲金融危机爆发的各种直接原因，都是追求不切实际的过高经济增长速度造成的。

在亚洲金融危机大肆施虐，大多数东南亚国家深受重创之际，中国内地的金融和经济形势却相对稳定。尽管企业经济效益还不够高、经济结构不够协调等矛盾仍较突出，但从整体看来，中国 1997 年国民经济保持了快速增长的趋势。1998 年第一季度的经济运营情况，显示了中国经济仍然在稳定增长。

国民生产总值增长速度保持持续快速增长是1997年中国国民经济整体运行的一大特点。固定投资仍然保持一定增长，投资结构也有所改善，出口贸易依然呈现快速增长的趋势。中国在这次亚洲金融危机中之所以能保持相对稳定，是因为从总体上看，中国经济的发展是平衡的，金融形势也较为平稳，有比较稳健的货币管理制度；外汇储备也比较充足；对金融业开放采取了十分谨慎的态度；对资本流动实行了控制管理；引进外资结构较平衡。中国的外汇储备在1997年底超过1400亿美元；对外偿债率为11.81%，负债率13.97%，大大低于国际风险标准。我国对国际社会采取负责任的态度，保持人民币不贬值，为避免加重亚洲金融危机作出了重大贡献。

图 9–8　一批在泰国沉睡了几年的烂尾楼能否早日苏醒

亚洲金融危机虽然发生在亚洲部分国家，但它的影响却是世界性的。中国内地虽未卷入金融危机之中，但也未能游离于这场危机之外。因我国与国际社会经济联系已相当广泛，受这场金融危机的间接影响还是相当大的，挑战是多方面的。在发生金融危机的国家、地区本币纷纷大幅度贬值的情况下，我国人民币不贬值，则出口成本相对上升，出口贸易受到影响。这次金融危机启示我们：

第一，追求经济高速增长要量力而行，要从自己的国情国力出发。超出国力的经济增长，必然产生对进口和外资的过分依赖，形成大规模的贸易逆差，加之实施脱离本国条件的资本项目开放政策，自然会酿成金融危机。由此，在扩大对外经济开放的同时，必须深化经济体制改革，把改革与开放紧密结合起来，相互促进。

第二，政府不应对经济事务过度干预。政府的一个重要职能是制定公平的竞争规则，有限的经济资源应由具有不同利益的集团根据公平的竞争原则让市场自己决定。政府对所拥有的经济资源的处置也应服从市场原则。政府可以制定合适的产业政策，却不应人为地以行政手段强行分配有限的经济资源。

第三，注重调整经济结构，促进产业结构升级，提高出口产品竞争力，实现出口多元化。亚洲金融危机与产业结构不合理，出口产品结构低级、单一有较大关系。我国同样存在着产业结构失调、低附加值的出口产品比重偏大、竞争力不高等问题。在发展劳动密集型的出口加工业时，应注重提高设计和开发能力，提高产品技术含量和附加值。

第四，严格监控信贷资金投向，防止大规模流入房地产业和股市。20 世纪 90 年代初我国的成功经验与东南亚的教训，从正反两方面诠释了这一问题的重要性。当运用货币政策启动投资时，应该清醒地看到，经济运行中存在着房地产、股市泡沫回潮的危险性。因而，必须严格限制向容易形成呆账、坏账的行业提供贷款，一旦出现房地产和股市过热，需及时疏导。

第五，加强金融监管，及时化解金融风险。中央银行缺乏有效的金融监管，使金融风险蔓延和加剧，是东南亚金融危机的重要诱因。中国应引以为戒，加快金融体制改革，建立现代金融体系；加强中央银行的监管力度，依法治理金融，规范金融秩序；把国有商业银行办成真正的商业银行；建立中央银行金融风险预警机制和商业银行金融风险防范机制，及时发现并化解金融风险。

第六，加强国际合作，维护世界金融安全。亚洲金融危机的危害性影响不断加剧和扩散表明，国际社会尚未找到适宜的对付全球性金融危机的办法，更未确立起防范全球金融危机的机制。我国在对外开放度趋于提高的过程中，无法完全避免国际金融动荡的影响，但通过加强与国际社会的合作，呼吁发达国家和国际金融组织及时采取有效的应对方案，及早建立起符合经济全球化要求的新型国际金融机制，对于未来保障我国及世界金融安全，都是有益的。

五、中国共产党第十五次全国代表大会胜利召开

旗帜问题至关紧要。旗帜就是方向，旗帜就是形象。坚持十一届三中全会以来的路线不动摇，就是高举邓小平理论的旗帜不动摇。

在世纪之交召开的党的十五大（见图 9–9），高举邓小平理论伟大旗帜，为我国社会主义改革开放和现代化建设的跨世纪发展作出了全面部署，把建设有中国特色社会主义事业全面推向了新的世纪。

图 9–9 中国共产党第十五次全国代表大会会场

经过 20 世纪 80 年代以来的努力奋斗，特别是经过 90 年代以来的加速发展，到 1995 年我国经济提前实现原定 2000 年比 1980 年翻两番的目标。在此基础上，党中央进一步提出：到 2010 年实现国民生产总值比 2000 年翻一番，使人民的小康生活更加宽裕，形成比较完善的社会主义市场经济体制，为 21 世纪中叶基本实现现代化奠定坚实的基础。正当全国人民为实现跨世纪的目标而奋力前进的时候，1997 年 2 月 19 日，中国改革开放和现代化建设的总设计师邓小平逝世，全国各族人民陷于极大的悲痛之中。中国共产党能否继续沿着邓小平开辟的建设有中国特色社会主义道路走下去，引起了全世界的关注。对此，江泽民代表党中央明确宣告：更高地举起邓小平建设有中国特色社会主义理论的伟大旗帜，更好地贯彻执行党的基本路线，这是我们党中央领导集体坚定不移的决心和信念，也是全党、全军、全国各族人民的共识和愿望。

图 9–10 江泽民总书记在中共十五大上做报告

1997 年 9 月 12 日至 18 日党的十五大在北京举行。出席大会的代表 2048 人，特邀代表 60 人，代表全国 5800 万名党员。江泽民作了《高举邓小平理论伟大旗帜，把建设有中国特色社会主义事业全面推向二十一世纪》的报告（见图 9–10）。

大会首次使用“邓小平理论”这个科学称谓，把这一理论作为指引党继续前进的旗帜。江泽民同志指出：旗帜问题至关紧要。旗帜就是方向，旗帜就是形象。坚持十一届三中全会以来的路线不动摇，就是高举邓小平理论的旗帜不动摇。邓小平同志逝世后，全党在这个问题上尤其要有高度的自觉性和坚定性。江泽民同志强调：马克思列宁主义同中国实际相结合有两次历史性飞跃，产生了两大理论成果。第一次飞跃的理论成果是毛泽东思想。第二次飞跃的理论成果是邓小平理论。这两大理论成果都是党和人民实践经验和集体智慧的结晶。邓小平理论围绕什么是社会主义、怎样建设社会主义这个根本问题，第一次比较系统地初步回答了中国社会主义建设的一系列基本问题，因而是当代中国的马克思主义，是马克思主义在中国发展的新阶段。大会通过的《中国共产党章程修正案》把邓小平理论确立为党的指导思想，明确规定中国共产党以马克思列宁主义、毛泽东思想、邓小平理论作为自己的行动指南。

大会在进一步阐述了社会主义初级阶段理论后，明确指出：建设有中国特色社会主义的经济、政治和文化的基本目标、基本政策，有机统一，不可分割，构成党在社会主义初级阶段的基本纲领。这个纲领，是邓小平理论的重要内容，是党的基本路线在经济、政治、文化等方面的展开，是这些年来最主要经验的总结。

大会规定了我国跨世纪发展的战略部署，指出从现在起到 21 世纪的前 10 年，是我国实现现代化建设第二步战略目标、向第三步战略目标迈进的关键时期。在这个时期，建立比较完善的社会主义市场经济体制，保持国民经济持续快速健康发展，是必须解决好的两大课题。为此，一定要牢牢抓住历史机遇，开拓前进，坚持社会主义市场经济的改革方向，使改革在一些重大方面取得新的突破，并在优化经济结构、发展科学技术和提高对外开放水平等方面取得重大进展。实现这些任务和目标，关键在于坚持、加强和改善党的领导，充分发挥党的思想政治优势和组织优势，从严治党，保持党的先进性和纯洁性，增强党的凝聚力和战斗力，进一步把党建设好。

大会还就社会主义初级阶段的所有制结构和公有制实现形式、推进政治体制改革、依法治国、建设社会主义法治国家等问题提出了新的论断，指出：公有制为主体、多种所有制经济共同发展，是我国社会主义初级阶段的一项基本经济制度。公有制经济不仅包括国有经济和集体经济，还包括混合所有制经济中的国有成分和集体成分。国有经济起主导作用，主要体现在控制力上。公有制实现形式可以而且应当多样化，非公有制经济是我国社会主义市场经济的重要组成部分。依法治国，是党领导人民治理国家的基本方略，是发展社会主义市场经济的客观需要，是社会文明进步的重要标志，是国家长治久安的重要保障。这些论断，是党在社会主义理论问题上的又一次思想解放和认识深化。

党的十五大的灵魂是高举邓小平理论的伟大旗帜。在世纪之交的关键时刻，继承邓小平遗志，承前启后、继往开来，明确回答了中国的改革开放和现代化建设继续向前发展的一系列重大理论问题和政策问题，从思想上、政治上、组织上为我国的跨世纪发展提供了根本保证。

六、实施依法治国方略

> “依法治国是党领导人民治理国家的基本方略，是发展社会主义市场经济的客观需要，是社会文明进步的重要标志，是国家长治久安的重要保障。”

鉴于“文化大革命”的教训，中国共产党十一届三中全会以后，党内外强烈地呼唤恢复和加强法制建设。在这一大背景下，健全和完善社会主义法制，成为了国家政治生活中的一项重要内容。另外，伴随着经济体制改革，特别是确立社会主义市场经济体制发展目标后，中国社会正发生着前所未有的变化，正确引导和推动这一变革将使中国走向法治社会。党的十五大从建设中国特色社会主义民主政治的高度，第一次把“依法治国，建设社会主义法治国家”作为“党领导人民治理国家的基本方略”，向党的全国代表大会郑重地、明确地提了出来。这是继决定建立社会主义市场经济体制之后，中国共产党作出的又一次重大战略抉择。

什么是依法治国？概括地讲，依法治国就是依照宪法和法律的规定来治理国家，管理社会事务（见图9-11）。在我国，依法治国的科学含义就是江泽民在党的十五大政治报告中指出的：“依法治国，就是广大人民群众在党的领导下，依照宪法和法律规定，通过各种途径和形式管理国家事务，管理经济文化事业，管理社会事务，保证国家各项工作都依法进行，逐步实现社会主义民主的制度化、法制化，使这种制度和法律不因领导人的改变而改变，不因领导人看法和注意力的改变而改变。”① 依法治国把坚持党的领导、发扬社会主义民主和严格依法办事统一起来，从制度和法律上保证党的基本路线和基本方针的贯彻实施，保证党始终发挥总揽全局、协调各方的领导核心作用（见图9-12）。

图 9-11　法律空子钻不得

在我国，法治的道路是漫长的，虽然说我国很早就有了法治的思想，但是由于传统的因素，多年来封建主义法治思想一直局限了人们的法治视野，长期以来更多的是法制主义的治国思想与贤人治国的“人治”管理思想。随着改革开放与社会主义市场经济建设的发展，对法治的要求成为了党和国家以及人民群众的一种愿望，法治已成为了现代社会包括中国在内的大多数国家的理想政治追求。中国的法治开始走上了正常的发展道路。

中国共产党执政以后，采取什么方式治理国家和社会，是一个重大的理论和实践问题。1996年2月，江泽民在中共中央法制讲座的重要讲话中第一次明确提出了“依法治国”的思想，并且对依法治国作了全面而深刻的阐述。他指出：“加强社会主义法制建

①《江泽民文选》第2卷，人民出版社2006年版，第28~29页。

设，依法治国，是邓小平同志建设有中国特色社会主义理论的重要组成部分，是我们党和政府管理国家和社会事务的重要方针。实行和坚持依法治国，就是使各项工作逐步走上法制化和规范化；就是广大人民群众在党的领导下，依照宪法和法律的规定，通过各种途径和形式参与管理国家，管理经济文化事业，管理社会事务；就是逐步实现社会民主的制度化、法制化。”[1] 此后不久，八届全国人大四次会议把“依法治国，建设社会主义法制国家”这一基本方针正式载入《国民经济和社会发展“九五”计划和2010年远景目标纲要》。

图 9–12 依法治国成就显著，温州海关的关员们正把一批假冒国际知名品牌的货物开盒拆解

1997年9月，党的十五大报告更加科学、完整、准确地提出了“依法治国，建设社会主义法治国家”的基本方略和基本目标，把“依法治国”与“法治国家”有机地结合起来，不仅指出了基本方略，而且提出了治国目标。报告强调“依法治国是党领导人民治理国家的基本方略，是发展社会主义市场经济的客观需要，是社会文明进步的重要标志，是国家长治久安的重要保障”。把依法治国作为治国方略，标志着中国共产党执政方式的重大发展，标志着社会主义国家治理方式的重大发展。在治国的目标上从“法制国家”到“法治国家”，尽管只有一字之差，却已进入了一个治国的更高境界，标志着中国共产党在治国目标认识上的一次飞跃。如果说“法制国家”还是指有法可依、有法必依、执法必严、违法必究，对法律本身的性质、内容没有提出明确的要求，那么“法治国家”则强调法律本身必须是完备而良好的，反映人民意志的，具有极大权威并得到切实遵守的。国家权力必须受到法律的制约，公民权利必须受到法律的严格保护，国家权力与公民权利之间必须保持平衡。提出依法治国，建设社会主义法治国家，是以江泽民为核心的第三代中央领导集体在21世纪到来之际，就未来中国的治国方略作出的重大决策。

1999年3月，九届全国人大二次会议通过的宪法修正案明确规定，中华人民共和国

---

① 《江泽民文选》第1卷，人民出版社2006年版，第511页。

实行依法治国，建设社会主义法治国家。以国家根本大法确立了这一基本治国方略和目标。依法治国，成为一切组织和个人都必须遵循的根本准则，是社会主义现代化建设的一个根本任务和原则，也是建设中国特色社会主义政治的一个基本目标。

七、实施“西部大开发”战略

1999年6月9日，他在中央扶贫开发工作会议上指出：“现在，加快中西部地区发展步伐的条件已经具备，时机已经成熟。”

近代以来，“开发西部”、“建设西部”的呼声潮涨潮落。伟大的民主革命先行者孙中山关于西部地区的现代化建设就有不少论述，特别是在《建国方略》的“实业计划”中，孙中山对于西北经济的开发与建设更是提出了许多宏伟的战略构想，其战略设想主要有如下几个方面：一是大力发展西北地区的农牧业；二是大力发展西北地区的羊毛工业；三是大力发展西北地区的采矿业；四是大力发展西北地区的交通运输业；五是移民实边，殖民垦荒；六是专设兴农、殖边银行，提供金融支持；七是拨出专款扶持建立开发西北的实业公司和科研团体。

新中国成立以后，中央政府就十分重视对西部地区的经济开发。20世纪50年代中期，毛泽东同志在《论十大关系》中就强调，要处理好沿海工业和内地工业的关系。尤其是在三线建设时期，国家在大西部地区投入了上千亿元人民币的资金，建成了一大批新兴工业基地、国有大中型企业和科研单位，由此奠定了西部工业化的基础。20世纪80年代，邓小平同志提出了“两个大局”的战略思想：“一个大局”是沿海地区加快对外开放，较快地先发展起来，内地要顾全这个大局；“另一个大局”，就是沿海地区发展到一定时期，要拿出更多的力量帮助内地发展，沿海地区也要顾全这个大局。[①] 改革开放前，东部和西部经济发展水平的差距并非很大，从新中国成立到党的十一届三中全会的30年

①《邓小平文选》第3卷，人民出版社1993年版，第277~278页。

间，东部、中部以及西部地区国民生产总值的平均增长速度（以现代价格计算）之比为6.81∶6.78∶7.25，增长速度基本持平。但是，进入20世纪80年代后，情况发生了巨大变化，由于中国对东部沿海地区采取“非均衡发展”的战略及“地区倾斜”政策，经济重心开始逐渐东移。党的十一届三中全会之后，中央认真总结了以往经济布局的教训，认识到均平发展的战略只能导致大家均贫分配、共同受穷的结果，从而提出了优先发展的战略，注意向效率倾斜。在这一理论指导下，中国的发展战略、发展重点的实施都进行了战略大转移。这就是长达十几年之久的政策与资金大跨度地向沿海地区“双倾斜”政策开始推行的缘由。

在新的历史条件下，以江泽民同志为核心的党的第三代中央领导集体，在全面继承邓小平同志关于区域经济发展战略方针的基础上，提出和完善了一系列缩小地区差距及开发西部的决策。强调要把逐步缩小东部与中西部地区发展的差距作为指导方针长期坚持，是保持国民经济持续快速健康发展的必然要求，也是实现我国现代化建设第三步战略目标的重要方针，并采取了一系列政策措施，促进中西部地区的发展。

江泽民同志1997年就提出要“再造一个山川秀美的西北地区”。[①] 1999年6月9日，他在中央扶贫开发工作会议上指出：“现在，加快中西部地区发展步伐的条件已经具备，时机已经成熟。”[②] 同月17日，在西安举行的西北五省区国有企业改革和发展座谈会上，江泽民同志第一次明确提出了“西部大开发”的概念，精辟地阐述了西部开发的深远意义。他强调，加快开发西部地区，要有新的思路，要适应建立社会主义市场经济体制的要求和新的对外开放环境，充分考虑国内外市场需求的新变化，按客观经济规律办事。1999年9月22日，党的十五届四中全会通过的决定明确提出：“国家要实施西部大开发战略。”同年10月下旬，国务院总理朱镕基就西部开发进行调研，他指出，实施西部地区大开发战略，是一项复杂的系统工程，要有步骤、有重点地推进。当前和今后一个时期，最重要的是抓好以下四个方面的工作：第一，进一步加快基础设施建设。这是实施西部大开发的基础。第二，切实加强生态环境保护和建设。这是实施西部地区大开发的根本，并提出“退耕还林（草）、封山绿化、以粮代赈、个体承包”的措施。第三，积极调整产业结构。这是实施西部地区大开发的关键。第四，大力发展科技和教育。这是实施西部地区大开发的重要条件。1999年11月15日至17日召开的中央经济工作会

①《江泽民文选》第1卷，人民出版社2006年版，第659页。
②《江泽民文选》第2卷，人民出版社2006年版，第341页。

议也着重指出，要不失时机地实施西部大开发战略。

从地域上看，中国广大的西部地区是指大西北和大西南，包括12省区：陕西、甘肃、宁夏、青海、新疆、四川、云南、贵州、西藏、重庆、内蒙古、广西一共“六省五区一市”，土地面积约674万平方公里，占全国陆地国土总面积的70%，总人口35460万人，占全国的29.6%。

国家实施西部大开发战略的设想：经过30~50年的开发，力争使西部地区在水资源、环境生态、教育、推广实用技术、交通等基本设施方面有大的突破，人民生活有大的提高。

西部大开发战略的实施分三个阶段，2000~2005年为第一阶段：力争使西部省区市经济结构有突破性改善，经济总量在全国的比重不下降；2005~2015年为第二阶段：使西部开发初见成效，基础设施明显改善，经济运行的良性机制建立，黄河、长江、珠江等大江、大河的生态明显改善；2015~2050年为第三阶段：把西部建成经济繁荣、民族团结、山川秀美、人民生活接近当时全国平均水平的新西部。

西部开发的方向和主要任务是：①把不断改善人民生活作为优先领域，包括扶贫攻坚、扩大就业、提高人民收入水平、大力发展社会事业等；②把生态环境建设放在突出位置；③进一步加强交通等基础设施，主要是跨省区的交通干线；④发展特色经济和优势产业；⑤科技教育先行；⑥把企业培育成西部开发的主体；⑦全方位扩大西部的对内、对外开放；⑧努力走出一条具有西部特色的城市化道路。

西部大开发战略具有新的时代特点：在指导思想上，把开发西部作为21世纪初期我国经济社会发展的大战略、大思路，与实施第三步战略目标统筹起来考虑；在开发思路上，适应建立社会主义市场经济的要求和新的对外开放环境，动员和引导国内外资金、技术、人才等投入西部开发；在开发重点上，充分考虑国内外市场需求的变化，更加重视基础设施、生态环境建设、大农业和人力资源开发，更加注重培育新的竞争优势。

实施西部大开发战略，是中央从总体上把握国内政治、经济形势变化趋势，抓住历史机遇，对我国跨世纪经济发展作出的一个重大战略部署，是在我国现代化建设进入关键时期提出振兴中华的宏伟战略，在经济、政治和社会发展等各方面都具有十分重大的战略意义；实施西部大开发战略，是我国为实现第三步战略目标而采取的重大措施，也为我国参与日趋激烈的国际竞争提供战略准备；实施西部大开发战略，标志着我国社会主义市场经济发展已经进入了一个崭新的历史阶段，也是我国现阶段区域政策和可持续发展战略的集中体现。西部大开发，不仅关系到我国西部地区，而且也关系到中部地区和东部地区，因而是一项关系全局和长远发展的世纪工程，在推进我国社会主义现代化建设的过程中，必将产生极其深远的影响。

八、开展以“讲学习、讲政治、讲正气”为主要内容的党性党风教育活动

> “我们的高级干部，首先是省委书记、省长和部长，中央委员和中央政治局委员，一定要讲政治。我这里所说的政治，包括政治方向、政治立场、政治纪律、政治鉴别力、政治敏锐性。在政治问题上，一定要头脑清醒。”

进入20世纪90年代之后，我国的改革进入到攻坚阶段，经济发展处于关键性时期，国际国内形势出现了种种新的变动。难得的发展机遇和面临的严峻挑战，对党的各级领导干部、领导班子的思想政治素质、驾驭复杂局面和解决实际问题的能力，提出了新的、更高的要求。而在相当一部分干部中不同程度地存在着忽视理论学习、理想信念动摇、政治敏锐性和鉴别能力缺乏、官僚主义、形式主义盛行等现象，如任其发展蔓延，势必破坏建设中国特色社会主义事业。因此，中共中央决定在全国县处级以上干部和领导班子中开展一次以“讲学习，讲政治，讲正气”为主要内容的党性党风教育活动。

1995年9月27日，江泽民在党的十四届五中全会召集人会议上发表讲话时指出：“我们的高级干部，首先是省委书记、省长和部长，中央委员和中央政治局委员，一定要讲政治。我这里所说的政治，包括政治方向、政治立场、政治纪律、政治鉴别力、政治敏锐性。在政治问题上，一定要头脑清醒。”[①] 同年11月8日，他在北京视察工作时指出：“根据当前干部队伍的状况和存在的问题，在对干部进行教育当中，要强调讲学习，

---

①《江泽民文选》第1卷，人民出版社2006年版，第457页。

讲政治，讲正气。全国都要这样做，北京市更要起带头作用。”[①] 11月25日，《人民日报》发表题为《讲学习讲政治讲正气》的评论员文章，指出：讲学习，主要是学理论，学知识，学技术。首先是学理论。讲政治，包括政治方向、政治立场、政治纪律、政治鉴别力、政治敏锐性。讲正气，就是要继承和发扬我们党在长期革命和建设事业中形成的好传统、好作风，坚持真理、坚持原则，坚持同一切歪风邪气和各种腐败现象作斗争。

1996年10月10日，党的十四届六中全会在作出《中共中央关于加强社会主义精神文明建设若干问题的决定》中提出，要对县处级以上领导干部集中进行一次以“讲学习，讲政治，讲正气”为主要内容的党性党风教育。1997年，十五大提出继续在县级以上领导干部中深入进行以“讲学习，讲政治，讲正气”为主要内容的党性党风教育。1998年6月24日，中共中央《关于在全党深入学习邓小平理论的通知》中指出：“今明两年要集中一段时间，在县级以上领导干部中深入进行以讲学习、讲政治、讲正气为主要内容的党性党风教育。”11月21日，中共中央发出《关于在县级以上党政领导班子、领导干部中深入开展以“讲学习、讲政治、讲正气”为主要内容的党性党风教育的意见》，要求通过“三讲”教育推动县级以上党政领导班子和领导干部深入学习邓小平理论和党的十五大精神，并对这次活动的必要性和重要性、基本原则、方式方法作了明确的规定。随后，全党范围内的“三讲”活动全面展开。

这次“三讲”教育本着“始终立足于学习提高”、“紧紧围绕全面贯彻党的基本路线，把开展‘三讲’教育同推动当前工作结合起来”、“充分发扬党内民主，坚持群众路线”、“认真开展批评和自我批评，进行积极的、健康的思想斗争”等原则；要求达到坚定建设有中国特色社会主义信念，提高政治敏锐性和鉴别能力，贯彻执行民主集中制，实践党的宗旨，坚持走群众路线，发扬求真务实、言行一致的优良作风；采取自上而下的办法，分级分批进行，具体步骤和方法是：“思想发动，学习提高”、“自我剖析，听取意见”、“交流思想，开展批评”、“认真整改、巩固成果”；目的是全面提高各级领导班子的素质，确保党的基本理论、基本路线、基本纲领、基本方针的全面贯彻，改革开放和现代化建设的顺利进行，跨世纪发展目标的实现和国家的长治久安（见图9–13）。

从1998年冬起到1999年3月，中央在山东、广西、内蒙古以及国土资源部、教育部、广电总局、团中央等7个单位进行教育试点，取得了相当的成效。从1999年春起，

① 《江泽民文选》第1卷，人民出版社2006年版，第483页。

全国省部级单位的“三讲”集中教育分为两期先后展开。1999年6月28日，江泽民在纪念建党78周年座谈会上发表重要讲话，充分肯定了半年来“三讲”集中教育的成就，并再次强调这次“三讲”教育是当前党的建设的重中之重。

图 9–13 江泽民总书记在“三讲”教育动员会议之后，步入高州市中心广场与广大群众见面

1999年夏，31个省、自治区、直辖市和142个中央、国家机关和省级领导班子、领导干部的“三讲”集中教育先后完成。各省市所属地市厅局级和中央、国家机关司处级领导班子和领导干部的“三讲”集中教育又分期分批陆续展开。到同年年底，也基本结束，告一段落。

2000年12月16日、17日，全国“三讲”教育工作总结会议在北京召开。胡锦涛同志在会议上实事求是地评价了这次教育所取得的成就：“在全国县级以上党政领导班子和领导干部中用整风的精神开展以‘讲学习、讲政治、讲正气’为主要内容的党性党风教育，历时两年，现在已基本结束。两年来，‘三讲’教育自始至终在各级党委领导下，严格按照中央确定的指导思想和工作部署有计划、有步骤地进行。整个教育工作进展是顺利的，发展是健康的，成效是明显的，基本达到了中央提出的目标要求。”

“三讲”教育在总结和继承以往成功经验的基础上，在探索一条不搞政治运动、妥善解决党内问题、提高干部素质的新路子上迈出了新的重要步伐，创造和积累了一些和平时期加强党的建设特别是领导干部队伍思想政治建设的重要经验。主要是：①科学认识党所面临的新形势新任务和所处的客观环境，实事求是地分析领导干部队伍的现状，从实际出发采取正确的方针、原则和政策，是解决党内存在的突出问题的重要前提和保证。②推动领导干部用科学理论武装头脑，必须大力弘扬理论联系实际的马克思主义学风，在改造客观世界的同时改造主观世界。③加强对领导干部的思想教育，必须着眼于启发自觉性，并把内因与外因有机结合起来，坚定地相信和依靠群众。④促进领导干部党性党风方面存在问题的解决，必须坚决克服党内政治生活中的庸俗习气，开展积极健康的思想斗争。⑤搞好领导干部队伍思想政治建设，必须紧紧围绕贯彻党的基本路线和全党全国工作大局来进行，用思想教育推动各项工作不断发展。⑥认真贯彻党要管党的原则和从严治党的方针，必须实行严格的领导责任制，逐级建立运转有效的工作机制。

这次为期两年的“三讲”教育活动，是中国共产党在世纪之交的重要历史时刻所作的一项重大的战略决策。它采用了整风的精神，着重解决了党性党风方面存在的突出问题，对提高全党干部的政治素质，加强党性修养，端正思想作风，增强在改造客观世界的同时改造主观世界的自觉性具有重大意义，是在新的形势条件下加强党的建设的一次新的成功探索。

九、成功实现加入世界贸易组织

世贸组织是具有法人地位的国际组织，在调解成员争端方面具有更高的权威性，也是世界上唯一处理国与国之间贸易规则的国际组织，有人称它为“经济联合国”。

世界贸易组织（WTO）是一个独立于联合国的永久性国际组织。1995年1月1日正式开始运作，负责管理世界经济和贸易秩序，总部设在瑞士日内瓦莱蒙湖畔。1996年1月1日，它正式取代关贸总协定临时机构。世贸组织是具有法人地位的国际组织，在调解成员争端方面具有更高的权威性，也是世界上唯一处理国与国之间贸易规则的国际组织，有人称它为“经济联合国”。与关贸总协定相比，世贸组织涵盖货物贸易、服务贸易以及知识产权贸易，而关贸总协定只适用于商品货物贸易。世贸组织与世界银行、国际货币基金组织一起，并称为当今世界经济体制的“三大支柱”。目前，世贸组织的贸易量已占世界贸易的95%以上。

中国原来是世界贸易组织前身关贸总协定（GATT）的创始缔约国之一，但后来中断了。从1986年7月中国提出恢复关贸总协定缔约方地位的申请，到2001年12月11日中国正式成为世界贸易组织的成员，中国历经了长达15年马拉松式的艰难曲折的复关谈判历程。

1986年7月11日，中国正式照会GATT秘书长，要求恢复其GATT成员国席位。1988年2月，中国工作组举行首次会议。1994年4月15日，在摩洛哥马拉喀什的乌拉圭回合闭幕会议上，中国同其他122个缔约方一道，签署了实施乌拉圭回合多边贸易谈判结果的最后文件。鉴于世界贸易组织的成立，中国表示希望成为WTO的创始成员国。1994年12月17日至21日，中国工作组第19次会议举行，中国与其他缔约方未能就中国成为WTO创始国问题达成协议。1995年1月1日，世贸组织正式成立，有134个成员。它取代了关贸总协定，负责管理乌拉圭回合一揽子协议的实施，负责管理世界经济和贸易秩序。1995年7月1日，世界贸易组织决定接纳中国为该组织的观察员。1997年12月5日，世界贸易组织中的发展中国家成员在日内瓦发表声明，一致支持中国尽早加入世贸组织。1997年5月23日，世界贸易组织中国工作组第四次会议就中国加入世贸组织议定书中关于非歧视原则和司法审议两项主要条款达成协议。1997年8月1日，世界贸易组织中国工作组第五次会议在日内瓦结束。龙永图宣布了中国政府在进一步降低关税、消除非关税壁垒和取消农产品出口补贴等方面采取的重大步骤。1998年4月8日，世界贸易组织中国工作组第七次会议4月8日在日内瓦结束。工作组主席发表的声明说，中国提出的一揽子降低关税的方案得到了工作组成员的普遍欢迎，它标志谈判取得了有意义的进展。1999年4月10日，中国对外贸易经济合作部部长石广生和美国贸易代表巴舍夫斯基在华盛顿分别代表两国政府签署了《中美农业合作协议》，此举被认为是中国加入WTO的前奏。2000年4月12日，中国和马来西亚达成双边协议。2000年5月16日，中国与拉脱维亚达成双边协议。2000年5月19日，中国与欧盟达成双边协议。2000年5月29日，经过友好和建设性磋商，中国与瑞士签署了双边协议。2000年11月，墨西哥代表表示与中国的入世谈判正在进入尾声，相信会有一个好的结局。

2001年1月，中国加入世贸组织的谈判于1月9日晚在瑞士重新开始。2001年6月6日，美国贸易代表罗伯特·佐里克在上海举行的记者招待会上说，中国加入世贸组织对中国和国际贸易体制都是有利的。2001年6月14日，中美就解决中国加入世贸组织遗留问题达成了全面的共识。2001年6月20日，中国与欧盟达成全面共识。2001年7月3日，外经贸部副部长、中国入世谈判首席谈判代表龙永图表示，中国入世的所有重大问题都已解决。2001年11月10日，在多哈召开的世贸组织第四次部长级会议，审议并表决中国加入世贸组织（见图9-14）。2001年12月11日，中国正式加入WTO。

加入世贸组织标志着中国对外开放进入新的阶段。这不仅是中国扩大对外开放，参与全球化的新的起点，也是中国深化改革、完善社会主义市场经济体制的新的起点。加入世贸组织以来，中国从一个新成员到逐渐成为一个重要角色，中国以坦诚、务实、守信的态度，兑现了当年作出的承诺，交出了一张满意的“答卷”。

图 9–14　中国政府代表签署《中国入世协定书》

一是降税承诺基本履行完毕。在 2002~2005 年 3 年时间内，中国就进行了 4 次较大幅度的降税，关税总水平以每年 1 个百分点的速度从 15.3%降至 9.9%，降幅高达 35%。这一期间，中国大部分产品的降税承诺已履行完毕。世贸组织秘书处发展司司长普赖亚德士先生说，作为以出口作为主要经济拉动力的国家，中国在农业和非农产业方面的减税工作取得了很大进展。农业领域的平均关税降低到 9.8%，非农领域则降低到 8%左右。这些减税措施给相关领域的贸易额带来了很大增长。

二是服务市场全面开放。加入 WTO 以来，中国按承诺开放了包括金融、电信、建筑、分销、法律、旅游、交通等在内的众多服务领域。服务业市场实现了全面开放。比如，中国在 2001 年开始全面放开外汇业务，2003 年将外资银行人民币业务的客户对象扩大至中资企业；2006 年中国银行业全面对外开放，外资银行在中国境内从事人民币业务的地域和客户限制全部取消。到 2007 年底汇丰、渣打、花旗等 21 家外国银行在华分行改制成为法人银行。目前，外资银行可以在全国范围内向其客户提供人民币服务。比如，保险业的法定分保比例逐年降低，2005 年底取消了法定分保，外资保险公司可在任何城市申请设立机构，经营保险业务。截至 2008 年 1 月，已有 15 个国家和地区的 43 家外资保险公司在华设立了 134 个营业机构。再比如，零售业的开放步伐更是大踏步前进。全球大型跨国零售巨头如沃尔玛、家乐福等均已进入中国，并得到快速发展，目前在中国均拥有超过 100 家店。

三是加强知识产权保护。在中国加入 WTO 之前，我国对原《著作权法》、《商标法》、《专利法》及其实施细则进行了大幅度修改，扩大了受保护权利的范围，明晰了各方权利义务，加大了对侵权行为的查处力度。目前，中国法院已根据知识产权法律制定了 40 多项司法解释，内容涉及专利、商标、计算机网络著作权、财产保全等许多方面，设置了知识产权司法保护机制体系。在基本奠定了专利权、商标权和著作权等保护的司法机制后，最高法院现已转入到与市场更加贴近的领域——反不正当竞争法律适用领域。

四是执法更透明，法律更完善。加入 WTO 前后，我国大幅度修订了包括外资法、外贸法在内的多个法律法规，制定、修订、废止了 2000 余件法律、行政法规和部门规章，清理了 19 万多件地方性法规、地方政府规章和其他政策措施。新制定的《行政许可法》对政府行为的透明度提出了更加严格、具体的要求。凡执行的必须是公开的，极大地提高了法律、法规和政策的透明度。

中国将继续坚持改革开放的方针政策，进一步加强与各国和地区的经济技术交流与合作，共同促进世界经济的繁荣和发展。

十、“三个代表”重要思想

始终代表中国先进生产力的发展要求、中国先进文化的前进方向、中国人民的根本利益，是我们党的立党之本、执政之基、力量之源。

党的十三届四中全会以后的 13 年间，国际形势风云变幻，我国改革开放和社会主义现代化建设的进程波澜壮阔。特别是 20 世纪 80 年代末 90 年代初，国内发生严重政治风波，国际上东欧剧变、苏联解体，世界社会主义出现严重曲折，我国社会主义事业的发展面临空前巨大的困难和压力，我们党和国家处在决定前途命运的重大历史关头。以江泽民同志为核心的党中央受命于危难之际，坚定不移地贯彻党的基本路线。在十三届四中全会上，江泽民同志明确地表示：“党的十一届三中全会以来的路线和基本政策没有变，必须继续贯彻执行。在这个最基本的问题上，我要十分明确地讲两句话：一句是坚定不移，毫不动摇；一句是全面执行，一以贯之。”① 鲜明的态度确定了鲜明的决策。13

①《江泽民文选》第 1 卷，人民出版社 2006 年版，第 57 页。

年间，我们多次处在历史发展的重要关头，多次面临国际国内的复杂局面，多次遇到理论和实践的重大课题。以江泽民同志为核心的党中央，高举邓小平理论伟大旗帜，坚持解放思想、实事求是的思想路线，弘扬与时俱进、开拓创新的精神，深入研究和回答建设中国特色社会主义实践中迫切需要解决的重大问题，作出了一系列重大决策，积累了宝贵而丰富的经验，逐步形成了“三个代表”重要思想。

2000年2月，江泽民同志在广东高州考察时明确指出：总结我们党七十多年的历史，可以得出一个重要的结论，这就是，我们党所以赢得人民的拥护，是因为我们党在革命、建设、改革的各个历史时期，总是代表着中国先进社会生产力的发展要求，代表着中国先进文化的前进方向，代表着中国最广大人民的根本利益，并通过制定正确的路线方针政策，为实现国家和人民的根本利益而不懈奋斗。在新的历史条件下，我们党如何更好地代表中国先进社会生产力的发展要求，更好地代表中国先进文化的前进方向，更好地代表中国人民的根本利益，要紧密结合国内外形势的变化，紧密结合我国社会生产力的最新发展和经济体制深刻变化的实际，紧密结合人民群众对物质文化生活提出的新的发展要求，紧密结合我们党员干部队伍发生的重大变化，来深入思考这个重大问题。[①]

5月8日至15日，江泽民同志又到江苏、浙江和上海进行考察。再次强调：在迈向新世纪的征途上，我们党要解决好诸多复杂矛盾和困难，经受住新的考验和锻炼，把我们的伟大事业推向前进，必须按照“三个代表”的要求加强党的建设，进一步提高执政水平和领导水平。只有解决好这个问题，我们党才能永远得到人民的衷心拥护并带领人民不断前进。他指出：始终代表中国先进生产力的发展要求、中国先进文化的前进方向、中国人民的根本利益，是我们党的立党之本、执政之基、力量之源。按照“三个代表”的要求抓党的建设，同新时期党的建设新的伟大工程的总目标总要求是一致的。推进党的思想建设、政治建设、组织建设和作风建设，都应贯穿“三个代表”的要求。[②]

6月，江泽民同志到宁夏、甘肃考察工作时指出：“创新是一个民族进步的灵魂，是一个国家兴旺发达的不竭动力，也是一个政党永葆生机的源泉。时代在发展，形势在变化，我们党要不断地巩固自己的执政地位，必须紧跟世界发展进步的潮流，始终代表中国先进生产力的发展要求、中国先进文化的前进方向和最广大人民的根本利益，坚决解

①《江泽民文选》第3卷，人民出版社2006年版，第2页。
②《江泽民文选》第3卷，人民出版社2006年版，第15页。

决党内存在的突出问题。提出坚持‘三个代表’的要求，其出发点和着眼点就在这里。”①

2001年7月1日，在庆祝中国共产党成立80周年大会上，江泽民同志发表重要讲话。讲话以马克思列宁主义、毛泽东思想、邓小平理论为指导，贯彻解放思想、实事求是的思想路线，全面回顾和总结了我们党80年的光辉历程和基本经验，系统阐述了“三个代表”重要思想的科学内涵，深刻回答了新的历史条件下加强和改进党的建设需要解决的重大问题，进一步阐明了党在新世纪的历史任务和奋斗目标，是一篇马克思主义的纲领性文献。

2002年5月31日，江泽民在中央党校省部级干部进修班毕业典礼上发表了重要讲话。这一讲话高屋建瓴、内涵丰富、思想深刻、论述精辟，对“三个代表”重要思想进行了全面阐述。讲话对于如何全面贯彻“三个代表”提出了更加明确的目标和要求，强调：贯彻“三个代表”要求，关键在坚持与时俱进，核心在保持党的先进性，本质在坚持执政为民。全党同志要牢牢把握这个根本要求，不断增强贯彻“三个代表”要求的自觉性和坚定性。贯彻好“三个代表”要求，必须使全党始终保持与时俱进的精神状态，不断开拓马克思主义理论发展的新境界；必须把发展作为党执政兴国的第一要务，不断开创现代化建设的新局面；必须最广泛、最充分地调动一切积极因素，不断为中华民族伟大复兴增添新力量；必须以改革的精神推进党的建设，不断为党的肌体注入活力。

2002年11月8日至14日，举世瞩目的中国共产党第十六次全国代表大会在北京召开。江泽民在大会上作了题为“全面建设小康社会，开创中国特色社会主义事业新局面”的主题报告。十六大报告以“三个代表”重要思想为灵魂和主线，总结了改革开放以来特别是十三届四中全会以来党的基本历史经验，回答了中国共产党今后举什么旗、走什么路、实现什么目标的重大问题。报告进一步阐明了“三个代表”重要思想的时代背景、实践基础、历史地位、精神实质和指导意义，揭示贯彻“三个代表”重要思想的“三个坚持”和“四个必须”的根本要求，对切实把“三个代表”重要思想贯彻到社会主义现代化建设的经济、政治、文化、党的建设等各个领域作出了全面部署。这表明，“三个代表”重要思想同马克思列宁主义、毛泽东思想、邓小平理论一道，成为了一个比较系统的科学理论，成为了党必须长期坚持的指导思想，成为了指导中国特色社会主义现代化建设的行动指针。

---

①《江泽民文选》第3卷，人民出版社2006年版，第64页。

“三个代表”重要思想突出强调我们党始终代表中国先进生产力的发展要求、代表中国先进文化的前进方向、代表中国最广大人民的根本利益，遵循了人类历史发展进步的普遍规律，顺应了时代发展的潮流和我国社会发展进步的要求，反映了全国各族人民的利益和愿望，抓住了新形势下提高党的执政能力、巩固党的执政地位、完成党的执政使命的根本。“三个代表”重要思想涵盖了社会主义经济建设、政治建设、文化建设、社会建设和党的建设，以及国防和军队现代化建设、祖国统一、国际战略和外交工作等各个领域，涉及改革发展稳定、内政外交国防、治党治国治军等各个方面，是一个完整的科学的思想体系。“三个代表”重要思想最鲜明的特点和最突出的贡献，在于用一系列紧密联系、相互贯通的新思想、新观点、新论断，进一步回答了什么是社会主义、怎样建设社会主义的问题，创造性地回答了在长期执政的历史条件下建设什么样的党、怎样建设党的问题，深化了我们对新的时代条件下推进中国特色社会主义事业和加强党的建设的规律的认识。

十一、中国共产党第十六次全国代表大会胜利召开

党的十六大把“三个代表”重要思想和马克思列宁主义、毛泽东思想、邓小平理论一道确立为我们党的指导思想，这是十六大的历史性贡献，具有划时代的意义。

中国共产党第十六次全国代表大会于2002年11月8日至14日在北京举行（见图9-15）。出席大会的正式代表2114名，特邀代表40名，代表全国6635.5万名党员（见图9-16）。江泽民作《全面建设小康社会，开创中国特色社会主义事业新局面》的报告。大会提出全面建设小康社会的战略目标，把“三个代表”重要思想写入党章，与马克思列宁主义、毛泽东思想、邓小平理论一起作为党必须长期坚持的指导思想。大会通过了《关于十五届中央委员会报告的决议》、《关于〈中国共产党章程（修正案）〉的决议》和《关于中央纪律检查委员会工作报告的决议》。大会选举了由198名委员和158名候补委

图 9–15 中国共产党第十六次全国代表大会开幕

员组成的中央委员会，选举了由 121 名委员组成的中央纪律检查委员会。随后召开的十六届一中全会选举了中央政治局及其常务委员会；选举胡锦涛为中央委员会总书记；决定江泽民为中央军事委员会主席；批准吴官正为中央纪律检查委员会书记。

江泽民同志的报告，以高举邓小平理论伟大旗帜，全面贯彻“三个代表”重要思想，继往开来，与时俱进，全面建设小康社会，加快推进社会主义现代化，为开创中国特色社会主义事业新局面而奋斗为主题，顺应时代潮流，符合党心民心，得到了大会代表的一致赞同，得到了全党同志和全国人民的衷心拥护。报告全面分析了我们党面临的国际国内形势，科学地总结了 13 年来的基本经验，进一步阐明了贯彻“三个代表”重要思想的根本要求，深刻阐明了我们党在新世纪坚持举什么旗、走什么路、实现什么目标等重大问题，对建设中国特色社会主义经济、政治、文化和党的建设等各项工作作出了全面部署，是我们党团结和带领全国各族人民在新世纪新阶段继续奋勇前进的政治宣言和行动纲领。江泽民同志的报告，体现了解放思想与实事求是的统一、理论创新与实践创新的统一、总结过去与规划未来的统一、立足国情与面向世界的统一，具有很强的时代意识、创新意识，具有很强的思想性、理论性、指导性，是一篇马克思主义的纲领性文献。

大会高度评价党的十三届四中全会以来，在改革开放和现代化建设波澜壮阔的历史进程中，以江泽民同志为核心的第三代中央领导集体带领全党和全国亿万人民在改革发展稳定、内政外交国防、治党治国治军各方面取得的巨大成就。这 13 年是我国综合国力大幅度跃升，人民得到实惠最多的时期，是我国社会长期保持安定团结、政通人和的时期，是我国国际影响显著扩大、民族凝聚力极大增强的时期。以江泽民同志为核心的第三代中央领导集体带领全党和全国人民作出的艰辛努力和取得的伟大成就举世瞩目，必将载入中华民族伟大复兴的光辉史册。

党的十六大把“三个代表”重要思想和马克思列宁主义、毛泽东思想、邓小平理论

图 9–16　中共十六大开幕式

一道确立为我们党的指导思想，这是十六大的历史性贡献，具有划时代的意义。“三个代表”重要思想是对马克思列宁主义、毛泽东思想和邓小平理论的继承和发展，反映了当代世界和中国的发展变化对党和国家工作的新要求，是加强和改进党的建设、推进我国社会主义自我完善和发展的强大理论武器。始终做到“三个代表”，是我们党的立党之本、执政之基、力量之源。我们要牢牢把握关键在坚持与时俱进、核心在坚持党的先进性、本质在坚持执政为民的根本要求，不断增强贯彻“三个代表”重要思想的自觉性和坚定性，在“三个代表”重要思想指引下奋勇前进。

党的十六大提出了全面建设小康社会的奋斗目标，围绕这个目标对经济、政治、文化建设和改革作出了全面部署，对于凝聚全党和全国各族人民的力量，加快推进社会主义现代化，具有十分重要的意义。大会强调毫不放松地加强和改进党的领导，全面推进党的建设新的伟大工程，对推进党的建设作了部署，必将掀开党的建设的新篇章。党的十六大指明我们胜利前进的方向，开启了新的伟大进军的征程。

第十章 开创中国特色社会主义事业新局面

一、科学发展观的形成与发展

“要牢固树立协调发展、全面发展、可持续发展的科学发展观，积极探索符合实际的发展新路子。”

党的十六大以来，以胡锦涛同志为总书记的党中央，立足社会主义初级阶段基本国情，总结我国发展实践，借鉴国外发展经验，适应新的发展要求，提出了科学发展观等一系列重大战略思想。

2003 年 4 月 15 日，中共中央总书记、国家主席胡锦涛同志在广东考察工作时强调，要紧紧抓住和用好 21 世纪头 20 年这个重要战略机遇期，乘势而上，加快发展。他指出，要积极探索加快发展的新路子，通过完善发展思路不断增创新优势；着力深化改革，通过制度创新不断增创新优势；进一步发展外向型经济，通过扩大对外开放不断增创新优势；大力实施科教兴国战略和人才战略，通过科技创新和发挥人才效应不断增创新优势；坚持全面的发展观，通过促进三个文明协调发展不断增创新优势。要在全面建设小康社会、率先基本实现社会主义现代化的进程中，努力在社会主义物质文明、政治文明、精神文明建设方面都交出优异的答卷。这是胡锦涛总书记首次有针对性地提出全面的发展观。

2003年7月28日，全国防治"非典"工作会议在北京举行。胡锦涛同志在会上发表重要讲话指出，通过抗击"非典"斗争，我们比过去更加深刻地认识到，我国的经济发展和社会发展、城市发展和农村发展还不够协调；公共卫生事业发展滞后，公共卫生体系存在缺陷；突发事件应急机制不健全，处理和管理危机能力不强；一些地方和部门缺乏应对突发事件的准备和能力。我们要高度重视存在的问题，采取切实措施加以解决，真正使这次防治"非典"斗争成为我们改进工作、更好地推动事业发展的一个重要契机。

2003年8月、9月间，胡锦涛同志在江西、湖南的考察中都使用了"科学发展观"的概念。在江西考察时，胡锦涛同志指出："要牢固树立协调发展、全面发展、可持续发展的科学发展观，积极探索符合实际的发展新路子。"① 在湖南考察时，胡锦涛同志又强调："中部地区广大干部群众要切实加快发展的责任感和紧迫感，牢固树立和坚决落实科学发展观，积极探索符合实际的发展思路，通过发展不断为发展注入新的动力，努力推动经济社会更快更好地发展。"②

2003年10月11日至14日，中国共产党十六届三中全会在北京举行。全会听取和讨论了胡锦涛同志受中央政治局委托作的工作报告，审议通过了《中共中央关于完善社会主义市场经济体制若干问题的决定》，强调为适应经济全球化和科技进步加快的国际环境，适应全面建设小康社会的新形势，必须按照十六大提出的建成完善的社会主义市场经济体制和更具活力、更加开放的经济体系的战略部署，加快推进改革，进一步解放和发展生产力，为经济发展和社会全面进步注入强大动力。要按照统筹城乡发展、统筹区域发展、统筹经济社会发展、统筹人与自然和谐发展、统筹国内发展和对外开放的要求，更大程度地发挥市场在资源配置中的基础性作用，为全面建设小康社会提供强有力的体制保障。这是在党的文件中第一次系统、明确地阐述了科学发展观。

2003年11月24日，胡锦涛同志主持召开了中共中央政治局会议，会议提出，要坚持以邓小平理论和"三个代表"重要思想为指导，全面贯彻十六大和十六届三中全会精神，树立和落实全面、协调、可持续的科学发展观，按照稳定政策、适度调整，深化改革、扩大开放，把握全局、解决矛盾，统筹兼顾、协调发展的思路安排好2004年的经济工作。此后，"科学发展观"的提法开始在党的会议和文件中被普遍地使用。

---

① 胡锦涛：《继承发扬党的优良革命传统　加快全面建设小康社会步伐》，《人民日报》，2003年9月3日，第1版。

② 胡锦涛：《加强干部作风建设　推进经济社会发展》，《人民日报》，2003年10月5日，第1版。

2003年11月27日至29日，中共中央、国务院召开中央经济工作会议。胡锦涛总书记在会上发表了重要讲话，从全局和战略的高度，全面分析了国际国内形势，明确提出了2004年经济工作的总体要求，着重强调了做好经济工作需要把握的重要原则和重大问题，并对加强和改善党对经济工作的领导提出了明确要求：以邓小平理论和“三个代表”重要思想为指导，全面贯彻十六大和十六届三中全会精神，坚持以人为本，树立全面、协调、可持续的发展观，按照稳定政策、适度调整，深化改革、扩大开放，把握全局、解决矛盾，统筹兼顾、协调发展的思路，做好各项工作。坚持扩大内需的方针，继续实施积极的财政政策和稳健的货币政策，保护好、引导好、发挥好各方面加快发展的积极性，切实把工作重点转到调整经济结构、转变增长方式、提高增长质量和效益上来，实现国民经济持续快速协调健康发展和社会全面进步。会议强调，贯彻这个总体要求，重要的是牢固确立和认真落实全面、协调、可持续的发展观。这既是经济工作必须长期坚持的重要指导思想，也是解决当前经济社会发展中诸多矛盾必须遵循的基本原则。

2004年2月16日至21日，党中央在中央党校举办了省部级主要领导干部“树立和落实科学发展观”专题研究班，表明以胡锦涛同志为总书记的党中央对于科学发展观的重视。中共中央政治局常委、中央党校校长曾庆红在开班式上对牢固树立和认真落实科学发展观的要求作了集中阐述。中共中央政治局常委、国务院总理温家宝在结业式上作了《提高认识，统一思想，牢固树立和认真落实科学发展观》的重要讲话，强调：必须全面理解和正确把握科学发展观的主要内涵和基本要求，认真加以贯彻落实。

2004年3月5日，胡锦涛总书记在参加十届全国人大二次会议西藏代表团审议时强调，坚持以人为本，全面、协调、可持续的发展观，是我们以邓小平理论和“三个代表”重要思想为指导，在建设中国特色社会主义新的实践中进一步得出的重要结论。要坚持运用马克思主义的立场、观点、方法观察和思考发展问题，全面准确地把握科学发展观的深刻内涵，真正发挥科学发展观在实践中的重要指导作用。要科学认识和正确把握以经济建设为中心和全面发展的辩证关系。经济建设是党和国家的中心工作，经济发展是各方面发展的基础。只有坚持以经济建设为中心，不断解放和发展生产力，才能为抓好发展这个党执政兴国的第一要务、为全面发展形成坚实的物质基础。在任何时候、任何情况下，我们都必须紧紧扭住经济建设这个中心不放松，同时又要切实防止片面性和单打一，全面推进社会主义物质文明、政治文明和精神文明建设。

2004年3月10日，胡锦涛总书记在中央人口资源环境工作座谈会上强调，坚持以人为本，全面、协调、可持续的发展观，是我们以邓小平理论和“三个代表”重要思想为指导，从新世纪新阶段党和国家事业发展全局出发提出的重大战略思想。坚持以人为本，就是要以实现人的全面发展为目标，从人民群众的根本利益出发谋发展、促发展，不断满足人民群众日益增长的物质文化需要，切实保障人民群众的经济、政治和文化权益，让发展的成果惠及全体人民。全面发展，就是要以经济建设为中心，全面推进经济、政治、文化建设，实现经济发展和社会全面进步。协调发展，就是要统筹城乡发展、统筹区域发展、统筹经济社会发展、统筹人与自然和谐发展、统筹国内发展和对外开放，推进生产力和生产关系、经济基础和上层建筑相协调，推进经济、政治、文化建设的各个环节、各个方面相协调。可持续发展，就是要促进人与自然的和谐，实现经济发展和人口、资源、环境相协调，坚持走生产发展、生活富裕、生态良好的文明发展道路，保证一代接一代地永续发展。

2004 年 4 月 24 日，胡锦涛总书记在博鳌亚洲论坛开幕式上发表题为《中国的发展，亚洲的机遇》主旨演讲时指出：我们已经明确了本世纪头 20 年的奋斗目标。为了实现这一目标，我们将坚持以邓小平理论和“三个代表”重要思想为指导，认真贯彻落实以人为本，全面、协调、可持续的发展观。这个科学发展观，总结了 25 年来中国改革开放和现代化建设的成功经验，吸取了世界上其他国家在发展进程中的经验教训，反映了中国政府和人民对发展问题的新认识。我们将以经济建设为中心，以实现人的全面发展为目的，统筹城乡发展，统筹区域发展，统筹经济社会发展，统筹人与自然和谐发展，统筹国内发展和对外开放，坚持走生产发展、生活富裕、生态良好的发展道路。

2004 年 5 月，胡锦涛同志在江苏考察工作时，明确提出在贯彻落实科学发展观的过程中，要正确处理以经济建设为中心与全面发展的关系、加快发展与协调发展的关系、当前发展与可持续发展的关系，推进各项事业更快更好地发展。同时，强调要把科学发展观贯穿于发展的整个过程。

2004 年 9 月，在中国共产党十六届四中全会上，胡锦涛同志指出，坚持以人为本，全面、协调、可持续的科学发展观，是我们继承和发展党的三代中央领导集体关于发展的一系列重要思想，从新世纪新阶段党和人民事业发展全局出发提出的重大战略思想，反映了我们党对发展问题的新认识。树立和落实科学发展观的过程，就是根据党和人民事业发展的新要求，大力提高党领导发展能力的过程。

2004 年 12 月 3 日，在中央经济工作会议上，胡锦涛同志明确提出，科学发展观是我们党对长期发展实践的经验总结和理论升华，是指导我们抓住机遇、加快发展的世界观和方法论，是我们应对更加复杂的国际国内环境和各种新挑战的强大思想武器。他强调，实现经济社会全面协调可持续发展，最根本的是要以科学发展观统领经济社会发展全局，并切实贯穿于经济社会发展的各个方面。

2005 年初，胡锦涛同志在省部级主要领导干部提高构建社会主义和谐社会能力专题研讨班上强调，构建社会主义和谐社会，必须树立和落实科学发展观，坚持以经济建设为中心，坚持“五个统筹”，促进社会主义物质文明、政治文明、精神文明与和谐社会建设全面发展。

2005 年 10 月，在中国共产党十六届五中全会上，胡锦涛同志指出，科学发展观是指导发展的世界观和方法论的集中体现，是我们推动经济社会发展、加快推进社会主义现代化必须长期坚持的重要指导思想。

2005 年 11 月 29 日，在中央经济工作会议上，胡锦涛同志指出，科学发展观是推进社会主义经济建设、政治建设、文化建设、社会建设全面发展的指导方针，必须贯穿于全面建设小康社会和社会主义现代化建设的全过程。

要进一步用科学发展观武装全党特别是各级领导干部的头脑，以统一思想，形成共识。

2005 年 12 月中旬，胡锦涛同志在青海考察工作时指出，科学发展观是我们党坚持以邓小平理论和“三个代表”重要思想为指导，在准确把握世界发展趋势、认真总结我国发展经验、深入分析我国发展阶段性特征的基础上提出的重大战略思想，是对经济社会发展一般规律认识的深化，是指导发展的世界观和方法论的集中体现，是推进社会主义经济建设、政治建设、文化建设、社会建设全面发展必须长期坚持的指导方针。

2006 年 6 月 30 日，在庆祝中国共产党成立 85 周年暨总结保持共产党员先进性教育活动大会上，胡锦涛同志再次强调，坚持以科学发展观统领经济社会发展全局，切实抓好发展这个党执政兴国的第一要务，推动经济社会又快又好发展，是我们这一代中国共产党人的神圣使命；要坚持用科学发展观武装全党，进一步把全党的思想统一到科学发展观上来。

2006 年 10 月 11 日，在中国共产党十六届六中全会上，胡锦涛同志再次强调，要坚持以科学发展观统领经济社会发展全局，切实把各方面的积极性引导到实现科学发展上来。

2006年12月，在中央经济工作会议上，胡锦涛同志强调，科学发展观是指导发展的世界观和方法论的集中体现，是运用马克思主义的立场、观点、方法认识和分析社会主义现代化建设的丰富实践，深化对经济社会发展一般规律认识的成果，是我们推进经济建设、政治建设、文化建设、社会建设必须长期坚持的根本指导方针。

2007年6月25日，胡锦涛同志在中央党校发表重要讲话，他强调，党的十六大以来，党中央继承和发展党的三代中央领导集体关于发展的重要思想，提出了科学发展观。科学发展观，第一要义是发展，核心是以人为本，基本要求是全面协调可持续，根本方法是统筹兼顾。发展对于全面建设小康社会、加快推进社会主义现代化具有决定性意义。

2007年10月，胡锦涛同志在中国共产党十七大报告中系统阐述了科学发展观的时代背景、科学评价、丰富内涵、精神实质和根本要求。强调科学发展观是对党的三代中央领导集体关于发展的重要思想的继承和发展，是马克思主义关于发展的世界观和方法论的集中体现，是同马克思列宁主义、毛泽东思想、邓小平理论和“三个代表”重要思想既一脉相承又与时俱进的科学理论，是我国经济社会发展的重要指导方针，是发展中国特色社会主义必须坚持和贯彻的重大战略思想。这个科学评价全面总结了近年来全党对科学发展观的理论认识和实践探索的成果，深刻反映了人民群众的共同期待，使我们对科学发展观的认识得到了升华。用科学发展观武装头脑，统一思想，增进共识，是一项长期的战略任务。我们要坚持不懈地学习、研究和宣传科学发展观，不断提高贯彻落实科学发展观的自觉性和坚定性，使科学发展观成为我们的共同认识和自觉行动。

二、振兴东北老工业基地战略

2002年11月，党的十六大首次提出了振兴东北老工业基地的方略，提出支持东北地区等老工业基地加快调整和改造，支持资源开采型城市发展接续产业。

东北地区是我国近代工业起步较早的地区之一。20世纪初，沙俄和日本出于侵略中国的需要，在东北搞了一些工业；其后奉系军阀张作霖为巩固其统治，也搞了些工业，以军事工业为主，偏重重工业，交通、矿冶为当时全国之最。东北工业曾分别纳入沙俄、苏联和日本在东亚的工业体系，民族工业发展举步维艰。辽沈战役后，东北工业曾支持了人民解放战争。新中国成立后，当时出于“背靠苏联”的战略防卫考虑和东北丰富的资源及已有的重工业发展基础，东北逐渐成为新中国的重工业基地。特别是经过“一五”、“二五”时期的大规模经济建设，东北已基本形成了以钢铁、机械、石油、化工、建材、煤炭等重工业为主体的基础设施比较完善的工业基地。以沈阳、大连、长春、哈尔滨、吉林和齐齐哈尔等重工业城市为代表的东北老工业基地在全国经济发展中起着十分重要的作用，为新中国经济的发展曾作出过重大贡献。

新中国成立初期，东北地区是社会主义工业建设的摇篮，为国家重要战略物资储备和工业化建设奠定了扎实基础。“一五”和“二五”时期建设的156项重点工程中有56项分布在东北，后来又经过不断完善和发展，形成了以钢铁、机械、石油、化工建材、煤炭等重工业为主体的基础设施较为完善的工业基地。尤其在装备制造业方面形成了强大的基础，是“共和国的总装备部”。东北地区汽车产量占全国的1/4，其中重型卡车产量占全国的1/2，船舶产量占全国的1/3。

改革开放以后，东北老工业基地和大量的国有企业通过改制和结构调整，取得了丰富的经验，为改革和发展作出了新的贡献。然而改革开放以来，尤其是实行社会主义市场经济以来，东北老工业基地的经济发展遇到了前所未有的困难。这些困难集中体现在：经济增长乏力，东北老工业基地在全国经济总量中的比重持续下降（据统计，1980年辽宁省的工业总产值为440亿元，占全国的8.8%，同期广东省的工业总产值仅为224亿元，占全国的4.5%。到1996年广东的国内生产总值已达到6097亿元，占全国的9.0%，同年东北三省的国内生产总值仅为6897.5亿元，几乎与广东一省持平）；传统工业的优势地位逐渐丧失，对资源的长期开发导致东北老工业基地采掘业和原材料工业的优势逐渐消失，制造业面对国内、国外激烈的市场竞争优势全无；产业结构不合理，经济效益低下。重工业偏重，轻工业偏轻，产品附加值低；技术装备老化，技术陈旧，长期以来未得到系统改造；资金短缺，企业发展后劲不足，改革开放以后，国家经济建设重心南移，在东北投资大项目逐渐减少，同时由于上缴过多，企业长期以来留利水平低，几乎没有自我改造、自我发展的能力；历史负担沉重，企业流动资产损失严重、企业社会负担过重、职工生活保障负担沉重。东北老工业基地的困难形成主要是受到长期以来的计划经济的影响，但是同时东北还有许多优势，如工业基础较好、人才多、资源丰富。

图 10-1 振兴东北老工业基地院士专家巡讲团首场报告

加快东北老工业基地的调整、改造和振兴，是推动我国经济持续、快速、健康发展的重大战略举措。2002年11月，党的十六大首次提出了振兴东北老工业基地的方略，提出支持东北地区等老工业基地加快调整和改造，支持资源开采型城市发展接续产业。[①] 随后，温家宝等党和国家领导同志先后赴东北三省就老工业基地调整、改造进行调研。2003年3月5日，在第十届全国人民代表大会第一次会议上，国务院总理朱镕基在《政府工作报告》中提出“采取有力措施，支持东北地区等老工业基地加快调整和改造”。9月10日，温家宝总理主持国务院常务会议讨论并原则同意《关于实施东北地区等老工业基地振兴战略的若干意见》。9月29日，中共中央政治局会议讨论通过《关于实施东北地区等老工业基地振兴战略的若干意见》。10月，中共中央、国务院下发《关于实施东北地区等老工业基地振兴战略的若干意见》。《意见》明确指出了实施东北地区等老工业基地振兴的重大战略意义及指导思想和原则（见图10-1）。

2003年12月，为实施东北地区等老工业基地振兴战略，加快东北地区等老工业基地发展，我国决定成立国务院振兴东北地区等老工业基地领导小组，由国务院总理温家宝任组长。领导小组的主要任务是：组织贯彻落实中共中央、国务院关于振兴东北地区等老工业基地的方针、政策和指示；审议东北地区等老工业基地振兴战略、专项规划、重大问题和有关法规；研究审议振兴东北地区等老工业基地的重大政策建议，协调东北地区等老工业基地经济社会全面发展。

2004年3月，温家宝主持召开国务院振兴东北地区等老工业基地领导小组第一次全体会议。会议指出，实施东北地区等老工业基地振兴战略，是党中央、国务院从全面建

①《江泽民文选》第3卷，人民出版社2006年版，第547页。

设小康社会全局考虑作出的重大决策，并提出要抓好四个方面的重点工作：一是加快体制创新和机制创新；二是大力推进产业结构优化升级；三是进一步扩大对内对外开放；四是切实做好就业和社会保障工作。

2005 年 5 月，温家宝主持召开国务院振兴东北地区等老工业基地领导小组第二次全体会议，强调解放思想、更新观念，走出振兴老工业基地的新路子。会议要求要着力做好七个方面的重点工作：一是进一步加强农业，统筹协调城乡发展；二是大力推进产业结构优化升级，转变经济增长方式；三是深化改革，加快体制机制转换；四是扩大对内对外开放，发展开放型经济；五是统筹人与自然和谐发展；六是大力实施科教兴国战略和人才战略，加强科技开发和人才培养；七是注重解决好关系人民群众切身利益的突出问题。

2006 年 6 月 6 日，温家宝总理主持国务院振兴东北地区等老工业基地领导小组召开第三次全体会议。会议认为，2005 年振兴东北地区等老工业基地的重点工作取得了新进展、新突破，东北地区经济社会发展保持良好态势。改革开放步伐加快，结构调整力度加大，农业综合生产能力进一步提高，基础设施建设得到加强，资源型城市经济转型取得了阶段性成果，生态建设和环境保护继续推进。会议要求，要坚持用科学发展观统领振兴老工业基地各项工作，切实把经济社会发展转入全面协调可持续发展的轨道；要深入调查研究，着力突破影响老工业基地振兴的重点和难点问题；要发扬自力更生、艰苦奋斗精神，依靠广大干部群众锐意创新，积极进取。

2007 年 6 月 12 日，温家宝主持召开国务院振兴东北地区等老工业基地领导小组第四次全体会议，总结 2006 年工作，研究部署 2007 年任务，审议《东北地区振兴规划》。会议强调，全面推进东北老工业基地振兴战略，要以邓小平理论和“三个代表”重要思想为指导，深入贯彻落实科学发展观，坚持以改革开放和自主创新为动力，加快推进经济结构调整和增长方式转变，加强资源节约和环境保护，着力改善民生和促进社会和谐建设，实现经济社会又好又快发展（见图 10–2）。

图 10–2　东北将成为我国经济增长的“第四极”

振兴东北老工业基地具

有多方面重大的经济意义和政治意义。振兴东北等老工业基地是我国新世纪新阶段全面建设小康社会的重大历史任务，加快振兴东北老工业基地，有利于促进地区经济的协调发展，尤其是整个国民经济持续快速健康发展，有利于推进国有经济的布局和结构调整，有利于更好地适应加入世贸组织以后的对外开放形势，有利于维护社会稳定。同时，也可以为其他地区老工业基地的经济振兴积累经验，发挥示范作用。

三、农业税条例废止

2005 年 12 月 29 日十届全国人大常委会第十九次会议以高票通过一个正文只有 94 字的决定，现行的农业税条例自 2006 年 1 月 1 日起废止。

农业税是国家对一切从事农业生产、有农业收入的单位和个人征收的一种税，俗称“公粮”。据史料记载，农业税始于公元前 594 年鲁宣公开始征收的“初税亩”，是中国历史上记载的最早的农业税，也是中国最早的税种，到汉初形成制度。2600 年来，农业在中国始终占主体经济地位，一直以来，农业税是国家金库的最主要来源。

新中国成立初期，中国农业税制度建设的主要任务是，根据中央政府规定的原则和各地的具体情况，逐步建立健全农业税的各项制度，适当减轻农民负担，促进农业生产发展。1950 年 9 月 5 日，中央人民政府委员会公布了《新解放区农业税暂行条例》，1951 年秋，西北、东北、华北大区重新颁布了农业税暂行条例。《暂行条例》规定，新解放区的农业税以户为单位，按照农业人口每人平均的农业收入计征。1951 年 6 月 21 日，政务院发布了《关于 1951 年农业税收工作的指示》，其中将新解放区已经完成土地改革地区的农业税的最低税率和最高税率分别调整为 5%（提高了 2 个百分点）和 30%（降低了 12 个百分点），将农业税附加的最高附加率提高到 20%（提高了 5 个百分点）。1958 年 6 月 3 日，全国人大常委会通过了第一个全国统一的农业税法《中华人民共和国农业税条例》，对原农业税制度进行了积极的改革，确定了正确把握农业税负担总体水平，公平合理负担，鼓励增产，统一税制与因地制宜相结合，简便征收、方便群众等农业税政策原则。农业税条例的颁布实施，标志着新中国统一的农业税制度正式形成。

1978 年 12 月 2 日，国务院转发《财政部关于减轻农村税收负担问题的报告》，规定从 1979 年起，每人平均口粮在起征点以下的，可以免征农业税。从 1983 年起，农业税起征点办法停止执行，并相应恢复因实行这一办法而核减的各省、自治区、直辖市的农业税征收任务。1993 年 2 月 20 日，国务院下发《关于调整农林特产税税率的通知》，对部分农林特产品的税率进行了调整。1994 年，国家进行了税制改革和分税制财政管理体制改革，取消了产品税，国务院发布了《关于对农业特产收入征收农业税的规定》，将产品税的农林牧水产品部分应税品目改为征收农业特产税。1998 年 10 月 14 日，中国共产党十五届三中全会通过了《中共中央关于农业和农村工作若干重大问题的决定》，开启了中国农村税费改革之路。2002 年 3 月 27 日，国务院办公厅发出了《关于做好 2002 年扩大农村税费改革试点工作的通知》，在通知中确定了 2002 年扩大农村税费改革试点的范围，其中河北、内蒙古、黑龙江、吉林、江西、山东、河南、湖北、湖南、重庆、四川、贵州、陕西、甘肃、青海、宁夏等 16 个省、自治区、直辖市为国务院确定的试点地区。2004 年国家开始大幅度降低农业税税率，并选择吉林、黑龙江两个粮食主产省进行全部免除农业税的试点；河北、内蒙古、辽宁、江苏、安徽、江西、山东、河南、湖北、湖南、四川等 11 个粮食主产省（自治区）的农业税税率降低 3 个百分点，其余省份农业税税率降低 1 个百分点。农业税附加随正税同步降低或取消。

2005 年 12 月 29 日十届全国人大常委会第十九次会议以高票通过一个正文只有 94 字的决定，现行的农业税条例自 2006 年 1 月 1 日起废止。这标志着在中国存在 2600 年历史的农业税将彻底成为历史，中国 9 亿农民将彻底告别在漫长的农业社会里被认为是天经地义的“皇粮国税”。

事实上，改革开放以后，我国一直通过各种方式减轻农民的负担。从新中国成立初期的 1950 年，农业税占全国财政收入的 41%，到 2004 年，农业税已经下降到占全国财政收入不到 1%。2004 年，全国农业税收入 232 亿元，而到 2005 年，全国农业税收入减少到 15 亿元，全面取消农业税，对中国财政收入不再构成重大影响。正因为如此，中央政府提出了对农村实行“多予、少取、放活”的政策，并且实行“工业反哺农业”、“城市支持农村”的方针，大力加强转移支付的力度，确保农民负担不会反弹。废除农业税条例，虽然只是“万里长征”的第一步，但毕竟已经迈出了这具有标志性意义的关键一步；解决“三农”问题、建设社会主义新农村，是一项长期而艰巨的历史任务，但毕竟已经开始破题，并向“深水区”挺进。

全面取消农业税，是中央统揽全局、着眼长远、与时俱进作出的重大战略性举措，充分体现了党中央、国务院加快解决“三农”问题的坚定决心，具有重大的政治、经济和社会意义。

一是全面建设小康社会的必然要求。取消农业税，完善和规范了国家与农民的利益关系，可以更好地维护9亿农民的根本利益，促进城乡居民共同富裕，实现更大范围、更高水平的小康（见图10–3）。

二是贯彻落实科学发展观的重大举措。取消农业税，不仅能降低农业生产经营成本，提高农业效益和农产品市场竞争力，而且能够调动种粮农民积极性，增强粮食综合生产能力，维护国家粮食安全，同时也将把农业、农村发展纳入整个现代化进程，让亿万农民共享现代化成果（见图10–4）。

图10–3　市民观看“告别田赋鼎”

图10–4　山东聊城东昌府区堂邑镇南关村农户在忙着加工上季玉米

三是扩大内需、保持国民经济持续快速发展的促进力量。农村是一个潜力巨大的消费市场，农村人口集中着我国数量最多、潜力最大的消费群体，是我国经济增长最可靠、最持久的动力源泉。增加农村需求是扩大内需的根本措施。取消农业税，增加农民收入，使亿万农民的潜在购买意愿转化为巨大的现实消费需求，将进一步提高农村消费水平，从而拉动整个经济的持续增长，盘活国民经济的全局。

四是构建和谐社会的具体表现。农业税征管工作量大，征管成本高，处理不当还会直接影响农村党群、干群关系。取消农业税，有利于统筹城乡发展，也可以有力地促进政府特别是基层政府转变职能，把更多的精力放到履行社会管理、提供更多、更好的公共产品和公共服务上来，从而进一步改善和密切政府与农民的关系，维护社会稳定，促进构建和谐社会。

五是建设社会主义新农村的基础环节。十六届五中全会提出建设社会主义新农村，是一个关系全局的战略举措。全面取消农业税，实行工业反哺农业、城市支持农村和多予、少取、放活的方针，加大各级政府对农业和农村增加投入的力度，让公共财政阳光更大范围覆盖农村，能够充分调动广大农民的积极性，保证社会主义新农村建设始终有力、有序、有效地推进。

四、建设社会主义新农村

"农业和农村工作是我们做好一切工作的根本。没有农村的稳定就没有全国的稳定，没有农民的小康就没有全国人民的小康，没有农业的现代化也就不可能实现整个国民经济的现代化。只有稳住农村这个大头，才能真正拥有把握全局的主动权。"

纵观历史发展的轨迹，从自然经济到市场经济，从农耕文明到工业文明，中国社会所经历的急剧而深刻的历史性嬗变，都未能绕开农业、农村和农民问题。我们的先人们历来主张，"食为政首"，"农为邦本"，"国以民为本，民以食为天"，"农伤则国贫"。我国历史上形成的这些农本观念和治国方略，是中华民族在生存和发展的漫长历史进程中积累下来的宝贵思想，对我们认识农业、农村、农民问题的重要性有着重要的借鉴意义。

对于中国来讲，农业和农村问题始终是一个关系党和国家全局的根本性问题。新中国成立之初，面对满目疮痍的困难局面和西方国家的全面封锁，解决几亿人口的吃饭问题成为了我们党面临的头等大事。西方一些人曾预言，中国共产党解决不了几亿人口的吃饭问题，新生政权会因此而垮台。新中国成立初期，毛泽东就提出了"农业是国民经济的基础”的著名论断，并多次强调：我国是人口大国，吃饭是第一件大事；全党一定要重视农业，农业关系国计民生极大，不抓粮食，总有一天要天下大乱；发展工业必须和发展农业同时并举。[①]邓小平同志告诫全党：农业是根本，不要忘掉；农业上如果有一个曲折，三五年转不过来。他反复强调：中国的问题首先是把占全国人口百分之八十的农民安置好；中国社会是不是安定，中国经济能不能发展，首先要看农村能不能发展，农民生活是不是好起来；提高这百分之八十的人民的生活是个关键，搞好社会秩序，这个百分之八十也是关键。“城市搞得再漂亮，没有农村这一稳定的基础是不行的。”[②]江泽民同志强调：我国是一个农业大国，11亿多人口，8亿多在农村，这个基本国情是我们考虑全部问题的一个根本出发点；农业是国民经济的基础，农村稳定是整个社会稳定的基础，农民问题始终是我国革命、建设、改革的根本问题，这是我们党从长期实践中确立的处理农业、农村、农民问题的重要指导思想，在任何时候任何情况下都千万不能忘记这个指导思想，必须坚持不懈地把它贯彻于我国社会主义现代化建设的全过程，而决不能有丝毫动摇；农业在我国经济社会发展中的基础地位和战略作用永远忽视不得。他还指出：“农业和农村工作是我们做好一切工作的根本。没有农村的稳定就没有全国的稳定，没有农民的小康就没有全国人民的小康，没有农业的现代化也就不可能实现整个国民经济的现代化。只有稳住农村这个大头，才能真正拥有把握全局的主动权。”[③]胡锦涛同志强调：我们党领导革命、建设、改革取得的伟大成就，都是同高度重视“三农”问题的战略思想密不可分的。“农业丰则基础强，农民富则国家盛，农村稳则社会安。”[④]要把解决好“三农”问题作为全党工作的重中之重。世界各国的经济发展史表明，一个国家在推进现代化的过程中，能否有效地解决好农业、农村和农民问题，在很大程度上取决于该国在指导思想和发展战略上的选择。如何认识和对待农业、农村、农民问题，是一国现代化走什么道路、选什么优先发展战略的重要标志。有专家指出，世界各国现代化道路的模式、进程、效果不同，主要是因为农业、农村、农民问题的地位与作用不同。

改革开放以来，我国重视农业和农村工作，始终把农业作为国民经济的基础，作为社会发展的基础。党的十一届三中全会向全国下发讨论和试行了两个关于解决农业问题

①《建国以来毛泽东文稿选编》第6册，中央文献出版社1999年版，第356页。
②《邓小平文选》第3卷，人民出版社1994年版，第159页。
③《江泽民文选》第1卷，人民出版社2006年版，第258页。
④《改革开放三十年重要文献选编》（下），中央文献出版社2008年版，第1557~1574页。

的文件，即《中共中央关于加快农业发展若干问题的决定（草案）》和《农村人民公社工作条例（试行草案）》，拉开了中国农村改革的历史序幕。1982~1986年中央连续下发了五个关于改革农业和农村工作的“一号文件”。1982年的一号文件，突破了传统的“三级所有、队为基础”的体制“框框”，明确指出包产到户、包干到户或大包干“都是社会主义生产责任制”。这个文件不但肯定了“双包”（包产到户、包干到户）制，而且说明它“不同于合作化以前的小私有的个体经济，而是社会主义农业经济的组成部分”。1983年1月，第二个中央一号文件《当前农村经济政策的若干问题》正式颁布。这个文件从理论上说明了家庭联产承包责任制“是在党的领导下中国农民的伟大创造，是马克思主义农业合作化理论在我国实践中的新发展”。1984年1月1日，中共中央发出《关于一九八四年农村工作的通知》，即第三个一号文件。文件强调要继续稳定和完善联产承包责任制，延长土地承包期。为鼓励农民增加对土地的投资，规定土地承包期一般应在15年以上，生产周期长的和开发性的项目，承包期应当更长一些。1985年1月，中共中央、国务院发出《关于进一步活跃农村经济的十项政策》，即第四个一号文件。文件的中心内容是：调整农村产业结构，取消30年来农副产品统购派购的制度，对粮、棉等少数重要产品采取国家计划合同收购的新政策。国家还将农业税由实物税改为现金税。1986年1月1日，中共中央、国务院下发了《关于1986年农村工作的部署》，即第五个一号文件。文件肯定了农村改革的方针政策是正确的，必须继续贯彻执行。针对农业面临的停滞、徘徊和放松倾向，文件强调进一步摆正农业在国民经济中的地位。这5个“一号文件”，通过对家庭联产承包的肯定，使亿万农民逐步从绵延数千年“面朝黄土背朝天”的生产模式中解放了出来，通过非农经营等方式，在解放生产力的同时，实现了劳动力自身的进一步解放，开始参与到中国工业化、城市化的伟大历史进程，为中国城市经济体制改革提供了坚实的物质基础和取之不竭的精神动力。

党的十六大以来，中央更多关注农村，关心农民，支持农业，其作为全党工作重中之重的地位得到再三强调。中央指出要统筹城乡经济社会发展，建设现代农业，发展农村经济，增加农民收入是全面建设小康社会的重大任务。2004年2月8日，新世纪的第一个关于“三农”的中央一号文件——《中共中央国务院关于促进农民增加收入若干政策的意见》公布。这是改革开放以来第六个涉农的一号文件。自此，中央一号文件重新锁定“三农”问题。2005年1月30日，《中共中央国务院关于进一步加强农村工作提高农业综合生产能力若干政策的意见》公布，要求稳定、完善和强化各项支农政策，切实加强农业综合生产能力建设，继续调整农业和农村经济结构，进一步深化农村改革。2006年2月21日，《中共中央国务院关于推进社会主义新农村建设的若干意见》公布，要求完善强化支农政策，加强基础设施建设，加强农村民主政治建设和精神文明建设，加快社会事业发展，推进农村综合改革，促进农民持续增收，确保社会主义新农村建设有良好开局。2007年1月29日，《中共中央国务院关于积极发展现代农业扎实推进社会主义新农村建设的若干意见》公布，提出用现代物质条件装备农业，用现代科学技术改造农业，用现代产业体系提升农业，用现代经营形式推进农业，用现代发展理念引领农业，用培养新型农民发展农业。2008年1月30日，《中共中央国务院关于切实加强农业基础建设进一步促进农业发展农民增收的若干意见》公布，提出要走中国特色农业现代化道路，建立以工促农、以城带乡长效机制，形成城乡经济社会发展一体化新格局。如果说20世纪80年代的5个"一号文件"，重点是解决了农村体制上的阻碍、推动了农村生产力大发展，进而为城市经济体制改革创造了物质和思想动力的话，新世纪关于"三农"的5个中央一号文件，其核心思想则是城市支持农村、工业反哺农业，通过一系列多予、少取、放活的政策措施，使农民休养生息，重点强调了农民增收，给农民平等权利，给农村优先地位，给农业更多反哺。

除了采取"一号文件"形式之外，中央还出台了一系列重要文件，进一步推进农业和农村工作。比如1998年10月14日党的十五届三中全会通过的《中共中央关于农业和农村工作若干重大问题的决定》对农业和农村工作的重要性做了深刻论述，指出要实现我国跨世纪发展的宏伟目标，必须保持农业和农村经济的持续稳定发展。2005年党的十六届五中全会通过的《中共中央关于制定国民经济和社会发展第十一个五年规划的建议》，明确了我国经济社会发展的奋斗目标和行动纲领，提出了建设社会主义新农村的重大历史任务，为做好当前和今后一个时期的"三农"工作指明了方向。2008年党的十七届三中全会作出《中共中央关于推进农村改革发展若干重大问题的决定》，强调要坚持把解决好"三农"问题作为全党工作的重中之重，统筹城乡经济社会发展，实行工业反哺农业、城市支持农村和"多予少取放活"的方针，坚持以经济建设为中心，协调推进农村社会主义经济建设、政治建设、文化建设、社会建设和党的建设，推动农村走上生产发展、生态良好、生活富裕的文明发展道路。

上述这些重要文件的制定，既充分表明了解决"三农"问题绝非轻而易举，更显示了我们党解决"三农"问题的坚强决心。特别是这几年来，中央财政对"三农"的投入增长幅度非常大。据统计，2006 年中央政府对“三农”的总投入是 3397 亿元，2007 年在这个基础上预算增加 520 亿元，但是考虑到农村改革发展各方面的需要和实际财力，2007 年中央财政对“三农”的投入是比预算增长 300 多亿元，所以 2007 年对“三农”的投入大概在 4200 多亿元。

中央的高度重视和采取的切实措施，有力地推动了我国农村改革取得重大成就。改革开放以来，我国实行家庭联产承包责任制，废除人民公社，突破计划经济模式，初步构筑了适应发展社会主义市场经济要求的农村新经济体制框架。这个根本性改革，解放和发展了农村生产力，带来了农村经济和社会发展的历史性巨变：粮食和其他农产品大幅度增长，由长期短缺到总量大体平衡、丰年有余，基本解决了全国人民的吃饭问题；乡镇企业异军突起，带动农村产业结构、就业结构变革和小城镇发展，开创了一条有中国特色的农村现代化道路；农民生活水平显著提高，全国农村总体上进入由温饱向小康迈进的阶段；农民的思想观念顺应时代要求发生着深刻变化，农村精神文明和民主法制建设取得了明显进步。特别是近几年来，粮食生产实现连续增产，2007 年全国粮食总产量达 50150 万吨，新世纪以来首次突破 5 亿吨大关。农民生活水平明显提高，农村恩格尔系数由 2002 年的 46.25%下降到 2006 年的 43.02%（见图 10-5 和图 10-6）。

图 10-5 湖北省宜昌市夷陵区供电施工人员正在为全省新农村建设示范村——夷陵区龙泉镇雷家畈村电力增容架设电网

实践证明，中央关于加强“三农”工作的大政方针和决策部署，是完全正确的。农村改革发展的伟大实践，极大调动了亿万农民的积极性，极大解放和发展了农村社会生产力，极大改善了广大农民的物质文化生活。更为重要的是，农村改革发展的伟大实践，为建立和完善我国社会主义初级阶段基本经济制度和社会主义市场经济体制进行了创造性探索，为实现人民生活从温饱不足到总体小康的历史性跨越、推进社会主义现代化作出了巨大贡献，为战胜各种困难和风险、保持社会大局稳定奠定了坚实基础，为成功开辟中国特色社会主义道路、形成中国

图 10–6 “龙江小康第一村”兴十四村

特色社会主义理论体系积累了宝贵经验。

五、构建社会主义和谐社会

社会主义和谐社会是“民主法治、公平正义、诚信友爱、充满活力、安定有序、人与自然和谐相处”的社会，这些基本特征从社会主义经济、政治、文化和社会建设等方面深刻反映了社会主义制度的本质要求。

和谐是一个古已有之、横贯东西的理念。在中国传统文化中，有着非常丰富的“和谐”思想。早在西周时期就提出了“和实生物，同则不继”的观点；春秋战国时期，诸子百家更是经常运用“和”的概念来阐发他们的哲学思想和文化理念，如孔子的“和而不同”、孟子的“天时不如地利，地利不如人和”，而儒家提出的“天下大同”更是一种对社会和谐的美好向往。

在西方，和谐思想也源远流长，古希腊的毕达哥拉斯把“和谐”作为一个哲学范畴，认为“整个天是一个和谐”；柏拉图在其名著《理想国》中主张“公正即和谐”；莱布尼茨认为“宇宙是一个由数字和逻辑原则所统率谐和的整体”；黑格尔的三段式推理：正题、反题、合题，在合题中两个命题走向统一与和谐；以及空想社会主义者圣西门、傅立叶、欧文提出的“和谐社会”。

然而，在人类思想史上，真正把“和谐社会”提高到理论高度的是马克思、恩格斯。“和谐”作为社会状态，在马克思、恩格斯那里是包括社会主义社会发展阶段在内的共产主义社会的本质的一种表征。马克思在《1844年经济学哲学手稿》中把共产主义定义为“人和自然界之间、人和人之间的矛盾的真正解决”。恩格斯在《政治经济学批判大纲》中也把共产主义称为“人类同自然的和解以及人类自身的和解”。马克思、恩格斯在《共产党宣言》中指出：未来社会将是这样的一个联合体，在那里，每个人的自由发展是一切人自由发展的条件。

改革开放以来，中国共产党在不断探索中领导着世界上人口最多的国家脱贫致富走向小康之路，经济迅猛增长的同时，政治稳定，文化繁荣，综合国力和人民生活水平大幅度提高。特别是进入新世纪之后，我国人均国内生产总值已经达到并超过1000美元。然而，从国际经验来看，这一时期往往是社会稳定问题非常突出的时期。从我国具体国情来看，我国改革开放已经进入关键时期，社会转型加速推进。经济体制深刻变革，经济基础发生了重大变化：经济体制从计划经济体制转变为市场经济体制，单一的公有制体制发展为以公有制为主体，多种所有制形式共同发展，单纯的按劳分配体制发展为以按劳分配为主，多种分配形式并存；社会结构深刻变动：随着中国工业化、城市化的快速推进，中国传统的城乡二元社会经济结构转向现代社会经济结构，社会结构的深刻变化是前所未有的；经济体制的转变和社会结构的变动，引起了社会成员的分化和利益格局的调整，产生了新的社会阶层和不同的利益群体，形成了复杂的阶层关系和利益关系；政治体制的不断完善和民主法制的不断健全，人民群众的民主法制意识日益增强，政治参与的积极性日益提高，人们思想活动的独立性、选择性、差异性、多变性越来越强。深刻的社会变革给我国发展进步带来巨大活力的同时，也带来这样或那样的问题和矛盾，各种社会矛盾日趋显现。

在这样的历史时刻面前，党中央充分分析国际国内发展形势，适时提出了构建社会主义和谐社会的重大战略思想。构建社会主义和谐社会的提出，经历了以下几个阶段：

2002年11月，党的十六大报告第一次将“社会更加和谐”作为全面建设小康社会的重要目标提出，把“和谐”这个概念上升为党的意志、政治主张和目标，写进党代会报告，这在我党的历史上还是第一次。

2004年9月，中国共产党十六届四中全会第一次鲜明地提出和阐述了“构建社会主义和谐社会”这个科学命题，明确提出了构建社会主义和谐社会的任务，强调形成全体人民各尽其能、各得其所而又和谐相处的社会是巩固党执政的社会基础、实现党执政的历史任务的必然要求，明确了构建社会主义和谐社会的主要内容。这是我们党第一次明确提出构建社会主义和谐社会的重大战略任务。

2004年12月，在中央经济工作会议上，胡锦涛同志提出：积极扩大就业，努力完善社会保障体系，逐步理顺分配关系，加快社会事业发展，是维护群众利益、促进社会公平、构建社会主义和谐社会的重要任务。这是第一次明确提出了在现阶段构建社会主义和谐社会的重要着力点。

2005年2月19日，在中共中央党校举办的省部级主要领导干部提高构建社会主义和谐社会能力专题研讨班开班式上，胡锦涛同志发表重要讲话，第一次明确提出了四位一体的中国特色社会主义事业的总体布局和社会主义社会建设的理论概念，全面阐述了构建社会主义和谐社会的时代背景、重大意义、科学内涵、基本特征、重要原则、主要任务、总目标、总要求等。

2005年2月21日，中央政治局围绕构建社会主义和谐社会开展了第20次集体学习。胡锦涛同志强调，要加强对构建社会主义和谐社会所涉及的社会结构、社会利益关系和社会稳定等重大问题的调查研究，加强对我国历史上和国外关于社会建设问题及其积极成果的理论研究和借鉴。第一次明确提出社会主义社会建设要注意研究和借鉴我国历史上和国外关于社会建设问题的积极成果。

2005年10月中旬，胡锦涛同志在中国共产党十六届五中全会上的讲话中，突出强调了加强统筹协调、提高处理利益关系的能力。他指出，要从解决关系人民群众切身利益的现实问题入手，扎扎实实推进社会主义和谐社会建设。这是第一次明确了提高协调各方面利益关系的能力是加强党对构建社会主义和谐社会领导的一项重要内容。

2005年10月下旬，胡锦涛同志在访问朝鲜时的一次讲话中强调指出：中国特色社会主义道路，是引导中国走向富强民主文明和谐的正确道路，必须始终毫不动摇地坚持下去。这是第一次明确把和谐作为同富强、民主、文明并列的中国特色社会主义的奋斗目标。

2006年3月，胡锦涛同志在参加十届全国人大四次会议上海代表团讨论时强调指出，要在一些重要领域和关键环节，实现改革的新突破，同时注重提高改革决策的科学性，增强改革措施的协调性，使改革兼顾到各方面利益、照顾到各方面关切，真正得到广大人民群众的拥护和支持。这是第一次明确提出注重提高改革决策的科学性、增强改革措施的协调性和兼顾各方面利益、照顾各方面关切对于构建社会主义和谐社会的重要作用。

2006年5月中旬，胡锦涛在云南考察工作时强调，要树立共同理想，打牢共同思想基础，特别是要宣传和树立以“八荣八耻”为主要内容的社会主义荣辱观，促进和谐文化建设，为构建社会主义和谐社会提供强大的思想道德力量。这是第一次明确提出和谐文化建设的理论概念。

2006年5月下旬，胡锦涛在中央政治局会议上强调指出，要在经济发展的基础上，更加注重社会公平，合理调整国民收入分配格局，加大收入分配调节力度，使全体人民都能享受到改革开放和社会主义现代化建设的成果。这是第一次完整提出了我国现阶段收入分配政策调整的基本方针。

2006年6月，胡锦涛在庆祝建党85周年暨保持共产党员先进性教育活动总结表彰大会上讲话强调，要努力让全体人民共享改革发展的成果，以促进社会和谐的成效，体现党的先进性。在此后召开的全国统战工作会议上，他又从政党关系、民族关系、宗教关系、阶层关系、海内外同胞关系五方面，深刻阐述了统一战线在和谐社会建设中的优势、作用和任务。这是第一次把构建社会主义和谐社会同认识和把握我国各方面重大社会关系联系起来。

2006年8月，胡锦涛在中央政治局集体学习时强调，保证人民享有接受教育的机会，是党和政府义不容辞的职责，也是促进社会公平正义、构建社会主义和谐社会的客观要求。这是第一次把让人民都有接受教育的机会摆到了促进社会公平正义、构建社会主义和谐社会的重要位置（见图10–7）。

图10–7 武警河北总队及时组织全部队官兵收听、收看广播电台、电视等媒体新闻

总体来看，社会主义和谐社会是一个历史的、系统的、动态的概念。社会主义和谐社会是“民主法治、公平正义、诚信友爱、充满活力、安定有序、人与自然和谐相处”[①]的社会，这些基本特征从社会主义经济、政治、文化和社会建设等方面深刻反映了社会主义制度的本质要求。构建社会主义和谐社会，是一个波澜壮阔的历史进程，也是一项艰巨复杂的系统工程，更是一项长期的任务。要从社会主义初级阶段的实际出发，坚持理论和实践紧密结合，不断推进和谐社会建设的理论创新和实践创新。

六、《物权法》的出台

物权法是否违反社会主义原则？是否违反宪法精神？是否会破坏现有的公有制体系？是否会加大贫富差距？

物权法是规范财产关系的民事基本法律，是民法的重要内容。新中国成立后，数次发起起草我国民法典，作为民法重要内容之一的所有权篇也经历了多次起草。

民法所有权篇第一次起草工作是1954~1958年。全国人大常委会办公厅研究室1954年开始起草民法典，其中所有权篇由所有权、信托、保险、结算起草小组负责，于1956年初开始草拟条文。1956年4月拟出中华人民共和国民法典所有权篇最初稿和第一次草稿、第二次草稿；1956年5月12日拟出《中华人民共和国民法典所有权篇草案（三稿）》；1956年6月5日拟出《中华人民共和国民法典所有权篇草案（四稿）》；1956年8月20日拟出《中华人民共和国民法典所有权篇草案（第五次草稿）》；1957年1月7日拟出《中华人民共和国民法典草案所有权篇（第六次草稿）》；1957年1月21日拟出《中华人民共和国民法典草案所有权篇（第七次草稿）》；至1957年3月，完成新中国的第一部《民法草案》，分为总则、所有权、债、继承四编，共525条。由于发生“整风”、“反右”等政治运动，致使民法起草工作被迫中断。

① 胡锦涛：《在省部级主要领导干部提高构建社会主义和谐社会能力专题研讨班上的讲话》，《人民日报》，2005年6月27日，第1版。

1962年，中国在经历严重自然灾害和"大跃进"所造成的严重困难之后，重新强调发展商品生产和商品交换，在此背景之下开始了第二次民法起草。1962年9月至1965年1月进行了民法所有权篇的第二次起草。1962年9月21日全国人大常委会办公厅法律室组织的民法研究小组成立。1963年6月8日拟出民法草稿第一、二部分。1963年7月9日拟出《中华人民共和国民法（草稿）》总则篇和财产的所有关系篇。1964年6月1日拟出《中华人民共和国民法（试拟稿）》，其中第一篇为总则，第二篇为财产的所有，第三篇为财产的流转。1964年7月1日形成《中华人民共和国民法草案（试拟稿）》，其中第二编为财产的所有，共四章，第一章为通则，第二章为国家财产，第三章为集体财产，第四章为个人财产，计39条，该稿删去了1964年6月1日试拟稿第三篇中的第六章家庭财产关系。这次民法起草工作因1964年开始的"四清运动"而中断。

前两次民法典起草均因发生政治运动而中断，但更深层的原因是当时中国实行单一的公有制和计划经济体制，整个社会经济生活的运行依赖于行政手段和指令性计划，缺乏民法存在的社会条件。由于同样的原因，物权的概念无法得到认可，物权法缺乏存在的经济基础。

在经历十年"文化大革命"之后实行改革开放政策，我国经济从计划经济转向市场经济，民法的地位和作用开始受到重视。在此情况下我国开始了第三次民法起草工作。1979年10月24日，全国人大常委会法制委员会成立民法起草小组。民法起草小组于1980年8月15日拟出《中华人民共和国民法草案（征求意见稿）》，第二编为财产所有权。1981年4月10日拟出《中华人民共和国民法草案（征求意见二稿）》，第二编为财产所有权。1981年7月31日拟出《中华人民共和国民法草案（第三稿）》，第三编为财产所有权。1982年5月1日拟出《中华人民共和国民法草案（第四稿）》，第三编为财产所有权。共六章，第一章为通则，第二章为国家财产所有权，第三章为集体组织财产所有权，第四章为个人财产所有权，第五章为共有，第六章为相邻关系，计61条。

但是由于我国当时仍处于改革开放的初期，社会主义市场经济理论仍处于初级探索阶段。第三次民法典起草工作，虽然前后准备了4稿，但依然受经济发展的局限，最终还是没能整体通过。1981年12月13日通过了以《民法草案（第四稿）》的合同编为基础颁布的《经济合同法》；1986年4月12日通过了以《民法草案（第四稿）》的总则编为基础制定的《民法通则》；而财产所有权编的相关内容仍被暂时搁置。

随着改革开放的深入进行，社会主义初级阶段基本经济制度的确立和所有制结构的深刻变革，物权法的起草工作被再次提出。1998年，第八届全国人大常委会副委员长王汉斌委托一些专家学者成立民法起草工作小组，任务是为民法典的制定和物权法的制定准备草案。3月，民法起草小组第一次开会，讨论了制定民法典分三步走：第一步，1999年通过制定统一合同法实现交易规则的完善、统一并和世界接轨；第二步，制定物权法，实现财产关系基本规则的统一、完善并和世界接轨，当时决定从1998年开始，用4~5年时间完成；第三步，制定科学、完善的民法典，计划2010年完成。

按照工作安排，2000年拟出《物权法草稿》。2001年决定起草民法典，遂将物权法纳为其中的一编。2002年12月《中华人民共和国民法（草案）》提请第九届全国人大常委会第三十一次会议审议，其第二编为物权法。2003年第十届全国人民代表大会后，没有再直接继续《中华人民共和国民法（草案）》的立法进程，而先制定《中华人民共和国物权法》。2004年10月，《中华人民共和国物权法（草案）》提请第十届全国人大常委会第十二次会议再次审议。2005年6月，《中华人民共和国物权法（草案）》提请第十届全国人大常委会第十六次会议第三次审议。2005年7月8日，全国人大常委会办公厅公布了《中华人民共和国物权法（草案）》，公开征求意见，这是我国继宪法、婚姻法之后第12部向全社会公布、征求意见的法律草案。2005年10月，《中华人民共和国物权法（草案）》提请第十届全国人大常委会第十八次会议第四次审议。2006年8月，第十届全国人大常委会第二十三次会议第五次审议了《中华人民共和国物权法（草案）》。2006年10月，第十届全国人大常委会第二十四次会议第六次审议了《中华人民共和国物权法（草案）》。2006年12月，第十届全国人大常委会第二十五次会议第七次审议通过了《中华人民共和国物权法（草案）》。

2007年3月16日，十届全国人大五次会议经过认真审议，郑重地通过了《中华人民共和国物权法》。这在中国特色社会主义法律体系形成进程中，可以说是浓墨重彩的一笔，具有里程碑的意义。至此，物权法起草和审议工作历时13年，经历了七次审议，是全国人大立法史上审议次数最多的法律草案，为我国法律之最。本次通过的物权法分5编19章247条，内容非常丰富，调整对象大到山脉、草原、江河湖海和地下矿藏的归属，小到居民住宅的停车位、电梯、水电管线的归属和维护（见图10-8）。

从新中国成立之初的1954年到改革开放初期的1982年的三次起草民法典及民法物权编，再从1998年再次发起民法典及民法物权编的起草工作到2007年审议通过物权法的七次审议过程，我国第一部物权法的诞生可谓是一波三折。在物权法的起草和审议过程中，一些问题引起了中国最高立法机关、法律界及理论界的专家学者甚至广大社会公众的争议。这些争议的焦点问题主要集中在：物权法是否违反社会主义原则？是否违反宪法精神？是否会破坏现有的公有制体系？是否会加大贫富差距？物权法的最终出台，终于使得这些争论尘埃落定。

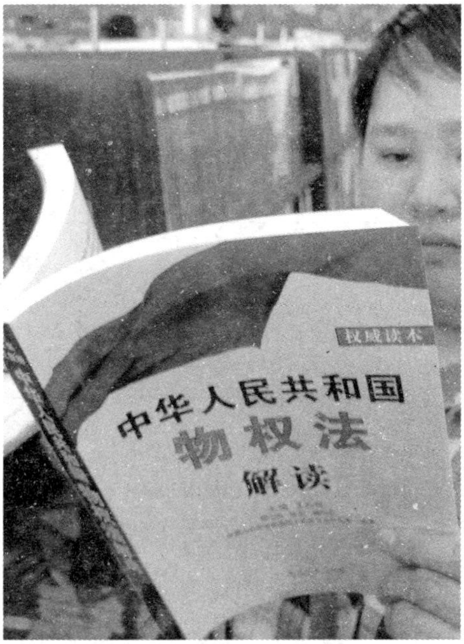

图 10–8 读者在湖北宜昌市新华书店里阅读有关《中华人民共和国物权法》的读物

物权法的出台被高度关注的一个重要原因，是它第一次以国家法律的形式，明确规定对公有财产和私有财产给予平等保护，明确了公权力与私权利的界限，有助于推进依法行政。物权法的制定在法律上实现了“定分止争”、“物尽其用”的作用，对于保障国家、集体和公民、法人对财产的占有和支配，巩固我国公有制为主体、多种所有制经济共同发展的基本经济制度，促进社会主义市场经济的发展，都具有重要意义。物权法的制定是实行社会主义市场经济体制的必然要求，对于从民法角度坚持社会主义基本经济制度，规范社会主义市场经济秩序，维护人民群众切身利益，激发全社会创造活力，实现全面建设小康社会目标，构建社会主义和谐社会，必将产生重大而深远的影响。

物权法是我国社会主义法律体系中的一部基本法律，关系着坚持和完善国家基本经济制度、完善社会主义市场经济体制、实现和维护最广大人民的根本利益。物权法的制定和实施，具有重大的现实意义和深远的历史意义。

七、“高峡出平湖”

“更立西江石壁，截断巫山云雨，高峡出平湖。神女应无恙，当惊世界殊。”

长江三峡西起重庆市的奉节县，东至湖北省的宜昌市，全长205千米。自西向东主要有三个大的峡谷地段：瞿塘峡、巫峡和西陵峡，三峡因而得名。我国北魏时期郦道元所著《水经注》中对于三峡作了生动叙述：“自三峡七百里中，两岸连山，略无阙处；重岩叠嶂，隐天蔽日，自非亭午夜分，不见曦月。至于夏水襄陵，沿溯阻绝。或王命急宣，有时朝发白帝，暮到江陵，其间千二百里，虽乘奔御风，不以疾也。春冬之时，则素湍绿潭，回清倒影。绝巘多生怪柏，悬泉瀑布，飞漱其间。清荣峻茂，良多趣味。每至晴初霜旦，林寒涧肃，常有高猿长啸，属引凄异，空谷传响，哀转久绝。故渔者歌曰：‘巴东三峡巫峡长，猿鸣三声泪沾裳！’”

三峡两岸高山对峙，崖壁陡峭，山峰一般高出江面1000~1500米。最窄处不足百米。三峡的形成是由于这一地区地壳不断上升，长江水强烈下切而形成的。水力资源极为丰富。据调查，长江流域水能总蕴藏量为2.68亿kW，其中可能开发的水力资源就有1.9亿kW且80%以上集中在上游地区，特别是三峡河段。它控制了长江上游地区近100万km^2的来水，年平均水量达4530亿m^3，几乎占长江入海总水量的一半。三峡地区蕴藏着丰富的水力资源，同时湍急的三峡水流，幽深的三峡河谷，具有修建大型水利枢纽的优越条件。开发三峡水力资源造福于民，长期以来便是我国亿万人民的迫切愿望，也早就为中外有识之士所瞩目。

最早倡导三峡建坝、充分利用三峡水力资源的是革命家孙中山先生。他1894年在《上李鸿章书》中就阐述了平水患、兴水利的思想，建议利用水力发电。1918年，他以英文撰写了原文为“*The International Development of China*”的《国际共同发展中国实业计划——补助世界战后整顿实业之方法》一文，后发表于1919年6月《远东时报》上。在此文“改良现存水路及运河”一节中，孙中山提出可以用建水闸的方法来改善川江航道，水头抬高后，又可利用来发展水力发电。这是中国人首次提出三峡水力开发的设想。

新中国成立后，以毛泽东为核心的第一代国家领导人倾情关注三峡水利，提出了兴建三峡工程的宏伟蓝图，并完成了三峡工程的实战准备工作。

1950年初，国务院长江水利委员会正式在武汉成立。从1955年起，在党中央、国务院的领导下，有关部门和各方面人士通力合作，全面开展长江流域规划和三峡工程勘测、科研、设计与论证工作。1955年12月，周恩来在北京主持会议，正式提出三峡水利枢纽有着对上可以调蓄、对下可以补偿的独特作用，三峡工程是长江流域规划的主体。1956年5月底6月初，毛泽东在武汉向有关专家了解三峡工程的设计和经费预算，畅游长江，并写下了《水调歌头·游泳》，伟人在诗中以革命浪漫主义的情怀吟诵出兴建三峡工程的宏伟蓝图：“更立西江石壁，截断巫山云雨，高峡出平湖。神女应无恙，当惊世界殊。”三峡工程的雄伟蓝图诞生了。

1958年3月，周恩来在中共中央成都会议上作了关于长江流域和三峡工程的报告，会议通过了《中共中央关于三峡水利枢纽和长江流域规划的意见》。明确提出：三峡水利枢纽是需要修建而且可能修建的，应当采取积极准备、充分可靠的方针进行工作。1958年6月，长江三峡水利枢纽第一次科研会议在武汉召开，会后向中央报送了《关于三峡水利枢纽科学技术研究会议的报告》。1958年8月，周恩来主持了北戴河的长江三峡会议，更具体地研究了进一步加快三峡设计及准备工作的有关问题，要求1958年底完成三峡初设要点报告。

1970年，中央决定先建作为三峡总体工程一部分的葛洲坝工程，一方面解决华中用电供应问题，一方面为三峡工程作准备。12月26日，毛泽东主席作了亲笔批示：赞成兴建此坝。1970年12月30日，葛洲坝工程开工。

以邓小平为首的第二代国家领导人慎重决策三峡工程。

随着工农业生产的发展，电力需求越来越大，三峡水力资源的利用再一次被提到了国家领导人的面前。

1980年，邓小平乘船考察长江，视察了三峡三斗坪坝址、葛洲坝工地和荆江大桥，到达武汉后，他指出：“建设三峡工程效益很大，轻易否定三峡工程是不对的。”1980年8月国务院召开常务会议，决定“关于三峡建设问题，由科委、建委负责，继续组织水利、电力及其他方面的专家进行论证，提出意见”。

1981年1月4日，葛洲坝工程大江截流胜利合龙。

1981年12月，葛洲坝水利枢纽二江电站一、二号机组通过国家验收正式投产。

1984年4月，国务院原则批准了《三峡水利枢纽可行性研究报告》，初步确定三峡工程实施蓄水位为150米的低坝方案。

1985年1月19日，邓小平在听取了时任国务院副总理、三峡工程筹备领导小组组长李鹏关于三峡工程的情况汇报后指出："三峡工程是特大的工程项目，要考虑长远利益，我们应该为子孙后代留下一些好的东西。"

邓小平和党中央从一开始就十分重视兴建三峡工程利弊的论证工作。1986年6月，党中央和国务院决定进一步扩大论证，责成水利部重新提出三峡工程可行性报告，为此成立了14个专家组，进行了长达两年八个月的论证。

1990年7月，以邹家华为主任的国务院三峡工程审查委员会成立。1992年，七届全国人大第五次会议通过了《关于兴建长江三峡工程的决议》，将兴建三峡工程列入国民经济和社会发展十年规划。1993年7月26日，通过了长江三峡水利枢纽初步设计报告(枢纽工程)，标志着三峡工程建设进入正式施工准备阶段。

经过两年前期准备，这项举世瞩目的工程于1994年12月14日正式开工。

三峡工程分为三期，总工期17年。一期5年（1992~1997年），主要工程除准备工程外，主要进行一期围堰填筑，导流明渠开挖。修筑混凝土纵向围堰，以及修建左岸临时船闸（120米高），并开始修建左岸永久船闸、升爬机及左岸部分石坝段的施工。二期工程6年（1998~2003年），工程主要任务是修筑二期围堰，左岸大坝的电站设施建设及机组安装，同时继续进行并完成永久特级船闸，升船机的施工，2003年6月，大坝蓄水至35米高，围水至长江万县市境内。永久通航建成启用，同年左岸第一机组发电。三期工程6年（2003~2009年），进行右岸大坝和电站的施工，并继续完成全部机组安装。2008年是三峡工程具有里程碑意义的一年。三峡右岸电站最后5台机组投产且全部并网发电，三峡主体工程基本完工。2009年是三峡工程设计建设工期的最后一年，主要工作目标是实现三峡水库蓄水位和三峡电站年发电量达到初步设计值，三峡—葛洲坝梯级枢纽综合效益进一步发挥，三峡工程转入全面运行管理阶段。目前，三峡工程输变电工程建设已全部完工；枢纽工程只有三峡升船机和地下电站仍在施工建设；三峡百万移民搬迁任务2009年将全部完成（见图10–9至图10–11）。

长江三峡水利枢纽，是当今世界上最大的水利枢纽工程。在工程规模、科学技术和综合利用效益等许多方面都堪为世界级工程的前列。它不仅将为我国带来巨大的经济效益，还将为世界水利水电技术和有关科技的发展作出有益的贡献。

图 10-9　2006 年 5 月 19 日凌晨 4 时整，湖北宜昌三峡大坝主体工程最后一仓混凝土正式开始浇筑

图 10-10　2008 年 11 月 8 日拍摄的长江三峡巴东段

图 10-11　2008 年 7 月 5 日，三峡大坝开闸泄洪

八、保持共产党员先进性教育活动

共产党员必须发挥先锋模范作用，牢固树立共产主义远大理想和中国特色社会主义坚定信念，脚踏实地地为实现党在现阶段的基本纲领而奋斗。

随着改革开放的深化，建立比较完善的社会主义市场经济体制，保持国民经济持续、快速、健康的发展；进一步扩大社会主义民主，健全社会主义法制，建设社会主义法治国家；加强社会主义精神文明建设，提高全民族的思想道德和科学文化素质；推进社会全面和谐发展等多方面重大的历史任务，摆在了中国共产党面前。与此同时，国际形势更加错综复杂，政治、经济、文化、军事、外交等综合国力的竞争日益激烈；国内经济正处在战略性结构调整中，亟待解决的矛盾和问题很多，任务繁重而艰巨。难得的历史机遇和严峻的挑战，对中国共产党的执政能力和执政水平提出了更高的要求。

1995年11月8日，江泽民在北京视察工作时指出：在对干部进行教育当中，要强调讲学习，讲政治，讲正气。11月25日，《人民日报》发表题为《讲学习，讲政治，讲正气》的评论员文章，明确提出“三讲”的具体要求。1996年，党的十四届六中全会作出决定，对县处级以上领导干部进行一次以讲学习、讲政治、讲正气为主要内容的党性党风教育。1998年6月中央下发《关于在全党深入学习邓小平理论的通知》的要求，再次要求在县级以上领导干部中深入进行以讲学习、讲政治、讲正气为主要内容的党性党风教育。这次以整风精神开展“三讲教育”的决定创造了在市场经济条件下加强党的建设，特别是加强领导班子建设的好形势。

2002年2月25日，江泽民同志在广东考察时，第一次完整提出了“三个代表”重要思想，对党风教育提出了更为明确的要求，提出“三个代表”是新世纪中国共产党代表工人阶级先锋队性质的标志，是保持先锋队性质的核心问题。

2002年11月，党的十六大报告中明确提出：共产党员必须发挥先锋模范作用，牢固树立共产主义远大理想和中国特色社会主义坚定信念，脚踏实地地为实现党在现阶段的基本纲领而奋斗。在全党开展以实践“三个代表”重要思想为主要内容的保持共产党员先进性教育活动。

2004年9月19日，中国共产党第十六届中央委员会第四次全体会议通过《关于加强党的执政能力建设的决定》，决定明确指出：“加强党的执政能力建设的总体目标是：通过全党共同努力，使党始终成为立党为公、执政为民的执政党，成为科学执政、民主执政、依法执政的执政党，成为求真务实、开拓创新、勤政高效、清正廉洁的执政党，归根到底成为始终做到‘三个代表’、永远保持先进性、经得住各种风浪考验的马克思主义执政党，带领全国各族人民实现国家富强、民族振兴、社会和谐、人民幸福。”决定要求，在全党开展以实践“三个代表”重要思想为主要内容的保持共产党员先进性教育活动，学习贯彻党章，坚定理想信念，坚持党的宗旨，增强党的观念，发扬优良传统，保持党员队伍的先进性和纯洁性。

2004年10月21日，中共中央总书记胡锦涛主持中共中央政治局会议，讨论并决定从2005年1月开始在全党开展以实践“三个代表”重要思想为主要内容的保持共产党员先进性教育活动。

2004年11月7日，中共中央下发《中共中央关于在全党开展以实践“三个代表”重要思想为主要内容的保持共产党员先进性教育活动的意见》。

保持共产党员先进性教育活动的指导思想是邓小平理论和“三个代表”重要思想。开展先进性教育活动，贯彻党的十六大和十六届三中、四中全会精神，树立和落实科学发展观，按照立党为公、执政为民的要求，坚持党要管党、从严治党的方针，紧密联系改革发展稳定工作实际和党员队伍建设现状，以学习实践“三个代表”重要思想为主要内容。

保持共产党员先进性教育活动的四个目标要求是：提高党员素质、加强基层组织、服务人民群众、促进各项工作。

保持共产党员先进性教育活动的五个指导原则是：坚持理论联系实际，务求实效；坚持正面教育为主，认真开展批评与自我批评；坚持发扬党内民主，走群众路线；坚持领导干部带头，发挥表率作用；坚持区别情况，分类指导。

全党的先进性教育活动分三批进行，每批半年左右时间。第一批：县及县以上党政机关和部分企事业单位，从2005年1月开始到2005年6月基本结束。第二批：城市基层和乡镇机关，从2005年7月开始到2005年12月基本结束。第三批：农村和部分党政机关，从2006年1月开始到2006年6月基本结束。

2006年6月29日，中共中央总书记胡锦涛主持中共中央政治局会议，总结在全党开展的以实践“三个代表”重要思想为主要内容的保持共产党员先进性教育活动。会议指出，这次先进性教育活动，是我们党参加人数最多、规模最大的一次党内集中教育活动，是我们党在改革开放和发展社会主义市场经济条件下用发展着的马克思主义武装全党的一项重大举措，是在全面建设小康社会、加快推进社会主义现代化的关键时期加强党的执政能力建设和先进性建设的一次成功实践，对推进党的建设新的伟大工程和中国特色社会主义伟大事业具有十分重大的意义。会议同时指出，加强党的先进性建设是一项长期任务。各级党委要认真搞好总结，实事求是地分析取得的工作成绩和工作中存在的不足，切实抓好先进性教育活动整改提高的后续工作。

2006年6月30日，庆祝中国共产党成立85周年暨总结保持共产党员先进性教育活动大会隆重举行。中共中央总书记、国家主席、中央军委主席胡锦涛在大会上发表重要讲话，总结了这次先进性教育活动所取得的显著成效：“一是广大党员受到了一次深刻的马克思主义教育，进一步坚定了理想信念，提高了素质能力，增强了实践‘三个代表’重要思想、落实科学发展观的自觉性，党员队伍中存在的一些突出问题得到初步解决，党员、干部的先锋模范作用进一步发挥。二是基层党组织的创造力、凝聚力、战斗力进一步提高，一些软弱涣散和不够健全的基层党组织得到整顿和加强，党的工作覆盖面明显扩大，党执政的组织基础更加巩固。三是党组织和党员服务群众的行动更加自觉，党员干部的作风进一步改进，人民群众关心的一些重点问题得到初步解决，党群干群关系进一步密切。四是各地区各部门按照科学发展观的要求，进一步理清了发展思路，努力解决影响改革发展稳定的一些主要问题，积极促进经济社会又快又好发展。五是各级党组织在加强党员经常性教育管理、做好党员联系和服务群众工作、加强和改进流动党员管理工作、建立健全抓基层党的建设工作责任制等方面形成了一些务实管用的新制度，推动了保持共产党员先进性长效机制建设。六是各级党组织认真总结先进性教育活动的成功实践和党的先进性建设的历史经验，深入研究党的先进性建设规律，丰富了党的先进性建设理论。”①

---

① 胡锦涛：《在庆祝中国共产党成立八十五周年暨总结保持共产党员先进性教育活动大会上的讲话》，《人民日报》，2006年7月1日，第1版。

在新的历史条件下，开展以“三个代表”重要思想为主要内容的保持共产党员先进性教育活动（见图 10–12），继续保持党的先进性，关系党执政能力的提高和巩固，关系党和人民事业的兴旺发达和国家长治久安。开展保先教育是坚持用“三个代表”重要思想武装全党的一项重大举措，是实现全面建设小康社会宏伟目标的重要保证，是推进党的建设新的伟大工程的一项基础性工程。对进一步加强党的执政能力建设，确保我们党始终保持与时俱进的理论品质和实践品质，始终保持马克思主义政党的先进性，具有重大意义。

图 10–12　2005 年广州国际龙舟邀请赛，参赛队伍打出“保持共产党员先进性”旗帜

九、抗击“非典”

> “面对这场严峻考验，全党全国人民在党中央、国务院的坚强领导下，坚持一手抓防治‘非典’这件大事不放松，一手抓经济建设这个中心不动摇，夺取了防治‘非典’工作的阶段性重大胜利，保持了经济较快增长的良好势头。”

2003 年春，中国许多地方发生“非典”疫情，对广大人民群众的身体健康和生命安全构成严重威胁，中国面临严峻考验。

非典型性肺炎（SARS）在我国最早发现是在 2002 年岁末，2003 年初中国广东省接连出现“非典”症状的患者。2003 年 2 月，这种具有高度传染性的“非典”疫情在深圳、广州等地突然加剧。2 月 11 日，广东宣布，“非典”已感染了 300 多人，5 人死亡，此病仍未完全遏制。随着中国春节而来的大规模的人口流动，“非典”疫情开始了在全国的广泛传播和肆虐。2003年3月初，疫情从广东悄然扩散到北京，北京很快就面临着严峻的形势。4月下旬，北京最高一天新增病例达150多人，加剧了京城蔓延的恐慌情绪。4月底，全中国有疫情报告的省份达26个，广东、北京、山西、内蒙古、天津等成为重灾区。“非典”疫情迅速蔓延，全国恐慌，人民群众的生命健康面临巨大的威胁。

面对“非典”这场突如其来的灾难，中国政府把人民群众的身体健康和生命安全放在第一位，及时作出了一系列的重大部署和决策，及时发出了“万众一心、众志成城、科学防治、战胜‘非典’”的号召。4月2日，国务院举行常务会议，研究“非典”防治工作。13日，国务院举行全国“非典”防治工作会议。此后，各级政府多次召开专门会议研究部署防治措施。这些措施包括：设立防治基金；支持“非典”防治科技攻关；建设各地预防控制中心；免费治疗患者。在防治“非典”最关键的时刻，胡锦涛主席、温家宝总理和其他中央领导同志多次深入到防治“非典”的第一线，要求各级政府把防治“非典”作为工作的重中之重。4月14日，中共中央总书记、国家主席胡锦涛在“非典”重灾区广州市考察，表示全党和全国人民一起抗击“非典”的信心，后又在政治局常委会上强调各级党政机关不得瞒报、缓报疫情。4月20日，国务院明确提出及时发现、报告和公布疫情；卫生部决定疫情每天公布一次；调整卫生部和北京市主要领导人职务。4月20日后，全国防治“非典”情况改观。

在中共中央和国务院的领导下，全国展开了抗击“非典”的斗争。这场疫情一是前所未有，二是突如其来，三是危害巨大。全国上下临危不惧，不怨天尤人，而是以“三个代表”重要思想为指导，万众一心、众志成城，团结互助、和衷共济，迎难而上、敢于胜利。在“非典”疫情爆发的危机时刻，广大人民群众在党中央领导下万众一心、众志成城，社会各界以各种方式支援抗击“非典”的斗争。党和国家领导人多次奔赴抗击“非典”第一线，指导防治“非典”工作，并给广大人民群众带去了党和政府的关怀。全国各地相互支持，协同作战，一方有难，八方支援；社会各界同舟共济，广大干部群众在各自的岗位上，为抗击“非典”贡献自己一份力量。地方和军队广大医务工作者和科技工作者临危不惧、迎难而上、奋不顾身、顽强拼搏，组成了战胜“非典”的强大突击队，始终站在抗击“非典”的最前线，救死扶伤，英勇奋斗，无私奉献。在抗击“非典”的战斗中，涌现出了无数英雄，有些甚至献出了自己宝贵的生命。同时，社会各界、港澳同胞、海外华侨华人纷纷向国家卫生部捐赠财物，友好国家、国际组织、政党、社会团体、企业和友好人士也向中国政府提供了无私的帮助。

这期间，中共中央和国务院贯彻《中华人民共和国传染病防治法》，公布《突发公共卫生事件应急条例》，将“非典”列入中国法定传染病，在全国范围内实行群防群治。国务院和地方政府成立防治“非典”指挥部，统一调度人力、物力、财力，充分发挥城乡基层组织的作用，确保预防、救治工作紧张有序进行，并组织对农民患者实行免费治疗等措施，严防疫情向农村扩散。

肆虐的“非典”疫情终于在强大的中国人民面前屈服了。6月13日，世界卫生组织宣布从13日起解除到中国河北省、内蒙古自治区、山西省和天津市的旅游警告。6月24日，世界卫生组织解除对北京的旅游警告，同时将北京从“非典”疫区名单中排除。7月2日，广东最后3名非典型肺炎病人治愈出院，至此广东全省已无“非典”病例。

图 10–13 胡锦涛到天津考察抗击“非典”的实情

7月28日，全国防治“非典”工作会议在北京举行，胡锦涛发表重要讲话总结“非典”防治工作（见图 10–13）。他总结：“面对这场严峻考验，全党全国人民在党中央、国务院的坚强领导下，坚持一手抓防治‘非典’这件大事不放松，一手抓经济建设这个中心不动摇，夺取了防治‘非典’工作的阶段性重大胜利，保持了经济较快增长的良好势头。这场斗争的胜利，进一步显示了我国社会主义制度的巨大优越性，更加坚定了全国各族人民走中国特色社会主义道路的信心。这场斗争的胜利，极大地提高了我国人民战胜困难的勇气和能力，增强了中华民族的凝聚力。这场斗争的胜利，极大地增强了世界各国对中国发展前景的信心，扩大了我国在国际上的影响。这再一次充分说明，有中国共产党的坚强领导，有邓小平理论和‘三个代表’重要思想的正确指引，有全党全国人民的团结奋斗，我们就没有克服不了的困难，就没有战胜不了的风险。”①

① 胡锦涛：《在全国防治非典工作会议上的讲话》，《改革开放三十年重要文献选编》（下），中央文献出版社 2008 年版，第 1325~1326 页。

抗击“非典”斗争的胜利，证明中国人民、中国社会、中国政府在“非典”的冲击下经受住了考验，证明在大敌当前的时刻，中国社会具备了迅速动员、团结一致以取得胜利的能力（见图 10-14 和图 10-15）。这次“非典”斗争中凝聚起来的民族精神和一系列经验及教训，将成为中国社会未来发展的宝贵财富。

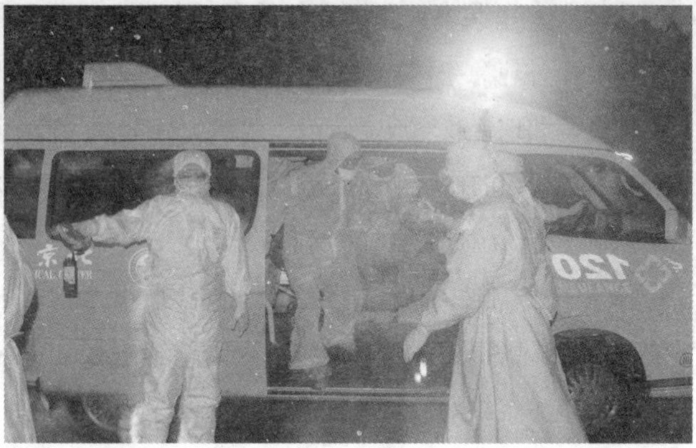

图 10-14　2003 年 5 月，SARS 病人到达北京小汤山医院

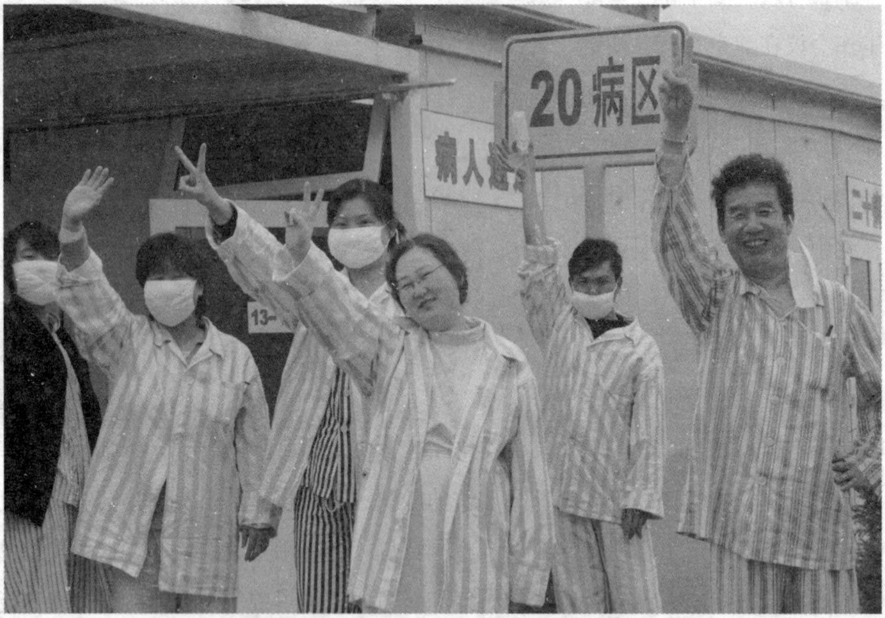

图 10-15　2003 年 5 月，北京小汤山医院，SARS 病人向已康复出院的病友挥手道别

十、“天路”

“青藏铁路修不通，我睡不着觉。”
“看来还得修青藏铁路。”
“抓紧做好进藏铁路前期准备工作。”

世界上最高的高原——青藏高原一直以来受到地理因素的限制，交通不便给藏区人民带来了巨大的困扰，极大地限制了西藏地区的经济、文化的发展。

西藏交通问题一直都牵动着党和政府的心，历届党和国家领导人都十分关注青藏铁路建设。

新中国成立初期，进藏部队的粮食供应十分困难，于是中央决定采取非常措施，不惜代价，用骆驼向西藏运粮。1953 年 8 月，西藏骆驼运输总队宣告成立。在很短的时间内，27000 峰骆驼迅速从内蒙古、宁夏、甘肃等地集中到千里运输线上，到 1954 年春天，已经有 8000 峰骆驼死在运粮路上。1954 年 5 月 11 日，青藏公路西宁至格尔木段简易公路建成后，开始正式动工修建上千千米的格尔木至拉萨段。当时只有 1200 多名筑路工人，工具就是铁锹、钢钎和大锤，而要修建的青藏公路中线和南线，海拔大都在 4000~5000 米，他们仅用了 7 个月零 4 天就贯通了全线。

随着青藏建设规模逐年扩大，汽车运输已经无法完全适应经济发展的需要，国家每年给这些地区的建设费用，有近一半是用来支付运费的。青藏高原需要铁路，各族人民盼望铁路。

新中国成立之初，修建青藏铁路被以毛泽东同志为核心的第一代中央领导集体列入议事日程。1955 年，铁道部西北设计分局派出第一支考察队，迈出了考察进藏铁路的第一步。1958 年 9 月，备受毛泽东关心的青藏铁路一期工程西宁至哈尔盖段、哈尔盖至格尔木段部分开工建设。遗憾的是，随之而来的三年自然灾害，迫使已经完成全线初测的青藏线于 1961 年停止建设。但新中国建造进藏铁路的梦想并没有随之破灭。1973 年，毛泽东会见尼泊尔国王比兰德拉时说："青藏铁路修不通，我睡不着觉。"

1974年夏，根据毛泽东主席的指示，青藏铁路一期工程全面动工。

第二代国家领导人邓小平同志也十分关心青藏铁路的建设。1983年，邓小平同志听取了西藏交通发展情况的汇报后说："看来还得修青藏铁路。"

经过十几万由铁道兵、铁路职工和民工组成的筑路大军近10年的奋战，青藏铁路一期工程终于在1984年5月全段建成通车，青藏高原迎来了火车时代。一期工程东起高原古城西宁，穿崇山峻岭，越草原戈壁，过盐湖沼泽，西至西藏的门户格尔木，全长814千米，铁路沿线海拔大部分在3000米以上，是中国第一条高原铁路。

青藏铁路一期工程建成通车之后，为西藏地区的建设和发展作出了重大的贡献。这条铁路被沿线各族人民誉为团结线、幸福线、生命线。然而，随着国民经济发展和西部大开发的不断加快，这条铁路的运输能力已远远不能适应需求。

世纪之交，国家领导人再次将青藏铁路的建设提到了议事日程。1994年7月，江泽民总书记亲自主持中央第三次西藏工作座谈会，提出了"抓紧做好进藏铁路前期准备工作"的明确要求，并将这一战略思路写进了中共中央1994年8号文件。

经过铁道部组织的精心论证，国家计委于1999年11月对青藏铁路西格段扩能改造可行性研究报告作了批复。2000年9月18日至20日，铁道部邀请国家相关部委和国内外专家学者对进藏铁路方案进行了论证，并对青藏铁路预可行性研究报告进行了审查。

2000年11月10日深夜，江泽民在铁道部报告上作出重要批示，他指出，修建青藏铁路是十分必要的，对发展交通、旅游、促进西藏地区与内地的经济文化交流是非常有利的。我们应下决心尽快开工修建。这是我们进入新世纪应该作出的一个大决策，必将给包括西藏广大干部群众在内的全国各族人民带来很大鼓舞。

在此后的3个月时间里，国家计委和铁道部一起，严格按照基本建设程序，加紧进行青藏铁路正式立项前的各种准备工作。

2001年2月7日，朱镕基总理主持召开国务院总理办公会议，专门审议青藏铁路建设方案。他满怀深情地说，经过20多年的改革开放，我国综合实力显著增强，已具有修建青藏铁路的经济实力。通过多年不间断的科学研究和工程试验，对高原冻土地区筑路技术问题也提出了比较可行的解决方案。在几个建设方案综合比选中，青藏铁路方案比较有利，投资少，工期短，地形较为平坦。修建青藏铁路，时机已经成熟，条件也已经具备，可以批准立项。

2001年6月29日，举世瞩目的青藏铁路格尔木至拉萨段开工建设。中断了20多年的“天路”昂首西进！

2005年10月12日，随着最后一节轨排落在拉萨火车站，全长1142千米的青藏铁路（格尔木至拉萨段）铺轨全线贯通（见图10–16）。

图10–16　格尔木至拉萨首趟旅客列车“青1”缓缓驶出格尔木车站

2006年7月1日，青藏铁路全线通车。在沱沱河大桥桥头，当地群众欢迎从格尔木出发的“青1”次列车。这条世界上海拔最高、线路最长、气候最恶劣的高原铁路经过半个世纪的勘测、论证、设计、建造，终于建设成功。从此，青藏高原上有了第一条铁路，国家在青藏高原上开辟了一条经济、快速、大能力、全天候的运输大通道。

青藏铁路是党中央、国务院作出的战略决策，是西部大开发的标志性工程，对加快青藏两省区的经济、社会发展，增进民族团结，造福各族人民，具有重要和深远的意义（见图10–17和图10–18）。

图10–17　西藏拉萨火车站，庆祝青藏铁路通车的电子牌

图 10–18 “青藏铁路通车庆祝大会”在青海省格尔木市火车站广场举行

十一、《江泽民文选》的出版发行

文选生动记录了以江泽民为核心的中国共产党第三代中央领导集体带领全党全国各族人民把中国特色社会主义事业推向前进的历史进程。

《江泽民文选》为江泽民的重要著作集。中共中央文献编辑委员会编辑，人民出版社2006年8月出版，共3卷（见图10–19）。收入江泽民1980年8月至2004年9月发表的具有代表性和独创性的重要著作203篇，约124万字，文选所收著作经作者逐篇审定。第一卷以1980年8月21日的《设置经济特区，加快经济发展》为开卷篇，以1997年8月5日的《再造一个山川秀美的西北地区》为结束篇，收入著作81篇；第二卷以1997年9月12日的《高举邓小平理论伟大旗帜，把建设有中国特色社会主义事业全面推向二十一世纪》为开卷篇，以2000年2月1日的《正确引导青少年健康成长》为结束篇，收入著作59篇；第三卷以2000年2月25日的《在新的历史条件下更好地做到“三个代表”》为开卷篇，以2004年9月20日的《我的心永远同人民军队在一起》为结束篇，收入著作63篇。

图 10–19 《江泽民文选》第一卷、第二卷、第三卷开始在中国各地发行

文选生动记录了以江泽民为核心的中国共产党第三代中央领导集体带领全党全国各族人民把中国特色社会主义事业推向前进的历史进程，科学总结了中国共产党领导人民战胜各种艰难险阻、全面开创中国特色社会主义事业新局面的宝贵经验，集中反映了中国共产党坚持以马克思列宁主义、毛泽东思想、邓小平理论为指导，坚持马克思主义基本原理同当代中国实践和时代特征相结合创造性地提出的新的重大理论成果。文选深刻反映了“三个代表”重要思想孕育、形成、发展的历史过程，系统阐述了“三个代表”重要思想的科学体系，是中国特色社会主义理论体系中的经典著作。文选收入的著作包括：全面论述新的历史时期中国共产党的基本理论、基本路线、基本纲领、基本经验的中共十四大报告、中共十五大报告、中共十六大报告，通报中共中央政治局常委“三讲”情况的讲话、《在庆祝中国共产党成立八十周年大会上的讲话》等著作；着重论述改革开放和社会主义现代化建设、社会主义市场经济体制、社会主义初级阶段基本经济制度和分配制度、农业和农村经济、国有企业改革和发展、科技创新、西部大开发、可持续发展、实现共同富裕等著作；着重论述社会主义民主政治、政治体制改革、依法治国、人民代表大会制度、中国共产党领导的多党合作和政治协商制度、民族区域自治制度、行政管理体制和政府机构改革、统一战线、民族、宗教、人权和工会、青少年、妇女工作等著作；着重论述社会主义精神文明建设、社会主义先进文化、思想道德建设、科教兴国、哲学社会科学、宣传思想工作和文艺、卫生、体育等著作；着重论述就业再就业、社会保障、关心困难群众生活、扶贫开发、计划生育、残疾人事业和正确处理新时期人民内部矛盾、社会治安等著作；着重论述坚持中国共产党对军队的绝对领导、国防和军队现代化建设、新时期军事战略方针、中国特色军事变革、国家战略能力等著作；着重论述“一国两制”方针、港澳工作、对台工作等著作；着重论述国际

形势、世界多极化和经济全球化、独立自主的和平外交政策和中美关系、中俄关系、中欧关系、中日关系、中非关系、周边外交、联合国、亚太经济合作组织、上海合作组织等著作；着重论述中国共产党的建设新的伟大工程特别是党的思想理论建设、组织建设、干部队伍建设、制度建设和党风廉政建设等著作。

第十一章 夺取全面建设小康社会新胜利

一、中国共产党第十七次全国代表大会胜利召开

中国特色社会主义伟大旗帜，是当代中国发展进步的旗帜，是全党全国各族人民团结奋斗的旗帜。解放思想是发展中国特色社会主义的一大法宝，改革开放是发展中国特色社会主义的强大动力，科学发展、社会和谐是发展中国特色社会主义的基本要求，全面建设小康社会是党和国家到2020年的奋斗目标，是全国各族人民的根本利益所在。

2007年10月15日，中国共产党第十七次全国代表大会在人民大会堂开幕（见图11-1）。这次大会，是在我国改革发展关键阶段召开的一次十分重要的大会。大会以邓小平理论和“三个代表”重要思想为指导，深入贯彻落实科学发展观，认真总结党的十六

图 11-1 中共十七大会场

大以来的工作和取得的成就，回顾总结改革开放以来党团结带领全国各族人民建设中国特色社会主义的伟大历史进程和宝贵经验，对全面推进我国改革开放和社会主义现代化建设、全面推进党的建设新的伟大工程作出战略部署，进一步动员全党全国各族人民，继续解放思想，坚持改革开放，推动科学发展，促进社会和谐，为夺取全面建设小康社会新胜利、开创中国特色社会主义事业新局面而奋斗。

胡锦涛代表第十六届中央委员会向大会作了题为《高举中国特色社会主义伟大旗帜，为夺取全面建设小康社会新胜利而奋斗》的报告（见图 11–2）。胡锦涛指出，这次大会的主题是：高举中国特色社会主义伟大旗帜，以邓小平理论和“三个代表”重要思想为指导，深入贯彻落实科学发展观，继续解放思想，坚持改革开放，推动科学发展，促进社会和谐，为夺取全面建设小康社会新胜利而奋斗。

图 11–2　中国共产党第十七次全国代表大会在北京人民大会堂开幕，中共中央总书记胡锦涛作报告

胡锦涛代表第十六届中央委员会向大会所作的报告共分 12 个部分：①过去五年的工作；②改革开放的伟大历史进程；③深入贯彻落实科学发展观；④实现全面建设小康社会奋斗目标的新要求；⑤促进国民经济又好又快发展；⑥坚定不移发展社会主义民主政治；⑦推动社会主义文化大发展大繁荣；⑧加快推进以改善民生为重点的社会建设；⑨开创国防和军队现代化建设新局面；⑩推进“一国两制”实践和祖国和平统一大业；⑪始终不渝走和平发展道路；⑫以改革创新精神全面推进党的建设新的伟大工程。

报告指出，中国特色社会主义伟大旗帜，是当代中国发展进步的旗帜，是全党全国各族人民团结奋斗的旗帜。解放思想是发展中国特色社会主义的一大法宝，改革开放是发展中国特色社会主义的强大动力，科学发展、社会和谐是发展中国特色社会主义的基本要求，全面建设小康社会是党和国家到 2020 年的奋斗目标，是全国各族人民的根本利益所在。

报告强调，全党必须坚定不移地高举中国特色社会主义伟大旗帜，带领人民从新的历史起点出发，抓住和用好重要战略机遇期，求真务实，锐意进取，继续全面建设小康社会、加快推进社会主义现代化，完成时代赋予的崇高使命。

胡锦涛在报告中回顾了党的十六大以来我国各项事业取得的新成就，总结了改革开放的伟大历史进程。在谈到深入贯彻落实科学发展观时，胡锦涛强调，科学发展观，第一要义是发展，核心是以人为本，基本要求是全面协调可持续发展，根本方法是统筹兼顾。深入贯彻落实科学发展观，要求我们始终坚持"一个中心、两个基本点"的基本路线，积极构建社会主义和谐社会，继续深化改革开放，切实加强和改进党的建设。

在报告中，胡锦涛提出实现全面建设小康社会奋斗目标的新要求：增强发展协调性，努力实现经济又好又快发展；扩大社会主义民主，更好地保障人民权益和社会公平正义；加强文化建设，明显提高全民族文明素质；加快发展社会事业，全面改善人民生活；建设生态文明，基本形成节约能源资源和保护生态环境的产业结构、增长方式、消费模式。

报告指出，要推动社会主义文化大发展、大繁荣，兴起社会主义文化建设新高潮。建设社会主义核心价值体系，增强社会主义意识形态的吸引力和凝聚力；建设和谐文化，培育文明风尚；弘扬中华文化，建设中华民族共有精神家园；推进文化创新，增强文化发展活力，让人民共享文化发展成果。

关于开创国防和军队现代化建设新局面，胡锦涛指出，必须站在国家安全和发展战略全局的高度，统筹经济建设和国防建设，在全面建设小康社会进程中实现富国和强军的统一。全面履行党和人民赋予的新世纪新阶段军队历史使命，必须贯彻新时期军事战略方针，加快中国特色军事变革，全面加强、协调推进军队革命化、现代化、正规化建设，提高军队应对多种安全威胁、完成多样化军事任务的能力，坚决维护国家主权、领土完整，为维护世界和平贡献力量。

胡锦涛强调，香港、澳门回归祖国以来，"一国两制"实践日益丰富。我们将坚定不移地贯彻"一国两制"、"港人治港"、"澳人治澳"高度自治的方针。按照"一国两制"实现祖国和平统一，符合中华民族根本利益。我们郑重呼吁，在一个中国原则的基础上，协商正式结束两岸敌对状态，达成和平协议，构建两岸关系和平发展框架，开创两岸关系和平发展新局面。我们愿以最大诚意、尽最大努力实现两岸和平统一，绝不允许任何人以任何名义任何方式把台湾从祖国分割出去。

胡锦涛指出，我们主张各国人民携手努力，推动建设持久和平、共同繁荣的和谐世界。中国将始终不渝走和平发展道路，始终不渝奉行互利共赢的开放战略，坚持在和平共处五项原则的基础上同所有国家发展友好合作，继续同各国人民一道，为实现人类的美好理想而不懈努力。

报告强调，要以改革创新精神全面推进党的建设新的伟大工程，使党始终成为中国特色社会主义事业的坚强领导核心。深入学习贯彻中国特色社会主义理论体系，着力用马克思主义中国化最新成果武装全党；继续加强党的执政能力建设，着力建设高素质领导班子；积极推进党内民主建设，着力增强党的团结统一；不断深化干部人事制度改革，着力造就高素质干部队伍和人才队伍；全面巩固和发展先进性教育活动成果，着力加强基层党的建设；切实改进党的作风，着力加强反腐倡廉建设。

报告最后指出，让我们高举中国特色社会主义伟大旗帜，更加紧密地团结在党中央周围，万众一心，开拓奋进，为夺取全面建设小康社会新胜利、谱写人民美好生活新篇章而努力奋斗！

10月21日上午，中国共产党第十七次全国代表大会在人民大会堂闭幕。

这次大会通过的十六届中央委员会报告，是团结和凝聚全党全国各族人民，高举中国特色社会主义伟大旗帜，坚持改革开放，推动科学发展，促进社会和谐，夺取全面建设小康社会新胜利的政治宣言和行动纲领。

党的十七大是在我国改革发展关键阶段召开的一次十分重要的大会。这次大会总结了党的十六大以来5年的工作，回顾总结了29年来改革开放的伟大历史进程和宝贵经验，大会批准了胡锦涛同志代表第十六届中央委员会所作的报告，批准了中央纪律检查委员会工作报告，审议通过了《中国共产党章程（修正案）》，选举产生了新一届中央委员会和中央纪律检查委员会。这是一次团结的大会、胜利的大会、奋进的大会。大会选举产生了新一届中央委员会，通过了党章修正案，阐述了科学发展观的科学内涵和根本要求，使马克思主义中国化又达到了一个新的高度。

这次大会高举中国特色社会主义伟大旗帜，准确把握时代特征，科学判断我们党所处的历史方位，对全面建设小康社会提出了新的要求，进一步丰富和完善了我们党和国家到2020年的奋斗目标，提出了一系列新观点、新概括、新举措，必将指引和鼓舞亿万人民奋力开创中国特色社会主义事业新局面。党的十七大，如巍巍丰碑，辉映过去，昭示未来。以党的十七大胜利闭幕为标志，中国特色社会主义事业又处于一个新的历史起点，亿万人民在党的领导下昂首阔步地踏上了继续全面建设小康社会、加快推进社会主义现代化的新征程。

二、全党开展深入学习实践科学发展观的活动

要坚持用中国特色社会主义理论体系武装全党，大兴求真务实之风，坚持讲党性、重品行、做表率，进一步把科学发展观转化为推动科学发展的坚强意志、谋划科学发展的正确思路、领导科学发展的实际能力、促进科学发展的政策措施，使人民群众感受到新变化新气象。

改革开放以来，我们党高度重视自身建设，坚持党要管党、从严治党，全面推进党的建设新的伟大工程，推动党的建设在不断改进中得到加强。同时，必须清醒地看到，随着改革开放和社会主义市场经济不断发展，随着党执政时间的增加和党的队伍的变化，党的自身建设面临许多新课题新考验，党面临的执政考验、改革开放考验、发展社会主义市场经济考验将是长期的、复杂的，管党治党的任务比过去任何时候都更为繁重。当前，党的执政能力与新形势新任务的要求还不完全适应、不完全符合，一些党员、干部的思想观念、能力素质与党的先进性要求还不完全适应、不完全符合，一些基层党组织的管理手段和创新能力与经济社会发展任务还不完全适应、不完全符合，一些地方的党组织、领导班子、领导干部党性、党风、党纪方面还存在这样那样的问题。2008 年以来，一些地方发生重大生产安全事故和食品安全事故给人民群众生命财产造成了重大损失。从这些事件中反映出，一些干部缺乏宗旨意识、大局意识、忧患意识、责任意识，作风飘浮、管理松弛、工作不扎实，有的甚至对群众的呼声和疾苦置若罔闻，对关系群众生命安全这样的重大问题麻木不仁。全党同志对这些事件及其后果的严重性必须充分估计，对其中的惨痛教训必须牢牢记取。这些事件再一次告诫全党，只有抓紧解决党员干部队伍中存在的突出问题，使全党同志始终坚持立党为公、执政为民，始终坚持以人为本，始终把人民群众的安危冷暖放在心上，我们党才能更好地带领广大人民群众为夺取全面建设小康社会新胜利而奋斗。

2008 年 9 月 5 日，中共中央政治局召开会议，决定从 2008 年 9 月开始，用一年半左

右时间，在全党分批开展深入学习实践科学发展观活动。中共中央总书记胡锦涛主持会议。这是认真贯彻落实党的十七大精神，在新的历史起点上发展中国特色社会主义的重大部署。

会议认为，科学发展观是对党的三代中央领导集体关于发展的重要思想的继承和发展，是马克思主义关于发展的世界观和方法论的集中体现，是同马克思列宁主义、毛泽东思想、邓小平理论和“三个代表”重要思想既一脉相承又与时俱进的科学理论，是我国经济社会发展的重要指导方针，是发展中国特色社会主义必须坚持和贯彻的重大战略思想。党的十七大决定在全党开展深入学习实践科学发展观活动，这是用中国特色社会主义理论体系武装全党的重大举措，是推动经济社会又好又快发展的迫切需要，是提高党的执政能力、保持和发展党的先进性的必然要求。全党必须坚持不懈地走科学发展道路，奋力开拓中国特色社会主义更为广阔的发展前景。

会议要求，各级党组织和广大党员、干部一定要深刻认识开展学习实践科学发展观活动的重大现实意义和紧迫性，积极投入到学习实践活动中来。各级党组织要把学习实践活动摆上重要议事日程，高度重视，精心组织，着重把握坚持解放思想、突出实践特色、贯彻群众路线、正面教育为主的原则，落实领导责任，加强分类指导，鼓励探索创新，搞好舆论引导，坚持统筹兼顾，努力达到提高思想认识、解决突出问题、创新体制机制、促进科学发展的目标，确保活动取得实效。

2008年9月19日，全党深入学习实践科学发展观活动动员大会暨省部级主要领导干部专题研讨班开班式在中央党校举行。中共中央总书记、国家主席、中央军委主席胡锦涛发表重要讲话。

胡锦涛强调，在全党开展深入学习实践科学发展观活动中，是党的十七大作出的战略决策，是用中国特色社会主义理论体系武装全党的重大举措，是“三个代表”重要思想学习教育活动和保持共产党员先进性教育活动的继续，是深入推进改革开放、推动经济社会又好又快发展、促进社会和谐稳定的迫切需要，是提高党的执政能力、保持和发展党的先进性的必然要求。深入学习实践科学发展观，是在深刻变化的国际环境中推动我国发展的迫切需要，是落实实现全面建设小康社会奋斗目标新要求的迫切需要，是以改革创新精神全面推进党的建设新的伟大工程的迫切需要。

胡锦涛强调，在开展学习实践活动中要着重从以下几方面作出不懈努力。第一，进一步深刻理解贯彻落实科学发展观的重大意义。组织广大党员、干部深入学习贯彻党的十七大精神，认真学习领会毛泽东、邓小平、江泽民同志关于科学发展的重要思想和党的十六大以来我们党关于科学发展的一系列重要观点，认真总结和学习我国改革开放30年的经验，着力推动广大党员、干部深刻理解和全面把握科学发展观的科学内涵、精神实质、根本要求，增强贯彻落实科学发展观的自觉性和坚定性。第二，进一步抓好发展这个党执政兴国的第一要务。必须坚持不懈地抓好发展这个党执政兴国的第一要务，在任何时候任何情况下都不能动摇、不能放松。同时，发展必须是以人为本、全面协调可持续的科学发展。要着力增强广大党员、干部贯彻党的基本理论、基本路线、基本纲领的自觉性和坚定性，使全党同志更加自觉、更加坚定地牢牢扭住经济建设这个中心，团结带领人民继续聚精会神搞建设、一心一意谋发展，不断为发展中国特色社会主义打下更为坚实的基础。第三，进一步实现好、维护好、发展好最广大人民的根本利益。着力把最广大人民的根本利益作为贯彻落实科学发展观的根本出发点和落脚点，努力兴办人民群众希望办的实事好事，使贯彻落实科学发展观的过程成为不断为民造福的过程，成为不断提高人民生活质量和水平的过程，成为不断提高人民思想道德素质、科学文化素质和健康素质的过程，成为不断保障人民经济、政治、文化、社会权益的过程，让发展成果惠及广大人民群众。第四，进一步坚持解放思想、改革创新。着力坚持解放思想、实事求是、与时俱进，深刻把握我国经济社会发展趋势和规律，继续坚定不移地把改革创新精神贯彻到治国理政各个环节，加快重要领域和关键环节改革步伐，着力构建充满活力、富有效率、更加开放、有利于科学发展的体制机制。第五，进一步提高党员干部队伍素质。着力提高各级党组织、领导班子和领导干部贯彻落实科学发展观的本领，努力把各级党组织建设成为贯彻落实科学发展观的坚强堡垒，把干部队伍建设成为贯彻落实科学发展观的骨干力量，为推动科学发展提供坚强组织保证。第六，进一步动员广大人民群众投身科学发展的伟大实践。必须紧紧依靠人民群众，做到谋划发展思路向人民群众问计，查找发展中的问题听人民群众意见，改进发展措施向人民群众请教，落实发展任务靠人民群众努力，衡量发展成效由人民群众评判，最大限度地把全社会的发展积极性引导到科学发展上来。

胡锦涛指出，这次学习实践活动总的要求是：全面贯彻党的十七大精神，高举中国特色社会主义伟大旗帜，以邓小平理论和“三个代表”重要思想为指导，组织广大党员特别是各级领导班子和党员领导干部深入学习实践科学发展观，紧紧围绕党员干部受教育、科学发展上水平、人民群众得实惠，进一步解放思想、实事求是、改革创新，切实增强贯彻落实科学发展观的自觉性和坚定性，着力转变不适应、不符合科学发展要求的思想观念，着力解决影响和制约科学发展的突出问题，以及党员干部党性党风党纪方面群众反映强烈的突出问题，着力构建有利于科学发展的体制机制，提高领导科学发展、促进社会和谐的能力，使党的工作和党的建设更加符合科学发展观的要求。在学习实践活动中，各地区、各部门、各单位要牢牢把握中央提出的坚持解放思想、突出实践特色、贯彻群众路线、正面教育为主的原则，努力实现提高思想认识、解决突出问题、创新体制机制、促进科学发展的目标。

胡锦涛指出，要坚持用中国特色社会主义理论体系武装全党，大兴求真务实之风，坚持讲党性、重品行、做表率，进一步把科学发展观转化为推动科学发展的坚强意志、谋划科学发展的正确思路、领导科学发展的实际能力、促进科学发展的政策措施，使人民群众感受到新变化新气象。

胡锦涛强调，这次学习实践活动的重点是县级以上领导班子和党员领导干部。各级领导干部特别是党委（党组）主要负责同志能否发挥示范带头作用，对学习实践活动的成效有着重要影响。领导干部带头，首先要从中央政治局常委同志做起。希望大家带头学习、深入学习，带头调查研究，带头坚持解放思想、实事求是，带头分析检查，带头整改落实。

这次会议标志着在全党开展深入学习实践科学发展观活动正式启动。

根据十七大关于在全党开展深入学习实践科学发展观活动的重大战略部署，2008年2月至8月，在江苏省、中央组织部等23个地方和单位进行了学习实践活动的试点。在取得成功经验的基础上，针对学习实践活动涉及各行各业、各条战线，政策性强，覆盖面广，要求很高，任务很重这一实际，中央研究决定，全党学习实践活动从当年9月开始，用一年半左右的时间，自上而下分三批展开，每批时间半年左右，到2010年2月基本完成。其中，第一批，从2008年9月开始，2009年2月基本完成，包括：中央和国家机关、省（自治区、直辖市）党政机关；全国、省（自治区、直辖市）人大、政协机关，人民法院、人民检察院和人民团体机关；新疆生产建设兵团机关；中管金融机构及其分支机构；党中央、国务院直属事业单位，中央直属机关、中央国家机关各部门管理的事业单位，省（自治区、直辖市）直属事业单位。第二批，从2009年3月开始，2009年8月基本完成，包括：市（地、州、盟）、县（市、区、旗）党政机关；市（地、州、盟）、县（市、区、旗）人大、政协机关，人民法院、人民检察院和人民团体机关；新疆生产建设兵团师、团机关；中央企业；省（自治区、直辖市）直属企业，市（地、州、盟）直属企业事业单位；高等学校、中等专业学校。第三批，从2009年9月开始，2010年2月基本完成，包括：乡（镇）、街道；村、社区；新疆生产建设兵团基层单位；中小学校；未参加第二批活动的企业、社会团体、社会中介组织等。

自学习实践活动启动以来，各地、各单位认真贯彻落实中央一系列决策部署和政策措施，积极应对国际金融危机冲击，初步见到成效。结合开展分析检查，密切关注国内外经济走势，深入分析国际金融危机冲击对本地、本单位的影响，认真查找本地、本单位在促进经济平稳较快发展方面存在的突出问题，坚定不移地贯彻落实中央的各项方针政策，及时充实完善各项应对措施，注重用改革的办法破解发展难题，不断解决经济发展中的新问题，坚定信心，迎难而上，扎实做好保增长、保民生、保稳定的各项工作。以科学发展观为指导，一方面积极寻求克服当前经济发展困难的应对之策；另一方面深入研究危机之后参与新一轮竞争、实现新发展的长远之计，真正使应对国际金融危机冲击的过程成为推动科学发展上水平的过程，成为为更长时期又好又快发展打基础的过程。总体来说，各地、各单位认真贯彻中央要求，紧紧围绕党员干部受教育、科学发展上水平、人民群众得实惠的总要求，紧密联系当前经济形势和改革发展稳定的实际，精心组织、深入发动，扎实推进、开局良好，整个学习实践活动取得明显的阶段性成效。

三、抗击四川汶川特大地震

坚持人民利益高于一切、重于一切、大于一切，与人民群众同呼吸、共命运、心连心，把以人为本作为最高准则，把挽救人的生命作为重中之重。

地崩山摧，桥塌路断，尘烟弥漫……2008年5月12日，一个令四川、令中国、令世界上所有人心痛不已的黑色日子。当日14时28分，位于四川省的汶川县发生8.0级特大地震，地震波及四川、甘肃、陕西等广大地区。这场历史罕见的特大地震强度烈度高、影响范围广、余震频次多、救灾难度大，给灾区人民生命财产和经济社会发展造成了重大损失，举世震惊。四川汶川特大地震是新中国成立以来破坏性最强、波及范围最广、救灾难度最大的一次地震，震级达里氏8级，最大烈度达11度，余震3万多次，涉及四川、甘肃、陕西、重庆等10个省区市417个县（市、区）、4667个乡（镇）、48810个村庄。灾区总面积约50万平方公里、受灾群众4625万多人，其中极重灾区、重灾区面积13万平方公里，造成69227名同胞遇难、17923名同胞失踪，需要紧急转移安置受灾群众1510万人，房屋大量倒塌损坏，基础设施大面积损毁，工农业生产遭受重大损失，生态环境遭到严重破坏，直接经济损失8451亿多元，引发的崩塌、滑坡、泥石流、堰塞湖等次生灾害举世罕见（见图11-3）。

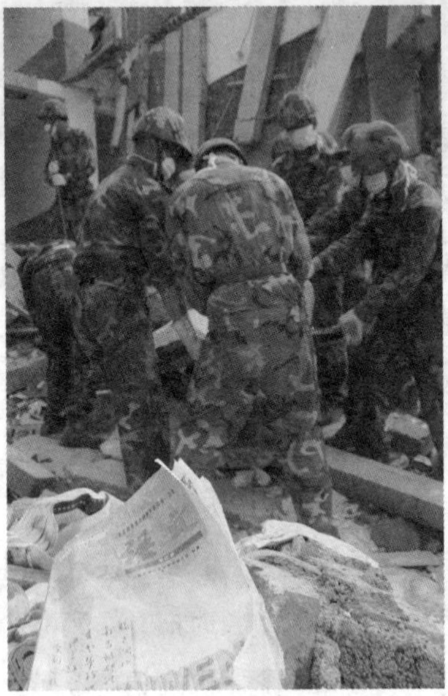

图11-3　东汽中学救援现场，学生的课本散落在废墟上

灾重、路阻、雨大、余震威胁，特大地震灾害考验着共和国，向全中国发出了紧急动员令。以胡锦涛同志为总书记的党中央把抗震救灾作为最重要、最紧迫的任务，立即作出部署，迅速成立国务院抗震救灾总指挥部，建立上下贯通、军地协调、全民动员、区域协作的工作机制，开展了一场我国历史上救援速度最快、动员范围最广、投入力量最大的抗震救灾斗争。

在抗震救灾斗争的第一时间和关键时刻，胡锦涛、吴邦国、温家宝、贾庆林、李长春、习近平、李克强、贺国强、周永康等中央领导同志，奔赴抗震救灾一线，深入地震重灾区，看望慰问受灾群众，现场指挥抗震救灾斗争（见图11-4）。人民群众深切感受到了党和政府抗震救灾的坚定决心和对人民群众的深厚感情，极大鼓舞和坚定了全国各族人民团结一心夺取抗震救灾斗争胜利的勇气和信心。党中央始终坚持人民利益高于一切、重于一切、大于一切，与人民群众同呼吸、共命运、心连心，把以人为本作为最高准则，把挽救人的生命作为重中之重，生动诠释了立党为公、执政为民的执政理念。

人民解放军、武警部队、民兵预备役人员、公安民警和医疗卫生人员、新闻工作者、科技工作者等快速反应、迅速行动。他们肩负着党和人民的重托，满怀着对灾区人民的深情，从祖国的四面八方奔赴灾区，迅速展开规模空前的紧急大驰援。在地震发生的当日晚12点已有2万名官兵和各级政府救援队伍到达地震现场，开始了一场与时间赛跑的抗震救灾的生死之战。

图 11-4　胡锦涛 5 月 16 日抵达地震重灾区绵阳北川查看灾情，并慰问参加抢险救灾部队指战员和受灾群众

救援大军认真排查每一处倒塌房屋，尽力搜救每一个被困人员，不惜一切代价、动用一切手段、克服一切困难，坚持只要有一点儿生还可能就要作出百倍努力，最大程度地抢救被困群众，创造出了一个又一个生命的奇迹；来自全国各地的广大医务人员分秒必争，昼夜奋战，克服重重困难，救治受伤人员，减轻伤员病痛，抚慰受伤心灵，开展卫生防疫，挽救了大批伤员的生命，化解了无数群众的痛苦；数百支几万人的专业抢修队伍，冒着余震频发、山体滑坡的危险，置个人生死于度外，在峡谷密林中开辟通道，在崇山峻岭间抢修线路，在堰塞湖上排险泄洪，用最快速度恢复了通信、电力、交通，构筑了灾区人民的生命线。

同时，四川、甘肃、陕西等受灾地区党委政府坚决贯彻执行中央的决策部署，在第一时间成立抗震救灾指挥部，在第一时间启动突发事件一级响应程序，在第一时间带领灾区干部群众全面开展抗震救灾，奋力组织自救互救，打响了一场与特大自然灾害顽强抗争的硬仗。全国各地各部门以灾情为最高命令、以救灾为神圣使命，及时启动响应机制，迅速行动、密切配合，调集大量人力、物力、财力支援灾区，保障抗震救灾工作有力、有序、有效地展开，充分发扬了全国一盘棋的大团结、大协作精神。在危急关头，灾区基层党组织和广大党员干部高高举起党的旗帜，以身作则、冲锋在前，连续作战、勇于牺牲，自觉担当抗震救灾重任，团结带领群众开展自救，以实际行动作出了表率，展现出了顽强的战斗力和强大的凝聚力。灾区各族群众在危难时刻奋不顾身、舍生忘死、不等不靠、守望相助，以非凡的坚强意志投身抗震救灾，表现出顽强拼搏、自强不息的可贵精神。

大地震发生后，志愿者是抗震救灾大军中一个特殊的群体：没有统一的制服和标志，但在废墟上，在公路旁，在医院里，在任何与受灾群众有关的地方，都能看到他们的身影。他们没有统一的指挥，但都在埋头默默做着相同的事——帮助受灾群众。这些活跃在地震灾区的约20万名志愿者来自全国各地，是我国历史上规模最大的一次志愿者行动。社会各界，各行各业，大家都视灾区群众为亲人，视支援灾区为己任，努力为灾区尽一份心、出一份力，以实际行动为抗震救灾贡献力量，汇聚了全民族风雨同舟、生死与共的强大合力。巨大的地震灾害没有吓倒英雄的灾区各族群众。地动山摇还未停息，灾区人民在党和政府的领导下，紧密团结，从废墟上勇敢站起来，化悲痛为力量，自力更生、艰苦奋斗，逐步恢复生产、工作和学习。党和政府把灾后恢复重建作为百年大计，在科学发展观的指导下，按照以人为本、尊重自然、统筹兼顾、科学重建的要求，对灾后恢复重建工作作出总体规划，明确了灾后恢复重建的目标、任务和政策措施。经过灾区人民和全国人民的艰苦奋斗，一个更加美好的家园一定会展现在我们面前。

在波澜壮阔的抗震救灾斗争中，我们用理想凝聚力量、用信念铸就坚强、用真情凝结关爱，大力培育和弘扬了万众一心、众志成城，不畏艰险、百折不挠，以人为本、尊重科学的伟大抗震救灾精神。

在同特大地震灾害的艰苦搏斗中，我们的党、我们的军队、我们的人民万众一心、众志成城，充分展现了中华民族和衷共济、团结奋斗的民族品格。众人同心就有其利断金的力量，风雨同舟就有所向披靡的信心。在特大地震灾害面前，举国上下患难与共，前方后方同心协力，海内海外和衷共济，凝结成坚如磐石、牢不可破的生命共同体。这种团结奋进的强大力量，是我们的人民和民族在生与死、血与火的严峻考验中的本色反映，是中华民族从历史深处走来的内在力量，显示了中国人民和中华文明生生不息的旺盛生命力。

在同特大地震灾害的艰苦搏斗中，我们的党、我们的军队、我们的人民不畏艰险、百折不挠，充分展现了中华民族自强不息、敢于胜利的民族品格。坚强是战胜磨难的利器，勇气是创造奇迹的支撑。在极其惨烈的灾难突袭而来之际，广大军民泰山压顶不弯腰，生死较量不战栗，千难万险不放弃，顽强挑战体力极限、精神极限、生存极限，哪里灾情危急就向哪里冲去，哪里有生死考验就向哪里挺进，哪里有受灾群众就向哪里集结。这种压倒一切困难而不为任何困难所压倒的勇气，是中华民族历经磨难而信念越坚、饱尝艰辛而斗志更强，勇于自立于世界民族之林的重要精神支柱。

在同特大地震灾害的艰苦搏斗中，我们的党、我们的军队、我们的人民坚持以人为本、尊重科学，充分展现了中华民族关爱生命、崇尚理性的民族品格。人的生命高于一切、先于一切、重于一切。在抗震救灾的全过程中，我们和时间赛跑、同死神抗争，充分体现了我国社会主义制度珍爱生命、保护人民的本质。在全国哀悼日里，13亿人共同为不幸遇难的同胞默哀，体现出全民族对人的生命的尊重。我们坚持把科技的力量与顽强的抗争紧密结合起来，既充分发挥人的能动精神，又充分发挥科技的重要作用。这种对生命的高度关爱、对科学的高度尊崇，是中国人民始终与时代发展同步伐、实现人的全面发展、建设创新型国家的重要推动力量。

民族精神是一个国家综合国力的重要组成部分，其内涵总是在历史进步中不断得到丰富、在灾难考验中不断得到升华。伟大抗震救灾精神，集中体现和进一步发展了爱国主义、集体主义、社会主义精神，集中体现和进一步发展了我们党和军队的光荣传统和优良作风，集中体现和进一步发展了中华民族的伟大民族精神和当代中国人民的时代精神，是党和人民极为宝贵的精神财富。我们要在全党全社会大力弘扬伟大的抗震救灾精神，使之转化为艰苦奋斗、重建家园的坚定意志，转化为推动经济社会又好又快发展的强大力量。

在这场波澜壮阔的抗震救灾斗争中，我国积累了应对突发事件、抗击特大自然灾害的宝贵经验，也从中收获了许多极其宝贵的启示。

抗震救灾斗争再一次证明，社会主义中国具有强大发展活力。这场抗震救灾斗争充分显示了我国社会主义制度能够集中力量办大事的政治优势。新中国的成立和社会主义制度的建立开启了中华民族发展的历史新纪元，改革开放使社会主义在中国进一步焕发出蓬勃的生机活力，中国特色社会主义展现出美好的发展前景。只有社会主义才能救中国，只有中国特色社会主义才能发展中国，这是中国人民发自内心的真实感受和坚定信念。只要我们始终坚持中国特色社会主义道路，不断推动我国社会主义制度自我完善和发展，使社会主义制度的优越性更加充分地发挥出来，我们就一定能够继续推动中国特色社会主义事业披荆斩棘向前发展。

抗震救灾斗争再一次证明，人民是推动中国社会发展进步的真正动力。抗震救灾斗争重大胜利，归根到底是人民的胜利。人民是历史的创造者，是振兴中华最深厚的力量。在我国几千年发展的历史长河中，种种磨难都没有打断中华文明的顽强发展进程，千难万险都没有磨灭中华民族不屈不挠的奋斗意志。正是紧紧依靠人民，我们才取得了革命、建设、改革的伟大胜利。只要我们始终坚持以人为本，切实做到发展为了人民、发展依靠人民、发展成果由人民共享，充分发挥广大人民群众的积极性、主动性、创造性，我们就一定能够依靠人民团结起来的巨大力量和集中起来的无穷智慧，万众一心地实现中华民族伟大复兴。

抗震救灾斗争再一次证明，人民军队是保卫人民的钢铁长城。在同地震灾害的搏斗中，人民子弟兵用忠诚和血肉之躯又一次在人民心中筑起了巍然屹立的不朽丰碑，又一次向世人昭示我们的人民军队不愧为人民的子弟兵。人民军队诞生 81 年来，为中国人民解放事业，为我国社会主义建设和改革开放事业，为捍卫国家主权、安全、领土完整，建立了卓越功勋。只要我们始终坚持以马克思主义军事理论为指导，大力弘扬听党指挥、服务人民、英勇善战的优良传统，全面推进革命化、现代化、正规化建设，不断提高履行新世纪新阶段军队历史使命能力，我们就一定能够使人民军队始终成为人民共和国的忠实保卫者和建设者。

抗震救灾斗争再一次证明，中国共产党是中国特色社会主义事业的坚强领导核心。事实告诉人们，中国共产党是能够应对各种风险、驾驭各种复杂局面、具有强大战斗力的马克思主义政党，不愧为 13 亿中国人民的主心骨。我们党成立 87 年来，始终站在时代前列，始终代表中国最广大人民的根本利益，团结带领各族人民为国家独立、人民解放和国家富强、人民幸福不懈奋斗，作出了最大牺牲，赢得了全国各族人民衷心拥护。办好中国的事情，关键在党。只要我们坚持科学理论和正确的路线方针政策，牢记全心全意为人民服务的根本宗旨，不断提高党的执政能力、保持和发展党的先进性，不断提高拒腐防变和抵御风险能力，我们就一定能够团结带领全国各族人民战胜前进道路上的一切困难和挑战、不断创造中华民族发展壮大的历史基业。

抗震救灾使我们更加深切地感受到：社会主义祖国大家庭最温馨，人民群众最可敬，人民子弟兵最可爱，中国共产党人最贴心。我国社会主义制度的优越性，中华民族的优秀品质，人民军队的政治本色，中国共产党的坚强领导，是我们国家和民族的显著政治优势，我们必须倍加珍惜、永远坚持。多难兴邦，多难励党。抗震救灾斗争体现了中国人民泰山压顶不弯腰的英雄气概，谱写了中国人民百折不挠、团结奋斗的英雄凯歌。实践再次证明，中华民族具有高度的凝聚力，历经曲折而越挫越勇，饱受磨难而自强不息。

四、成功举办2008北京奥运会

五千年中华文明与奥林匹克精神的融合，一页页都载入中华民族发展的史册，留给世人一种启迪与鼓舞，伴随着30年的改革开放带给人们的欢欣、自豪，一个富强、民主、文明的东方古国正大步走来，召唤着我们共同肩负起振兴中华之使命，并以昂扬的姿态，去接受挑战。

奥林匹克运动会因起源于古希腊奥林匹亚（Olympia）而得名。古代奥运会从公元前776年到公元394年，共历经293届，后被罗马皇帝狄奥多西一世以邪教活动罪名而废止。1894年在巴黎召开的国际体育会议，根据法国贵族皮埃尔·德·顾拜旦（Pierre de Coubertin）的倡议成立了国际奥委会，并决定恢复奥运会。现代第一届奥运会于1896年在希腊雅典举行，此后在世界各地，每4年一次，轮流在各会员国举行。到2004年，已经举行了28届奥运会。奥林匹克运动会现在已经成为了和平与友谊的象征。

随着2008北京奥运会的成功举办，中国人民百年奥运梦想成功实现，这是我们在实现中华民族伟大复兴征程上的又一次历史性跨越，也是我们沿着中国特色社会主义道路奋勇前进的又一个新的起跑线。从1999年9月6日，北京2008年奥运会申办委员会在京成立（见图11-5），到2008年8月8日，北京奥运会成功举办（见图11-6），回顾7年的申奥历程，申奥的坎坷与艰辛，成功的喜悦与欢笑，筹备的精心与投入……五千年中华文明与奥林匹克精神的融合，一页页都载入中华民族发展的史册，留给世人一种启迪与鼓舞，伴随着30年的改革开放带给人们的欢欣、自豪，一个富强、民主、文明的东方古国正大步走来，召唤着我们共同肩负起振兴中华之使命，并以昂扬的姿态，去接

图11-5　北京天安门广场13日夜晚聚集了数十万民众，庆祝北京申奥成功

图 11-6 “鸟巢”中的主火炬与记忆之塔

受挑战。回顾历史，展望未来，北京奥运会、残奥会能够取得成功，靠的是改革开放 30 年我国持续快速增强的综合国力，靠的是社会主义制度能够集中力量办大事的优越性，靠的是全国各族人民的团结奋斗，靠的是世界各国人民和国际社会的大力支持。北京奥运会、残奥会成功举办的事实再次向世人昭示：中国人民有能力为人类文明进步作出更大贡献。

随着在北京燃烧了 16 天的奥林匹克圣火缓缓熄灭，举世瞩目的北京第 29 届夏季奥运会在一片胜利和欢庆的气氛中降下帷幕。中国兑现了对国际社会的庄严承诺，一届有特色、高水平的奥运会已经完美呈现在世人面前，团结、友谊、和平的奥林匹克精神与更快、更高、更强的奥运格言融会在北京奥运会“同一个世界，同一个梦想”的主题之中，绿色奥运、科技奥运、人文奥运的理念化为生动现实。国际奥委会主席罗格先生评价道：“这是一届真正的无与伦比的奥运会。”

北京奥运会是在奥林匹克运动史上留下辉煌一页的体育盛会。来自 204 个国家和地区的 1 万余名运动员在 16 天里挑战极限、攀越新高，刷新了 38 项世界纪录和 85 项奥运会纪录，多个国家和地区实现了奥运会金牌和奖牌零的突破，奏响了更快、更高、更强的激情乐章，描绘了团结、友谊、和平的壮丽画卷。我国体育健儿肩负祖国和人民的殷殷厚望，满怀为国争光的强烈信念，顽强拼搏，奋勇争先，取得了51枚金牌、21枚银牌、28枚铜牌、奖牌总数为100枚的优异成绩，位居金牌榜第1位，创造了中国体育代表团参加奥运会以来的最好成绩，实现了历史性突破，书写了中国体育事业发展的新篇章，为把北京奥运会办成一届有特色、高水平的奥运会作出了重大贡献。我国运动员的优异表现，向世界展现了中华儿女昂扬向上、积极进取的蓬勃朝气，展现了中华民族自强不息、团结奋斗、和平进步的精神风貌。他们为人生添彩、为奥运增辉、为民族争气、为祖国争光的实际行动，极大地激发了全国各族人民的爱国热情和进取精神，给正在积极推进改革开放和社会主义现代化建设的全国各族人民以巨大鼓舞，全国人民无不为他们感到骄傲和自豪!

"有特色、高水平"是中央为北京奥运会、残奥会确定的目标。经过7年的不懈努力，北京奥运会圆满实现了这一目标。"有特色"主要体现在四方面，即中国风格、人文风采、时代风貌、大众参与。中国风格就是这届奥运会融入了浓厚的中国韵味，展示了中国悠久灿烂的历史文化。人文风采就是在这届奥运会上各国运动员欢聚一堂，充分展现了北京奥运会的全球性、世界性。北京奥运会推动了中外文化的交流，奥运会期间，来自80多个国家的2万多名艺术家和群众文化团体共举办各类展览3400余场次。精彩纷呈的多元文化使这届奥运会成为了一次盛大的文化庆典。时代风貌就是这届奥运会集中体现了和平与发展的时代主题，体现了我国改革开放和现代化建设的成就，体现了我国人民蓬勃向上的精神风貌。大众参与就是这届奥运会成为了人民群众参与最为广泛的一届奥运会，在参与中提升了全社会的文明素质，创造了热烈、文明、祥和的大氛围。"高水平"主要体现在八方面，包括在场馆设施和竞赛组织、开闭幕式和文化活动、媒体运行和服务、交通组织和后勤保障、志愿者队伍和服务、安全保卫、城市形象、竞赛成绩方面都体现出了高水平。

为成功举办北京奥运会，政府在环境治理、改善交通、市政建设、安全保卫、公民文明意识提升等方面的投入，庞大到无法用几个简单的数字来表述，所有的人对这项投入的价值都表示了高度的认同。在历时七年的奥运筹办过程中，广大奥运筹办工作者牢记党和人民的重托，以最大的热情和最大的努力，不畏艰险，奋力拼搏，涌现出了许许多多可歌可泣的感人事迹，形成了以为国争光的爱国精神、艰苦奋斗的奉献精神、精益求精的敬业精神、勇攀高峰的创新精神、团结协作的团队精神为主要内容的奥运精神。奥运精神是以爱国主义精神为核心的民族精神和以改革创新为核心的时代精神的生动体现，是中华民族伟大精神的重要内容，也是社会主义核心价值体系的重要组成部分，并且成为了鼓舞斗志、引领风尚、团结奋斗的共同思想基础，这是北京奥运会、残奥会为我们留下的一笔宝贵的精神财富。正是有了这种精神，才诞生了“鸟巢”、“水立方”等一批里程碑式的建筑，才有了一整套高效率的组织机构，才有了精彩的开闭幕式，才有了数以百万计的志愿者队伍，才有了火炬登上珠峰的壮举，才有了平安奥运的成果。这些都是爱国、奉献、敬业、创新、协作精神指导的结果。同时，这一个长达七年的奥运过程，让整个世界更加全面、立体、多角度、全方位地认识了中国，认识了中国人，这就为中国今后的发展奠定了最为重要、坚实的环境基础。

举办奥运会是我国各族人民的共同心愿，是中华民族的百年企盼。100多年前，积贫积弱的中国人徘徊在奥运会的边缘。“中国何时才能派一位选手参加奥运会？中国何时才能派一支队伍参加奥运会？中国何时才能举办奥运会？”如今，百年企盼，一朝梦圆。北京奥运会的成功让世界看到了一个真实的中国，一个自信、开放的中国，一个历经百年屈辱之后重新昂首自立于世界民族之林的中国。北京奥运会的成功举办，让世界见证了中国日新月异的发展进步，见证了中国特色社会主义的巨大成功，见证了中国人民愿同世界各国人民一道开创人类美好未来的真诚愿望。北京奥运会是中国奉献给国际奥林匹克运动的盛会，是中国人民奉献给全世界人民的体育文化盛会，也是中国人民和世界各国人民共同努力的结果。毫无疑问，北京奥运会的成功必将进一步振奋起全国各族人民建设祖国的巨大热情，社会主义中国的前途无限美好！

五、神七问天和嫦娥一号探月

“我们也要搞人造卫星”的号召到1970年“东方红”乐曲响彻太空，用了12年；从1992年载人航天工程立项到2003年载人航天成功，用了11年；从2004年初绕月工程启动到2007年嫦娥一号卫星升空，只用了3年多时间……

飞天是中华民族的千年梦想。2008年9月25日至28日，中华民族又迎来了一个历史性时刻，我国自行研制的神舟七号载人飞船在酒泉卫星发射中心发射升空，并在9月27日下午成功完成了首位中国太空人出舱行走，以及一系列太空实验，最后顺利返回。这是我国继2003年成功发射神舟五号载人飞船圆了中华民族的飞天梦、2005年神舟六号飞天实现中国人首次开展太空科学实验之后，我国向太空强国迈出的又一坚实步伐。太空行走，表明我国掌握了出舱活动关键技术，由此成为世界上第三个独立掌握空间出舱技术的国家；系列空间科学技术实验和释放伴飞小卫星，预示我国载人航天事业步入更高的发展水平。

从1992年起，我国就开始实施载人航天工程并确立了分三步走的发展战略，其最终目标是要建立长期有人值守的空间站。神舟七号担负着我国载人航天工程“三步走”战略第二步的历史使命，其成功为未来实施空间交会对接、实现最终建立空间站的目标奠定了坚实基础。

从1999年神舟一号无人飞船首访太空到2008年神舟七号飞天，9年间的7次飞行如同7个台阶、7枚刻度。巡天、问天、飞天，它们所记录的，不仅是中国载人航天工程的不断突破，更是中国航天人的光荣与梦想。

1999年11月20日6时30分，一声惊雷震撼茫茫戈壁，“长征”二号F型运载火箭托举着中国的神舟一号腾空而起，踏上了中华民族探索太空奥秘的飞天旅程。经过21小时11分钟的太空飞行，神舟一号顺利返回地球，中国载人航天工程首次飞行试验取得圆满成功，实现了天地往返的重大突破。

2001 年 1 月 10 日，神舟二号飞船再次载着中国航天人的希望飞上太空。这一次，飞船运行时间从神舟一号的 1 天增加到了 7 天。

2002 年 3 月 25 日，神舟三号升空。这一消息，让整个世界听到了“中国追赶”急促的脚步声。神舟三号仍是无人飞船，但船上却有人的身影——“模拟人”。“‘他’装载了人体代谢模拟装置、拟人生理信号以及形体假人，能够模拟航天员呼吸和心跳、血压、耗氧以及产生热量等重要生理参数，为航天员进入太空探路。”[①] 第一任航天员系统总指挥、总设计师宿双宁说，与美国、苏联先把动物送上太空试验不同，“模拟人”是我国载人航天的一项创造。

2002 年 12 月 30 日至 2003 年 1 月 5 日，神舟四号无人飞船在-20℃的严寒中成功发射，并在飞行 7 天后平安返回。这是我国实施首次载人航天飞行前的最后一次无人飞行试验，飞船的技术状态与载人飞行时完全一致。前 3 次无人飞行试验中发现的有害气体超标问题，在神舟四号上得到了彻底解决。

发射一次，前进一步。终于，中华民族走到了梦圆九天的时刻。2003 年 10 月 15 日，中国航天员杨利伟乘坐神舟五号飞船成功进入太空。一面鲜艳的五星红旗和一面蓝色的联合国旗在他手中徐徐展开……

两年后的金秋时节，中国航天员费俊龙、聂海胜驾驭神舟六号飞船，遨游太空 5 昼夜，标志着中国首次开展了真正意义上有人参与的空间实验活动。

如今，神舟七号把现代文明送上苍穹，把智慧之光献给太空。这是中国人攀登世界科技高峰的又一伟大壮举，是创新带给中华民族的骄傲与光荣（见图 11-7）。

图 11-7　中国“神七”载人飞船航天员翟志刚顺利出舱，实施中国首次空间出舱活动

① 徐壮志：《载人航天：中华民族面向未来的雄心壮志》，《人民日报》，2005 年 10 月 28 日，第 1 版。

神舟七号的成功，是中国载人航天工程的重大跨越，不但彰显了中国航天大国的形象，也提升了中国的科技实力和综合国力。神舟七号负载了包括海外华人华侨在内的广大炎黄子孙长久以来的“强国梦”，此次成功发射升空无疑也把中华民族的国家自豪感推到了一个新的高度。

“嫦娥奔月”，这个在中国流传了千年的传说，在2007年10月24日18时05分变为现实。随着中国自主研制的第一个月球探测器——嫦娥一号卫星飞向太空，自强不息的中国航天人，又将把中华民族的崭新高度镌刻在太空中。绕月探测是中国航天的第三个里程碑。它标志着，在实现人造地球卫星飞行和载人航天之后，中国航天又向深空探测迈出了第一步。深空探测是人类对太阳系内除地球外的行星及其卫星、小行星、彗星，以及太阳系以外的银河系乃至整个宇宙的探测，这已成为当前国际航天活动的一个热点。嫦娥一号卫星将飞向距地球38万公里的月球，把中国人造卫星此前约8万公里的最远飞行距离一步提高4.5倍以上。作为一个诞生了“嫦娥奔月”、“吴刚伐桂”等神话传说的国度，中国人自古就有着探究月球真相的强烈愿望。早在3000多年前，我们的祖先便对月食开始记载，在1500年前就进行过月食的预报。然而，真正意义上的现代探月活动，我们毕竟是后来者。1959年10月，苏联完成了首次绕月飞行，人类第一次拍摄到月球背面的照片；10年后的7月，美国宇航员阿姆斯特朗在月球上留下了人类第一个脚印，用自己的一小步，实现了人类的一大步。与太空探索的每一次进步一样，自主创新、奋起直追、跨越发展，成为后来居上的中国航天人的不懈追求。迄今为止的探月活动，基本经历了这样一个循序渐进的过程：从月球近旁飞过、撞击月球、绕月探测、月球表面软着陆……所遵循的是技术难度逐渐递增的原则。我国首次探月就采用了绕月探测方式，直接跨越了前两个阶段。

从1958年毛泽东发出“我们也要搞人造卫星”的号召到1970年“东方红”乐曲响彻太空，用了12年；从1992年载人航天工程立项到2003年载人航天成功，用了11年；从2004年初绕月工程启动到2007年嫦娥一号卫星升空，只用了3年多时间……这一组不断缩短的时间表明，在由航天大国到航天强国的道路上，中国航天人的前进步伐越来越快。上万人参与的庞大绕月探测工程，仅花了14亿元人民币。勤俭节约、无私奉献、团结协作，构成了独具特色的中国航天事业永恒的主题。

太空是人类共有的太空，航天事业是全人类的事业。秉承着和平开发太空资源、造福全人类的一贯宗旨，中国的“嫦娥”工程从一开始就高度开放。中国已经宣布，嫦娥一号卫星传回的月球探测数据将与世界各国科学家共享。这再次彰显了中国航天人所具有的为人类航天事业贡献智慧与力量的高度责任感。雄关漫道真如铁。虽然人类探月活动已经有近半个世纪的历史，但迄今开展的123次探月活动，成功的不到50%。这意味着，预计100多万公里的“嫦娥”奔月之旅绝非坦途。我们期待“嫦娥”一路走好。这是中国航天人的愿望，也是中华民族乃至全人类的共同期盼。嫦娥一号卫星带着一个古老民族的梦想飞向月球，这是中国航天史上又一次崭新的跨越（见图11-8）。

图11-8　长征三号甲运载火箭将“嫦娥一号”卫星成功送入太空

六、纪念党的十一届三中全会召开30周年

30年来，中国共产党带领全国人民始终以改革开放为强大动力，在新中国成立以后取得成就的基础上，推动党和国家各项事业取得举世瞩目的新的伟大成就。

30年改革开放波澜壮阔，30年中华大地沧桑巨变。纪念党的十一届三中全会召开30周年大会于2008年12月18日上午在人民大会堂隆重举行（见图11-9）。中共中央总书记、国家主席、中央军委主席胡锦涛在会上发表重要讲话。他强调，实践充分证明，党的十一届三中全会以来我们党团结带领人民开辟的中国特色社会主义道路、形成的理论和路线方针政策是完全正确的。党的十一届三中全会的伟大意义和深远影响，已经、正在并将进一步在党和国家事业蓬勃发展的进程中充分显现出来。全党要充分认识改革开放的重大意义和伟大成就，深刻总结改革开放的伟大历程和宝贵经验，坚持党的十一届三中全会精神，高举中国特色社会主义伟大旗帜，以马克思列宁主义、毛泽东思想、邓小平理论和“三个代表”重要思想为指导，深入贯彻落实科学发展观，在中国特色社会主义道路上，继续把改革开放伟大事业推向前进。

图11-9 纪念中国共产党十一届三中全会召开30周年大会在人民大会堂举行

江泽民、温家宝、贾庆林、李长春、习近平、李克强、贺国强、周永康出席大会。大会由吴邦国主持。

胡锦涛在讲话中指出党的十一届三中全会是在党和国家面临向何处去的重大历史关头召开的。1976年10月粉碎“四人帮”之后，广大干部群众强烈要求纠正“文化大革命”的错误，彻底扭转十年内乱造成的严重局势，使党和国家从危难中重新奋起。但是，这一顺应时势的愿望遇到严重阻碍，党和国家工作在前进中出现徘徊局面。与此同时，世界经济快速发展，科技进步日新月异，国家建设百业待兴，真理标准讨论热潮涌起。国内外大势呼唤我们党尽快就关系党和国家前途命运的大政方针作出政治决断和战略抉择。

在邓小平同志领导下和其他老一辈革命家支持下，党的十一届三中全会开始全面认真纠正“文化大革命”中及其以前的“左”倾错误，坚决批判了“两个凡是”的错误方针，充分肯定了必须完整、准确地掌握毛泽东思想的科学体系，高度评价了关于真理标准问题的讨论，确定了解放思想、开动脑筋、实事求是、团结一致向前看的指导方针，果断停止使用“以阶级斗争为纲”的口号，作出了把党和国家工作中心转移到经济建设上来、实行改革开放的历史性决策。

党的十一届三中全会标志着我们党重新确立了马克思主义的思想路线、政治路线、组织路线，标志着中国共产党人在新的时代条件下的伟大觉醒，显示了我们党顺应时代潮流和人民愿望、勇敢开辟建设社会主义新路的坚强决心。在党的十一届三中全会春风吹拂下，神州大地万物复苏、生机勃发，拨乱反正全面展开，解决历史遗留问题有步骤进行，社会主义民主法制建设走上正轨，党和国家领导制度和领导体制得到健全，国家各项事业蓬勃发展。我们伟大的祖国迎来了思想的解放、经济的发展、政治的昌明、教育的勃兴、文艺的繁荣、科学的春天。党和国家又充满希望、充满活力地踏上了实现社会主义现代化的伟大征程。

新时期最鲜明的特点是改革开放。党带领人民进行改革开放，目的就是要解放和发展社会生产力，实现国家现代化，让中国人民富裕起来，振兴伟大的中华民族；就是要推动我国社会主义制度自我完善和发展，赋予社会主义新的生机和活力，建设和发展中国特色社会主义；就是要在引领当代中国发展进步中加强和改进党的建设，保持和发展党的先进性，确保党始终走在时代前列。

30年来，以邓小平同志为核心的党的第二代中央领导集体、以江泽民同志为核心的党的第三代中央领导集体和党的十六大以来的中央领导集体，团结带领全党全国各族人民，承前启后，继往开来，接力推进改革开放伟大事业，谱写了中华民族自强不息、顽强奋进新的壮丽史诗。我们党先后召开 6 次全国代表大会、45 次中央全会，及时研究新情况、解决新问题、总结新经验，集中全党全国各族人民智慧，形成了党的基本理论、基本路线、基本纲领、基本经验，制定和作出了指导改革开放和社会主义现代化建设的一整套方针政策和工作部署，成功开辟了中国特色社会主义道路。

今天，13 亿中国人民大踏步赶上了时代潮流，稳定走上了奔向富裕安康的广阔道路，中国特色社会主义充满蓬勃生机，为人类文明进步作出重大贡献的中华民族以前所未有的雄姿巍然屹立在世界东方。

30 年来，中国共产党带领全国人民始终以改革开放为强大动力，在新中国成立以后取得成就的基础上，推动党和国家各项事业取得举世瞩目的新的伟大成就（见图 11-10）。

图 11-10　山西临汾市举办纪念改革开放 30 周年图片书画展

锐意推进各方面体制改革，使我国成功实现了从高度集中的计划经济体制到充满活力的社会主义市场经济体制的伟大历史转折。建立和完善社会主义市场经济体制，建立以家庭承包经营为基础、统分结合的农村双层经营体制，形成公有制为主体、多种所有制经济共同发展的基本经济制度，形成按劳分配为主体、多种分配方式并存的分配制度，形成在国家宏观调控下市场对资源配置发挥基础性作用的经济管理制度。在不断深化经济体制改革的同时，不断深化政治体制、文化体制、社会体制以及其他各方面体制改革，不断形成和发展符合当代中国国情、充满生机活力的新的体制机制，为我国经济繁荣发展、社会和谐稳定提供了有力的制度保障。

不断扩大对外开放，使我国成功实现了从封闭半封闭到全方位开放的伟大历史转折。坚持对外开放的基本国策，打开国门搞建设，加快发展开放型经济。从建立经济特区到开放沿海、沿江、沿边、内陆地区再到加入世界贸易组织，从大规模"引进来"到大踏步"走出去"，利用国际国内两个市场、两种资源水平显著提高，国际竞争力不断增强。从 1978 年到 2007 年，我国进出口总额从 206 亿美元提高到 21737 亿美元、跃居世界第三，外汇储备跃居世界第一，对外投资大幅增长，实际使用外资额累计近10000亿美元。广泛深入的国际合作加快了我国经济发展，也为世界经济发展作出了重大贡献。

坚持以经济建设为中心，我国综合国力迈上新台阶。从1978年到2007年，我国国内生产总值由3645亿元增长到24.95万亿元，年均实际增长9.8%，是同期世界经济年均增长率的3倍多，我国经济总量上升为世界第四。我们依靠自己的力量稳定解决了13亿人口吃饭问题。我国主要农产品和工业品产量已居世界第一，具有世界先进水平的重大科技创新成果不断涌现，高新技术产业蓬勃发展，水利、能源、交通、通信等基础设施建设取得突破性进展，生态文明建设不断推进，城乡面貌焕然一新。

着力保障和改善民生，人民生活总体上达到小康水平。这30年是我国城乡居民收入增长最快、得到实惠最多的时期。从1978年到2007年，全国城镇居民人均可支配收入由343元增加到13786元，实际增长6.5倍；农民人均纯收入由134元增加到4140元，实际增长6.3倍；农村贫困人口从2.5亿减少到1400多万。城市人均住宅建筑面积和农村人均住房面积成倍增加。群众家庭财产普遍增多，吃穿住行用水平明显提高。改革开放前长期困扰我国的短缺经济状况已经从根本上得到改变。

大力发展社会主义民主政治，人民当家做主权利得到了更好的保障。政治体制改革不断深化，人民代表大会制度、中国共产党领导的多党合作和政治协商制度、民族区域自治制度，以及基层群众自治制度日益完善，中国特色社会主义法律体系基本形成，依法治国基本方略有效实施，社会主义法治国家建设取得重要进展，公民有序政治参与不断扩大，人权事业全面发展。爱国统一战线发展壮大，政党关系、民族关系、宗教关系、阶层关系、海内外同胞关系更加和谐。

大力发展社会主义先进文化，人民日益增长的精神文化需求得到更好满足。社会主义核心价值体系建设取得重大进展，马克思主义思想理论建设卓有成效，群众性精神文明创建活动、公民道德建设、青少年思想道德建设全面推进，文化事业生机盎然，文化产业空前繁荣，国家文化软实力不断增强，人们精神世界日益丰富，全民族文明素质明显提高，中华民族的凝聚力和向心力显著增强。

大力发展社会事业，社会和谐稳定得到巩固和发展。城乡免费九年义务教育全面实现，高等教育总规模、大中小学在校生数量位居世界第一，办学质量不断提高。就业规模持续扩大，全社会创业活力明显增强。社会保障制度建设加快推进，覆盖城乡居民的社会保障体系初步形成。公共卫生服务体系和基本医疗服务体系不断健全，新型农村合作医疗制度覆盖全国。社会管理不断改进，社会大局保持稳定。

坚持党对军队绝对领导，国防和军队建设取得重大成就。军队革命化、现代化、正规化建设全面加强，新时期军事战略方针扎实贯彻，中国特色军事变革加速推进，中国特色精兵之路成功开辟，裁减军队员额任务顺利完成，军队武器装备建设成效显著。军队、武警部队停止一切经商活动。军政军民团结不断巩固。人民军队履行新世纪新阶段历史使命能力全面增强，在保卫祖国、建设祖国特别是抗击各种自然灾害中发挥了重要作用。

成功实施“一国两制”基本方针，祖国和平统一大业迈出重大步伐。香港、澳门回归祖国，“一国两制”、“港人治港”、“澳人治澳”、高度自治的方针得到全面贯彻执行，香港特别行政区、澳门特别行政区保持繁荣稳定。祖国大陆同台湾的经济文化交流和人员往来不断加强，两岸政党交流成功开启，两岸全面直接双向“三通”迈出历史性步伐，反对“台独”分裂活动斗争取得重要成果，两岸关系和平发展呈现新的前景。

坚持奉行独立自主的和平外交政策，全方位外交取得重大成就。我们恪守维护世界和平、促进共同发展的外交政策宗旨，同发达国家关系全面发展，同周边国家睦邻友好不断深化，同发展中国家传统友谊更加巩固。我国积极参与多边事务，承担相应国际义务。我国国际地位和国际影响显著上升，在国际事务中发挥了重要建设性作用。

坚持党要管党、从严治党，党的领导水平和执政水平、拒腐防变和抵御风险能力明显提高。党的建设新的伟大工程全面推进，执政能力建设和先进性建设深入进行，思想理论建设成效显著，党内民主不断扩大，党内生活准则和制度不断健全，党的各级组织不断加强，干部队伍和人才队伍朝气蓬勃，党的作风建设全面加强，党内法规更加完善，反腐倡廉建设深入推进，党领导改革开放和社会主义现代化建设能力显著提高，党在中国特色社会主义事业中的领导核心作用不断增强。

30年来，国际局势风云变幻，改革任务艰巨繁重，党和人民经历和战胜了前所未有的严峻考验和挑战。从容应对一系列关系我国主权和安全的国际突发事件，战胜在政治、经济领域和自然界出现的困难和风险。无论是面对东欧剧变、苏联解体和国内严重政治风波，还是面对西化、分化图谋和所谓的“制裁”，无论是面对历史罕见的洪涝、雨雪冰冻、地震等重大自然灾害和“非典”等重大疫病，还是面对亚洲金融危机和当前这场国际金融危机，党和人民始终同心同德、奋勇向前。特别是在决定党和国家前途命运的重大历史关头，我们党紧紧依靠全国各族人民，坚持党的十一届三中全会以来的路线不动摇，排除各种干扰，坚定不移地捍卫中国特色社会主义伟大事业，保证了改革开放和社会主义现代化建设航船始终沿着正确方向破浪前进。2008年以来，抗击南方部分地区严重低温雨雪冰冻灾害和四川汶川特大地震灾害斗争取得重大胜利，北京奥运会、残奥会圆满成功，神舟七号载人航天飞行任务顺利完成，应对国际金融危机取得积极成效，这些都生动展现了在改革开放中不断发展壮大的中国共产党和中国社会主义国家政权的伟大力量，展现了阔步前进的13亿中国人民的伟大力量，展现了改革开放的伟大力量，展现了中国特色社会主义的伟大力量。

经过30年的不懈奋斗，我国胜利实现了我们党提出的现代化建设“三步走”战略的前两步战略目标，正在向第三步战略目标阔步前进。30年的伟大成就，为我们党、我们国家、我们人民继续前进奠定了坚实基础。实践充分证明，党的十一届三中全会以来我们党团结带领人民开辟的中国特色社会主义道路、形成的理论和路线方针政策是完全正确的。党的十一届三中全会的伟大意义和深远影响，已经、正在并将进一步在党和国家事业蓬勃发展的进程中充分显现出来。

七、国际金融危机中凸显“中国力量”

从未想到中国通过宣布5860亿美元的经济刺激计划而成为当前稳定全球经济危机的主要力量，我想我们低估了中国人民及他们领袖的能力和雄心壮志。

2008年9月以来，世界经济遭受了20世纪大萧条以来最为严峻的挑战。在全球化背景下，美国与世界其他经济体特别是欧盟和日本等在金融业方面存在着十分密切的联系。从美国次贷危机（又称次级房贷危机，也译为次债危机。它是指一场发生在美国，因次级抵押贷款机构破产、投资基金被迫关闭、股市剧烈震荡引起的风暴。它导致全球主要金融市场隐约出现流动性不足危机。美国“次贷危机”是从2006年春季开始逐步显现的。2007年8月席卷美国、欧盟和日本等世界主要金融市场）爆发到2008年升级为全面的金融危机，危机就像“流感”病毒一样，在世界主要金融市场和金融系统内传播蔓延，引发了全球性金融动荡和信贷紧缩（见图 11-11）。

图 11-11 2008 年 7 月 15 日，美国第二大房贷银行“印地麦克”（Indymac Bank）宣布倒闭，大批民众聚集在银行门前等待办理相关手续取款

在金融“流感”传播的过程中，金融“创新”起到了关键性作用。2002~2006 年，美国住房市场持续火爆，房价不断上涨，大批收入较低、信用记录较差的人群加入了购房大军，他们的房屋贷款被称为“次贷”。放贷机构在借出一笔“次贷”后，并未就此收手，而是将其“卖给”房利美和房地美这样的机构，后者再将购买来的“次贷”打包成一种证券化的投资产品，卖给全世界的投资者。这个过程被称为“资产证券化”，一度被认为是一项重要金融创新。根据最初的设计，“资产证券化”可以分散风险。但最终的结果是，由于监管不严，美国“次贷”泛滥，“次贷支持证券”也开始泛滥，而且由于大部分投资者对这类投资产品知之甚少，完全依赖几家评级公司的评级信息，最终造成这类有毒资产在全球金融系统内扩散，成为一颗“定时炸弹”。当美国住房市场泡沫破裂后，大批“次贷”购房者无力偿还贷款，而“次贷支持证券”也随之不断贬值，最终完全丧失流动性，从而给所有购买了这类投资产品的金融机构造成巨大资产减计压力。诺贝尔经济学奖得主、美国经济学家约瑟夫·施蒂格利茨撰文指出，由于全球化的发展，华尔街可以把自己的有毒资产出售到世界各地。他还说，在美国“次贷支持证券”中，大约一半为外国投资者所持有，而这恰恰是美国次贷危机演变成一场全球性危机的重要原因。在危机中，不仅美国金融业版图完全被改写，欧盟金融机构也同样遭到重创。英国、瑞士、德国、冰岛、荷兰、比利时均有重量级银行在危机中蒙受巨大损失。汇丰银行控股集团、瑞银集团、瑞士信贷银行集团、德意志银行、苏格兰皇家银行、富通银行……一大批欧洲金融机构均因所持美国“次贷支持证券”价值严重缩水而出现巨额亏损，还有一些银行破产或不得不接受政府救援。随着金融“流感”在世界金融体系内传播，一些金融机构为改善资产负债表和避免出现更大损失，纷纷提高放贷标准，市场惜贷气氛浓厚，这又引发了信贷危机。信贷紧缩造成流动性不足，结果面向企业和消费者的贷款均受到影响，美国和欧盟等经济则处于全面萎缩或衰退。

在危机面前，西方各国政府或奋力自救，或联手反击，但终未形成和落实更多良策。为避免经济全面崩溃，美国总统布什明确表示，他要放弃自由市场的原则，来挽救自由市场的体系。危机震荡中，西方社会制度的缺陷，清晰可见。而在中国，中国政府及时果断调整宏观经济政策，实施积极的财政政策和适度宽松的货币政策，迅速出台促进经济平稳较快发展的一揽子计划，对缓解经济运行中的突出矛盾、增强信心、稳定预期，发挥了重要作用。这个一揽子计划最直接、最重要的目标，就是扭转经济增速下滑趋势、保持经济平稳较快增长，并力求解决制约中国经济发展的结构性问题，加快转变发展方式，全面提升各种生产要素的质量和水平，为中国经济长远发展打下更加牢固的基础（见图 11-12）。

图 11-12　温家宝在人民大会堂三楼金色大厅与采访十一届全国人大二次会议的中外记者见面，并回答记者的问题

一是全面扩大内需，增强消费需求对经济增长的拉动力，推动中国经济均衡发展。这场百年一遇的国际金融危机对中国的冲击，主要是外部需求的急剧收缩，导致经济减速、企业生产经营困难、失业增加，结构性矛盾进一步凸显。我国把政策的着力点放在全面扩大国内需求上，努力保持投资较快增长和刺激消费，着力调整内需外需结构，加快形成内需为主和积极利用外需共同拉动经济增长的格局，使中国经济向更加均衡的发展方式转变。

二是全面加强基础设施建设，推动中国经济协调发展。城乡、区域发展不平衡，既是中国经济社会发展中的突出矛盾，也是经济增长的巨大潜力所在。我国把应对国际金融危机和解决这些矛盾有机结合起来，在新增投资计划中，重点加强农村建设和中西部基础设施建设。着眼于巩固农业基础地位，加快农田水利重大工程建设，增强农业稳定增产、农民持续增收的能力。加快修建农村道路，改造农村电网，推进农村中小学标准化建设，改善农民生活条件。着眼于促进生产要素跨区域流动，加快重大交通基础设施建设，完善综合运输体系，特别是围绕发挥中西部地区优势，建设煤运通道、西部干线铁路和机场。着眼于扶持落后地区，帮助困难群众，积极支持保障性安居工程建设，重点解决城市低收入家庭、林区、垦区、煤矿等棚户区居民的住房问题，扩大农村危房改造试点范围，实施少数民族地区游牧民定居工程等。这些措施的逐步落实，必将使发展的薄弱环节得到加强，使广大中西部地区和农村发展环境得以改善，对我国经济协调发展产生巨大推动力。

三是全面提升产业竞争力和自主创新能力，推动中国经济可持续发展。推动产业结构优化升级，是关系经济全局紧迫而重大的战略任务。我国制定实施十大重点产业调整振兴规划，推动企业兼并重组，积极支持企业加快技术改造，淘汰落后产能，发展先进生产力，努力提高产业集中度和资源配置效率。加快实施国家中长期科学和技术发展规划纲要，选择那些带动力强、影响面大、见效快的项目，集中力量攻关，突破一批核心技术和关键共性技术，为经济发展提供科技支撑，推动我国经济尽快走上创新驱动的轨道。把投资的重点放在节能环保和生态建设上，加大对重点防护林和天然林资源保护工程、城镇污水、垃圾处理设施、重点节能减排工程建设的投入，推动中国经济的可持续发展。

四是全面提高人的素质，推动中国经济集约发展。全面提高人的素质是中国经济增长的优势和活力源泉，是长远发展的战略重点。在实施扩大内需的计划中，我国把公共资源配置向教育、医疗卫生和社会保障领域倾斜。制定实施国家中长期教育规划，大幅度增加教育投入，加强基础教育，发展职业教育，提高高等教育，增强全民族的文化素质。我们积极推进医药卫生体制改革，建设基本医疗保障制度，建立国家基本药物制度，健全基层医疗卫生服务体系，推进公立医院改革试点，促进基本公共卫生服务逐步均等化。加快完善社会保障体系，扩大社会保障覆盖范围，提高社会保障水平。千方百计扩大就业，特别是大学生和农民工就业。所有这些都有利于扩大国内即期需求，增强消费者信心，同时也有利于推动经济增长由主要依靠物质资源消耗的粗放型增长，向主要依靠科技进步、劳动者素质提高、体制创新的集约型增长转变。

总之，制定实施一揽子计划，是标本兼治、远近结合的，既是保增长、保民生、保稳定的应急之举，也是推动中国经济实现科学发展、和谐发展的长远之策。我国正处在工业化和城镇化快速推进阶段，蕴藏着巨大需求和增长潜力，有改革开放 30 年建立的物

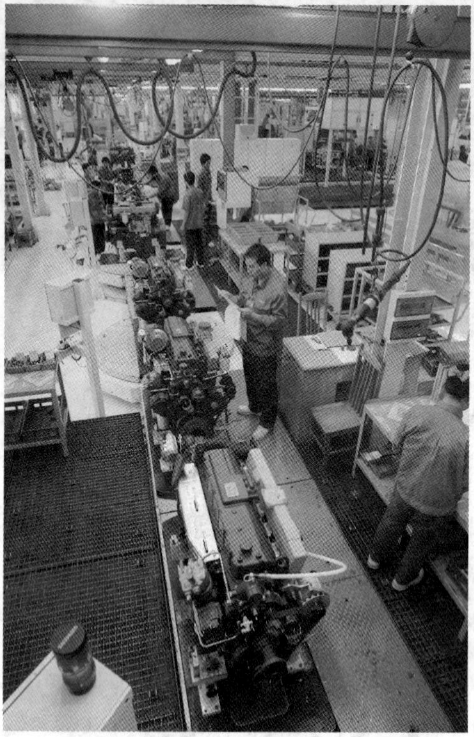
图 11–13 2008 年 11 月 2 日，广西玉柴机器集团重机装试车间组装线上，源源不断的新发动机下线

质、科技和体制基础，有充裕的资金、丰富的劳动力等要素支撑，有集中力量办大事的制度优势、和谐安定的社会环境（见图 11–13）。只要坚持不懈努力，在战胜危机的同时，一定能够使我国经济发展的体制性、结构性矛盾明显缓解，国民经济的整体素质和竞争力明显提升。中国经济发展的潜力必将进一步释放，在改善本国人民福祉的同时，为世界各国提供更多的贸易投资机会。

在这场危机的巨大冲击下，中国的表现和努力得到了世界的赞扬。曾力促中美建交的美国前总统卡特感叹：从未想到中国通过宣布 5860 亿美元的经济刺激计划而成为当前稳定全球经济危机的主要力量，我想我们低估了中国人民及他们领袖的能力和雄心壮志。中国作为一个充满活力的新兴经济体，世界的期许再一次提醒我们在全球经济发展中扮演的重要角色和大国责任。中国的力量和志气、中国特色社会主义的优势和活力、中华民族对未来的希望和信心，理当让我们成为促进世界和平、稳定、繁荣的重要力量。当“金融海啸”袭来，我们党体现出驾驭复杂局面的非凡胆略和远见卓识。以胡锦涛同志为总书记的党中央统揽全局、见微知著、沉着应对，充分认识国际经济形势的严重性和复杂性，善于在困难和风险中准确判断形势，在挑战和考验中清醒把握方向，稳稳地驾驭着中国经济巨轮，绕过暗礁，越过险滩，体现出高超的决策能力。中央连续召开重要会议，认真研究国际国内经济形势，充分发扬民主，集中全党全社会智慧，作出了关于进一步扩大内需、确保经济平稳较快发展等一系列重大决策。坚持科学决策、民主决策，使各项决策具有很强的指导性、针对性和操作性，迅速收到最佳的效果。应对金融危机的实践有力证明，我们党始终是中国特色社会主义事业的领导核心和战胜一切艰难险阻的根本保证。无论前进道路上遇到什么风险和挑战，坚持党的领导，加强党的领导，就会有希望，就会有力量，就会无往而不胜。

八、首都各界庆祝新中国成立60周年大会隆重举行

新中国60年光辉历程，是中国共产党人认识世界、改造世界的伟大创举，是根本改变中华民族命运、深刻影响人类历史进程的伟大变革。新中国60年的发展进步充分证明，只有社会主义才能救中国，只有改革开放才能发展中国、发展社会主义、发展马克思主义。

2009年10月1日，首都各界庆祝中华人民共和国成立60周年大会在天安门广场隆重举行。胡锦涛主席检阅受阅部队后，在天安门城楼上发表讲话。江泽民、吴邦国、温家宝、贾庆林、李长春、习近平、李克强、贺国强、周永康出席大会。

10时整，中共中央政治局委员、北京市委书记刘淇宣布庆祝大会开始。60响礼炮响彻云霄，200名国旗护卫队官兵护卫着五星红旗，迈着铿锵有力的步伐，从人民英雄纪念碑行进至广场北端的旗杆基座。由1500人组成的中国人民解放军联合军乐团奏响中华人民共和国国歌，全场齐声高唱，鲜艳的五星红旗冉冉升起，在天安门广场上空迎风飘扬（见图11-14）。

图11-14 2009年10月1日，北京，首都各界庆祝中华人民共和国成立60周年大会

雄壮的《中国人民解放军进行曲》奏响，胡锦涛主席乘国产红旗牌检阅车，穿过天安门城楼，经过金水桥，驶上长安街，检阅了44个精神抖擞、装备精良的地面方队。检阅部队后，胡锦涛登上天安门城楼，发表重要讲话。

10时37分，阅兵分列式开始。由陆海空三军仪仗队组成的方队，护卫着中国人民解放军军旗走在最前面。随后，由军区、军兵种、武警部队和总部直属部队以及北京市民兵预备役部队官兵组成的13个徒步方队、30个装备方队依次通过天安门广场，接受祖国和人民的检阅。11时10分许，广场上空响起隆隆轰鸣声。由陆海空三军组成的12个空中梯队呼啸而至，151架飞机低空飞过天安门广场。由第一批女战斗机飞行员驾驶的教练机梯队殿后，在蓝天上拉出一道道绚丽的彩烟。11时22分，以“我与祖国共奋进”为主旨的群众游行开始。游行分“奋斗创业”、“改革开放”、“世纪跨越”、“科学发展”、“辉煌成就”、“锦绣中华”、“美好未来”7个部分，由36个方阵、60辆彩车和6节行进式文艺表演组成。参加游行的10万名各界群众以各种方式，尽情抒发着对伟大祖国的由衷赞美和美好祝福。最后，全部由青少年组成的以“美好未来”为主题的游行方阵走来了。在“未来号”航船造型彩车引领下，少年儿童踩着欢快的节拍，唱着《中国少年先锋队队歌》，象征着中国特色社会主义伟大事业薪火相传、后继有人。当5000多名手持彩色气球和缤纷花环的少年儿童来到天安门前，《歌唱祖国》的乐曲响彻整个广场。5万只彩球腾空而起，少年儿童春潮般涌向金水桥，向着天安门城楼，挥舞手中的花环，尽情地欢呼、尽情地跳跃。城楼上，胡锦涛、江泽民等领导同志满面笑容地向孩子们挥手致意。城楼上下真情交融，广场内外一片欢腾，共同庆祝这个盛大的节日，共同祝愿祖国明天更加美好。12时25分，历时2小时25分的庆祝大会圆满结束。

当全国各族人民满怀欣喜，心手相连，表达对伟大祖国的祝福，表达对美好未来的憧憬的时候，无数的人们也在心里发出深深的感慨。新中国的60年，波澜壮阔，亘古未有。为了中华民族的伟大复兴，19世纪中叶以来，无数仁人志士奋起寻求救国救民的道路。鸦片战争后的近百年间，中华民族走过了历史长河中最为屈辱的一段。抵御外侮、变法图强，推翻帝制、建立共和……面对民族危亡、生灵涂炭的悲惨境遇，中华儿女为救亡图存上下求索，进行了反压迫、反奴役、反侵略的英勇斗争，书写下中华民族不屈不挠、顽强抗争的悲壮一页。为了中华民族的伟大复兴，中国共产党人勇敢肩负起民族独立、人民解放，国家富强、人民幸福的神圣使命。为有牺牲多壮志，敢教日月换新天，我们党团结带领人民，历经几十年艰苦奋斗，完成了新民主主义革命任务，建立了中华人民共和国，全面确立了社会主义基本制度，从根本上改变了中国人民的前途命运，为当代中国一切发展进步奠定了根本政治前提和制度基础。为了中华民族的伟大复兴，中国共产党在新的时代条件下带领人民进行新的伟大革命，开辟了中国特色社会主义道路。

在国家民族的重大历史关头，我们党以巨大的政治勇气和理论勇气，吹响思想解放的号角。改革开放这一决定当代中国命运的关键抉择，极大地解放和发展了社会生产力，赋予社会主义新的生机和活力，使中华民族大踏步赶上时代潮流，使中国人民走上富裕幸福的康庄大道，使社会主义中国更加自信地面向现代化、面向世界、面向未来。60年来，我国社会生产力快速发展，综合国力显著增强，人民生活不断改善，国际地位日益提高，社会主义经济建设、政治建设、文化建设、社会建设和党的建设取得了举世瞩目的巨大成就。新中国的60年，是中国经济实力和综合国力极大增强的60年，是中国人民生活状况根本改善的60年，是中国国际地位空前提高的60年，是中国人民积极探索、与时俱进，在建设中国特色社会主义道路上阔步前进的60年。60年艰苦奋斗，60年春华秋实。我们的国家从来没有像今天这样欣欣向荣、蒸蒸日上，我们的人民从来没有像今天这样意气风发、自信豪迈。我们为伟大的祖国母亲感到无比的骄傲和自豪!

新中国60年光辉历程，是中国共产党人认识世界、改造世界的伟大创举，是根本改变中华民族命运、深刻影响人类历史进程的伟大变革。新中国60年的发展进步充分证明，只有社会主义才能救中国，只有改革开放才能发展中国、发展社会主义、发展马克思主义。中国人民有信心、有能力建设好自己的国家，也有信心、有能力为世界作出自己应有的贡献。我们将坚定不移地坚持中国特色社会主义道路，全面贯彻执行党的基本理论、基本路线、基本纲领、基本经验，继续解放思想，坚持改革开放，推动科学发展，促进社会和谐，推进全面建设小康社会进程，不断开创中国特色社会主义事业新局面，谱写人民美好生活新篇章。我们将坚定不移地坚持"和平统一、一国两制"的方针，保持香港、澳门长期繁荣稳定，推动海峡两岸关系和平发展，继续为实现祖国完全统一这一中华民族的共同心愿而奋斗。我们将坚定不移地坚持独立自主的和平外交政策，坚持和平发展道路，奉行互利共赢的开放战略，在和平共处五项原则基础上同所有国家发展友好合作，继续同世界各国人民一道推进人类和平与发展的崇高事业，推动建设持久和平、共同繁荣的和谐世界。

展望未来，中国的发展前景无限美好。我们要更加紧密地团结起来，高举中国特色社会主义伟大旗帜，与时俱进，锐意进取，继续朝着建设富强、民主、文明、和谐的社会主义现代化国家、实现中华民族伟大复兴的宏伟目标奋勇前进，继续以自己的辛勤劳动和不懈奋斗为人类作出新的更大的贡献!

附录：图片作者名录

（按姓名拼音排序）

后 记

本书编写组由社科研究机构专家学者、思想政治课教师、出版社专业编辑、理论教育工作者组成。田传锋、马福运、宫明辉、马英才等同志分别编写了有关章节，马福运同志负责全书的统稿工作。为了给广大读者提供一套高质量的读物，大家认真学习领会中央有关文件和有关领导讲话精神，查阅了大量资料，力争做到观点正确、史料确凿、可读性强，努力为广大读者提供有益的帮助。

本书在编写过程中，学习参阅了许多专家学者的研究成果，引用了一些资料（包括照片、图片），并与相关的作者（包括照片、图片）进行了广泛联系，得到了他们的大力支持，对此我们表示诚挚谢意！但是由于出书时间紧，仍有部分作者（包括照片、图片）未能联系上。烦请这部分作者与我们联系，以便妥善处理选文版权及稿酬支付等问题。因新中国60年史料十分丰富，成果非常丰硕，本书不再一一列出参考资料。由于我们水平有限，书中难免有不当之处，特别是在史实叙述的详略、判断的轻重、材料的运用等方面难免有不当、不周的地方，敬请专家学者和读者朋友们批评指正。

中国当代史研究组

2011年1月